全国高职高专物业管理专业系列规划教材

物业管理实务

主　编　王怡红
副主编　崔师锐　王目元　李相华　毛红霞
参　编　赵　明　韩玉锋　秦　霄　庞月魏
　　　　赵新燕　王华蓉　刘春英

内容简介

本书以培养物业管理应用型中高级人才为目标，系统地介绍了物业管理实务的现状、目标、基本内容，物业管理招投标，早期介入与前期物业管理，物业的承接查验，入住与装修管理，房屋修缮管理，物业设备设施管理，物业公共秩序管理，物业环境管理，物业管理服务风险防范与紧急事件，物业服务企业客户服务与管理，物业服务企业的人力资源管理等物业服务企业日常实务管理内容。本书理论体系完整，内容新颖、充实，具有较强的操作性与实用性，同时具有高职教育的特点，适应学生学习物业管理实务课程的需要，是作者近十年从事物业管理实务教学与科研学术水平的总结与创新。

本书为物业管理专业、城市与社区管理、房产管理、工商管理等专业教材和物业服务企业培训教材，也可作为物业管理专业成人教育、自学考试以及从业人员学习物业管理实务的参考用书。

图书在版编目(CIP)数据

物业管理实务/王怡红主编．—北京：北京大学出版社，2010.3
（全国高职高专物业管理专业系列规划教材）
ISBN 978-7-301-15300-0

Ⅰ. 物… Ⅱ. 王… Ⅲ. 物业管理—高等学校：技术学校—教材 Ⅳ. F293.33

中国版本图书馆 CIP 数据核字（2009）第 091368 号

书　　　名：	物业管理实务
著作责任者：	王怡红　主编
责任编辑：	周　伟
标准书号：	ISBN 978-7-301-15300-0/F · 2212
出 版 者：	北京大学出版社
地　　　址：	北京市海淀区成府路 205 号　100871
网　　　址：	http://www.pup.cn
电　　　话：	邮购部 62752015　发行部 62750672　编辑部 62754934　出版部 62754962
电子信箱：	zyjy@pup.cn
印　刷　者：	三河市北燕印装有限公司
发　行　者：	北京大学出版社
经　销　者：	新华书店

787 毫米×980 毫米　16 开本　23 印张　451 千字
2010 年 3 月第 1 版　2023 年 5 月第 9 次印刷

定　　价：39.00 元

未经许可，不得以任何方式复制或抄袭本书之部分或全部内容。

版权所有，侵权必究　　举报电话：010-62752024
电子邮箱：fd@pup.pku.edu.cn

前　　言

物业管理在我国已经成为政府、开发商、业主等社会各方面共同关注的热点问题。事实上，随着居民住房的高度社会化，物业管理已不仅仅是作为房地产业一个售后服务环节，它已经成为政府全面推进城市化改造与城区规划发展、建设现代城市文明的主力行业。然而我国的物业管理还处于发展阶段，尚未形成完善的物业管理科学体系，也缺乏成功的实践模式。面对行业的发展现状，为使我国的物业服务企业在参与国际化市场竞争中获得优势，必须培养一批熟悉物业管理运作方式，具备娴熟的专业操作技能，精通物业管理相关政策法规的管理人才。而人才的培养主要依赖高校人才的输出，但在高校的物业管理专业教学中，教材理念滞后，内容陈旧，脱离行业发展实际，因此，物业管理专业的教材建设已成为物业管理专业建设亟须解决的重点问题。

物业管理实务是高职高专物业管理专业必开的一门核心专业课程。该课程在教学内容上涵盖了物业管理各个阶段不同业务项目、业务环节应具备的基本知识和操作技能，掌握这些物业管理业务的基本知识和操作技能是物业管理专业岗位群所应必备的基本理论素质和专业业务素质的最基本要求，是从事物业管理工作的先决条件。针对现有物业管理实务教材侧重于对物业管理基础理论、基本内容论述较多，而对以理论为基础针对不同情况的应用操作介绍偏少情况，本书力争在理论联系实际上有所突破。

物业管理实务作为一门"实务性"课程，力图在全面论述基础理论的基础上，重点培养和提高处理实际工作问题的能力，给即将从事物业管理工作的人员提供具体操作方法和处理问题的方法，侧重于掌握业务处理程序和处理现实工作问题能力的培养。因此，我们在教材编写中，确立了"有主有次、有所侧重"和"打牢基础，为学生上岗服务"两个基本原则，把培养学生专业认识，提高专业知识和服务技能，掌握高职教育的学习方法为教材编写目标。具体地说，教材中的物业管理招投标、早期介入、承接查验、入住与装修管理、客户服务与管理、物业管理服务风险防范与紧急事件、物业档案管理、物业服务企业QEO管理体系的建立与实施、各种不同类型物业的管理与服务等内容，应是课程学习中的"主"，是学习的重点；房屋管理、物业环境管理、物业安保管理、物业综合经营、物业租赁管理等内容，在学生前期学习中，分别以一门甚至二门专业课程的形式出现过，学习时应主要在"了解知识、学会技能"和"掌握学习方法"，为上岗就业做好准备。通过这样的教材处理，既能够使学生对物业管理实务理论有一个深刻的认识与了解，也能够清楚物业管理的日常实务性业务工作，掌握各种不同类型的物业的管理与服务，能够更好地发挥课程的核心作用。

在教材编写中，我们还综合了物业管理行业岗位群要求，充分考虑了学生使用和企业培训以及物业管理师职业资格考试的相互兼顾，采用模块体例，较好地实现了对企业培训的"菜单式"服务，为学生学习、企业系列培训和专项培训活动提供参考教材。

在教材编写中，我们按照高职教材编写"理论够用"的基本思想，对该门课程进行了整体整合，使其具备以下基本特色。

1. 站在物业管理专业教材整体建设的角度，统筹安排教材内容，注重本教材内容与学生上岗实习的有机衔接；注重本教材内容与前期课程教材内容的难易交替，保证学生学习的学以致用。

2. 编写体例上，在理论基础知识、实践操作技能阐释过程中，插入适当案例和阅读资料，既密切了教材内容与实践的联系，又丰富了教材内容，增强了教材的可读性，还为案例教学法的开展提供素材，增强知识认知的形象性。

3. 根据学生未来岗位要求，设立知识要点；淡化理论知识，突出侧重实践技能。对与学生未来岗位要求关联性不强的知识少讲，而将知识重点放在学生对业务范围的认识了解和对实践技能的掌握上。

4. 注重与职业资格证书的接轨，推进"双证书制度"的实施。在认真研究职业资格考核标准的基础上，教材内容引入了相关的中国物业管理师职业资格考核内容，尤其是在每章后的练习题，不仅题型考虑与职业资格考核一致，实训内容上也突破了教材内容，进行了适当的拓展。

本书可作为物业管理专业、城市与社区管理、房产管理、工商管理等专业教材和物业服务企业培训教材，也可作为物业管理专业成人教育、自学考试以及从业人员学习物业管理实务的参考用书。

本教材由王怡红教授主编，崔师锐、王目元、李相华、毛红霞任副主编。各章编写具体分工如下：第一章、第四章、第十五章由王怡红编写，第二章由赵明编写，第三章由刘春英编写，第五章由毛红霞编写，第六章、第十章由李相华编写，第七章由崔师锐编写，第八章由赵新燕编写，第九章由王华蓉编写，第十一章由韩玉锋编写，第十二章由秦霄编写，第十三章由庞月魏编写，第十四章由王目元编写。编写人员中既有高校从事物业管理实务教学的教授、专家、研究生，更有长期从事物业服务企业工作的富有实战工作经验的一线总经理级管理人员。

在教材编写中，我们力求做到能够指导物业管理与服务工作实际，但由于经验、能力和国内物业管理服务水平和学术研究水平的限制，不足之处难免，还望大家不吝赐教。

王怡红

2010年2月1日

目　　录

第一章　物业管理实务概述 1
第一节　物业管理实务的概念、性质与特点 2
一、物业管理实务的概念 2
二、物业管理实务的性质 2
三、物业管理实务的特点 3
第二节　物业管理实务的目标、宗旨、基本内容和基本环节 4
一、物业管理实务的目标与宗旨 4
二、物业管理实务的基本内容 5
三、物业管理实务的基本环节 7
第三节　我国物业管理行业的发展现状与趋势 8
一、我国物业管理行业的发展现状与存在的问题 8
二、我国物业管理实务的发展趋势与展望 11
本章小结 12
复习思考题 13

第二章　物业管理招投标 14
第一节　物业管理招标 15
一、物业管理招标的概念和主体 15
二、物业管理招标的类型 15
三、物业管理招标的方式 16
四、物业管理招标的特点 17
五、物业管理招标的策划与实施 18
第二节　物业管理投标 23
一、物业管理投标的条件和程序 23
二、物业管理投标书的编写 27
三、物业管理投标的技巧与策略 33

本章小结 36
复习思考题 36

第三章　早期介入与前期物业管理 37
第一节　物业管理的早期介入 38
一、物业管理早期介入的概念 38
二、物业管理早期介入的作用 38
三、早期介入的形式与工作内容 39
第二节　前期物业管理 43
一、前期物业管理的概念 43
二、前期物业管理中权利主体的相互关系 43
三、前期物业管理与早期介入的区别 43
四、前期物业管理的主要内容 44
本章小结 46
复习思考题 47

第四章　物业的承接查验 48
第一节　新建物业的承接查验 49
一、物业的承接查验的概念 49
二、新建物业的承接查验准备工作 49
三、新建物业的承接查验的主要内容 50
四、新建物业的承接查验的方式 51
五、物业的承接查验的作用 52
六、物业的承接查验的内容 52
七、新建物业的承接查验中发现问题的处理 53
八、物业的承接查验与竣工验收的区别 54

九、物业的承接查验中应注意的
　　　　事项 ………………………………… 55
第二节　物业管理机构更迭时的承接
　　　　查验 ………………………………… 55
　　一、物业管理机构更迭时的承接
　　　　查验 ………………………………… 55
　　二、物业管理机构更迭时承接查验
　　　　的主要内容 ………………………… 55
第三节　物业管理工作的移交 ……………… 56
　　一、新建物业的移交 ………………… 56
　　二、物业管理机构更迭时的移交 …… 56
　　三、物业管理结构更迭时管理工作
　　　　移交的注意事项 …………………… 57
本章小结 ……………………………………… 57
复习思考题 …………………………………… 57

第五章　入住与装修管理 ………………… 59

第一节　物业入住与入住服务的内容 ……… 60
　　一、物业入住的概念 ………………… 60
　　二、入住服务的准备工作 …………… 60
　　三、入住服务的管理 ………………… 62
第二节　入住期间的服务应注意的问题 …… 64
　　一、入住服务准备工作要充分 ……… 64
　　二、入住期间服务需要注意的问题 … 64
第三节　物业装饰装修管理 ………………… 65
　　一、装修申请 ………………………… 65
　　二、装修审批 ………………………… 65
　　三、签订装修协议书 ………………… 66
　　四、装饰装修施工现场管理 ………… 66
　　五、装修验收 ………………………… 67
本章小结 ……………………………………… 67
复习思考题 …………………………………… 67

第六章　房屋修缮管理 ……………………… 68

第一节　房屋修缮管理概述 ………………… 69
　　一、房屋修缮管理在物业管理中的
　　　　地位与作用 ………………………… 69

　　二、修缮责任的划分 ………………… 70
　　三、物业服务企业房屋修缮管理的
　　　　内容 ………………………………… 71
第二节　房屋修缮工程 ……………………… 73
　　一、房屋修缮工程的分类 …………… 73
　　二、房屋修缮标准 …………………… 75
第三节　房屋安全管理与鉴定 ……………… 77
　　一、危屋鉴定 ………………………… 77
　　二、危房的管理 ……………………… 78
第四节　房屋日常养护 ……………………… 79
　　一、房屋日常养护的类型 …………… 79
　　二、房屋日常养护的内容 …………… 81
　　三、房屋日常养护的考核标准 ……… 87
本章小结 ……………………………………… 88
复习思考题 …………………………………… 89

第七章　物业设备设施管理 ………………… 90

第一节　物业设备设施管理概述 …………… 91
　　一、物业设备设施管理的含义 ……… 91
　　二、物业设备设施管理的意义 ……… 91
　　三、物业设备设施管理的目标 ……… 92
　　四、物业设备设施的分类 …………… 92
　　五、物业设备设施管理的主要内容 … 94
第二节　给排水设备设施的维修与管理 …… 98
　　一、给排水系统的组成 ……………… 98
　　二、给排水系统的维修与维护 …… 101
　　三、给排水系统的管理 …………… 107
第三节　空调设备设施的维修与管理 …… 109
　　一、中央空调设备设施管理概述 … 109
　　二、中央空调设备设施日常操作
　　　　管理 ……………………………… 111
　　三、中央空调设备设施运行管理 … 112
　　四、中央空调设备设施维修养护
　　　　管理 ……………………………… 114

第四节　供暖设备设施的维修与管理........117
　　一、供暖设备设施的维修................117
　　二、供暖管道的维护与修理..........118
第五节　供电设备设施的维修与管理........119
　　一、建筑供电系统............................119
　　二、供电系统的维修与维护..........121
　　三、供电系统的管理制度..............127
第六节　电梯设备设施的维修与管理........128
　　一、电梯设备设施的检修..............128
　　二、电梯故障救援..........................129
　　三、电梯维修等级、周期与要求......130
本章小结..131
复习思考题..131

第八章　物业公共秩序管理........132

第一节　公共安全防范管理服务................133
　　一、公共安全防范管理服务的
　　　　内容..133
　　二、安全防范服务的要求..............134
　　三、安全防范工作的检查方法......134
　　四、治安防范注意事项..................135
第二节　消防管理..135
　　一、义务消防队伍建设..................135
　　二、消防制度的制定......................136
　　三、物业消防安全检查的内容与
　　　　方法..137
　　四、动火安全管理..........................138
　　五、消防安全预案的制定..............139
　　六、消防器材的配备、使用与
　　　　维护..140
第三节　车辆停放管理服务........................142
　　一、车辆管理方法及要求..............142
　　二、车辆管理注意事项..................143
本章小结..143
复习思考题..144

第九章　物业环境管理........145

第一节　物业环境管理概述........................146
　　一、物业环境的含义及类型..........146
　　二、物业环境管理的内容..............147
第二节　物业环境保洁管理........................149
　　一、物业环境保洁管理的范围......149
　　二、物业环境保洁管理的基本
　　　　要求..149
　　三、物业环境保洁管理工作程序......150
　　四、保洁管理操作细则和要求......154
　　五、保洁设施建设..........................155
　　六、保洁管理的具体措施..............156
第三节　物业环境绿化管理........................156
　　一、城市绿地分类和绿化指标......156
　　二、物业环境绿化管理的基本
　　　　操作..157
　　三、绿化养护管理的质量要求和
　　　　考核指标..................................160
　　四、园林小品的维护管理..............161
　　五、物业环境绿化管理档案的
　　　　建立..162
本章小结..162
复习思考题..163

第十章　物业管理服务风险防范与
紧急事件........164

第一节　物业管理服务风险的类型及
　　　　防范管理..165
　　一、风险与物业管理服务风险的
　　　　概念..165
　　二、治安风险..................................165
　　三、车辆管理风险..........................165
　　四、消防事故和消防隐患风险......166
　　五、物业及公共设施设备造成的
　　　　风险..166

六、公共环境不安全因素造成的
　　　　风险 166
第二节　治安风险防范 166
第三节　车辆管理风险防范 167
第四节　消防风险防范 169
第五节　设备风险防范 169
第六节　公共环境风险防范 172
第七节　紧急事件处理 174
　　一、紧急事件 174
　　二、处理紧急事件的要求 174
　　三、紧急事件的处理过程 175
　　四、典型紧急事件的处理 175
本章小结 178
复习思考题 179

第十一章　物业服务企业客户服务与
　　　　　　管理 180

第一节　物业服务企业客户服务管理
　　　　工作概述 181
　　一、物业服务企业客户服务管理的
　　　　含义 181
　　二、物业服务企业客户服务管理的
　　　　运作模式 181
　　三、物业服务企业客户服务管理的
　　　　工作目的 181
　　四、物业服务企业客户服务管理的
　　　　工作内容 182
　　五、物业服务企业如何开展客户
　　　　服务管理 183
第二节　物业服务企业的客户沟通 184
　　一、物业服务企业客户沟通的
　　　　内容 184
　　二、物业服务企业客户沟通方式 185
　　三、物业服务企业客户沟通的
　　　　技巧 186

　　四、物业服务企业客户沟通的注意
　　　　事项 188
第三节　物业服务企业客户投诉的处理 ... 188
　　一、客户投诉的内容 188
　　二、投诉处理的原则 189
　　三、做好应对投诉的心理准备 189
　　四、投诉处理的依据 189
　　五、投诉处理流程 190
第四节　物业服务企业客户满意度调查 ... 192
　　一、客户满意度调查的基本原则 192
　　二、客户满意度的调查方式 192
　　三、客户满意度问卷调查实施
　　　　步骤 192
本章小结 193
复习思考题 193

第十二章　物业服务企业的人力资源
　　　　　　管理 194

第一节　物业员工招聘与解聘 195
　　一、人力资源与人力资源管理
　　　　概述 195
　　二、员工招聘的标准 195
　　三、员工招聘的来源与招聘方法 196
　　四、员工解聘 198
第二节　员工培训与管理 200
　　一、员工培训的意义 200
　　二、员工培训的原则 201
　　三、员工培训的内容 203
　　四、员工培训的形式 204
第三节　员工薪酬管理 206
　　一、员工薪酬管理的主要内容 206
　　二、薪酬体系的设计 207
第四节　员工考核与激励 208
　　一、员工考核的作用 208
　　二、员工考核的内容 209

三、员工考核的方法 210
　　四、员工的年度考核 212
　　五、激励的概念与行为 213
　　六、激励的一般形式 215
　　七、奖励与惩罚 218
　本章小结 220
　复习思考题 220

第十三章　物业管理档案 221
　第一节　物业管理档案的概念与分类......222
　　一、档案及物业管理档案的概念 222
　　二、物业管理档案的分类 223
　第二节　物业管理档案的收集 224
　　一、物业管理档案的收集 224
　　二、物业管理档案的整理 226
　第三节　物业管理档案的保管与检索
　　　　　利用 231
　　一、物业管理档案的保管 231
　　二、物业管理档案的检索与利用 233
　第四节　物业服务企业信用档案 234
　　一、物业服务企业信用档案的作用
　　　　及范围 234
　　二、建立物业服务企业信用档案的
　　　　目标 234
　　三、物业服务企业信用档案记录
　　　　内容的采集 235
　　四、物业服务企业信用档案的投诉
　　　　处理 235
　　五、信用档案激励惩戒办法 236
　本章小结 236
　复习思考题 237

第十四章　物业服务企业 QEO 管理
　　　　　　体系的建立与实施 238
　第一节　QEO 一体化管理体系标准
　　　　　概述 239
　　一、ISO9000 质量管理体系 239

　　二、ISO14000 环境管理体系 241
　　三、OHSAS18000 职业健康安全
　　　　管理体系 244
　第二节　QEO 一体化管理体系的建立....246
　　一、QEO 一体化管理体系 246
　　二、ISO9001、ISO14001 和
　　　　OHSAS18001 之间的联系..........247
　　三、ISO9001、ISO14001 和
　　　　OHSA18001 之间的共性和
　　　　差异 250
　　四、建立文件化的管理体系 251
　　五、QMS、EMS 和 OHSMS 三个
　　　　管理体系整合的基本方法 252
　第三节　物业服务企业 QEO 管理体系
　　　　　的实施 255
　　一、物业服务企业贯标的特点 255
　　二、物业服务企业贯标流程 258
　　三、物业服务企业贯标应注意的
　　　　问题 260
　本章小结 263
　复习思考题 263

第十五章　各种不同类型物业的管理与
　　　　　　服务 264
　第一节　住宅小区物业的管理与服务......265
　　一、住宅小区的概念 265
　　二、住宅小区的功能 265
　　三、住宅小区的特点 266
　　四、住宅小区物业管理的
　　　　基本特点 267
　　五、住宅小区物业管理目标 268
　　六、住宅小区物业管理原则 268
　　七、住宅小区物业管理的内容 270
　第二节　写字楼物业的管理与服务 273
　　一、写字楼的概念 273

二、写字楼物业的分类、特点与管理要求 273
三、写字楼物业管理的组织实施 276
第三节 超高层建筑类物业的管理与服务 279
一、超高层建筑的概念 279
二、超高层建筑自身的特殊性给物业管理带来的影响 279
三、超高层建筑物业的特点 280
四、超高层建筑的物业管理组织实施 281
第四节 商业类物业的管理与服务 283
一、商业物业的类型与特点 283
二、商业物业管理的要求 285
第五节 酒店类物业的管理与服务 287
一、酒店的概念与特点 287
二、酒店物业管理的组织实施 288
三、酒店服务与酒店式的物业管理的区别 289
第六节 工业园区物业的管理与服务 291
一、工业园区物业的概念 291
二、工业园区物业的分类和特点 292
三、工业园区物业管理的主要性质 293
四、工业园区物业管理的要求与内容 294
五、工业园区物业管理的组织实施 296

六、当前工业园区的物业管理普遍存在的问题与对策 299
第七节 高校物业的管理与服务 302
一、高校物业的概念 302
二、高校物业管理的特点 302
三、高校物业管理的组织实施 303
四、高校物业管理中应注意的问题 305
第八节 医院物业的管理与服务 308
一、医院物业的概念 308
二、医院物业管理的架构 308
三、医院物业管理的特点 309
四、医院物业管理的组织实施 309
五、医院物业管理的实施 312
第九节 交通类物业的管理与服务 315
一、交通类物业的概念 315
二、交通类物业的分类 315
三、交通类物业的特点 315
四、交通类物业管理与服务的实施 317
五、如何做好机场物业的管理与服务 320
第十节 其他类型物业的管理与服务 321
一、其他物业的类型 321
二、其他类型物业管理的特点 321
本章小结 322
复习思考题 322

附录 324
参考文献 355

第一章
物业管理实务概述

 【教学目的与重点难点】

通过本章的学习,了解物业管理实务的概念、性质与特点,了解物业管理实务的目标、宗旨、基本内容和基本环节,掌握物业管理发展的趋势,掌握物业管理实务的管理内容与程序、基本原则,并能处理不同类型的物业的日常实务,要求学生能灵活运用物业管理各工作环节具体运作的实务知识,能直接从事物业管理实务的一线工作。

第一节 物业管理实务的概念、性质与特点

一、物业管理实务的概念

物业管理实务是指关于物业管理服务的具体工作程序、工作方法和基本技能等知识,包括物业管理实务的工作内容、工作程序和工作标准等,它强调的是如何具体地做好物业管理的每一项日常工作。物业管理是一项实践性很强的工作,熟练掌握物业管理各方面、各环节具体运作的实务知识和技能是从事物业管理工作的必备条件。

二、物业管理实务的性质

作为一项服务性工作,物业管理实务与其他的行业服务一样有一般服务业所具备的共性。

(1) 可靠性,即准确可靠地执行所承诺服务的能力。
(2) 响应性,即帮助顾客及为其提供便捷服务的自觉性。
(3) 安全性,即员工以专业知识和谦恭态度获得业主信任的能力。
(4) 移情性,即能够给予业主充分关心和提供个性化的服务。
(5) 有形性,即以有形的工具、设备、人员和书面材料显示自身的专业水准。

作为一种特殊的物业服务,物业管理因其特殊的领域还具有一些特殊的性质。

1. 物业管理实务的规范化

物业管理的基本出发点是根据社会生产力发展水平和人们对生活需求的变化,运用现代管理科学、先进的维修养护技术和经济手段来管理物业,为业主与物业使用人提供所需要的全方位、多层次的管理服务。物业管理实务是物业管理赖以成长的依托。通过量化的、规范性的操作技术和方法,物业服务企业可以在较长的时期内稳定推行工作方针,贯彻物业服务企业的惯例和服务理念。因此,物业管理实务的各项工作内容均需定员、定时、定量、定制进行,以满足物业管理实际工作的需要。

2. 物业管理实务的标准化

物业管理工作是一项社会性很强的工作,但也要坚持有偿服务原则。无论是为业主与物业使用人提供必须的物业管理日常服务,还是提高物业投资的经济效益,在市场经济等价交换的原则约束下,物业管理的所有实务性工作都必须实行质价相符。物业服务企业以特定的工作团队和工作内容满足业主与物业使用人的各种显性需要和可能产生的隐性需要,提供有价值的服务产品,使服务与需求匹配、价格与内容相符。因此该服务产品必须可评价、易商量,即能够以标准化指标指导和落实物业管理服务中的各项工作。

3. 物业管理实务的制度化

由于物业管理实务工作涵盖了物业管理日常工作的各项内容，涉及工作内容、工作程序、工作方法和工作手段，为提高管理的科学性、有效性，应对复杂多变的外部环境，必须对日常工作制度化，固定程序，确保服务质量稳定。在危机处理上，要求提前做出预案，提高员工应对突发事件和各种意外的能力和水平。这是物业管理程序性和制度化的基本要求。

三、物业管理实务的特点

物业管理是一项实践性很强的工作，它强调的是如何具体地做好物业管理的每一项日常工作，所以物业管理实务具有以下特点。

1. 实践性与操作性强

物业管理实务涉及的是物业管理的具体工作，包括的内容具体而繁杂，有些还是重复性的，涉及招标、经营、管理与服务的各个方面，要解决物业管理每一步做什么、怎么做、注意什么的问题需要具备的专业知识，按照一定的程序加以执行，因此实践性和操作性很强。

2. 与业主和物业使用人相关性强

物业管理实务是为业主与物业使用人提供的服务性工作，自然就与他们的生活、工作密切相关。治安不佳，人们就不能安心居住、生活与工作，停水、断电、屋顶漏雨、管道堵塞会给业主与物业使用人带来无尽的烦恼，更不用说消防事故的出现可能导致的业主与物业使用人的生命、财产的损失。所以，物业管理的各方面工作必须做好，让业主与物业使用人满意。

3. 时效性强

正因为与业主与物业使用人的工作或生活密切相关，所以物业管理实务工作有很强的时效性。停水、断电、屋顶漏雨、管道堵塞需要及时处理。有的物业服务企业为解决这一问题设有 24 小时热线电话，为业主与物业使用人提供服务。如发生电梯故障，只要按响警铃，5 分钟内就有维修人员到现场抢修。物业保洁、秩序维护乃至房屋维修等方面的实务工作亦有极强的时效性，一步工作不到位，容易造成不良影响，或者造成一定的损失。所以，物业管理工作不能有片刻的放松，需要责任落实、管理到位、定期检查，建立应急反应系统。

4. 系统性、综合性强

物业管理实务涉及的工作面广而复杂，具有很强的系统性和综合性。一个环节出了问题，便会对其他的环节产生影响。如前期物业管理工作没做或没做好，就会给日后的管理与维修带来麻烦与不便；电梯出现故障，会对业主与物业使用人的工作与生活产生很大的影响。这一特征要求在做物业管理的具体工作时，既要分工明确、各司其职，又要统筹兼顾、互相协调配合，否则就会出现纠纷不能及时解决、影响工作实效性的问题。如保安员在治安巡逻时发现水管漏水、场地脏乱而不管不问，不及时通知各部，就影响物业服务企业的服务质量与服务评价。

5. 服务项目递增性强

随着社会的发展变化和人们生活水平的提高，人们对物业管理服务的需求不断地增加变化，随之而来的是物业管理服务所包括的内容和项目也在不断地增加变化。物业服务企业要能适应这种增加的变化和需求，同时也应主动开辟一些新的服务领域和项目，建立企业自身的应变机制，增强自身的管理创新能力和活力，以提高企业的服务水平和竞争力。

第二节 物业管理实务的目标、宗旨、基本内容和基本环节

一、物业管理实务的目标与宗旨

1. 物业管理实务的目标

物业服务企业属于管理型的服务行业，管理与服务并举，寓管理于服务之中，以服务来促进管理。业主、物业使用人与物业服务企业之间是委托与被委托的关系。物业服务企业生存的基点就是为委托人所委托事务的最大利益服务，要想用户之所想，急用户之所急。从这个意义来说，物业管理实务的目标是通过有效的服务和管理，为业主与物业使用人提供一个优美整洁、舒适方便、安全文明的工作、生活环境。通过加强经营管理，为业主的物业获得最大的收益。同时完善物业的使用功能，提高物业的使用效率，延长物业的使用年限，促使物业的保值和增值。

2. 物业管理实务的宗旨

物业管理实务的宗旨应该是：一切从业主与物业使用人的利益出发，以满足业主与物业使用人的需要为宗旨，通过科学、有效的管理，为业主与物业使用人提供健康、方便和舒适、优质的服务，让业主与物业使用人得到真正的实惠。这是物业管理实务的基本出发点和归宿。

物业管理实务的内容是国家法律、法规和物业服务合同中必然要涉及的事项，是物业服务企业为业主提供物业管理服务的主要依据，无论是业主、开发商、物业服务企业还是相关专业公司，都应将法定的物业管理内容和委托各方议定的服务内容作为自己参与物业管理活动的行为准则。

二、物业管理实务的基本内容

（一）物业管理实务内容的多样化

1. 物业种类的多样性造成物业管理实务内容的多样性

从用途上看物业包括多种类型，不同类型的物业对管理服务的要求必然不一样，各有各的特点，各有各的侧重，这就造成了物业管理实务内容的多样化。如居住物业要求增加延伸服务和文化活动等方面的内容，写字楼物业要求侧重于消防安全、紧急疏散等方面的内容，医院会增加病人护理、综合服务、大型锅炉维修保养等方面的内容，旅游物业要求有礼仪服务、经营服务和旅游文化等方面的内容。

2. 物业管理的行业性质决定了物业管理实务内容的多样化

物业管理是服务性的行业，这一性质决定物业服务企业必须主动增加管理服务的内容，以特色服务、优质服务来满足业主的不同需求，通过不断地延伸服务、不断地让业主满意来谋求经营规模的扩张，使企业得以生存和发展。这就促成了物业管理内容朝着多样化的方向发展。

3. 不同时代、不同观念形成了不同的物业管理实务内容

物业管理实务内容的多样化除了与物业种类的多样化、物业管理行业的特性相关外，还与不同的时代、不同的观念有关。在我国引入物业管理模式之前，大多数居住物业由房管所管理，住户是客人，而房管所则是主人的代表，管理内容仅仅是对房屋、设备、设施的维修和养护，小区环境卫生管理与绿化养护等。引入物业管理机制后，物业管理逐步形成企业化、专业化、社会化和市场化的管理体制，业主与物业使用人成了主人，而物业服务企业则是提供管理与服务的企业，物业管理实务的内容随之有了本质的变化。物业服务企业除了要做好房屋、设备、设施的维修和养护，小区环境卫生管理与绿化养护之外，更要提供相应的特约管理服务，还增加了接待投诉、礼仪服务、社区文化活动、物业管理档案资料等方面的管理服务。如今，随着物业管理的市场化程度的加快，物业管理的理念也发生了根本的变化，特别是物业管理与服务理念的形成和发展，使物业管理实务的内容又有了重大突破。物业服务企业除了提供公共性的专业服务外，还增加了大量非公共性的延伸服务，服务内容不断延伸，一个以服务为核心的现代物业管理模式正在形成。

（二）物业管理实务的基本内容

现在物业管理的核心理念应该是服务理念。在这个理念的指引下，物业管理实务的服务内容与传统的物业管理实务内容已经大不相同，物业管理法律法规所规定的管理内容成为现代物业管理行业服务中的基本内容，物业管理实务的内容应由公共性专业服务和非公共性延伸服务两大部分组成，具体内容将随着我国物业管理的不断发展而不断延伸。

1. 公共性专业服务的内容

（1）为业主服务。

为业主服务是指物业服务企业为物业管理区域内的业主提供的入住管理服务、装修管理服务、接待与投诉服务、房地产权籍管理服务和业主资料档案服务等。

（2）维保服务。

维保服务是指物业服务企业为物业管理区域和业主提供的房屋、设备、设施的运行管理服务，保养管理服务，维修管理服务和设备设施应急处理服务等。

（3）秩序维护服务。

秩序维护服务是指物业服务企业为物业管理区域内的业主提供的安全防范服务（包括门卫值勤、安全巡视、安全监控与消防管理）、礼仪接待服务（包括秩序维护礼仪值勤与接待服务）、车辆管理服务（包括泊位管理、停车管理与交通秩序管理）、紧急应急处理服务（包括火警事故、治安事件和自然灾害事件）等。

（4）保洁服务。

保洁服务是指物业服务企业为物业管理区域内的业主提供的公共场地、公共环境、共用部位、物业外墙、幕墙玻璃的保洁，生活垃圾的收集、清运、管理等服务。

（5）绿化服务。

绿化服务是指物业服务企业为物业管理区域内的业主提供的室外公共绿地养护（包括草坪、树木、花坛）、室内公共场所观赏植物养护（包括观叶、观花植物）的管理服务等。

（6）接待服务。

接待服务是指物业服务企业为业主提供的大堂接待、前厅接待、会议接待、特殊客人接待和礼仪接待等方面的服务。

（7）应急服务。

应急服务是指物业服务企业为业主提供的物业管理区域内火警应急处理、停水应急处理、停电应急处理、水浸应急处理、电梯故障应急处理、治安事件应急处理和其他突发事件应急处理等方面的服务。

2. 非公共性延伸服务的内容

（1）代办服务。

代办服务是指物业服务企业在专业服务之外为业主提供的诸如代订报纸杂志、代缴公用事业费、代办票务、代办假日旅游、代办家政服务和代购简单物品等方面的非公共性服务。

（2）特约服务。

特约服务是指物业服务企业在专业服务之外为业主提供的诸如上门清洁、上门维修、上门绿化、装潢监理、照看老弱病残、接送孩子上下学和清运建筑垃圾等特约服务。

三、物业管理实务的基本环节

物业管理是一个复杂完整的系统工程,按照物业管理的先后顺序,物业管理实务的环节基本由以下几个部分构成。

(一)物业管理早期介入

物业管理是以经济为手段,从事对物业的使用、保养、维修、经营工作和提供服务,是使物业发挥最佳效益的一种管理形式。它同物业的形成过程,即投资决策、规划设计、工程建设及房屋营销等阶段均有着密不可分的联系。因此,物业管理应建立追求全过程最佳效益的现代化管理模式。在物业的开发阶段就充分考虑建成以后的使用和管理需求,考虑到社会经济发展后居住水平提高的需要,要有一定的超前性,即从项目规划设计阶段就开始关注物业的全过程效益。物业管理是一种对物业全过程的管理,其首要环节是物业管理的前期介入。

(二)前期物业管理

前期物业管理是指业主和业主大会选聘物业服务企业之前,由建设单位选聘物业服务企业按照《前期物业服务合同》的约定,对房屋及配套的设施设备和相关场地进行维修、养护和管理,维护相关区域内的环境卫生和秩序的活动。前期物业管理有助于提高接管验收质量,有利于后期物业管理的正常进行,有利于业主与物业使用人的顺利入住。前期物业管理的顺利开展有利于正式物业管理阶段工作的进行。

(三)物业的验收与接管

1. 物业的验收

物业的验收是指依据住宅与城乡建设部及有关工程验收的技术规范与质量标准对已建成的物业进行验收,将隐患消除在入住之前。这样做也便于今后对物业的使用和养护。验收中发现的问题应记录在案并及时向房地产开发企业反馈,以便其督促施工单位及时整修。

2. 物业的接管

物业的接管是指房地产开发企业向接受委托的物业服务企业办理移交手续。房地产开发企业应向物业服务企业移交整套图纸资料,以便于今后的管理和维护。在物业保修期间,接受委托的物业服务企业还应与房地产开发企业签订房屋设备设施保修合同,明确房地产开发企业的保修项目及有关责任。

(四)物业管理阶段

与业主大会签订阶段性正式服务合同,并按其内容执行,开展正式的物业管理服务,并以前期物业管理服务的终止点为起始点,是前期物业管理的继续。

第三节 我国物业管理行业的发展现状与趋势

一、我国物业管理行业的发展现状与存在的问题

2008年5月16日,中国物业管理协会第二届理事会第二次全体会议在广西南宁召开。会议通报了我国物业管理行业生存状况调查的初步结果。中国物业管理协会于2007年第二季度开始,通过网上填报的形式组织全国各地开展了物业管理行业生存状况调查。截止到2007年12月底,完成网上调查信息数据填报的企业总数为4600家,调查覆盖全国31个省、自治区、直辖市,共涉及128个城市与地区。

物业管理行业生存状况调查数据表明,目前大多数物业服务企业的经营规模较小,创富能力差,近半数企业未能盈利,多数企业缺乏可持续发展的经济基础。现阶段物业服务企业的规模较小,多数企业无法取得规模效益,整个行业仍处于发展阶段,整体抗风险能力差。从形式上看,大多数的物业服务企业实现了公司制,国有物业服务企业仍占有一定的比例,外资企业和私营企业比例偏低,建立真正意义的物业服务企业制度仍是行业面临的课题。根据调查数据显示,物业服务企业仍属于劳动密集型行业,基层操作人员比例过大,使行业受用工成本影响较大,反映了行业处于发展的初级阶段的现状。目前,物业管理行业管理人员中有67%的管理人员没有中级职称,操作人员中有90%的没有中级技工证书,技术力量薄弱。这意味着大量涉及技术水平的设备设施维护工作需要通过外包专业公司来完成。同样,物业服务企业对外包单位的技术指导和监督也存在力不从心的问题。

数据表明,虽然2003年《物业管理条例》明确推行前期物业管理招投标制度,但在实践中并未得到完全贯彻,公平竞争的物业管理市场尚未形成,行政主管部门的执法监督有待加强。有半数的物业服务企业仍处于亏损状态,物业管理行业整体经营效益不容乐观,行业风险依然很大,盈利企业平均81.28万的年利润也表明物业管理行业的微利特征。

(一)我国物业管理行业发展的新进展

1. 政策法规陆续出台实施,物业管理法治化进程加快

自2007年以来,与物业管理相关的政策法规大量出台并付诸实施。法律层面上,有全国人民代表大会及常委会通过的《物权法》和《劳动合同法》;行政法规层面上,有"国务院关于修改《物业管理条例》的决定"(国务院令第504号);行政规章层面上有国家发改委、原建设部印发的《物业服务定价成本监审办法(试行)》,原建设部、财政部印发的《住宅专项维修资金管理办法》以及原建设部修改发布的《物业服务企业资质管理办法》。同时,深圳、成都等地重新修订了物业管理的地方性法规,制定了大量的物业管理

的规范性文件。以上立法工作的开展大大加快了物业管理法治化进程，从中央到地方多层次的物业管理政策法律制度日趋完备，一个内容全面、结构合理、科学规范、特色鲜明的物业管理政策法规体系正在逐步形成。

2. 物业管理规模不断扩大，服务领域愈加宽广

近几年来，随着城市化进程的加快和房地产业的迅猛发展，物业管理的规模不断扩大，覆盖率不断提高。目前，物业管理已经覆盖到不动产管理的所有领域。包括从商品房到经济适用房、房改房，从住宅物业到办公、工业、商场、医院、学校、机场、码头、车站、仓储、运动场馆、文化娱乐设施；从小型配套到大型公建，从单门独院到大型社区，从单一类型物业到综合性建筑等多种多样的物业类型。北京近年完工投入使用的大型公共建筑，绝大多数都引进了市场化、社会化的物业管理模式，如国家游泳馆、国家体育馆、首都机场第三航站楼、北京电视台新大楼等均采用招投标方式选聘物业服务企业负责管理并提供服务。

3. 物业管理师制度开始实施，职业队伍建设提上重要日程

2007年年底，人事部和原建设部联合下发了《关于公布物业管理师资格认定考试结果的通知》，全国共有1119名从业人员取得了物业管理师资格。首批物业管理师的诞生预示着物业管理师制度全面实施的良好开局。物业管理师制度的实施有利于推进物业管理专业化、社会化、市场化和国际化的进程，是物业管理科学发展的必然选择。对提升行业竞争能力、强化企业风险意识、完善现代企业制度、优化人才激励机制、改变经济增长方式、改善行业社会形象等诸多方面产生了深远影响。随着物业管理师队伍建设步伐的加快，越来越多的企业认识到企业的核心竞争力在于人才，尤其是需要大批高素质的项目经理和各类项目主管，以更好地落实企业发展战略和服务宗旨，推动物业管理的精细化，推进管理和服务的创新，以保障企业在大浪淘沙的变革时期立于不败之地。因此，很多企业采取措施鼓励各类经理人员报考物业管理师，一些企业下大力气抓职工培训，有的企业着手建立有利于管理人才脱颖而出的成长激励机制。一些大专院校也纷纷开设物业管理专业课程，向行业输送专门人才。所有这些都对提升物业管理从业人员素质、提高行业核心竞争力起到了积极推动作用。

4. 业主维权意识逐渐增强，行权方式渐趋理性

《物权法》等一系列与物业管理相关的政策法规出台进一步理清了物业管理各方的权利和义务。近年来物业服务企业和业主之间的争议在物业管理矛盾纠纷中的比重有所降低，与以往张贴标语和堵塞交通等极端做法相比，业主行使权利的方式也逐渐趋于理性。除了通过向政府投诉、向法院起诉等方式维权以外，部分业主开始尝试从制度层面探索解决物业管理的现实问题。如北京市海淀区品阁小区的业主自行成立社区服务中心，尝试通过聘请专业人员和外包专项服务方式自我管理旧小区。继北京某小区尝试"业主持股物业管理

公司"模式夭折之后,更多的人认识到这些设想不仅缺乏法理基础,而且在现阶段不具备操作性。

(二)物业管理行业面临的困难和问题

1. 行业平均利润率明显下降,企业生存状况不容乐观

由于物价指数上涨,劳动力成本提高以及服务价格缺乏弹性等因素,加之《物权法》实施后,原来依靠小区共用部位开展多种经营所得弥补管理费不足的收入明显减少,使得近年来行业平均利润率出现下降趋势。根据中国物业管理协会 2007 年组织的物业管理行业生存状况调查统计,全国接受调查的 4600 家企业中,仅有 40.07% 的企业盈利,平均盈利额 81.28 万元/年;有 40.76% 的企业亏损,平均亏损额为 37.22 万元/年;另有 20% 左右的企业持平或未予披露。我们应当看到,物业管理行业生存状况调查所涉企业多数为中物协会员和地方行业协会会员单位,属于行业中实力较强的一部分,尽管可能存在企业填报多种经营收入时有所保留等因素,可能影响一部分企业如实提供财务数据,但盈亏各半和利润偏低的经营状况与我们所掌握的现状基本符合,物业管理行业面临较大的生存压力。

2. 业主维权缺乏对法规的正确把握,矛盾纠纷呈现复杂化、多样化趋势

《物权法》刚出台不久,广州就出现业主手捧《物权法》向政府请愿,要求开发商返还车库车位的事件。《物权法》生效后,全国多个城市出现了业主就地面停车位归属和停车收费向物业服务企业主张权利的诉讼。此外,物业管理区域内的纠纷涉及主体和事由也呈现多样化的趋势。2008 年年初,北京出现首例业主状告业主委员会,要求撤销业主委员会的决定的案件。小区内两派业主就选聘物业服务企业出现激烈的对抗,部分业主发起炒掉业主委员会等事件也在一些城市时有发生。

3. 管理物业保障体制的缺失,使市场化物业管理背负沉重包袱

近段时间,部分城市接连出现一些物业服务企业退出在管项目,经媒体报道后,在社会上引起较大反响,各方对此褒贬不一。分析退出原因,不难看到物业服务企业退出的大都是低收入群体集居的已售公房、老旧住宅区及拆迁还建小区。由于已售公房小区当初确定的收费标准过低,拆迁户小区普遍存在业主缴费意识差、物业服务费用收缴率低等问题,致使收不抵支一直困扰物业服务企业。近两年随着人工和材料成本的大幅度增加,而物业服务费用的标准却未能同步增长,一些物业服务企业难以为继,选择退出以减少亏损,实属无奈之举。但由于目前我国对低收入群体集居的住宅小区管理物业的保障体系和税收政策缺失,物业服务企业的退出导致小区出现管理"真空",影响一方平安和社会和谐,受到多方指责。有的地方政府部门下令物业服务企业不得退出,又没有相应的政策跟进,无疑给以市场化运作为基点的物业管理行业带来很大的压力。

4. 专业人员短缺日益严重，操作人员流失问题凸显

在物业管理师资格认定工作中也暴露出行业人才短缺严重、从业人员素质亟待提高的突出问题，加快经理人队伍建设的任务迫在眉睫。由于国家行政性收费立项工作暂停，2008年全国物业管理师资格考试未能如期进行，2009年中国物业管理协会将加快协调相关部门，促成考试收费尽早立项，争取第三季度的考试如期进行。但在目前物业管理师数量未达到一定规模的情况下（以深圳为例，137名物业管理师仅为现有管理项目的2.3%），物业管理师执业条件和环境尚未成熟，物业管理行业人才战略的全面推进仍需假以时日。不仅如此，近年来，由于物业管理规模迅速扩大，加上行业从业人员的工资待遇低、工作强度高、工作压力大，致使专业人员供求关系严重失衡，许多从业人员选择了离开、转行到其他条件相对好的行业，这种状况先是从高层管理人员开始，逐渐蔓延到基层从事操作的员工，维修人员和保安员的短缺和高流动性问题已经凸显。加上农业税全面取消后，农民工数量开始减少，物业服务企业一线基层人员的流动过快问题依然严重困扰着物业服务企业。近期随着经济危机用工难的问题有了一定的缓解。①

二、我国物业管理实务的发展趋势与展望

1. 法治化运作推进物业管理工作走向规范化发展的轨道

物业管理的法治化运作是指物业管理在一种法制健全的市场经济环境下运行，我国物业管理立法从无到有，取得了相当大的成绩，颁布并修改了《物业管理条例》，又相继出台了一系列与之相配套的法律法规。与之相应的法律《物权法》也颁布实施，制约物业管理发展的法律问题已经基本得到解决，物业管理将真正走向法治化管理的道路，为物业管理提供了一个公平、公正、公开的竞争环境，规范和促进物业管理行业持续、健康地发展。

2. 物业管理的招投标方式将成为物业管理市场化的主流

我国现行的《物业管理条例》中明确规定：国家提倡业主通过公正、公平、公开的市场竞争机制选择物业服务企业。大力推进物业管理的招投标制度是实现物业管理市场化的重要途径，通过招投标制度，有利于形成物业管理规范、有序的市场环境和优胜劣汰的市场竞争机制，针对当前招投标暗箱操作、公开招标比例过低等问题，政府主管部门应加大公众参与制度，充分听取和尊重广大业主的意见和意愿，对不按规定选择物业服务企业的行为依法查处、严加管理，以促进物业管理市场化进程，保护物业管理行业的健康发展，保护广大业主的切身利益。

---

① 谢家瑾. 在中国物业管理协会第二届理事会第二次全体会议上所作的题为《正确认识行业面临的新形势，促进物业管理又好又快发展》报告。

3. 产业化经营将成为今后物业管理的发展方向

产业化要素一般包括：生产的持续性、生产标准化、生产组织的一体化、生产过程的集约化、生产手段的智能化和生产规模集团化等。目前我国物业管理已基本符合产业化的六大要素。如一体化的物业管理模式，统一的物业管理考评标准，规模化、集约化、智能化的管理服务，高度组织化的一大批品牌物业服务企业的崛起，现代科技的广泛应用等。另一方面，从物业管理的经济总量、发展规模、专业化和社会化程度、社会影响等各方面来看，我国的物业管理也基本上呈现出产业化的雏形。但物业管理的产业化是一个渐进的过程，不可能一步到位，只要积极地把物业管理产业中上下游产业或行业的各种资源要素加以合理配置，促进相关产业的结构调整和升级换代，逐步理顺目前行业面临的深层次矛盾问题，加速物业管理的专业化、社会化、职业化、法制化和市场化的发展步伐，就可以大大加快我国物业管理的发展速度。

4. 大力提高物业管理人员的素质与服务水平成为行业健康发展的重中之重

要加强对物业管理人员的管理，要从注册物业管理师职业资格和物业管理人员职业资格管理两个层次，建立职业资格制度，造就一支懂经营、善管理、精业务、守道德的物业管理人员队伍。抓好多层次的物业管理人员培训机制，加强企业关键岗位人才培养和一线职工的技能训练。物业职业经理人的出现和大批专业人才的使用必将使物业管理行业整体管理水平有一个质的飞跃。中国的物业管理行业是近十多年来吸纳人才较多的行业。目前中国物业管理的从业人员达 220 万，到 2010 年人数将增至 300 万～400 万。

5. 建立平等、互助、协调、和谐的社会是物业管理的共同目标

人类社会是一个不断从低级向高级发展的历史进程，建立平等、互助、协调的和谐社会一直是人类社会美好的追求，党的十六大四中全会提出了建设社会主义和谐社会的要求。构建和谐社会离不开物业管理行业的规范、持久的科学发展。就物业管理区域而言，其实质是如何使关系各方面利益达到平衡的问题。业主、物业服务企业、政府、房地产开发企业及相关的社会各方在物业管理区域里都有自己的利益考虑，如何使各自的利益在一定程度上得到满足，就只有在理性的基础上，按照"法总有理、病总有方"的信念，才有可能好好商谈，以和谐的方式构建和谐，最终达到国人之大同、为民和谐共处的目的。

本 章 小 结

物业管理实务不同于物业管理的一般含义，是指物业管理的实际工作事项。物业管理实务具有实践性、操作性、时效性、系统性、综合性和递增性等特点，与广大业主与物业使用人的生活密切相关。

物业管理实务的宗旨应该是：一切从业主与物业使用人的利益出发，以满足业主与物业使用人的需要为宗旨，通过科学、有效的管理，为业主与物业使用人提供的健康、方便和舒适、优质的服务，让业主与物业使用人得到真正的实惠。这是物业管理实务的基本出发点和归宿。

我国物业管理实务的发展趋势是法治化运作，招投标方式，产业化经营，建立平等、互助、协调、和谐的社会是物业管理的共同目标。我国的物业管理实务正在向、专业化、社会化、职业化和法制化方向发展。

复习思考题

1. 物业管理实务的概念是什么，应如何理解？
2. 物业管理实务有哪些特点？
3. 简述物业管理实务的基本内容？
4. 物业管理实务的宗旨是什么？
5. 我国物业管理实务发展的趋势如何？

第二章
物业管理招投标

【教学目的与重点难点】

通过本章的学习，着重了解物业管理招标的主体、类型、形式和原则；熟悉物业管理招标和投标的程序；掌握物业管理投标文件的组成、物业管理方案的主要内容及物业管理投标的策略和技巧，为以后从事物业管理招投标工作打好坚实的理论基础。

重点和难点是物业管理招标的程序，物业管理投标的程序，物业管理方案的主要内容，物业管理投标的策略和技巧。

第一节　物业管理招标

一、物业管理招标的概念和主体

（一）物业管理招标的概念

物业管理招标是指物业招标人在选聘物业服务企业时，通过制定符合其项目管理服务要求和条件的招标文件向社会或特定的物业服务企业公开，由响应招标的多家物业服务企业参与竞争，经依法评审，从中确定中标企业并与之签订物业服务合同的一种物业服务产品预购的交易行为。

（二）物业管理招标的主体

物业管理招标的主体一般是物业的建设单位、业主大会和物业产权人。

1. 物业的建设单位

根据我国的法律、法规规定，产权多元化的居住物业，在业主大会选聘物业服务企业之前的前期物业管理阶段，由物业建设单位负责选聘物业服务企业承担前期物业管理工作。这时物业招标主体为物业的建设单位，由其负责物业管理招标的组织工作。

2. 业主大会

根据我国的法律、法规规定，产权多元化的居住物业，在业主大会成立后即可选聘物业服务企业。因此，业主大会成立后，应由业主大会负责实施物业管理招标的组织工作。这时物业管理的招标主体为业主大会。

3. 物业产权人

单一产权的物业，在选聘物业服务企业时，由物业产权人作为招标人负责物业管理招标的组织实施工作。另外，凡国有资产管理部门作为产权人负责管理的项目实施招标时，需经其批准后，方可由物业的管理使用单位、政府采购中心作为招标人组织招标。

二、物业管理招标的类型

可从不同的角度将物业管理招标分为以下几种类型。

1. 居住物业招标和非居住物业招标

根据物业类型的不同，可以将物业管理招标分为居住物业招标和非居住物业招标两大类。

居住物业招标包括多层住宅、高层住宅和别墅等类型项目的招标。

非居住物业招标包括商业区、写字楼、工业区、医院、学校和码头等项目的招标。

2. 整体物业服务项目的招标和单项物业服务项目的招标

根据服务内容的不同，可以将物业管理招标分为整体物业服务项目的招标和单项物业服务项目的招标。

整体物业服务项目的招标是指由所聘物业服务企业对招标物业进行全方位的常规物业管理服务，如对房屋共用部位、共用设施设备、公共秩序维护、绿化和卫生保洁等进行综合性的维修、养护和管理。物业服务项目招标时，只有具有相应资质的物业服务企业才有资格参与投标。

单项物业服务项目的招标是指由所聘物业服务企业对招标物业常规物业服务项目中的某一项或某几项进行管理和服务。如招标人选聘一家企业对卫生保洁或秩序维护进行管理。这时物业服务企业或其他的专业公司均有资格参与投标。

3. 由建设单位、业主大会、物业产权人组织的招标

根据招标主体的不同，可以将物业管理招标分为由建设单位、业主大会、物业产权人组织的招标。

前期物业管理阶段一般以物业的建设单位为招标主体；业主大会成立后，一般以业主大会为招标主体；政府投资的项目，一般以国有资产管理部门为招标主体。

4. 全权管理项目招标和顾问项目招标

根据物业项目服务的方式不同，可以将物业管理招标分为全权管理项目招标和顾问项目招标。

全权管理项目招标是由所聘物业服务企业根据物业服务合同约定对物业服务项目自行组织实施管理服务工作。

顾问项目招标是由物业服务企业派驻相应的管理人员，对招标项目管理进行顾问指导服务，日常运作完全由招标人自行负责。这种管理方式实际是咨询服务的一种延伸。

三、物业管理招标的方式

物业管理招标分为公开招标和邀请招标。

1. 公开招标

公开招标是指物业管理招标人通过公共媒介发布招标公告，邀请所有符合投标条件的不特定的物业服务企业参加竞标的一种招标方式。招标人发布的招标公告必须载明招标人的名称、地址、招标项目的基本情况和获取招标文件的办法等具体事项。《前期物业管理招标投标管理暂行办法》规定，招标人除在相关公共媒体发布招标公告外，还必须在中国住宅与房地产信息网和中国物业管理协会网上发布免费招标公告。

公开招标的主要特点是招标人以公开的方式邀请不确定的企业法人参与投标，招标程序和中标结果公开，评选条件和程序是预先设定的，且不允许在程序启动后自行改变。公开招标竞争最充分，最能体现公开、公正和公平的原则。

2. 邀请招标

邀请招标又称有限竞争性招标或选择性招标，是指物业管理招标人以投标邀请书的方式邀请特定的物业服务企业参加竞标的一种招标方式。采用这种方式招标时，招标人须在投标邀请书和招标文件中明确招标人的名称、地址、招标项目的基本情况、获取招标文件的办法以及开标日期、时间和地点等具体事项。采取邀请招标方式的，招标人必须向 3 个以上物业服务企业发出投标邀请书。

邀请招标的主要特点是招标方式不公开，投标人是特定的且数量有限。这种方式具有"省时省钱"的优点，主要适用于标的规模较小的物业服务项目，是我国物业管理招投标中采用的主要方式。尽管这种招标方式具有明显的优点，但其缺点也十分明显。由于邀请招标是招标人预先选择了投标人，因此可选择范围无疑大为缩小了，容易诱使投标人之间产生不合理竞争，造成招标人和投标人之间的作弊现象。因此，邀请招标能否成功的关键是在选择范围缩小的情况下，如何防止不合理竞争和作弊行为。

四、物业管理招标的特点

无论是公开招标还是邀请招标，招标人既可自行组织实施招标活动，也可以委托招标代理机构代为办理。《中华人民共和国招标投标法》规定，招标人具有编制招标文件和组织评标能力的，可以自行办理招标事宜。任何单位和个人不得强制其委托招标代理机构办理招标事宜。如招标人不具有自行组织实施招标活动的能力，也可自行选择招标代理机构代为实施招标活动。

由于物业管理服务的特殊性，物业管理招标与其他类型的招标相比具有自身的特点，概括起来就是具有超前性、长期性和阶段性。

1. 物业管理招标的超前性

物业管理招标的超前性是指由于物业管理提前介入的特点，决定了物业管理招标必须超前。物业价值巨大和不可移动性的特点决定了物业一旦建成便很难改变，否则将会造成很大的浪费和损失。因此，在项目的可行性研究、规划设计、建筑施工和综合验收等各个阶段，建设单位应当提前选聘物业服务企业或物业管理的专业人士提前介入物业管理，从日后物业管理和物业使用人的角度向建设单位提出自己合理的建议和要求，以确保物业设施设备的配套符合国家规划要求，进一步提高房屋质量。既然物业管理的提前介入是必要的，这就决定了物业管理招标也具有超前性。

2. 物业管理招标的长期性和阶段性

物业管理招标的长期性和阶段性是指由于物业管理工作的长期性和多阶段性,针对不同的阶段和不同的服务内容,物业管理招标的内容和方式也有所不同。由于建设单位或业主在不同的时期对物业管理有不同的要求,招标文件中的各项管理要求、管理价格都具有阶段性,会随时间的变化而调整。另外,随着物业管理行业竞争的不断激烈,中标企业并非高枕无忧、一劳永逸,随时有被其他的企业"挤掉"的危险。根据我国的法律、法规的规定,在前期物业管理阶段,建设单位有权选聘首任物业服务企业承担前期物业管理任务;首次业主大会成立后,业主有权依法更换建设单位聘请的物业服务企业。这些都说明物业管理招标具有长期性和阶段性。

五、物业管理招标的策划与实施

(一)物业管理招标的原则

作为推动行业健康、有序发展的重要手段,物业管理招标只有按一定的原则进行才能真正地体现其优胜劣汰的功能。物业管理招标应当遵循公平、公正和公开的原则。

1. 公平原则

所谓公平原则,是指在招标文件中向所有的物业服务企业提出的投标条件都是一致的。招标人不得以不合理条件限制或排斥潜在投标人,不得对潜在投标人实行歧视性待遇,不得对潜在投标人提出与招标物业服务项目实际不符的资格要求。如有的地方采取地方保护主义,限制外地的物业服务企业参加投标;有的地方从企业所有制角度进行限制,不允许民营物业服务企业参加投标;有的地方对某些潜在投标人详尽介绍项目情况并允许其考察项目,而对其他的潜在投标人则掩盖项目情况。这些做法不但损害了投标人的合法权益,而且也必然导致不公平的招标结果。

2. 公正原则

所谓公正原则,是指投标评定的准则是衡量所有投标书的尺度,即在公平原则的基础上,整个投标评定中所使用的准则应具有一贯性和普遍性。这一原则要求在评标委员会的组成、开标、评标、答辩、定标等整个过程中应严格遵守法律、法规和投标文件的规定,公正地对待每一个投标人,禁止任何单位或个人利用特权或优势获取不当利益。

3. 公开原则

所谓公开原则,是指在招标活动的各个环节要使相关信息保持高度透明,确保招标活动公平、公正地实施。这一原则要求在招标过程中,有关招标的条件、程序、评标方法、投标文件的要求、中标结果等信息，不但对所有的潜在投标人保持一致性，而且要公开透明，更不能对个别投标人公开而对其他的投标人隐瞒。若违背这一原则，实行暗箱操作，必然搅乱物业管理招标市场，严重损害物业管理行业的健康发展。

另外，在物业管理招标活动中还应坚持合理性原则。招标人选定投标的价格和要求必须合理，不能接受低于正常服务成本的标价，也不能脱离市场的实际情况，提出不切实际的管理服务要求。

为更好地落实以上招标原则，《中华人民共和国招标投标法》规定了招标活动中的以下禁止行为：

（1）招标人不得事先预定中标单位或设定不公平条件，不得在招标过程中以言行影响评标委员会或协助某一投标单位获得竞争优势；

（2）招标人不得违反规定拒绝与中标人签订合同；

（3）投标人不得与招标人或其他投标人串通报价，损害国家利益、社会公共利益或者他人的合法权益；

（4）投标人不得向招标人或者评标委员会成员行贿或以其他不正当手段获取中标。

（二）物业管理招标的条件

1. 主体条件

主体条件是指物业管理招标人必须具有的法律法规资格。在前期物业管理阶段，招标人为依法设立的物业建设单位；业主大会成立后，招标主体为业主大会。业主委员会实施招标的，须经业主大会授权，同时应将招投标的过程和结果及时向业主公开。招标项目为国家投资的项目，须经国有资产管理部门批准或授权后，方可由物业使用单位组织实施招标工作。

2. 项目条件

根据《物业管理条例》的规定，国家提倡建设单位通过招投标的方式选聘具有相应资质的物业服务企业。住宅物业的建设单位，应当通过招投标的方式选聘具有相应资质的物业服务企业；投标人少于3个或者住宅规模较小的，经物业所在地的区、县人民政府房地产行政主管部门批准，可以采用协议方式选聘具有相应资质的物业服务企业。由上述规定可知，必须通过招投标方式选聘物业服务企业的项目仅为建设单位新开发的住宅及同一物业管理区域内的非住宅；新开发的非住宅项目及业主大会选聘物业服务企业的项目，既可采取招投标方式，也可采取协议等其他方式。

（三）物业管理招标的程序

1. 成立招标机构

任何一项物业管理招标，招标人都应在房地产行政主管部门的指导、监督下成立招标机构,并由该机构全权负责整个招标活动。招标机构的主要职责是:拟定招标文件,组织投标、开标、评标和定标,组织签订物业服务合同。招标机构一旦成立,其职责将贯穿整个招投标过程。

成立招标机构主要有两种途径:一是招标人自行成立招标机构,自行组织招投标工作;二是招标人委托专门的物业管理招标代理机构招标。这两种途径都符合我国的相关规定,并各有特点。

2. 编制招标文件和标的

编制招标文件是招标工作最重要的任务之一。招标文件是招标机构向投标人提供的为进行投标工作所必需的文件。它是投标单位编制标书的主要依据。招标人应当根据项目的特点和需要,在招标前完成招标文件的编制工作。招标文件包括以下内容:

(1)招标公告或邀请书;

(2)投标企业资质审查表;

(3)投标须知;

(4)招标章程;

(5)招标项目说明书;

(6)合同主要条款;

(7)技术规范;

(8)其他事项的说明及法律法规规定的其他内容。

标的是招标人对招标项目的一种预期价格或预算价格。关于物业管理标的的编制,在实践中有多种情况。对于只对目标物业的服务进行服务方案策划招标的招标项目,主要是根据当地政府确定的收费标准、投标人的管理方案等选择中标人,一般可以不设标的;对于增加了收费报价测算的招标,由于在物业的服务费用报价上存在竞争,这时招标方可以依据有关规定和招标文件中所阐述的各种技术、质量和服务方面的要求测算出标的。这时,编制的标的可以作为衡量投标单位报价的准绳,也是评标和确定中标人的重要依据。

招标人应当在发布招标公告或发出投标邀请书的10日前,持物业服务项目开发建设的政府批件、招标公告或招标邀请书、招标文件及法律法规规定的其他材料,报物业服务项目所在地的县级以上人民政府房地产行政主管部门备案。

3. 发布招标公告或投标邀请书

根据《前期物业管理招标投标管理暂行办法》规定,招标人采取公开招标方式的,应当通过公共媒体发布招标公告,并同时在中国住宅与房地产信息网和中国物业管理协会网上发布免费招标公告。招标公告应当载明招标人的名称和地址、招标项目的基本情况以及获取招标文件的办法等事项。

招标人采取邀请招标方式的,应当向3个以上物业服务企业发出投标邀请书,投标邀请书应当包含上述招标公告载明的事项。

4. 审查与确认投标单位资格

资格审查是招标人的一项权利，也是招标实施过程中的一个重要步骤，特别是一些大型的公开招标项目，资格审查更是不可缺少的。招标人对投标人的资格审查可以分为资格预审和资格后审两种形式。在实践中，招标人采用资格预审方式的较多。根据《前期物业管理招标投标管理暂行办法》的规定，实行投标资格预审的物业服务项目，招标人应当在招标公告或者投标邀请书中载明资格预审的条件和获取资格预审文件的办法。资格预审文件一般包括资格预审申请书格式，申请人须知，投标申请人提供的企业资质文件、业绩、技术装备、财务状况及拟派项目负责人与主要管理人员的简历、业绩等证明材料。

在资格审查合格的投标申请人过多时，招标人可以从中选择不少于5家资格审查合格的投标申请人。资格审查后，招标人应当向资格审查合格的投标申请人发出资格审查合格通知书，告知获取招标文件的时间、地点和方法，并同时向不符合资格的投标申请人告知资格审查的结果。

5. 发售招标文件

招标人应当按招标公告或投标邀请书规定的时间、地点向投标方提供招标文件。除不可抗力外，招标人或招标代理机构在发布招标公告或发出投标邀请书后不得终止招标。招标人应当确定投标人编制投标文件所需要的合理时间。公开招标的物业服务项目，自招标文件发出之日起至投标人提交投标文件截止之日止，最短不得少于20日。招标人需要对已发出的招标文件进行必要的澄清或者修改的，应当在招标文件要求提交投标文件截止时间至少15日前，以书面形式通知所有的招标文件收受人。澄清或修改的内容为招标文件的组成部分。

6. 召开标前会议

标前会议是招标人在投标人递交投标文件前统一组织的一次项目情况介绍和问题答疑会议。其目的是澄清投标人提出的各类问题。标前会议通常安排在现场，或者先到现场考察，再集中开标前会议。《投标人须知》中一般应注明标前会议的日期，如日期变更，招标人应立即通知所有购买招标文件的投标人。标前会议通常在招标人所在地或招标项目所在地召开，以方便组织投标人进行项目考察。标前会议的记录和各种问题的统一解释或答复，均应整理成书面文件分发给参加标前会议和缺席的投标人。当标前会议形成的书面文件和原招标文件有不一致之处时，应以会议文件为准。

7. 接受投标文件

招标人应当按照招标文件规定的时间和地点接受投标文件。投标人送达投标文件时，招标人应检验投标文件的密封及送达时间是否符合要求，否则招标人有权拒收或作为废标处理。对符合条件者，招标人应发给回执。按国家规定，在投标截止期限前，投标人可以通过正式函件的形式调整报价及作补充说明。

招标人不得向其他人透露已获取招标文件的潜在投标人的名称、数量以及可能影响公平竞争的有关招投标的其他情况。

8. 成立评标委员会

评标委员会由招标人或招标代理机构负责组建。评标委员会由招标人的代表和物业管理专家组成，专家从房地产行政主管部门建立的物业管理评标专家库中采取随机抽取的方式确定。评标委员会的人数一般为5人以上单数，其中招标人代表以外的物业管理专家人数不得少于成员总数的2/3。与投标人有利害关系的人员不得成为评标委员会成员。评标委员会成员名单在开标前应严格保密。

评标委员会成员应遵守职业道德，客观、公正地履行职责，对所有的投标人一视同仁。评标委员会成员不得与任何投标人或者与投标结果有利害关系的人进行私下接触，不得收受投标人、中介人和其他利害关系人的财物或其他好处。

9. 开标、评标及中标

（1）开标。

开标应当在招标文件确定的提交投标文件截止时间的同一时间公开进行，开标地点应当为招标文件中指定的地点。开标由招标人主持，邀请所有的投标人参加。开标时，先有招标人或其推选的代表或其委托的公证机构检查投标文件的密封情况；确认无误后，由工作人员当众拆封，宣读投标人名称、投标价格和投标文件的其他内容。开标过程应当进行记录，并存档备查。

（2）评标。

物业管理评标一般分为评议标书和现场答辩两个阶段。开标过程结束后立即进入评标程序。评标由评标委员会负责。评标委员会成员评议投标人递交的标书。评议标书应当在严格保密的情况下，由评标委员会根据招标文件规定的要求、评分方式和标准，采取集中会议的方式对所有的投标文件进行严格的审查和比较。评标由每位评委按百分制独立评分，然后按简单算术平均法计算每份投标书的分值。如果招标文件中规定进行现场答辩会的，在标书评议结束后由评标委员会进行现场答辩。现场答辩成绩由评委按评分标准独立评分，并按简单算术平均法计算各投标单位的分值。最后由评标委员会根据标书评议分、现场答辩分以及招标单位到投标单位现场采样的信誉分，按权重比例进行叠加计算，排出名次。

评标委员会完成评标后，应当向招标人提出书面评标报告，阐明评标委员会对各投标文件的评审和比较意见，并按照招标文件规定的评标标准和评标方法，推荐不超过3名有排序的合格的中标候选人。招标人应当按照中标候选人的排序确定中标人。当确定的中标候选人放弃中标或者因不可抗力提出不能履行合同的，招标人可以依序确定其他的中标候选人为中标人。

(3) 中标及签订合同。

根据《前期物业管理招标投标管理暂行办法》的规定，招标人应当在投标有效截止时限 30 日前确定中标人。投标有效期应当在招标文件中载明。招标人应当向中标人发出中标通知书，同时将招标结果通知所有未中标的投标人，并返还其标书。招标人应当自确定中标人之日起 15 日内，持有关材料向物业所在地的县级以上房地产行政主管部门备案。招标人和中标人应当自中标通知书发出之日起 30 日内，按照招标文件和中标人的投标文件订立书面合同；招标人和中标人不得再行订立背离合同实质内容的其他协议。招标人无正当理由不与中标人签订合同，给中标人造成损失的，招标人应当给予赔偿。

（四）物业管理招标的时间规定

根据《前期物业管理招标投标管理暂行办法》的规定，通过招标方式选择物业服务企业的，招标人应当按照以下规定时限完成物业管理招投标工作：

(1) 新建现售商品房项目应当在现售前 30 日完成；

(2) 预售商品房应当在取得《商品房预售许可证》之前完成；

(3) 非出售的新建物业项目应当在交付使用前 90 日内完成。

第二节　物业管理投标

一、物业管理投标的条件和程序

（一）物业服务企业参与投标的条件

1. 必须符合法律法规规定的要求

根据我国法律、法规的规定，物业服务企业参与物业管理投标首先应当取得工商行政管理部门颁发的《企业法人营业执照》和房地产行政主管部门颁发的《物业服务企业资质证书》后，方可具有参与物业管理投标的主体资格；其次要符合不同资质等级物业服务企业承接物业权限的规定。《物业服务企业资质管理办法》规定：一级资质物业服务企业可以承接各种物业服务项目；二级资质物业服务企业可以承接 30 万平方米以下的住宅项目和 8 万平方米以下的非住宅项目的物业管理业务；三级资质物业服务企业可以承接 20 万平方米以下住宅项目和 5 万平方米以下的非住宅项目的物业管理业务。物业服务企业不得越权承接物业服务项目。

2. 必须符合招标方规定的要求

在物业管理招投标中,招标方在招标文件中除要求投标人应具备相应的资质条件外,一般还会要求投标人具有与投标物业类似项目的管理经验与业绩,并对投标人的资金、管理和技术实力,投标人的商业信誉,拟派驻项目管理人员的条件,物业管理服务内容和服务标准,投标书的制作,合同条款等方面提出具体的要求。投标人只有符合这些条件和要求才有中标的可能性。

(二)物业管理投标的程序

1. 获取招标物业相关信息

物业管理市场竞争日益激烈,谁能迅速、准确地获得第一手信息,谁就可能成为竞争的优胜者。虽然物业服务企业可以随时通过公共媒介查阅物业管理招标的相关信息,但是对于一些大型或复杂的物业服务项目,待看到招标公告后再作投标准备就非常仓促,尤其是对于邀请招标,更有必要提前介入,对项目进行跟踪,获得招标人的信任。根据招标方式的不同,招标人可通过以下方式获取招标项目的信息:一是通过公共媒体获取公开招标项目的信息;二是招标方的邀请;三是经常派业务人员深入各个建设单位和部门,广泛联系收集信息;四是从老客户手中获取其后续物业招标的信息;五是通过咨询公司或业务单位介绍招标信息。

2. 进行投标可行性分析,决定是否竞标

一项物业管理投标从购买招标文件到送出标书,涉及大量的人力、物力支出,一旦投标失败,其所有的前期投入都将付之东流,给企业造成很大的损失。另外,如决策失误也会对中标后的项目管理招致很大的风险。因此物业服务企业在获取招标信息后应组织专业人员进行可行性分析,制定相应的投标策略和风险控制措施,以保证投标的成功或避免企业遭受损失。可行性分析的内容主要有以下几个方面。

(1) 招标物业的基本情况分析。

了解招标物业的基本情况非常重要。因为不同性质的物业所要求的服务内容、质量标准、技术力量有很大的区别。物业的基本情况主要包括物业的性质、类型、建筑面积、投资规模、使用周期、建筑设计规划、配套设施设备等。物业服务企业可以通过招标文件、现场踏勘、标前会议等渠道获取物业服务项目的基本情况。只有了解了物业服务项目的基本情况才可以为做好项目的组织架构设计、人员及岗位的设置、费用测算等提供准确的依据。

(2) 招标项目的定位分析。

招标物业的定位是在分析招标项目基本情况的基础上,通过进一步的调查,分析招标物业所在地的人文环境、经济环境、政治和法律环境,搞好招标物业服务项目的功能定位、形象定位和市场定位。项目定位分析的目的是为了准确确定招标物业的服务内容、服务标准和服务费价格等，这些都是投标文件的核心内容。

（3）对业主物业管理服务的需求调查。

物业的类型、档次不同，业主与物业使用人对物业管理服务的内容和要求也有很大的区别。如政府办公物业和居住物业的使用人对物业管理服务的内容和要求会有很大的区别，普通居住小区和高档别墅区的住用人对物业管理服务的内容和要求也会有很大的区别。业主对物业管理服务的需求调查主要包括业主需求的内容、标准、物业服务消费的承受能力等。

对业主的物业服务需求调查主要有两条渠道：一是详细阅读物业管理招标文件中对物业管理服务内容、要求的具体规定；二是通过市场调研的方式了解招标物业业主的文化层次、生活需求以及对物业管理服务的期望与要求。做好对业主物业管理服务需求的调查，主要为制订物业管理方案中的服务重点和管理措施提供重要依据。

（4）物业开发商背景分析。

这一层面的分析包括开发商的技术力量、信誉度等。因为物业的质量取决于开发商的设计、施工质量，而有些质量问题只有在物业服务企业接管后才会发现，这必然会增大物业服务企业的维护费用，甚至还有可能影响物业服务企业的信誉。因此物业服务企业可以通过对开发商以往所建项目质量的调查以及其他的物业服务企业与之合作的情况，分析判断招标物业开发商的可靠性，尽量选择信誉好、易于协调的开发商所开发的项目。

（5）物业招标背景分析。

有时招标文件会由于招标者的利益趋向而呈现出某种明显偏向，这对于其他的投标公司而言是极为不利的。因此在阅读招标书时，物业服务企业应特别注意其中有无特殊要求，这有利于物业服务企业做出优劣势判断。如某物业服务项目的物业管理招标书中写明必须提供某项服务，而本地又仅有一家物业服务企业可以提供该项服务，这时投标人应注意该物业服务企业是否参与投标，它与招标方的关系是否密切。这些细枝末节看似无关紧要，但万一忽略，则有可能导致投标失败。

（6）竞争对手分析。

知己知彼，方能百战不殆。对竞争对手的分析主要包括：了解竞争对手的数量和综合实力；竞争对手所管物业的社会影响程度；竞争对手与招标方有无背景联系或物业招标前双方是否存在关联交易；竞争对手对招标项目是否具有绝对优势及其可能采取的投标策略等。

（7）本企业投标条件分析。

本企业投标条件分析主要包括：招标项目的区域、类型和规模是否符合本企业的发展规划；是否符合企业确定的目标客户；预测的盈利、项目风险是否在企业可承受的范围内；企业现有的人力、物力、财力能否满足投标项目的需要等。

（8）风险分析。

物业管理投标的风险主要包括以下几个方面。

（1）来自招标人和招标物业的风险。

如招标人提出有失公平的特殊条件、未告知可能会直接影响投标结果的信息、招标人和其他的投标人存在关联交易等，这些都会造成不公正的招标结果，给投标人带来很大的风险。

（2）投标人自身失误带来的风险。

如投标人未进行必要的可行性分析，以致造成投标决策和投标策略的失误；盲目做出服务承诺和价格测算失误，造成未中标或中标后经营亏损等。

（3）来自竞争对手的风险。

如竞争对手采取低价竞争、采取欺诈、行贿、串通、窃取他人的投标资料和商业秘密等不正当手段获取不当得利，都会给其他的投标人带来很大的风险。

（4）通货膨胀风险。

主要由于通货膨胀引起的设备、人工等价格上涨，导致其中标后实际运行成本费用大大超过其预算，甚至出现亏损。

物业服务企业只有在投标前对上述因素进行认真细致地分析、评估才能制定出适合自身条件的竞标策略，尽量规避风险，使自己立于不败之地。

3. 登记并取得招标文件

在确定参与投标后，物业服务企业应当按照招标公告或投标邀请书指定的地点和方式登记并取得招标文件。

4. 编制投标文件

投标文件又称投标书，一般由投标函、投标报价表、资格证明文件、物业管理方案和招标文件要求的其他材料组成。常见的做法是根据其性质不同分为商务文件和技术文件两大类。商务文件又叫商务标，主要包括公司简介、公司资格及资信证明文件、投标报价表等资料。技术文件又称技术标，主要包括物业管理方案和招标方要求提供的其他资料。

有的招标方要求投标人在投标文件中禁止透露反映本企业情况的文字、数据或报价等，这时投标方应特别注意。投标人应严格按招标文件的要求编制投标书，并对招标文件提出的实质性要求和条件做出响应。

5. 封送投标文件

投标文件全部编制完毕后，投标人即可将密封好的标书派专人或通过邮寄方式送交招标人。封送标书的一般惯例是，投标人应将所有的投标文件按照招标文件的要求准备正本和副本；标书的正本和每一份副本应分别包装，而且都必须用内外两层封套分别包装与密封，密封后打上"正本"与"副本"的印记；两层封套上均应按投标邀请书的规定写明招标地址和收件人，并注明投标文件的编号、物业名称等，内层封套是用于原封退还投标文件的，因此应写明投标人的地址和名称。另外，所有的投标文件都必须按招标人在招标公告或投标邀请书中规定的投标截止时间之前送至招标人，否则，将很可能成为废标。

6. 参加开标和现场答辩

在接到开标通知后,投标人应按规定的时间、地点参加开标会议。招标人要求进行现场答辩时,投标人应事先做好准备,按时参加,注意答辩时的仪容仪表,做到谈吐大方、答题准确。有的招标文件要求参加的答辩人员必须是投标单位拟派项目管理人员时,投标人必须按照投标文件中的承诺派人应辩,未经招标人的同意不得更换。

7. 签约并执行合同

在收到中标通知后,投标人应在 30 日内与招标人签订物业服务合同。另外,双方还应及时协商,做好人员进驻、实施管理前的各项准备工作。

8. 资料整理与归档

无论是否中标,在竞标结束后投标人都应将投标过程中的一些重要文件进行分类归档与保存。这样既为中标企业在合同履行中解决争议提供原始资料,又可为竞标失利的企业分析失败原因提供资料。投标文件主要包括:招标文件,对招标文件进行澄清或修改的会议记录或书面文件、投标文件,同招标方的往来信函等。

二、物业管理投标书的编写

(一)物业管理投标书的编制要求

为了能够竞标成功,物业服务企业在编制标书的过程中除应特别注意投标书的质量、印刷、装潢外,还应特别注意以下几点。

1. 响应性

物业管理投标书的格式、具体内容、应提交的资料、投标报价等必须响应并符合招标文件的具体要求,不得缺项或漏项,否则很难竞标成功。

2. 合法性

物业管理是一项法律法规要求很严的服务性工作。因此物业服务企业在编制投标书时,必须符合国家法律、法规、规章的具体规定,否则同样难以竞标成功。如某城市价格主管部门规定居住小区的物业服务费用实行政府指导价,一级收费基准价为每月每平方米 0.80 元,某投标书的标价为每月每平方米 0.95 元,则违反了价格主管部门的规定。又如某地方法规规定,居住小区道路两旁的车位是否收费、收费标准应经业主大会决定,某物业服务企业的投标书中却私自规定道路两旁停车位的收费标准,这也同样违反了地方法规的规定。

3. 客观合理性

这里包括两层含义。第一是物业管理投标书本质上是物业服务企业根据对招标物业状况的了解,利用自身管理经验和知识编制的目标物业管理方案。因此,投标书中提出的各项管理措施必须结合招标物业的实际具有可操作性，切勿千篇一律，不切实际，难以实施。第二是物业服务费用的价格必须合理。如实行酬金制的物业服务项目，投标方不能为了取得超额利润而虚报物业服务成本；又如有的物业服务企业实行亏本竞标策略。世界上没有免费的午餐，其结果必然是中标后减少物业服务项目或降低物业管理服务质量。

（二）物业管理投标书的组成

物业管理投标书，即投标人须知中规定投标者必须提交的全部文件主要包括以下内容。

1. 投标函

投票函是投标人发给招标人，表示已完全理解招标文件并做出承诺和说明的书面函件。投标函的主要内容包括：

（1）表明投标人完全愿意按招标文件中的规定承担物业管理服务，按期、保质完成投标项目的物业管理工作；

（2）表明投标人接受物业服务合同全部委托服务的期限；

（3）说明投标报价的有效期；

（4）说明投标人所有投标文件、附件的真实性和合法性，并愿承担由此造成的一切后果；

（5）表明如投标人中标，将按投标文件中的承诺与招标人签订物业服务合同；

（6）表明对招标人接受其他投标人的理解；

（7）本投标如被接受，投标人愿意按照招标文件规定金额提供履约保证金。

2. 投标报价

投标报价的主要内容包括：

（1）物业服务费用单价、总报价、年费用；

（2）企业资质等级；

（3）出现问题服务响应的时间；

（4）有无其他的优惠条款。

3. 物业管理方案

物业管理方案的基本内容主要包括：招标物业服务项目管理的整体设想和构思，拟采取的管理方式和运作程序，人员的配备、培训计划，拟接项目的物资装备计划，管理指标与管理措施，管理制度，整体工作计划，日常物业管理实施计划，档案资料的建立和管理，费用测算和成本控制措施。

4. 招标文件要求提供的其他材料

招标文件要求提供的其他材料主要包括：投标单位的情况简介、企业资格证明文件及资信证明文件，企业主要业绩，中介机构出具的财务状况报告及招标文件要求提供的其他资料等。

（三）物业管理方案的主要内容

物业管理方案的具体内容应严格按照招标文件的要求编制。由于招标物业的具体情况、招标单位的要求不同，物业管理方案的具体结构内容也会有所不同。通常一份完整的物业管理方案应包括以下主要内容。

1. 招标物业服务项目管理的整体设想和构思

这是物业管理方案的核心内容之一，也是编制物业管理方案其他内容的基础。对招标物业的整体设想和构思必须在对项目进行分析研究的基础上确定。因此项目分析是编制物业管理方案的基础。

招标物业服务项目管理的整体设想和构思的主要内容包括以下几个方面。

（1）进行项目分析和项目定位。

首先，依据招标文件、现场踏勘、招标答疑会等渠道获取的资料，用简明扼要的语言介绍招标物业的建筑面积、占地面积，物业的性质、类型、使用功能等基本情况，篇幅不宜过长。其次，进行客户服务需求分析，简明介绍潜在客户群体的定位和服务需求的特征。再次，进行项目的可行性研究和项目定位，用简练的语言概括招标物业的市场定位及投标企业承担该项目的管理服务优势等。如某大厦位于某城市的繁华地段，建筑面积3.2万平方米，设施设备齐全先进，智能化程度高，该项目以写字楼为主，集商业零售、餐饮、娱乐、会议服务于一体。某投标物业服务企业为其编制的物业管理投标书中，根据该项目特征确定了"现代、高效、环保、繁荣"的整体形象定位。这一定位完整展示了该项目现代化的商务办公形象，诠释了塑造进取、创新和富有效率的商务氛围，树立绿色环保的社会形象的总体服务要求。

（2）物业管理服务的重点及难点。

投标人在分析了招标物业的基本情况和客户服务需求，明晰项目定位的基础上，应进一步分析招标物业项目物业管理服务的重点和难点。这不仅是招标人和业主最关心的问题，也是显示投标人专业能力和管理水平的标志之一。只有找准招标项目物业管理服务的重点和难点，才能有针对性地提出相应的措施。

一般而言，写字楼物业和综合性商业物业管理服务的重点和难点主要是商务经营和设施设备管理等方面；工业物业管理服务的重点和难点主要体现在消防、污染控制及货物、人员的管理等方面；政府物业管理服务的重点和难点主要体现在维护政府形象、内部特约服务、会议接待、安全及保密管理等方面；居住类物业管理服务的重点和难点主要体现在基础性的物业管理服务内容方面。

（3）确定物业管理服务的主要措施。

物业投标人在进行了招标项目可行性分析，理清物业管理服务的重点和难点后，要确定最符合物业实际情况和业主需求的主要管理措施。否则，上述分析再充分也只是空中楼阁，形同虚设。如某物业服务企业竞标某高档物业小区所作的物业管理方案中，首先分析了该项目的基本情况、业主服务需求和管理服务的重点，然后针对该项目提出了以下重点管理措施：①智能化管理上，做到"三个到位"；②在公共秩序管理上，运用先进科技手段，做到"三防结合，确保安全"；③装修管理上情理手段、法律手段并用；④精心养护园区绿化，实施垃圾分流，加强园区环境建设和环保建设；⑤实行大围合整体管理和小围合局部管理相结合的管理办法；⑥实施对电梯、安保等方面的专业化服务；⑦充分借鉴成功经验，开展卓有成效的社区活动；⑧运用科技手段，进行合理调度，有序停车。

2. 拟采取的管理方式和运作程序

拟采取的管理方式和运作程序主要包括以下内容。

（1）组织架构。

物业管理方案中的组织架构一般分为以下两级架构。

① 物业服务企业的组织架构。

现在大多数的物业服务企业实行董事会领导下的总经理负责制。企业所属中层管理部门的设置数量、名称无千篇一律的固定模式，一般设置综合管理部、财务部、人力资源部、品质管理部、市场拓展部、工程部和经营管理部等部门。物业服务企业的架构一般用图表表示给招标方看。

② 项目管理部（或物业服务处）组织架构。

项目管理部大多采用直线制的组织形式，主要依据物业规模、物业类型、服务内容等情况设置机构。如山东济南某写字楼大厦设置了以客户服务部为中枢，机电工程部、保安部、环境管理部和品质管理部等相关部门密切协同运作的组织架构。设计项目管理部的组织架构时，要把机构、岗位及人数设置等情况用图表一并表示出来，让招标方一目了然。

（2）运作程序。

运作程序一般由项目整体运作流程、内部运作流程及信息反馈流程组成，一般采用流程图的方法进行展示。流程设计要遵循全面、高效、合理的原则，准确、高效、真实地反映组织结构的功能及运作方式。

（3）管理机制。

没有好的管理机制，项目物业管理服务的目标就没法实现。管理机制一般由目标管理责任制、激励机制和监督机制组成。目标管理责任制就是将根据项目管理目标制定的各项指标主要以量化的形式分解给项目的各个部门，并赋予相应的权利，实行责权利的结合；激励机制是在目标管理责任制的基础上设计的激励办法；监督机制是通过政府、业主、社会舆论和企业内部管理等渠道实现的项目运作监督机制。

3. 人员的配备、培训计划

（1）人员的配备计划。

人员的配备计划主要包括各类人员的编制和专业素质要求等内容。项目中层及以上管理人员应根据物业招标文件的要求列表，具体内容包括人员的姓名、性别、年龄、学历、职称、所学专业和主要从业经历等，操作层员工应列明聘用条件。

（2）人员的培训计划。

人员的培训主要分为岗前培训和岗中培训两种形式。人员培训计划主要包括项目各类人员培训的内容、时间、方式、地点、目标、主讲人和管理措施等内容，一般采用列表方式说明。

4. 拟接项目的物资装备计划

制订物资装备计划必须以满足项目管理需要为目的，区分轻重缓急，从办公、维修、清洁绿化、秩序维护和员工生活等方面分类用表格的形式进行表述，并注明名称、数量、单价和总价等。

5. 管理指标与管理措施

（1）管理指标。

管理指标通常由项目管理总体目标和质量指标两部分组成。如在招标文件中有具体要求的，投标人应在物业管理方案中对招标人提出的各项管理指标进行明确的响应。如招标人在招标文件中未提出具体要求的，投标人在物业管理方案中可依据国家或地方制定的物业服务标准和收费标准等确定总体目标和质量指标。制定管理指标，一要响应招标文件的具体要求，二要实事求是、量力而行，切勿盲目承诺。管理指标通常采用表格的形式进行表述。

（2）管理措施。

管理措施是投标人为完成投标文件中所承诺的各项管理指标而采取的措施。可以采用表格的形式将主要管理措施与管理指标相对应进行详细的描述。制定管理措施时，既要与管理指标相对应，又要量力而行。

6. 管理制度

管理制度由公众管理制度和内部管理制度两部分组成。公众管理制度主要是针对业主与物业使用人有关物业使用、维护等方面而制定的制度，主要包括管理规约、装修管理、消防管理、电梯使用管理、临时用电管理、精神文明公约、车辆管理、物业使用管理、道路管理和绿化管理等方面。内部管理制度主要是针对内部员工而制定的管理制度，主要包括部门职责、岗位职责、员工考核、财务管理、员工工作标准和质量考核等方面的内容。如招标文件无具体的要求，一般在物业管理方案中列出管理制度的目录即可，没有必要列出各项管理制度的全文。

7. 整体工作计划

整体工作计划的制订要紧密结合物业管理的内容、工作重点，并结合招标文件的具体要求进行综合考虑。工作计划大致包括筹备期、交接期和正常运作期三个阶段，每个阶段包括项目、工作内容和完成时间等。以某居住小区为例，筹备期的工作计划主要包括签订前期物业服务合同、拟定物业管理方案、拟定财务预算、筹建项目机构、招聘培训员工、完善办公住宿条件、制定管理制度和物业验收与接管等。交接期的工作计划主要包括办理入住手续、住户装修管理、档案资料的建立和管理等内容。正常运作期的工作计划主要包括房屋及共用设施设备的维修保养、公共秩序维护、物业环境管理、财务管理、开展社区文化活动、便民服务的开展、用户满意度调查和创优活动等内容。整体工作计划一般采用表格式进行描述。

8. 日常物业管理实施计划

日常物业管理实施计划是物业管理方案的重点内容之一。要依据招标文件的具体要求和物业管理的任务编制日常物业管理实施计划，重点是将各项物业管理服务内容的工作要求、重点和运行管理等进行详细描述。如某物业服务项目，招标人在招标文件中要求投标企业将日常物业管理服务中的房屋及共用设施设备管理、机电设施设备管理、安全管理、绿化管理、清洁管理、车辆管理、社区文化活动、消防管理和紧急事件处理等分别列出实施方案。制订日常物业管理实施计划时要紧密结合项目的实际情况，切勿照抄、千篇一律。

9. 档案资料的建立和管理

档案资料应采取系统、科学的方法进行收集、分类、储存和利用。分类应严格按照原建设部《关于修订全国物业管理示范大厦及有关考评验收工作的通知》的标准执行。档案资料的体系内容可以用表格的形式进行阐述，具体的管理可采用流程图和文字相结合的方式。另外，物业服务企业要制定一套严格的借阅、保密管理措施。

10. 费用测算

（1）物业服务费用的测算依据。

物业服务费用是物业管理运作的基础与保证，也是招投标双方最为关心的问题，所以必须对投标物业进行管理费用的测算。物业服务企业要根据拟接管的物业的类型、配套设施设备的档次、服务内容和服务标准，并参照物业所在地区同档次物业的收费标准及企业现有日常综合管理的经验数据进行全面、具体的测验。

（2）费用测算的内容。

① 物业服务收入测算。

物业服务收入主要包括物业服务费用收入及其他法律规定或合同约定归物业服务企业

支配的经营性收入，如停车场收入、物业租赁及经营收入、有偿特约服务收入等。

② 物业服务成本。

物业服务成本是指物业服务企业在从事物业服务项目管理服务过程中所必须耗费的社会平均费用和合理利润之和。物业服务费一般由人员费用、物业共用部位和共用设施设备日常运行和维护费用、绿化养护费用、清洁卫生费用、秩序维护费用、物业共用部位和共用设施设备及公众责任保险费用、办公费用、管理费分摊、固定资产折旧费、税费、利润等部分组成。在测算物业服务费用时具体测算哪些分项费用要依据招标文件中的具体规定，同时还要注意酬金制和包干制的区别。

11. 成本控制措施

（1）充分调动全体员工的积极性，将控制成本费用贯穿于成本费用形成的全过程。

（2）成本费用控制应与提供优质的物业管理服务相结合，不能为降低耗费而不提供或少提供服务。

（3）将成本费用控制与项目全体员工的责权利相结合。

（4）成本由不变成本和可变成本构成。在制订成本控制方案时，应重点控制可变成本。

三、物业管理投标的技巧与策略

（一）编制物业管理投标书的技巧

1. 投标书的内容要全，语言要简练

投标书既可以反映一个企业的整体实力，又能反映出一个企业的管理水平。物业服务企业在编制投标书时要注意两点。一是投标书的内容要齐全。在编制投标书的过程中，要严格按招标文件的要求编写，不能有漏项，否则在评标中必然受到损失；在测算物业服务费用时，各项费用的计算既要合理，又要全面，更不能漏项，否则也会使企业中标后蒙受损失。二是语言要规范精炼，做到明了、精炼、自然、实在。"明了"即让人看了通俗易懂，明明白白；"精炼"即要求语言文字精炼、言简意赅、层次分明、具有吸引力；"自然"即让评标专家看了投标书后有春意浓浓、引人入胜的感觉；"实在"即投标书里所写的内容及所承诺的条款实事求是、实实在在。

2. 介绍企业时要如实可信，注意概括

投标资料中，有一项内容是介绍企业情况，主要是让招标方了解企业的基本情况、企业理念和主要业绩。介绍企业业绩时要真实可信，去掉不切实际的夸张和描述，最好是用表格的方式展示企业获取的各种荣誉证书和获奖证书；介绍企业的其他情况时，要注意用精炼的语言进行全面概括，切勿连篇累牍。如上海某物业服务企业介绍自己的管理情况时这样写道"质量方针：建一流公司、创一流管理、管一流物业、出一流人才；公司信誉：依法经营、严格管理，规范服务"。又如上海某物业服务企业这样介绍自己的企业理念"你所想到的,我们将为你做好;你未想到的,我们将为你做到"。

3. 打管理特色牌

打管理特色牌也是编制投标书时常用的一个技巧,面对强手如林的竞争对手,虽然各自都在管理中有一套经验,但要中标确需动一番脑筋,不能泛泛而谈,而要推行"你无我有,你有我优"的策略。如有一家物业服务企业将强化制度、强化管理和人性化管理相结合,提出了"好保姆、好管家、好朋友"的物业管理服务宗旨。

4. 打换位思考牌

所谓换位思考,就是不能仅仅站在投标人的立场上想问题,而是换位在招标人的立场上考虑问题。如有的开发商公开招标选择物业服务企业的目的是为了找出"卖点",视之为房地产营销的重要手段;有的招标人选聘物业服务企业的目的是为了找一家好的企业把目标物业管理好,服务更周到,费用又节省。因此,我们应分别针对招标人的不同需求编制满足他们不同需要的投标书。如上海东方电视塔邀标时,某一家物业服务企业利用换位思考策略提出了"不赚东视人的钱,而要为东视人赚钱;不是东视人,要有东视的神(精神)"的服务宗旨,结果一举夺标。

5. 打服务承诺牌

近几年,国家及各省、市陆续出台了一些物业管理服务质量标准。如原建设部2000年颁布实施的《全国物业管理示范住宅小区(示范大厦、示范工业区)标准及评分细则》、中国物业管理协会2004年颁布实施的《普通住宅小区物业管理服务等级标准》、山东省制定的《山东省物业管理服务等级标准》。上述各类标准中,不同的服务等级均制定了相应的量化指标。物业服务企业在编制物业管理方案时,在质价相符、量力而行的前提下,对物业招标人承诺的质量指标如能高于国家或行业颁布的相应等级的标准,也会增加物业管理方案的亮点,提高中标的概率。需要注意的是,打服务承诺牌的前提是实事求是,具有可行性,切勿盲目承诺。

6. 打有偿服务与无偿服务相结合牌

物业管理服务的本质特征是有偿性,物业服务企业追求合理的利润是正常的。现在不少有实力的物业服务企业在立足本职、努力为业主提供各种有偿服务的同时,也尽其所能的为业主提供一些无偿服务项目,进一步融洽物业服务企业和业主及物业使用人的关系。物业服务企业在编制物业管理方案时,在自身条件允许的情况下,如能承诺为业主提供一些无偿服务项目,既会受到招标方的欢迎,也会增加中标的概率。

(二)制定投标报价的策略和技巧

投标报价是一项技术性和技巧性很强的工作。在投标过程中,要对项目的运作经营管理成本进行准确的计算,确定合理的利润空间,在此基础上预测标的和竞争对手的报价范围。如有可能,可补充一些优惠条件作为报价的附加。在运用好以上投标报价策略的基础上,还要学会采取以下报价的技巧。

1. 多方案报价

多方案报价是指在邀请招标、议标、招标文件不明确或项目本身有多个方案存在时,投标人可准备两个或两个以上的报价,最后与招标方进行协商。

2. 保本报价

保本报价是指按成本加微利报价。这一技巧适用于规模大、远景效益好的项目。这时物业服务企业追求的是规模效益或远景效益。

(三)现场答辩的技巧

开标前,要选择经验丰富、性格沉稳、熟悉项目情况和招投标文件的答辩人。答辩人要做好充分准备并做好模拟演练。

开标时,注重自己的仪容仪表,时刻保持良好的精神状态。介绍标书情况时要重点突出、特色鲜明,重点讲清招标人最为关注的问题,充分体现投标企业的信心和实力。回答问题时要果断、明确、准确,感染招标方和评委,切勿匆忙回答或含糊其辞。

(四)签约谈判的技巧

(1)在签约谈判时要准确把握对方的真实意图,准确判断对方履行合同的诚意和能力。

(2)物业服务合同的主要条款宜细不宜粗,尤其要注意细化以下主要条款:物业服务的项目要逐项写清,不能遗漏;详细约定每项管理服务项目包括的具体内容,如房屋共用部位的维修、养护、管理应包括楼盖、屋顶、楼梯间、公用走廊、承重结构、外墙面等;详细约定各项具体内容的管理服务质量标准,如垃圾清运的频率是一天一次还是两天一次;详细约定在上述的管理服务内容和质量标准下应收取的费用。

(3)既要实事求是,又要留有余地。如对于"24小时供应热水"的服务承诺,在最初仅个别业主入住时则很难做到,应在合同中说明。又如分期建设的住宅小区,在首期的合同中就不应该把小区全部建成后才能提供的管理服务项目列入。

(4)利用免责条款,尽量规避风险。订立合同时应本着公平合理的原则,根据物业的具体情况设立免责条款,明确免责的事项和内容。如在物业服务合同中应当明确物业服务费不包括业主与物业使用人的人身保险、财产保管等费用,以免引起不必要的纠纷。

本 章 小 结

　　物业管理招投标是物业管理市场化的必然要求。物业管理招标主体有房地产开发企业、业主大会和物业产权人三种类型。物业类型、管理服务内容和管理方式不同，物业管理招标的类型也不相同。公开招标和邀请招标是法定的招标方式，协议招标只能在特定条件下方可允许使用。物业管理招标具有超前性、长期性和阶段性的特点。物业管理招标必须坚持公开、公平、公正和合理性原则。国家对物业管理招标人的资格条件和项目条件都有明确规定。在具体实施招标活动时，招标人应按法定程序公开透明地进行，并应在国家规定时间内完成选聘物业服务企业的工作。物业服务企业只有取得营业执照和资质证书后方可具有投标资格，同时应在《物业服务企业资质管理办法》规定的权限内参与投标，承接物业。编制物业管理投标文件要符合响应性、合法性和客观合理性的要求。物业管理投标文件由投标函、投标报价表、物业管理方案和招标文件要求的其他资料组成，通常将其分为商务标和技术标两大部分。物业管理方案目前无统一固定的格式，一份较完整的方案主要包括招标物业服务项目的整体设想和构思、拟采取的管理方式和运作程序，人员配备、培训计划，拟接项目的物资装备计划，管理指标与管理措施、管理制度，整体工作计划，日常物业管理实施计划，档案资料的建立与管理，费用测算与成本控制措施等十一项内容。只有掌握编制物业管理方案、投标报价和签约谈判的技巧，方能胸有成竹、竞标成功。

复习思考题

1. 物业管理招标的主体有哪些？
2. 物业管理招标的类型是如何划分的？
3. 物业管理招标的方式、特点有哪些？
4. 物业管理招标的原则有哪些？
5. 物业管理招标的条件是什么？
6. 物业管理招标有哪些程序？
7. 简述物业管理投标的条件和程序。
8. 编制物业管理方案的要求是什么？
9. 物业管理方案的主要内容有哪些？
10. 在编制物业管理方案、确定投标报价和签约谈判时应掌握哪些技巧？

第三章
早期介入与前期物业管理

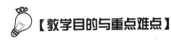
【教学目的与重点难点】

通过本章的学习,学生应掌握早期介入和前期物业管理的概念,了解早期介入的意义和工作内容,物业服务企业参与规划、设计、施工、竣工验收的基本工作要点,熟悉前期物业管理的内容和特点。重点在于早期介入在各个阶段的内容和注意事项,难点在于前期物业管理的特殊内容及工作要点。

第一节 物业管理的早期介入

我国的物业管理一直滞后于物业的规划设计和施工阶段,这种脱节现象导致建设单位在规划设计中往往只考虑房屋和配套设施,而忽略房屋建成以后管理方面的因素,如没有物业管理用房,泊车位不够用,住房使用功能不全,空调位置未考虑,建筑物内的管线布局不利于日后的维修养护,水电和安保设施等配套方面存在问题等。这种整体布局上的问题使得业主与物业使用人非常不满,又增加了物业管理工作的难度,导致很多的问题难以解决和弥补。在物业的策划、设计、建设阶段就选择物业服务企业早期介入,充分利用物业服务企业使用物业和管理物业的经验和知识,对于方便业主,发挥物业的最大价值具有重要意义。

一、物业管理早期介入的概念

物业管理早期介入是指物业服务企业在接管物业之前,就参与物业的策划、规划设计和建设,从业主与物业使用人及物业管理的角度提出意见和建议,以便物业建成后能满足业主与物业使用人的需求,方便物业管理。

二、物业管理早期介入的作用

1. 完善物业的规划和使用功能

即在物业布局、配套,建筑造型,房屋设计,电力负荷设计,垃圾站点布设,建材选用,供电供水,污水处理,电话,有线电视等的管线铺设、空调排烟孔预留等方面根据经验提出建设性意见。充分考虑业主与物业使用人生活的安全、舒适与便利。

2. 更好地监理施工质量

消除施工质量的隐患,保证后期业主与物业使用人的可靠性使用和物业管理的方便。

3. 为承接查验打下基础

由于对物业的土建结构、管线走向、设施建设、设备安装等情况了如指掌,有利于物业服务企业缩短验收时间、提高验收质量,有利于对发现问题的善后处理,维护业主与物业使用人的利益。

4. 便于日后对物业的管理

(1)方便日后维修保养计划的制订。
(2)方便日后检修,缩短检修时间。

（3）易保证维修质量。
（4）方便后期改建改造。

三、早期介入的形式与工作内容

物业管理的早期介入在物业建设与使用中按时间顺序参见图 3-1。

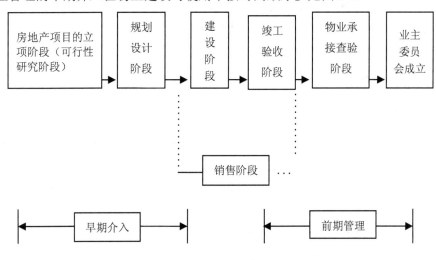

图 3-1　早期介入流程图

从图 3-1 中可以看出，物业服务企业和物业建设单位在前期活动中分为两阶段：一是物业管理的早期介入阶段，二是自承接查验开始的前期管理阶段。本节所讲的早期介入主要是指物业验收之前的物业管理活动。

以下是物业管理在各个阶段介入的形式、工作内容及注意事项。

（一）项目可行性研究阶段

1. 介入形式

向物业建设单位及其聘请的专业机构提供专业咨询意见，同时对未来的物业管理进行总体规划。

2. 工作内容

（1）根据物业建设成本及目标客户群的定位确定物业管理的模式。
（2）根据规划和配套设施确定物业管理服务的基本内容。
（3）根据目标客户情况确定物业管理服务的总体服务质量标准。
（4）根据物业管理成本初步确定物业服务费用的收费标准。

（5）从物业建设单位的角度出发，设计出与客户目标相一致的、建立在合理价格比之上的物业管理框架性方案。

3. 注意事项

（1）在项目可行性研究阶段除对物业档次定位外，还要考虑物业的使用成本。

（2）物业管理的模式要和业主的生活水准、文化水平相一致。

（3）要完成此阶段物业管理的工作需要对市场准确把握和深刻认识，同时具备知识面广、综合素质高和策划能力强的高级人才。

（二）规划设计阶段

1. 介入形式

参与各项规划的讨论会，并从使用、维护、管理、经营以及未来功能的调整和保值、增值等角度，对设计方案提出意见或建议，此时介入的物业服务企业应站在潜在业主的角度上看待和分析问题，这样做并不与物业建设单位的利益相冲突，相反在以下几个方面会使物业建设单位受益：一是通过优化设计或在使用维护等角度上对设计方案进行调整，使物业建设单位项目在总体上更能满足购房者的需求，从而促进项目的成功运作，有利降低开发风险；二是设计上的预见性可以减少后续的更改和调整，从而为物业建设单位节约资金；三是分期开发的物业服务项目，对公用配套设施、设备和环境能更好地协调，可以使各分期之间顺利过渡。

2. 主要工作内容

（1）对物业的结构布局、功能方面提出改进建议。

（2）对物业环境设计，配套设施的合理性、适应性及细节提出意见或建议。

（3）提出设备、设施的设置、选型及服务方面的改进意见。

（4）对物业管理用房等公共配套建筑、场地的设置要求等提出意见。

3. 注意事项

（1）在规划设计阶段提出的意见或建议要贯彻可行性阶段所确定的物业管理总体设计规划的内容和思路，保证总体思路的一致性、连贯性和持续性。

（2）一定从业主的角度来看待和考虑问题，尤其要将设计与将来的使用维护、建设和使用成本、业主的需求及经济承受力相结合，这样才能将业主、物业建设单位与物业服务企业的目标利益统一起来。

（3）所提的意见及建议应符合有关法律、法规及技术规范的要求。

（三）建设阶段

1. 介入形式

建设阶段主要是派出工程技术人员进驻到现场，对建设中的物业进行观察、了解和记录，并就有关问题提出意见和建议。

2. 主要工作内容

（1）就施工中发现的问题与建设单位和施工单位共同磋商，及时提出并落实整改方案。

（2）配合设备安装，现场进行监督，确保安全和质量。

（3）对内外装修方式、布局、用料及工艺等从物业管理的角度提出意见。

（4）熟悉并记录基础及隐蔽工程、管线的铺设走向，特别是设计中竣工资料里没有反映的内容，从而为以后的物业管理与服务打下良好的基础。

3. 注意事项

（1）在建设阶段介入的物业服务企业是站在开发商和潜在业主的角度，对施工进行监理，但此时物业服务企业并不是建设监理的主体或主要授权人及责任人，因此既要对质量持有认真的态度，又要注意方法和方式。

（2）要特别强调记录的作用。这种记录一方面为今后的物业管理提供了宝贵的资料，另一方面的重要作用是当有些施工中的问题或隐患经物业服务企业提出整改建议，但由于某些原因没有进行改进，此时完善的记录和相应的证据在将来这样的隐患发生时对分清物业服务企业与建设单位、施工单位、安装单位的责任非常有利。

（四）销售阶段

1. 介入形式

销售阶段物业服务企业介入的形式多种多样，物业服务企业派出的人员及投出的力量较大。

2. 主要工作内容

（1）销售前。

① 物业管理整体策划落实成完整、详细的物业管理方案及实施进度表。

② 确定物业管理的外部制度，如各类公共管理规定、房屋公共场地及场所的管理规定。

③ 明确各项费用的收费标准及收费办法，必要时履行各种报批手续。

④ 起草并确定《前期物业服务合同》。

⑤ 对物业管理在销售中的活动进行计划与安排。

⑥ 根据实际情况采取公开招标的方式确定前期物业服务企业。

(2) 销售中。

① 派出现场咨询人员，在售楼现场为客户提供咨询服务：一方面使购房者对物业管理有较具体的了解，另一方面也可以了解并统计分析潜在业主对物业管理的要求、意见等。

② 可以印发有关资料和制度，以加深业主对未来物业管理的认识并明确物业管理的消费内容和金额，将各项收费的用途和管理办法公开化、透明化。

③ 已确定的前期物业服务企业可以采取各种方法宣传并展示未来物业管理的状况。

④ 督促物业建设单位与业主签订《前期物业服务合同》。

(3) 销售后。

将前期全部物业早期介入的资料、记录、方案等，连同在销售中收集的情况和分析结论，整理后移交给前期物业服务企业。如果早期介入与前期服务是一家企业，也应整理资料后准备成立物业服务企业，并进行承接查验的前期准备工作。在此期间的竣工验收、早期介入及前期物业管理物业服务企业都应参加。

3. 注意事项

(1) 有关物业管理服务的宣传及承诺，包括各类公共管理制度和公共场地的使用规定，一定要合法，同时要实事求是，根据物业管理服务的整体规划和方案来进行，不应为了销售而夸大其词，乱承诺无论对物业服务企业还是物业建设单位都是不智之举。

(2) 售楼阶段对物业管理服务所做的承诺以及咨询期间业主反映和关注的物业管理服务要求，应作为对前期物业管理的基本要求，一定要做好。另外还应注意，对公共制度和公共秩序的规定也应建立在以现实的收费情况下物业管理所能达到的服务水准的基础上。避免由于业主要求过高而产生物业服务企业的管理水平和管理设施跟不上的情况。

(3) 在销售过程中对未来物业服务企业的宣传以及物业管理所带来的生活方式具有很多的表现手段和操作手法，尺度把握准确，方式使用得当，会给销售工作以很大的促进，给物业建设单位带来丰厚的回报。

(4) 销售工作中物业管理的介入，即是前期物业建设和物业管理观念的延伸，也正式确定了以后物业管理的主要内容和要求，起到了承前启后的作用，在此阶段之后，物业管理的早期介入将逐渐向前期物业管理过渡。因此，该阶段的工作效果既是对前期工作（特别是物业管理总体策划）效果的验证，也会对今后的物业管理活动产生深刻的影响，故应认真对待，足够重视。

物业管理在早期介入时，房地产项目还处于可行性研究阶段，此时物业建设单位根本无法对早期介入的物业服务企业进行公开招标，实际上早期介入的形式和内容与前期物业管理和日常物业管理相比，更多是策划、定位和指定方案的内容，因此对这一时期介入物业管理的人员要求较高，要求他们了解市场，了解业主及潜在业主的要求，对物业建设单位的前期开发在物业管理方面起到指导和帮助作用。

鉴于这一特殊的作用和成本费用的考虑，物业建设单位选择早期介入的物业服务企业和前期物业服务企业不是一家，或者早期介入的只是某些物业管理的专家。如果发生这种情况就出现了早期介入和前期管理两者不是同一物业服务企业的现象（实际运作时最好是同一企业，这便于管理和了解物业的情况），面对这种结果，早期介入的物业服务企业（或个人）还要协助物业建设单位进行选聘前期物业服务企业。

在选择前期物业服务企业时，由于物业规划已完成，物业已建成或即将建成，物业的现状已基本确定，这时可通过公开招标的形式来选定物业服务企业。在招标时应根据物业的现状、物业建设单位的规划及对业主的许诺制订出详细的物业管理招标方案，向社会公开招标。

第二节　前期物业管理

一、前期物业管理的概念

前期物业管理是指物业承接查验开始至业主大会选聘物业服务企业为止的物业管理阶段。前期物业管理的负责人是该物业的开发商，前期物业服务合同的有效期一般与政府要求房地产开发企业对物业的保修期相一致。前期物业服务合同至业主委员会与其选聘的物业服务企业签订物业服务合同生效时终止。

二、前期物业管理中权利主体的相互关系

前期物业管理阶段，形成了开发企业、受托的物业服务企业以及业主三个权利主体共存的法律关系。开发企业与物业服务企业达成的前期物业服务合同须向行业主管部门备案。前期物业管理中权利主体的相互关系如下：

（1）开发商与业主为买卖关系；
（2）开发商与物业服务企业是合同聘用关系；
（3）物业服务企业与业主是服务与被服务关系。

物业买受人如果拒绝接受拟定的前期物业服务合同也就意味着物业买卖无法成交，这是对开发企业和物业服务企业最有效的制约。反之，业主一旦接收了这份合同的规定内容，也就必须在前期物业管理阶段接受物业服务企业依法依约进行的管理。

三、前期物业管理与早期介入的区别

早期介入的物业服务企业不一定与开发企业确定服务合同委托关系。而前期物业管理必须有委托关系，管理者已依法拥有该物业的管理经营权。

早期介入一般还未确定物业与业主等具体服务对象，而前期物业管理必须有明确的服务对象。

在早期介入工作中，物业服务企业只是起辅助作用。而在前期物业管理中，物业服务企业起主导作用。

四、前期物业管理的主要内容

1. 管理机构的设立与人员的培训

管理机构的设置应根据委托物业的用途、面积、管理深度和管理方式等确定，人员的配备除考虑管理人员的选派外，还要考虑操作层（维修养护、秩序维护、清洁和绿化等人员）的招聘，并依据职责分别进行培训。

2. 管理制度和服务规范的完善

在前期物业管理过程中，物业服务项目管理机构应根据实际情况对已经制定的管理制度与服务规范进行调整、补充和完善。

3. 前期沟通协调

物业管理是一个综合性较强的行业，物业管理活动所涉及的单位和部门也较多，其中直接涉及的管理部门和单位有政府行政主管部门、社区居民委员会、开发建设单位、物业服务企业、业主、业主大会及业主委员会等，还有相关部门和单位如城市供水、供电、供气、供暖等公用事业单位，市政、环卫交通、治安、消防、工商、税务、物价等行政管理部门。物业服务企业应分析各相关部门和单位的作用及其与物业服务项目之间的关系，确定与各方面沟通协调的渠道。通过沟通协调建立良好的合作支持关系，不仅有利于前期物业管理工作的顺利开展，也为正常的物业管理与服务打下良好的基础。

4. 物业的承接查验

物业的承接查验是依照住房和城乡建设部及省市有关工程验收的技术规范与质量标准对已建成的物业进行检验，它是直接关系到今后物业管理工作能否正常开展的一个重要环节。物业承接查验是房地产开发企业向接收委托的物业服务企业移交物业的过程，移交应办理书面移交手续。房地产开发企业还应向物业服务企业移交整套图纸资料，以方便今后的物业管理和维修养护，在物业保修期间，接收委托的物业服务企业还应与房地产开发企业签订保修实施合同，明确保修项目、内容、进度、原则与方式。

5. 进户管理

进户是指业主与物业使用人正式进驻使用物业，俗称"入伙"。商品房购房业主或物业使用人的进户程序如下：

（1）发出入伙通知书。

在物业正式使用条件全部具备后向业主或物业使用人发出入住书面通知书。

（2）带领业主或物业使用人实地验收物业。

业主或物业使用人实地验收物业着重勘验以下几个方面：
① 房建质量；
② 设备质量，运转情况；
③ 户型、装修、设施配备等是否与合同相符；
④ 外部环境状况及影响。
（3）约定代为装修、添置或更换自用设备或设施等事宜及各种代办事宜。
（4）签订《临时管理规约》。
主要内容包括：在分清自用与公用部位、设备、设施的前提下确定双方享有的权利和应尽的义务，物业正常使用的行为规范及相应的违约责任。
（5）要求业主或物业使用人如实填写登记卡。
内容包括：业主或物业使用人的名称、通讯联络方式，所占用物业的编号、设备、设施及泊车位分配等内容。属于非居住性质的物业还需登记营业执照、经营范围、职工人数、出行和用餐等相关情况，便于物业管理与服务。
（6）向业主或物业使用人发放《用户手册》。
使业主及物业使用人了解物业概况和各项管理制度，如车辆停放管理，装修搬迁管理，物业保修的职责范围、标准、期限等方面的规定，以及楼层权利归属、公用设施设备的合理使用等，以便正确履行自己的权利与义务。
（7）预收物业管理费或租金。
物业服务公司根据有关规定或双方约定向业主或使用人预收物业管理费或租金。
（8）向业主或物业使用人提供办事指引。
即向业主、使用人全面介绍物业管理区域和社区相关部门的办事指南，使他们能及时办理相关手续。
（9）业主、物业使用人签约领钥匙，完成进户程序。

6. 装修搬迁管理

为了搞好装修搬迁管理，必须做好以下几个方面的工作。
（1）大力宣传装修规定。
① 装修不得损坏房屋承重结构，破坏建筑物外墙面貌。
② 不得擅自占用共用部位、移动或损坏共用设施设备。
③ 不得排放有毒、有害物质和噪声超标。
④ 不得随地乱扔建筑垃圾。
⑤ 遵守用火用电规定，履行防火职责。
⑥ 因装修而造成他人或共用部位、共用设施或设备损坏的，责任人负责修复或赔偿。

（2）加强装修监督管理。

审核装修设计图纸，派人巡视施工现场，发现违约行为及时劝阻并督促其改正。

（3）积极参与室内装修。

（4）合理安排搬迁时间。

7. 档案资料的建立

档案资料包括业主或物业使用人的资料和物业资料两种。

业主或物业使用人的资料包括业主或使用人的姓名、进户人员的情况、联系电话或地址、各项费用的缴交情况、房屋的装修等情况。

物业资料主要包括物业的各种设计和竣工图纸，位置、编号等。

档案资料的建立主要应抓好收集、整理、归档、利用四个环节。收集的关键是尽可能地完整。整理的重点是去伪存真，留下物业管理有用的资料。归档就是按照资料本身的内在规律、联系进行科学的分类与保存。

本章小结

物业管理的早期介入是指新建物业竣工之前引进的物业管理咨询活动，主要从物业管理的角度对开发建设项目提出意见或建议。

早期介入的意义主要在于优化设计，提升使用功能，提高物业的施工质量，提高物业管理服务的水平，为日后的物业管理及承接查验打基础，同时提高开发效益促进房地产良性循环。早期介入包括立项阶段、规划设计阶段、施工建设阶段、销售阶段和竣工验收阶段。早期介入在各个阶段的工作内容和注意要点各不相同，极具针对性。

物业管理的早期介入非常必要，物业服务企业应该在规划设计阶段就介入。物业管理人员参与工程设计是从物业长期使用与业主使用物业方便的角度，提出建议，物业管理人员在施工阶段介入主要是确保工程的施工质量。

前期物业管理是指从物业承接查验开始至业主大会选聘物业服务企业为止的物业管理阶段。前期物业管理的内容包括常规服务内容和特殊内容。特殊内容包括物业管理项目机构的前期运作、管理制度的修改完善、物业共用部位及共用设施设备承接验收、业主入住及装修管理、工程质量保修处理、前期协调沟通等。前期物业管理的特点具有基础性、特殊性、不稳定性和风险性。

前期物业管理的法律关系是根据建设单位与物业服务企业签订的前期物业服务合同进行的。前期物业管理要求建设单位按照房地产开发与物业管理相分离的原则，以招投标的方式选聘具有相应资质的物业服务企业。物业的承接查验是开展物业管理必不可少的重要环节，承接查验时开发商要向物业服务企业移交有关的物业资料。

复习思考题

一、简答题

1. 物业管理早期介入有何意义？你认为哪一点最重要？为什么？
2. 前期物业管理的概念和意义是什么？
3. 简述前期物业管理与早期介入的区别？
4. 在规划设计阶段的早期介入有哪些工作内容？
5. 施工建设阶段的早期介入有哪些注意要点？
6. 请列举前期物业管理中的物业服务项目前期运作的主要工作内容。

二、案例分析题

1. 某住宅小区一居民楼内，801房的洗手间顶棚有水滴下，影响了801房业主刘先生的正常生活。刘先生多次找到楼上901房的李小姐，让其把洗手间地面渗水问题解决，李小姐却说是楼房的质量问题。

请问：（1）刘先生洗手间的滴水问题应由谁负责？（2）根据有关管理办法应如何处理？

2. 某住宅小区的道路发生塌陷，严重影响小区居民正常的生活秩序与工作秩序，小区居民反映到负责物业管理的大有物业服务公司。大有物业服务公司称：道路在保修期内，由原建设单位负责，让业主去找开发商。不料，三天后，该小区业主陈先生夜归时被塌陷的道路绊倒摔伤，送往医院治疗。陈先生的女儿以大有物业服务公司未在塌陷处设立明显标志，管理有过失为由告到法院，要求大有物业服务公司赔偿损失。

请问：（1）道路塌陷应由谁来负责维修？（2）大有物业服务公司有无过错？（3）陈先生所受到的损害应该由谁赔偿？

第四章
物业的承接查验

【教学目的与重点难点】

通过本章的学习,要求学生掌握物业承接查验的目的、作用、方法,掌握新建物业的承接查验与物业管理机构移交更迭时承接查验的区别,物业移交的主要内容,承接查验所发现问题的处理。重点掌握物业承接查验的相关法律法规、主要内容,以利于学生上岗后顺利地做好物业的承接查验工作。

第一节 新建物业的承接查验

一、物业的承接查验的概念

物业的承接查验是指物业服务企业对新接管项目的物业共用部位、共用设施设备进行核对查验承接移交。物业的承接查验分为新建物业的承接查验和物业管理机构更迭时的承接查验两种类型。新建物业的承接查验发生在建设单位向物业服务企业移交物业的过程中,物业管理机构更迭时的承接查验发生在业主大会或产权单位向新的物业服务企业移交物业的过程中。

承接查验是物业服务企业为维护业主和自身的利益,在正式接管物业之前代表业主对即将交付使用的物业的建造质量、管理资料等进行的综合性验收。它先于业主入住(使用)之前进行,是确保物业的使用质量,奠定管理基础的极为重要的物业管理前期工作。承接查验合格也是物业可以交付使用和交付管理的前提条件之一。在条件具备或物业服务企业前期介入充分、准备充足时,承接查验也可以与建设工程的竣工验收同步进行。

物业的验收是依据国家住房和城乡建设部及省市有关工程验收的技术规范与质量标准对已建成的物业进行检验,它是直接关系到今后物业管理工作能否正常开展的一个重要环节。验收中发现的问题应明确记录在案,及时反馈给房地产开发企业,以便房地产开发企业督促施工单位修整。

物业接管是房地产开发企业向接收委托的物业服务企业办理移交的过程,移交应办理书面移交手续。房地产开发企业应向物业服务企业移交整套图纸资料,以方便今后的物业管理和维修手续。在物业保修期间,接收委托的物业服务企业还应与房地产开发企业签订保修实施合同,明确保修项目、内容、进度、原则、责任和方式。

二、新建物业的承接查验准备工作

新建物业的承接查验的准备工作包括以下几个方面。

1. 人员准备

物业的承接查验是一项技术难度高、专业性强,对日后的管理有较大影响的专业技术性工作。物业服务企业在承接查验前就应根据承接物业的类型、特点,与建设单位组成联合小组,各自确定相关专业的技术人员参加。

2. 计划准备

物业服务企业制订承接查验实施方案,能够让承接查验工作按步骤有计划地实施。
(1)与建设单位确定承接查验的日期、进度安排。

（2）要求建设单位在承接查验之前提供移交物业详细清单、建筑图纸、相关单项或综合验收证明材料。

（3）派出技术人员到物业现场了解情况，为承接查验做好准备工作。

3. 资料准备

在物业的承接查验中应做必要的查验记录，在正式开展承接查验工作之前，应根据实际情况做好资料准备工作，制定查验工作流程和记录表格。

（1）工作流程一般有《物业承接查验工作流程》、《物业查验的内容及方法》和《承接查验所发现问题的处理流程》等。

（2）承接查验的常用记录表格有《工作联络登记表》、《物业承接查验记录表》和《物业工程质量问题统计表》等。

4. 设备、工具准备

物业的承接查验中要采取一些必要的检验方法来查验承接物业的质量情况，应根据具体情况提前准备好所需要的检验设备和工具。

三、新建物业的承接查验的主要内容

1. 物业资料

在办理物业的承接验收手续时，物业服务企业应接收查验下列资料：

（1）竣工总平面图，单体建筑、结构、设备竣工图，配套设施、地下管网工程竣工图等竣工验收材料；

（2）设施设备的安装、使用和维护保养等技术材料；

（3）物业质量保修文件和物业使用说明文件；

（4）物业管理所必须具备的其他资料。

2. 物业共用部位

按照《物业管理条例》的规定，物业管理企业承接物业时，应对物业共用部位进行查验。主要内容包括：

（1）主体结构及外墙、屋面；

（2）共用部位楼面、地面、内墙面、顶棚、门窗；

（3）公共卫生间、阳台；

（4）公共走廊、楼道及其扶手、护栏等。

3. 共用设施设备

物业的共用设施设备种类繁多，各种物业配置的设备不尽相同，共用设施设备承接查验的主要内容包括：

（1）低压配电设施；

（2）柴油发电机组；

（3）电气照明、插座装置；

（4）防雷与接地；

（5）给排水、消防水系统；

（6）电梯；

（7）通信网络系统；

（8）火灾报警及消防联动系统；

（9）排烟送风系统；

（10）安全防范系统；

（11）采暖和空调等。

4. 园林绿化工程

园林绿化分为园林植物和园林建筑。物业的园林植物一般有花卉、树木、草坪、绿篱和花坛等；园林建筑主要有小品、花架、长廊等。这些均是园林绿化的查验内容。

5. 其他的公共配套设施

物业其他的公共配套设施的主要内容有：物业大门、值班岗亭、围墙、道路、广场、社区活动中心（会所）、停车场（库、棚）、游泳池、运动场地、物业标识、垃圾屋及中转站、休闲娱乐设施、信报箱等。

四、新建物业的承接查验的方式

物业的承接查验主要以核对方式进行，在现场检查、设备调试等情况下还可采用观感、使用、检测和试验等具体方法进行检查。

1. 观感查验

观感查验是对查验对象外观的检查，一般采取目视、触摸等方法进行。

2. 使用查验

使用查验是通过启用设施或设备来直接检验被检测对象的安装质量和使用功能，以直观地了解被检验对象的符合性、舒适性和安全性等。

3. 检测查验

检测查验是通过运用仪器、仪表、工具等对检测对象进行测量，以检测其是否符合质量要求。

4. 试验查验

试验查验是通过必要的试验方法（如通水、闭水试验）测试相关设施设备的性能。

五、物业的承接查验的作用

物业的承接查验是物业服务企业接管房地产开发企业、建设单位或个人委托管理的新建房屋或原有房屋时，以物业主体结构安全和满足使用功能为主要内容的承接查验。对新建房屋来说，物业的承接查验是竣工验收的再验收。在完成承接查验后，整体物业连同设备就应移交给物业服务企业。

物业的承接查验是物业服务企业在接管物业前不可缺少的重要环节，物业的承接查验不仅包括主体建筑、附属设备和配套设施，而且还包括道路、场地和环境绿化等，应特别重视对综合功能的验收。物业的承接查验由房地产开发企业、建设单位和物业服务企业共同组织验收小组进行。

物业的承接查验的作用体现在以下几个方面。

1. 明确交接双方的责、权、利关系

通过承接查验和前期物业服务合同的签约，实现权利和义务的转移，在法律上界定清楚各自的业务和权利。

2. 确保物业具备正常的使用功能，充分维护业主的利益

通过物业服务企业的承接查验，能进一步促使房地产开发企业或建设单位按照标准进行设计和建设，减少日后管理中的麻烦和开支。同时，能够弥补部分业主专业知识的不足，从总体上把握整体物业的质量。

3. 为日后管理创造条件

通过承接查验，一方面使物业工程质量达到要求，减少日常管理过程的维修、养护工作量。另一方面，根据接管中的有关物业的文件资料，可以摸清物业的性能与特点，预防管理中可能出现的问题，计划安排好各项管理，发挥社会化、专业化、现代化的管理优势。

六、物业的承接查验的内容

1. 主体结构

地基沉降不得超过规定要求允许的变形值，不得引起上部结构开裂或毗邻房的损坏。其中，房屋的主体构件无论是钢筋混凝土还是砖石、木结构，变形、裂缝都不能超过国家标准的规定，外墙不得渗水。

2. 屋面与楼地面

各类屋面必须符合国家建筑设计标准的规定，排水畅通，无积水，不渗漏。地面的面层与基层必须黏结牢固，不空鼓，整体平整，没有裂缝、脱皮、起砂等现象。卫生间、阳台、厨房的地面相对标高应符合设计要求，不允许倒流水和渗漏。

3. 装修

钢木门窗均应安装平正牢固，开关灵活；进户门不得使用胶合板制作，门锁安装牢固；门窗玻璃应安装平整，油灰饱满、粘贴牢固；油漆色泽一致，不脱皮、不漏刷。

4. 电气

线路应安装平整、牢固、顺直，过墙有导管，铝导线连接不得采用绞接或绑接。每一回路导线间及对地绝缘电阻值不得小于规定要求。照明器具等支架必须牢固，部件齐全，接触良好。避雷装置必须符合国家标准规定，电梯应能准确、正常运转，噪声震动不得超过规定，记录、图纸资料齐全。

5. 水、卫、消防、采暖

管道应安装牢固，控制部件启闭灵活，无滴、漏、跑、冒现象。卫生间、厨房间排水管道应分设，出户管长不超过 8 米，并不可使用陶管、塑料管；地漏、排水管接口、检查口不渗漏，管道排水流畅。消防设施应符合国家标准规定，必有消防部门检验合格证。采暖的锅炉、箱罐等压力容器应安装平正，配件齐全，没有缺陷，并有专门检验合格证。各种仪表、仪器、辅机应齐全、安全、灵敏、灵活、精确，安装符合规定，运转准确正常。

6. 附属工程及其他

如室外排水系统的标高，窨井的设置，管道坡度、管位、化粪池等都必须符合规定要求。信报箱、挂物钩、晒衣架应按规定安装。另外，还包括场清地平、临时设施与过渡房拆除清理完毕，相应市政、公建配套工程和服务设施也应达到质量要求。

七、新建物业的承接查验中发现问题的处理

1. 发生物业工程质量问题的原因

发生物业工程质量问题的原因包括：设计方案不合理或违反规范造成的设计缺陷；施工单位不按规范施工或施工工艺不合理甚至偷工减料；验收检验不细，把关不严；建材质量不合格；建设单位管理不善；气候、环境、自然灾害等其他原因。

2. 对于承接查验中所发现的问题的处理程序

（1）收集整理存在的问题。

收集所有的《物业承接查验记录表》，对《物业承接查验记录表》的内容进行分类整

理，将承接查验所发现的问题登记造表。将整理好的工程质量问题提交给建设单位进行确认，并办理确认手续。

（2）处理方法。

工程质量问题整理出来之后，由建设单位提出处理方法。在实际工作过程中，物业服务企业在提出质量问题的同时还可以提出相应的整改意见，便于建设单位进行针对性整改。

从发生原因和处理责任看，工程质量问题可分为两类。第一类是施工单位引起的质量问题，在保修期间内发现或发生的，按原建设部颁布的《建筑工程质量保修办法》规定，由建设单位督促施工单位负责。第二类是由于规划、设计时考虑不周，造成功能不足、使用不便、运行管理不经济等问题，应由建设单位负责做出修改设计，改造或增补相应的设施。

（3）跟踪验证。

为了使物业工程质量问题得到及时圆满的解决，物业服务企业要做好跟踪查验工作。物业服务企业安排专业技术人员分别负责不同专业的工程质量问题，在整改实施的过程中进行现场跟踪，对整改完工的项目进行验收，办理查验手续。对整改不合要求的工程项目继续督促建设单位处理。

八、物业的承接查验与竣工验收的区别

物业的承接查验不同于竣工验收。物业的承接查验是由物业服务企业依据原建设部1991年7月1日颁布的《房屋承接查验标准》，接管房地产开发企业移交的物业所进行的验收。

物业的承接查验与竣工验收的区别在于以下几个方面。

1. 验收目的不同

物业的承接查验是在验收合格的基础上，以主体结构安全和满足使用功能为主要内容的再检验。竣工验收是为了检验房屋工程是否达到设计文件所规定的要求。

2. 验收条件不同

物业的承接查验的首要条件是竣工验收合格，并且供电、取暖、给排水、卫生、道路等设备和设施能正常使用，房屋幢、户编号已经有关部门确认。竣工验收的首要条件是工程按设计要求全部施工完毕，达到规定的质量标准，能满足使用条件等。

3. 交接对象不同

物业的承接查验是由物业服务企业接管房地产开发企业移交的物业。竣工验收是由房地产开发企业验收建设单位移交的物业。

九、物业的承接查验中应注意的事项

物业的承接查验是直接关系到今后物业管理工作是否正常开展的重要环节。物业服务企业通过承接查验，即由对物业的前期管理转入到对物业的实体管理之中。因此，为确保今后的物业管理工作能顺利开展，物业服务企业在承接查验时应注意以下几个方面。

（1）物业服务企业应该选派素质好、业务精、对工作认真负责的管理人员及技术人员参加验收工作。

（2）物业服务企业既应从今后物业维护保养管理的角度进行验收，也应站在业主的立场上对物业进行严格的验收，以维护业主的合法权益。

（3）承接查验中若发现问题，应明确记录在案，约定期限督促房地产开发企业对存在的问题加固、补强、整修，直到完全合格。

（4）落实物业的保修事宜。根据建筑工程保修的有关规定，由房地产开发企业负责保修，向物业服务企业交付保修保证金，或由物业服务企业负责保修，房地产开发企业一次性拨付保修费用。

（5）房地产开发企业应向物业服务企业移交整套图纸资料，包括产权资料和技术资料。

（6）物业服务企业接受的只是对物业的经营管理权以及法律法规赋予的有关权利。

（7）承接查验符合要求后，物业服务企业应签署验收合格凭证，签发接管文件。当物业服务企业签发了接管文件，办理了必要的手续后，这个物业验收工作即完成。

第二节　物业管理机构更迭时的承接查验

一、物业管理机构更迭时的承接查验

物业管理机构更迭时的准备工作包括成立物业承接查验小组和准备材料、工具。应注意的是，新的物业服务企业实施承接查验必须在下列条件均满足的情况下进行：

（1）物业的产权单位或业主大会与原有物业服务企业完全解除了物业服务合同；

（2）物业的产权单位或业主大会同新的物业服务企业签订了新的物业服务合同。

二、物业管理机构更迭时承接查验的主要内容

物业管理机构更迭时承接查验的主要内容包括：物业资料，物业共用部位、共用设施设备及管理现状，各项费用与收支情况，项目机构经济运行情况和其他方面的内容。

物业设备设施在整个物业内处于非常重要的地位，它是物业运作的物质和技术基础。用好、管好、维护检修好、改造好现有设施设备，提高设备设施的利用率及完好率是物业设备管理的根本目标。

衡量物业设备设施管理质量的两个指标是设备设施有效利用率和设备设施的完好率。

（1）设备设施有效利用率。

$$设备设施有效利用率=\frac{每班次（天）实际使用时数}{每班次（天）应用时数}\times 100\%$$

（2）设备设施的完好率。

$$设备设施的完好率=\frac{技术性能完好设备设施数量}{全部设备设施数量}\times 100\%$$

衡量物业设备设施是否完好的标准为：

① 零部件是否完整齐全；
② 设备设施是否运转正常；
③ 设备设施技术资料及运转记录是否齐全；
④ 设备设施是否整洁，有无跑、冒、滴、漏现象；
⑤ 防冻、保温、防腐等措施是否完整有效。

第三节　物业管理工作的移交

一、新建物业的移交

1. 移交双方

新建物业的物业管理工作移交中，移交方为该物业开发建设单位，承接方为物业服务企业。双方应签订前期物业服务合同。建设单位应按照国家规定的要求，及时完整地提供物业有关资料并做好移交工作。物业服务企业也必须严肃认真地做好承接工作。

2. 移交的内容

移交的物业资料包括：产权资料，竣工验收资料，设计、施工资料，机电设备资料，物业保修和物业使用说明资料，业主资料。移交的对象包括：物业共用部位、共用设施设备以及相关清单（如房屋建筑清单、共用设施设备清单、园林绿化工程清单和公共配套设施清单等）。建设单位应按照有关规定，向物业服务企业配备物业管理用房。

二、物业管理机构更迭时的移交

物业管理机构更迭时管理工作的移交包括：一是原有物业服务企业向业主大会或物业产权单位移交；二是业主大会或物业产权单位向新的物业服务企业移交。前者的移交方为物业服务企业，承接方为业主大会或物业产权单位。后者的移交方为业主大会或物业产权单位，承接方为新的物业服务企业。

三、物业管理结构更迭时管理工作移交的注意事项

（1）明确交接主体和次序。

（2）各项费用和资产的移交，共用配套设施和机电设备的接管，承接时的物业管理运作衔接是物业管理工作移交中的重点和难点，承接单位应尽量分析全面、考虑周全，以利交接和今后工作的开展。

（3）如承接的部分物业项目还在保修期内，承接单位应与建设单位、移交单位共同签订移交协议，明确具体的保修项目、负责保修的单位及联络方式、保修方面遗留问题的处理情况，并在必要时提供原施工或采购合同中关于保修的相关条款文本。

（4）在签订移交协议或办理相关手续时应注意做出相关安排，便于后续发现的问题也能妥善解决。

本 章 小 结

物业的承接查验是指物业服务企业对新接管项目的物业共用部位、共用设施设备进行核对查验移交承接。新建物业的承接查验的主要内容包括：（1）物业资料；（2）物业共用部位；（3）共用设施设备；（4）园林绿化工程；（5）其他的公共配套设施。

物业管理机构更迭时承接查验的必要条件包括：（1）物业的产权单位或业主大会与原有物业管理机构完全解除了旧的物业服务合同；（2）物业的产权单位或业主大会同新的物业服务企业签订了新的物业服务合同。物业管理机构更迭时管理工作移交应注意明确交接主体和次序，移交接管时的物业管理运作衔接，保修问题的处理，对物业共用部位和共用设备设施遗漏问题做相关安排。

物业的承接查验所发现工程质量问题的处理方法：工程质量问题在保修期内发现，应由建设单位负责督促施工单位返修。

复习思考题

一、简答题

1. 简述物业的承接查验的概念。
2. 新建物业的承接查验的基本内容有哪些？
3. 物业管理机构更迭时的承接查验的主要内容有哪些？
4. 新建物业的承接查验中发现的问题应如何处理？
5. 物业工作的移交包括哪些内容？

二、案例分析题

某大厦业主张小姐对其单元装修后不久，楼下业主成先生向物业服务企业投诉反映张小姐的洗手间漏水，要求张小姐进行维修。张小姐认为这是应该由房地产开发企业或物业服务企业负责维修。物业服务企业的小王说房地产开发企业交给张小姐时是毛坯房，房地产开发企业和物业服务企业不应该负责维修责任。张小姐又向物业服务企业提出，因楼下是受益者，维修费应楼上、楼下各付一半。

请问：（1）洗手间漏水应由谁来承担维修责任，费用谁出？（2）张小姐提出要楼上楼下各负担一半费用的说法合理吗？

第五章

入住与装修管理

【教学目的与重点难点】

　　通过本章的学习,掌握物业入住的含义,物业入住的操作程序,物业入住服务的主要内容,物业装饰装修管理的内容,物业装饰装修中各方主体的责任。了解入住服务应注意的问题,物业入住的准备工作。重点是物业入住与装修管理的内容、流程,难点在于物业装饰装修的程序及处理相关问题的方式原则。

　　入住与装修管理是前期物业管理重要的基础工作,也是物业管理操作过程的难点和重点之一。与前期介入物业管理工作不同的是,物业入住与装修管理服务政策性强、涉及面广、管理难度大,容易导致物业服务企业与业主或物业使用人直接发生矛盾和冲突。在物业管理的操作中,物业服务企业如果能以优秀的服务品质、高超的管理艺术、严谨的工作作风和良好的专业素养赢得业主与物业使用人的认同和拥戴,对引导业主正确地认识物业管理,树立良好的物业管理形象,化解物业管理操作中的种种矛盾和问题,实现积极的物业管理服务开局以及顺利地完成物业管理服务工作均有积极的重要作用。

第一节 物业入住与入住服务的内容

一、物业入住的概念

物业入住是指建设单位将已经具备使用条件的物业交付给业主并办理相关手续,同时物业服务企业为业主办理物业管理事务手续的过程。对业主而言,物业入住的内容包括两个方面:一是物业验收及其相关手续办理;二是物业管理有关业务办理。从权属关系来看,入住是建设单位按照规范程序将物业交付给物业的所有人,是建设单位和业主的关系,但业主入住手续的办理又意味着物业已经由房地产的开发建设、销售阶段转入消费阶段,物业管理服务全面开始启动。所以物业服务企业有义务协助建设单位和业主办理与入住有关的手续,做好服务工作,使业主顺利收楼、高兴入住。

物业的入住以业主签署验楼文件、办理入住手续、领取钥匙为标志,从此业主享有了《物权法》所赋予的权利,同时履行业主的义务和责任。此外,由建设单位负责的工程质量保修期也开始计算日期。

二、入住服务的准备工作

入住在物业管理服务中是一项琐碎细致的工作,业主在短时间内集中办理入住手续,物业服务企业的工作频度高、劳动强度大,加上又是物业服务企业首次面对业主提供服务,因此,物业服务企业必须抓紧时间充分做好各项准备工作,以便在业主与物业使用人的心中树立良好的第一印象,并为今后的物业管理服务打好基础。

1. 组建入住服务机构

物业服务企业应任命本单位的经理、管理人员、财务人员和工程技术人员组成入住服务小组,根据入住服务的各项准备工作分别落实人员分工负责,如入住服务方案设计、资料准备、入住时环境布置、对外单位联络、财务收费准备、验楼协助、后勤物资准备、现场入住服务等。各项工作都要落实责任人和落实完成时间。所有的物业服务企业都要在业主入住之前对员工进行培训,增强员工的责任感和服务意识。

2. 制订入住服务方案

在入住前由物业服务企业制订入住服务方案,内容应包括:
(1) 入住时间、地点;
(2) 物业类型、位置、幢号、入住的户数;
(3) 入住服务的工作流程;

（4）负责入住服务的工作人员及职责分工；

（5）需要使用的文件和表格；

（6）入住仪式策划及场地布置设想；

（7）注意事项及其他的情况。

入住服务方案制订后，物业服务企业应与建设单位就方案中的事项交换意见，听取建设单位的建议，以便在入住服务现场物业服务企业与建设单位保持协调一致。

3. 准备入住材料

需要准备的入住材料包括以下几个方面。

（1）《住宅质量保证书》及《住宅使用说明书》。

（2）《入住通知书》。这是建设单位向业主发出的办理手续的书面通知。

（3）《物业验收须知》。这是建设单位告知业主在物业验收时应掌握的基本知识和应注意事项的提示性文件。《物业验收须知》的主要内容包括物业建设基本情况、设施设备的使用情况、物业不同部位保修规定、物业验收应注意事项以及其他需要提示说明的事项等。

（4）《业主入住房屋验收表》。这是记录业主对房屋验收情况的文本，通常以记录的表格的形式出现。使用《业主入住房屋验收表》可以清晰地记录业主的验收情况。

（5）《业主（住户）手册》。这是由物业服务企业编撰，向业主与物业使用人介绍物业基本情况和物业管理服务相关内容的服务指南性质的文件。一般而言，业主（住户）手册主要包括欢迎辞、小区概况、项目管理单位情况介绍、《临时管理规约》等。

（6）《入住手续书》。这是物业服务企业为方便业主与物业使用人，引导业主按流程顺序办理入住手续而指定的文件。一般在入住手续书都留有部门确认的证明，业主每办完一项手续，有关职能部门在上面盖章证明。《入住手续书》跟着办理入住手续的流程顺序走。

（7）为做好入住服务工作，可根据实际情况编制《入住登记表》、《钥匙发放登记表》、《返修单》、《返修统计表》和《入住统计表》。

4. 其他的准备

（1）物业的清洁与"开荒"。

开荒是指物业竣工综合验收后，业主入住前，对物业内外进行全面、彻底的清洁，目的是将干净漂亮的物业交到物业所有人的手中。清洁开荒也是物业服务企业承接的较为大宗的有偿服务，是承接物业后的第一项繁重的工作。开荒工作量大，质量要求高，时间紧、任务重，对物业服务企业来说是一个严峻的考验。一般可以采取以下三种方式。第一，物业服务企业自己开荒，对于物业规模不大、时间较充裕的物业可以采取此办法。第二，物业服务企业与专业保洁公司相结合，请专业保洁公司承担一些专业性较强或风险程度较高的项目,如高空外墙清洗等。第三,聘请专业公司承做。专业公司一般配备较多先进的清洗设备,如商业大厦大堂、大厅天花板清洗需要升降机,清理地面需配备抛光机、高压水枪、打蜡机、打磨机等专业机械。

(2) 设备的试运行。

物业的入住,各设备设施系统必须处于正常的工作状态。照明、空调、电梯、给排水、消防报警、治安防范等系统的正常运行是必备的条件。物业服务企业在业主入住、开业之前要对设备进行连续运转检验,发现异常及时修理,必要时可在入住前对电梯作满负荷载人运行检测,以确保电梯的正常运行。

(3) 物料准备。

为保证入住之后的日常管理服务的全面启动,准备充足的物料是必不可少的。一是工具类物料,如各种仪表、检修工具、对讲机等;二是易耗品的物料,如清洁剂、灯泡、清洁用品等;三是办公用品的物料,如电脑、复印机、传真机、电话等。

(4) 其他。

① 准备及布置办理入住手续的场地,如布置彩旗、标语,设立业主休息等待区等。

② 准备及布置办理相关业务的场地,如电信、邮政、有线电视、银行等相关单位业务开展的安排。

③ 准备资料及预先填写有关表格,为方便业主,缩短工作流程,应对表格资料预先做出必要处理,如预先填写上姓名、房号和基本资料等。

④ 准备办公用具,如复印机、电脑和文具等。

⑤ 制作标识牌、导视牌、流程图,如交通导向标志、入住流程、有关文明用语的标志等。

⑥ 针对入住过程中可能发生的紧急情况,如交通堵塞、矛盾纠纷等,制定必要的紧急预案。

三、入住服务的管理

1. 入住流程和手续

(1) 入住流程。

入住流程参见图5-1。

(2) 入住手续。

① 持购房合同、入住通知书等进行业主登记确认。

② 房屋验收,填写《业主入住房屋验收表》,建设单位和业主核对无误后签章确认。

③ 产权代办手续,提供办理产权的相关资料,缴纳办理产权证所需费用,一般由建设单位承办。

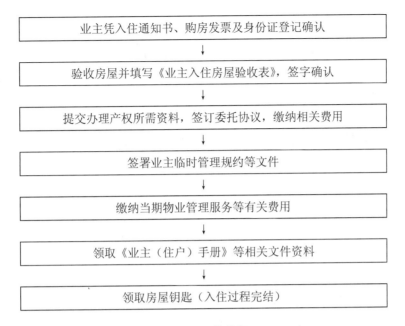

图 5-1　入住流程

④ 建设单位开具证明，业主持此证明到物业服务企业继续办理物业入住手续。

⑤ 业主和物业服务企业签署物业管理的相关文件，如物业管理收费协议、车位管理协议和装修管理协议等。

⑥ 缴纳入住当月物业服务费用及其他相关费用。

⑦ 领取提供给业主的相关文件资料，如《住宅质量保证书》、《住宅使用说明书》和《业主（住户）手册》等。

⑧ 领取物业钥匙。

业主入住手续办理完结之后，物业服务企业应将相关资料归档。

2. 费用缴纳

建设单位或物业服务企业根据收费标准向业主与物业使用人收取当期物业服务费用及其他的相关费用，并开具相应的票据给业主与物业使用人。

3. 验房及发放钥匙

（1）建设单位或物业服务企业陪同业主一起验收其名下的物业，登记水表、电表、气表起始数，根据房屋验收情况、购房合同双方在《业主入住房屋验收表》上签字确认。

（2）向业主发放钥匙并记录。

（3）对于验收不合格的部分，物业服务企业应协助业主督促建设单位进行工程不合格整改、质量返修等工作。若发现重大的质量问题，可暂不发放钥匙。

4. 资料归档

物业验收以及其他的手续办理完结之后，物业服务企业应及时将已办理入住手续的房间号码和业主的姓名通知保安员，并及时将各项业主与物业使用人的资料归档，妥善保管，不得将信息泄露给无关人员。

第二节 入住期间的服务应注意的问题

一、入住服务准备工作要充分

物业入住在物业管理中是一项繁琐细致的工作，既要求快捷高效，又要求井然有序。由于业主普遍缺乏物业入住的相关知识和经验，经常会存在相关资料准备不足和对物业入住管理等缺乏认识的问题，加之业主入住又是短时间内集中办理的，工作频率高、劳动强度大，因此，一定要充分做好物业入住的各项准备工作。

物业入住准备工作的核心是制订科学周密的计划。在进行周密计划和进行资料准备及其他准备工作的同时还应注意以下四个方面的工作。

（1）人力资源要充足。

现场引导、办理手续、交接查验、技术指导、政策解释、综合协调等各方人员应全部到位、协同工作。如果现场出现人员缺位，其他的人员或机动人员应及时补位。

（2）资料准备要充足。

虽然物业服务企业可以通过一定的管理方法有意识地疏导业主，避免业主过于集中，但业主的随意性是不可控制的，因此，有必要预留一定余量的资料。

（3）分批办理入住手续，避免因为过分集中办理产生的混乱。

为避免入住工作的混乱，降低入住工作强度，在向业主发出《入住通知书》时，应明确告知其入住办理时间，现场亦应有明确标识和提示，以便对业主入住进行有效的疏导和分流，确保入住工作的顺利进行。

（4）紧急情况要有预案。

入住时由于现场人员混杂、场面较乱，随时可能发生如治安、消防、医疗、纠纷等突发事件，建设单位及物业服务企业应预先设立各种处理方案，防患于未然。

二、入住期间服务需要注意的问题

（1）业主入住实行一站式柜台服务，方便业主办理有关入住手续。在入住手续办理期间，物业建设单位、物业服务企业和相关部门应集中办公，形成一条龙式的流水作业，一次性地解决业主入住初期的所有问题，如办理入住手续、开通电话、有线电视等。

（2）因故未能按时办理入住手续的业主，可按照《入住通知书》中规定的办法另行办理。

（3）应合理安排业主入住服务办理时间，适当延长办理时间。为方便业主入住，应根据业主的不同情况实行预约办理或实行弹性工作方式，如在正常工作时间之外另行安排入住手续的办理，或延长工作时间，如中午或晚上延时办公。

（4）办理入住手续的工作现场应张贴入住公告及业主入住流程图，在显要位置张贴或摆放各类业主入住的标牌标识、作业流程、欢迎标语、公告提示等，方便业主了解掌握，加快入住进程。同时，现场摆放物业管理相关法规和其他的资料，方便业主取阅，减轻咨询工作压力。对于重要的法规文件等，可以开辟公告栏公示。

（5）指定专人负责业主办理入住手续时的各类咨询和引导，以便入住工作有秩序地顺利进行。入住现场应设迎宾、引导、办事、财务、咨询等各类人员，以方便业主的不同需要，保障现场秩序，解决各类问题。

（6）注意安全保卫以及车辆引导。入住期间不仅有室内手续办理，还有现场验房等程序。而有些楼盘的现场施工尚未完结，现场人员混杂，故应注意业主人身安全和引导现场车辆有序停放。

第三节　物业装饰装修管理

物业装饰装修管理是通过对物业装饰装修过程的管理、服务和控制，规范业主与物业使用人的装饰装修行为，协助政府主管部门对装饰装修过程中的违规行为进行处理和纠正，从而确保物业的正常运行和使用，维护全体业主的合法权益。物业装饰装修管理是物业管理的重要内容之一。在售楼后，业主有权对其所购物业进行装修，但在装修前必须向物业服务企业提出申请并缴纳装修管理押金及保证金，经批准后方可动工。在工程的施工过程中，物业服务企业应派人进行现场监督与检查。工程完工后，物业服务企业应组织验收，合格后退还押金及保证金。

一、装修申请

业主或物业使用人在入伙后凡欲进行室内装修改造的，应及时向物业服务企业申请，填写"装修申请表"，并附装修方案，报物业服务企业审批。业主及施工单位应在装修申请表上签字盖章。物业服务企业对业主的资格进行确认，并发放物业管理区域内房屋装修管理规定及有关资料。

二、装修审批

物业服务企业应详细地审查装修申请表中的装修申请内容，在一定的时间内予以答复。对应报有关部门审批的，应督促业主或施工单位及时地向有关部门申报。对符合有关规定的装修申请物业服务企业应及时批准同意。对不符合有关规定的，物业服务企业要求业主进行修改，重新提交审批，并同时向业主或物业使用人发放物业服务企业制订的《装修管理规定》。

三、签订装修协议书

物业服务企业在批准同意装修施工之前，应与装修人签订《装修协议书》。《装修协议书》一般包括装修工程的实施内容，装修工程的实施期限，允许施工的时间，垃圾的清运与处置，房屋外立面设施及防盗网的安装要求，禁止行为和注意事项，装修保证金、垃圾费、水电费等的约定，违约责任及其他需要约定的事项等内容。

四、装饰装修施工现场管理

在装修人实施装修期间，物业服务企业应对施工过程进行管理。第一，物业服务企业应要求装修人及施工人员认真阅读《装修管理规定》中的有关内容。第二，物业服务企业应要求装修施工人员到物业服务企业进行登记，由物业服务企业向装修施工人员发放《临时出入证》，装修施工人员凭《临时出入证》进出小区或大厦。物业服务企业要规定装修施工人员的活动范围，只允许装修施工人员在指定的区域内活动，以免影响他人的工作和生活。第三，在装修的过程中，物业服务企业要派专人对装修施工人员的装修情况进行检查，通过加强施工现场的管理来确保装修的规范运作和安全。物业装饰装修施工现场管理要注意做好以下几个问题。

1. 严把出入关，杜绝无序状态

由于装修施工人员的来源有极大的不确定性，施工过程中的自我约束不足，施工单位管理不力的原因，在物业装饰装修期间，物业服务企业应加强物业管理区域出入口的人员和材料管理。凡未佩戴物业装饰装修施工标识的施工人员和其他的闲杂人员应一律禁止入内，从而保证装修施工人员管理的有序化、规范化。

2. 加强巡视，防患于未然

物业装饰装修期间，物业服务企业要抽调专业技术人员、巡楼人员和保安力量，加大物业装饰装修管理的巡视力度，对有违规违章苗头的装饰装修户要重点巡视盯防，做到防患于未然。出现违章违规行为的，要晓之以理、动之以情，必要时可报告行政主管部门处理。

3. 控制作业时间，维护业主的合法权益

物业装饰装修要特别注意装修施工时间，尤其是拆打时间，避免影响其他的业主与物业使用人正常的生活秩序和工作秩序。另外，还应针对物业的不同类型制定相应的管理规定并区别对待。

4. 强化管理，反复核查

物业装饰装修期间，物业服务企业要增加人力，做到普遍巡查与重点检查相结合。一要检查装修装饰项目是否为已经登记的项目,二要检查装饰装修物业的内容有无私自增加,三要检查装修施工人员的现场操作是否符合安全要求。

五、装修验收

物业装饰装修工程竣工后,装修人应当通知物业服务企业,并会同装修施工单位按照原装修方案、装修协议和相应的质量标准进行验收。验收合格后,装修人、装修施工单位、物业服务企业在《房屋室内装修验收书》上签字。

本 章 小 结

入住服务是直接面对业主的第一印象。入住服务的准备工作要充分,入住材料的准备不仅要充足,更要从法律的角度事前做好审核工作。做好入住服务策划文案的设计,为业主办理入住手续,物业服务企业的工作人员要热情主动,宜采用集中办公,形成一条龙流水服务,方便业主一次性解决入住时的开通电视、电话、燃气等问题。

物业装饰装修现场管理主要工作包括:防盗、防火,限定装修范围和装修时间,保障房屋质量安全,保持共用设施设备良好运行状态,控制粉尘噪音,装修垃圾清运。装修期间的管理与服务要重点掌握装饰装修法规,分清物业装修装饰中各方的法律责任,对违规、违章现象要有效控制,协助业主办好装修手续,对突发事件和紧急情况要有预案。

复习思考题

1. 简述物业入住的概念。
2. 入住服务在准备阶段要注意哪些方面?
3. 入住服务应注意的事项有哪些?
4. 简述物业入住的流程。
5. 物业装饰装修管理服务包括哪些内容?
6. 如何对物业装饰装修现场实施管理?
7. 物业装饰装修管理应注意的问题有哪些?
8. 在巡查物业装饰装修现场时应重点核查哪些内容?

第六章
房屋修缮管理

【教学目的与重点难点】

通过本章的学习，了解房屋修缮工程和物业设备设施，熟悉房屋修缮工程的小修、中修、大修、翻修和综合维修。掌握房屋日常养护管理、房屋安全管理与鉴定、供配电系统的维护管理、给排水设备设施的维护管理、供暖设备设施的维护管理、通风空调设备设施的维护管理、消防设备设施的维护管理和电梯维护管理等。重点在于掌握供配电系统、给排水设备设施、供暖及空调设备的维护与管理。难点在于房屋修缮工程分类。

第一节　房屋修缮管理概述

一、房屋修缮管理在物业管理中的地位与作用

（一）房屋修缮的概念

房屋修缮是指对已建成的房屋进行翻修、大修、中修、小修、综合维修和维护保养。

房屋在使用过程中产生的自然损坏和人为损坏必然导致房屋使用功能的降低或丧失，为恢复或部分恢复其原有的功能，就要及时地进行有针对性的房屋修缮工作。一般情况下，房屋修缮主要是为了恢复保持和提高房屋的安全与耐久性。有时候为改善或改变房屋的居住条件，甚至是为了改善或提高房屋的艺术性要求，需要进行特殊的房屋修缮。

（二）房屋修缮管理在物业管理中的地位与作用

房屋修缮管理是物业管理中的一项基础性工作，房屋修缮管理在整个物业管理工作中具有重要的地位和作用。

1. 从物业自身的角度看

房屋修缮的根本任务是保证原房屋的住用安全和使用功能，即提高房屋的完好率，延长房屋的使用寿命，减少资金投入，充分发挥房屋的使用价值。

2. 从房地产业的角度看

房屋修缮管理是房地产业开发在消费环节中的延续。搞好房屋修缮管理，有利于房屋价值的追加，可以延缓物业的自然损耗，提高物业的价值和使用价值，从而使物业保值、增值，促进房地产业的生产、流通、消费各环节的良性循环。

3. 从物业服务企业的角度看

良好的房屋修缮管理有利于消除业主置业的后顾之忧，会促进房屋销售和租金的提高，既增加了企业的经济效益，又可树立良好的企业形象，提高物业服务企业在社会上的信誉和在激烈的市场竞争中的竞争力。

4. 从使用者和社会的角度看

及时、良好的房屋修缮管理还有利于逐步改善工作环境和生活条件，不断地满足社会需求和人民居住生活的需要，有利于整个社会的稳定，逐步把城市修建成一个环境优美、生活安静、利于生产、方便生活的经济文化中心，促进城市经济的发展和社会主义精神文明建设。

为加强对城市房屋修缮的管理，1991年原建设部发布了《城市房屋修缮管理规定》，这是房屋修缮管理的指导性文件。此外，原建设部以及各级地方政府又先后制定了一系列法规和规定，对不同产权情况和管理体制下的房屋修缮管理责任的划分、修缮费用的负担、修缮管理的内容等作了相应的规定，这些也都是物业服务企业在房屋修缮管理中要遵照执行的。

二、修缮责任的划分

房屋修缮责任的划分是为了确定业主与物业使用人应分别承担的修缮责任和修缮费用的界限。

1. 新建房屋在保修期内

新建房屋，自每幢房屋竣工验收之日起，在规定的保修期内，由施工单位负责房屋质量保修。竣工验收与业主进入的时间差的房屋保修，由建设单位负责。

一般保修期计算如下：

（1）民用与公共建设的土建工程为1年；

（2）建筑物的照明电气、上下水管安装工程为6个月；

（3）建筑物的供热、供冷系统为1个采暖、供冷期；

（4）室外的上下水管道和小区道路为1年。

2. 保修期满后

保修期满后，由业主承担房屋修缮责任，并承担修缮费用。对业主委托物业服务企业管理的物业，具体规定如下：

（1）物业服务企业承担房屋建筑共用部位、共用设施设备、物业规划红线内的市政公用设施和附属配套服务设施的修缮责任。

房屋建筑共用部位包括楼盖、屋顶、梁、柱、内外墙体和基础等承重结构部位和外墙面、楼梯间、走廊通道、门厅、电梯厅、楼内车库等。

房屋建筑共用设施设备包括共用的上下水管道、落水管、邮政信箱、垃圾道、烟囱、供电干线、共用照明、天线、中央空调、暖气干线、供暖锅炉房、高压水泵房、楼内消防设施设备、电梯等。

物业规划红线内的市政公用设施和附属建筑包括道路、室外上下水管道、化粪池、沟渠、池、井、绿化、室外泵房、自行车车棚、停车场等物业。规划红线内的附属配套服务设施包括网球场、游泳池和商业网点等。

修缮费用按原建设部颁布的《城市异产毗连房屋暂时规定》执行，由各业主按业权比例分担,做法是建立物业专项维修资金,事先向各业主按比例收取,在全体业主的监督下专款专用。

上述修缮责任及费用应在物业服务合同中写明。

(2) 业主承担物业内自用部位和自用设备的修缮责任。

自用部位和自用设备是指户门以内的部位和设备,包括水、电、气户表以内的管线和自用阳台。业主可自用修缮,也可委托他人或物业服务企业修缮。但物业服务企业都负有检查监督的责任。修缮费用由业主支付。

3. 其他的情况

凡属使用不当或人为造成房屋损坏的,由行为人负责修复或给予赔偿。

三、物业服务企业房屋修缮管理的内容

在政府房地产行政主管部门的指导和监督下,物业服务企业对物业管理区域内的房屋修缮负有全面管理的职责。房屋修缮管理的内容包括房屋修缮的计划管理、技术管理、质量管理和施工管理、资金管理等五方面。

(一) 房屋修缮计划管理

物业服务企业应根据房屋的实际状况和房屋及各类设施设备维修、更新周期制订房屋修缮的计划,尤其是大修、中修工程项目的计划,并按时完成,确保房屋的完好与正常使用。

(二) 房屋修缮技术管理

房屋修缮技术管理是对房屋的查勘、鉴定、维修、使用等各个环节的技术活动和技术工作的各种要素进行科学管理的总称。根据《房屋修缮技术管理规定》,物业服务企业房屋修缮的技术管理工作包括以下几个方面。

(1) 组织查勘、鉴定,掌握房屋完损情况,按房屋设计用途和完损情况,拟订修缮方案。

(2) 加强日常养护,有计划地组织房屋按年轮修。

(3) 分配年度修缮投资、审核修缮方案和工程预决算,与施工单位签订施工合同,并履行合同规定,以尽可能少的费用,取得尽可能大的修缮效果。

(4) 配合施工部门,对住户进行适当安置,保证修缮工程按时开工,配合施工单位顺利完成施工任务。

(5) 工程进行中,监督施工单位按规定要求施工,确保修缮工程质量,竣工后,进行工程验收。

(6) 组织自行施工的修缮工程的施工管理,进行工料消耗和质量检查鉴定。

(7) 建立健全房屋技术档案,并进行科学管理。

（三）房屋修缮质量管理

房屋修缮质量管理在房屋修缮管理中是最重要的一环。《城市房屋修缮管理规定》对房屋修缮工程的质量作了严格的规定，应遵照执行。同时，还应遵守《建设工程质量管理办法》的相应要求。

1. 强化修缮工程质量监督

对于中修以上的房屋修缮工程，必须向房屋所在地的有关质量监督机构办理质量监督手续，未办理质量监督手续的，不得施工。

2. 加强修缮工程质量检查和验收

中修以上的房屋修缮工程，应当先进行查勘设计，并严格按照设计组织施工。修缮工程必须按照有关质量逐项检查施工质量和工程质量。为了统一房屋修缮工程质量检验评定方法，进一步提高工程质量，原建设部颁布了《房屋修缮工程质量检验评定标准》，对房屋及设备修缮工程质量检验与评定作了详细规定。竣工后，物业服务企业进行质量检验评定，经检验评定不合格的，不得验收交付使用。

3. 完善修缮工程质量保修制度

房屋修缮工程实行质量保修制度。质量保修的内容和期限，应当在工程合同中载明。

（四）房屋修缮施工管理

房屋修缮施工管理是指为实现房屋修缮的总目标，针对修缮工程的施工而进行的计划、组织、指挥、调节和监督等管理工作。房屋修缮施工管理一般有两种情况：一是自己拥有一支维修养护队伍来进行修缮工程的施工；二是自己没有维修队伍，对房屋的修缮工程实行招标，或以承包方式把房屋的维修养护承包给专业维修队伍。随着市场经济的发展，招标或承包的修缮工程会越来越多。无论哪种情况，施工管理的基本内容都是一致的，包括施工计划管理、施工组织管理、施工调度与施工现场管理、施工质量与施工安全管理、施工机器设备与施工材料管理和成本核算管理等。具体内容见《房屋修缮工程施工管理规定》。

（五）房屋修缮资金管理

房屋修缮资金管理的筹措与使用安排用于房屋修缮的资金，其来源除业主缴纳的维修基金，以及物业管理服务费中的一部分外，还包括开展多种经营收入的部分盈余。维修基金用于大、中修，物业服务费用中的一部分用于日常的维修养护，开展各种经常收入中的部分盈余主要是弥补修缮资金的不足。

第二节 房屋修缮工程

一、房屋修缮工程的分类

为了加强房屋修缮的科学管理,合理地安排修缮资金和加强修缮工作的计划性,应实行分类指导,通常是按房屋的完损状况和工程性质、结构性质和经营管理性质进行工程分类。

(一)按房屋的完损状况和工程性质划分

根据房屋的完损状况和相应的工程性质,房屋修缮工程可分为翻修、大修、中修、小修和综合维修五类。

1. 翻修工程

翻修工程是指原有房屋需全部拆除、另行设计、重新建造或利用少数主体构件进行改造的工程。翻修工程包括原地翻修改建、移地翻修改建和小区复建房等。

翻修工程主要适用于:
(1)主体结构全部或大部分严重损坏,丧失正常使用功能,有倒塌危险的房屋;
(2)因自然灾害破坏严重,不能再继续使用的房屋;
(3)主体结构、围护结构简陋,无修理价值的房屋;
(4)地处陡峭易滑坡地区的房屋或地势低洼长期积水又无法排出地区的房屋;
(5)国家基本建设规划范围内需要拆迁恢复的房屋。

翻修工程投资大、工期长,应尽量利用旧料,其费用应低于该建筑物同类结构的新建造价。翻修后的房屋必须达到完好房屋的标准。新建住宅小区基本上不存在翻修工程。

2. 大修工程

大修工程是指需牵动或拆换部分主体和房屋设备,但不需全部拆除,一次费用在该建筑物同类结构新建造价的 25%以上的工程。

大修工程主要适用于:
(1)主体结构的大部分严重损坏,有倒塌或有局部倒塌危险的房屋;
(2)整幢房屋的共用生活设备(包括上水、下水、照明、通风和采暖等)必须进行管线更换,需要改善新装的房屋;
(3)因改善居住条件,需局部改建的房屋;
(4)需对主体结构进行专项抗震加固的房屋。

大修工程的主要特点是工程地点集中、项目齐全,具有整体性。大修后的房屋必须符合基本完好或完好标准的要求。在进行大修工程时，可考虑适当增添新的设施，改善居住条件。

3. 中修工程

中修工程是指需牵动或拆换少量主体构件，保持原房的规模和结构，一次费用在该建筑物同类结构新建造价的 20%以下的工程。

中修工程主要适用于：

（1）少量结构构件形成危险点的房屋；

（2）一般损坏的房屋，如整幢房屋的门窗整修、楼地面、楼梯维修、抹灰修补、油漆保养、设备管线的维修和零配件的更换等；

（3）整幢房屋的共用生活设备，如上下水管道、通风采暖设备管道、电气照明线路等需局部进行更换改善或改装、新装工程的房屋以及单项目维修的房屋。

中修工程的主要特点是工程比较集中、项目较小、工程量较大，常有周期性。中修后的房屋 70%以上必须符合基本完好或完好标准的要求。

4. 小修工程（零修工程或养护工程）

小修工程即房屋的日常养护，是指为了保持房屋的原有完好等级，进行日常养护和及时修复小损小坏的工程。具体内容详见本章第四节"房屋的日常养护"。小修工程的平均费用一般为房屋现实造价的 1%以下。

5. 综合维修工程（成片轮修工程）

综合维修工程是指成片多幢（大楼可分为单幢）大修、中修、小修一次性应修尽修，其费用控制在该片（幢）建筑物同类结构新建造价的 20%以上的工程。

这类维修工程应根据各地的情况、条件的不同，考虑到一些特殊要求，如抗震、防灾、防风、防火等，在维修中一并予以解决。

综合维修工程主要适用于：

（1）该片（幢）大部分严重损坏，或一般性损坏需进行有计划维修的房屋；

（2）需改变片（幢）面貌而进行有计划维修的工程。

经过综合维修后的房屋，必须符合基本完好或完好房的标准要求。综合维修工程在统计时计入大修工程项目内，可以不单独列出。

（二）按房屋的结构性质划分

按应修房屋的结构性质，房屋修缮工程可分为承重结构的修缮和非承重结构的修缮两部分。

1. 承重结构的修缮

承重结构的修缮是指对房屋的基础、梁、柱、承重墙以及楼盖的基层等主要受力部分进行修缮。这是房屋修缮的重点。房屋修缮，安全第一，只有房屋的承重部分修缮好了，非承重部分的修缮才有意义。

2. 非承重结构部分的修缮

非承重结构部分的修缮是指对房屋的门窗、墙皮、非承重墙面、地面、顶棚、上下水道和附属部分的修缮，也称为维修养护工作。非承重结构部分维修养护得好，对承重结构部分也会起保护作用，同时是对房屋外貌的装饰、美化，维持和改善了住用环境。非承重部分的维修应以保证承重结构部分的完整无损为前提。

（三）按经营管理的性质划分

按经营管理的性质，房屋修缮工程可分为恢复性修缮、赔偿性修缮、改善性修缮、救灾性修缮和返工性修缮五类。

1. 恢复性修缮

恢复性修缮又称基本修缮，不含重建。按性质恢复性修缮的费用应在经营性维修费项下列支。

2. 赔偿性修缮

赔偿性修缮属于人为损坏或由于使用不当造成，按有关法律的规定，赔偿性修缮的费用应由引起损坏的一方即当事者负担。

3. 改善性修缮

改善性修缮是超越原房屋的修缮标准或原房屋规模的修缮。它不属于简单再生产范畴，其费用应另有专款开支或由用户负责。若经过改善性修缮后能调增租金的，也可进行。

4. 救灾性修缮

救灾性修缮属于自然灾害或意外灾害造成，其费用应由专款解决或在保险费中开支。

5. 返工性修缮

返工性修缮是由房屋设计或施工方法不当造成，其费用应由设计或施工部门负责，或拨专款解决。

在房屋修缮工程中还要考虑各地的不同情况，把抗震、防治白蚁、预防水、火灾、抗洪、防台风和防范雷击等一些特殊要求一并予以解决。

二、房屋修缮标准

修缮标准是按不同的结构、装修、设备条件，将房屋分为"一等"、"二等以下"两类分别制定的。

符合下列条件的为一等房屋：钢筋混凝土结构、砖混结构、砖木（含高级纯木）结构中，承重墙柱不得使用空心砖、半砖、乱砖和乱石砌筑；楼地面不得有普通水泥或三合土面层；使用纱门窗或双层窗的正规门窗；墙面有中级或中级以上粉饰；独立厨房，有水、电、卫设备，采暖地区有暖气。低于上述条件的为二等以下房屋。划分两类房屋的目的在于对原结构、装修、设备较好的一等房屋加强维修养护，使其保持较高的使用价值；对二等以下的房屋，主要是通过修缮，保证住用安全，适当改善住用条件。

修缮标准按主体工程，木门窗及装修工程，楼地面工程，屋面工程，抹灰工程，油漆粉饰工程，水、电、卫、暖等设备工程，金属构件及其他九个分项工程进行确定。

1. 主体工程

主体工程主要指屋架、梁、柱、墙、楼面、屋面和基础等主要承重构件的维修。当主体结构损坏严重时，不论修缮那一类房屋，均应要求牢固、安全，不留隐患。

2. 木门窗及装修工程

木门窗应开关灵活，不松动、不透风；木装修应牢固、平整、美观，接缝严密。一等房屋的木装修应尽量做到原样修复。

3. 楼地面工程

楼地面工程的维修应牢固、安全、平整、不起砂，拼缝严密不闪动，不空鼓开裂，地坪无倒泛水现象。如房间长期处于潮湿环境，可增设防潮层，木基层或加砂楼面损坏严重时，应改做钢筋混凝土楼面。

4. 屋面工程

屋面必须确保安全，不渗漏，排水畅通。

5. 抹灰工程

抹灰应接缝平整，不开裂、不起壳、不起泡、不松动、不剥落。

6. 油漆粉饰工程

油漆粉饰要求不起壳、不剥落、色泽均匀，尽可能保持与原色一致。对木构件和各类铁构件应进行周期性油漆保养。各种油漆和内外墙涂料，以及地面涂料，均属保养性质，应指定养护周期达到延长房屋使用年限的目的。

7. 水、电、卫、暖等设备工程

房屋的附属设备均应保持完好，保证运行安全、正常使用。电气线路、电梯、安全保险装置及锅炉等应定期检查，严格按照有关安全规程定期保养。对房屋内部电气线路破损老化严重、绝缘性能降低的，应及时更换线路。对供水、供暖管线应做保温处理，并定期进行检查维修。水箱应定期清洗。

8. 金属构件

金属构件应保持牢固、安全，不锈蚀，损坏严重的应更换，无保留价值的应拆除。

9. 其他的工作

对属物业管理区域的庭院原有院墙、院墙大门、院落内道路、沟渠下水道、阴井损坏或堵塞的，应修复或疏通。

第三节 房屋安全管理与鉴定

一、危屋鉴定

危险房屋（简称危房）由于随时有倒塌的可能，不能确保使用安全。因此，在物业管理中，危房的鉴定使用与管理就占有特殊的位置，物业服务企业对此要给予特别的重视。为此，原建设部先后颁布了《危险房屋鉴定标准》（GJ13-86）和《城市危险房屋管理规定》。

（一）危房的鉴定机构

房屋的安全鉴定是一项专业性、技术性要求很强的工作，危房的鉴定更应慎之又慎。按《城市危险房屋管理规定》，房屋的鉴定由房地产行政主管部门设立的房屋安全鉴定机构负责，经鉴定属危险房屋的，鉴定机构必须及时发出危险房屋通知书。属于非危险房屋的，应在鉴定文书上注明在正常使用条件下的有效时期，一般不超过1年。

（二）危房鉴定

1. 危房分类

危房分整幢危房和局部危房。整幢危房是指随时有整幢倒塌可能的房屋。局部危房是指随时有局部倒塌可能的房屋。

2. 鉴定单位

危房以幢为鉴定单位，以建筑面积（平方米）为计量单位。
（1）整幢危房以整幢房屋的建筑面积（平方米）计数。
（2）局部危房以危及倒塌部分房屋的建筑面积（平方米）计数。

3. 鉴定原则

（1）危房鉴定应以地基为基础、结构构件的危险鉴定（具体标准参见《危险房屋鉴定标准》）为基础，结合历史状态和发展趋势全面分析、综合判断。

（2）在地基基础或结构构件发生危险的判断上，应考虑构件的危险是孤立的还是关联的。

① 若构件的危险是孤立的，则不构成结构的危险。
② 若构件的危险是相关的，则应联系结构判定危险范围。

（3）在历史状态和发展趋势上，应考虑下列因素对地基基础、结构构件构成危险的影响。

① 结构老化的程度。
② 周围环境的影响。
③ 设计安全度的取值。
④ 有损结构的人为因素。
⑤ 危险的发展趋势。

4. 危险范围的判定

（1）整幢危房。
① 因地基基础产生的危险，可能危及主体结构，导致整幢房屋倒塌的。
② 因墙、柱、梁、混凝土板或框架产生的危险，可能构成结构破坏，导致整幢房屋倒塌的。
③ 因屋架、檩条产生的危险，可能导致整个房屋倒塌并危及整幢房屋的。
④ 因筒拱、扁壳、波形筒拱产生的危险，可能导致整个拱体倒塌并危及整幢房屋的。

（2）局部危房。
① 因地基基础产生的危险，可能危及部分房屋，导致局部倒塌的。
② 因墙、柱、梁、混凝土板或框架产生的危险，可能构成部分结构破坏，导致局部房屋倒塌的。
③ 因屋架、檩条产生的危险，可能导致部分房屋倒塌，或整个房屋倒塌但不危及整幢房屋的。
④ 因隔栅产生的危险，可能导致整间楼盖倒塌的。
⑤ 因悬挑构件产生的危险，可能导致梁、板倒塌的。
⑥ 因筒拱、扁壳、波形筒拱产生的危险，可能导致部分拱体倒塌但不危及整幢房屋的。

（3）危险点。
危险点是指单个承重构件、围护构件或房屋设备处于危险状态的。

二、危房的管理

对被鉴定为危房的，应按危险程度、影响范围，根据具体条件，分别轻、重、缓、急，安排修建计划。对危险点，应结合正常维修，及时排除险情。对危房和危险点，在查清、确认后，均应采取有效措施，确保使用安全。对危房的使用管理一般立刻分为以下四类情况处理。

1. 观察使用

观察使用适用于采取适当安全技术措施后，尚能短期使用，但需继续观察的房屋。

2. 处理使用

处理使用适用于采取适当技术措施后，可解除危险的房屋。

3. 停止使用

停止使用适用于已无修缮价值，暂时不便排除，又不危及相邻建筑和影响他人安全的房屋。

4. 整体拆除

整体拆除适用于整幢危险且已无修缮价值，需立即拆除的房屋。

对前两类情况，物业服务企业应在管理中加强安全检查，能解危的，要及时解危；解危暂时有困难的，应采取安全措施，并做好排险解危的准备，切实保证住用人的安全。

第四节 房屋日常养护

房屋日常养护是物业服务企业为确保房屋的完好和正常使用所进行的经常性的日常修理、季节性预防保养以及房屋的正确使用维护管理等工作，是物业服务企业房屋修缮管理的重要环节。房屋日常养护的基本原则是因地制宜、合理修缮；对不同类型的房屋要制定不同的维修养护标准；定期检查，确保安全；及时维护，保证正常使用；最有效地合理使用维修费用；最大限度地充分发挥房屋的有效使用功能。

通过对房屋的日常养护，可以维护房屋和设备的功能，使发生的损失及时得到修复；对一些由于天气的突变或隐蔽的物理、化学损失导致的突发性损失，不必等大修周期到来就可以及时处理。同时，经常检查房屋完好状况，从养护入手，可以防止事故的发生，延长大修周期，并为大修、中修提供查勘、施工的可靠资料，最大限度地延长房屋的使用年限。同时不断改善房屋的使用条件，包括外部环境的综合治理。

一、房屋日常养护的类型

房屋日常养护可分为零星养护和计划养护。

1. 零星养护

房屋的零星养护是指综合实际情况确定或因突然损坏引起的小修，包括：
（1）房屋筑漏（补漏）、修补屋面、修补泛水、屋脊等；
（2）钢、木门窗的修整、拆换五金、配玻璃、换窗纱、油漆等；

(3) 修补楼地面面层，抽换个别楞木等；
(4) 修补内外墙、抹灰、窗台、腰线等；
(5) 拆砌挖补局部墙体、个别拱圈，拆换个别过梁等；
(6) 抽换个别檩条，接换个别木梁、屋架、木柱、修补木楼等；
(7) 水卫、电气、暖气等设备的故障排除及零部件的修换等；
(8) 下水管道的疏通，修补明沟、散水、落水管等；
(9) 房屋检查发现的危险构件的临时加固、维修等。

日常零星养护项目主要通过维修管理人员的走访住房和业主或物业使用人的随时报修两个渠道来收集。零星养护的特点是修理范围广，项目零星分散，时间紧，要求及时，具有经常性的服务性质。零星养护应力争做到"水电急修不过夜，小修项目不过三，一般项目不过五"。

2. 计划养护

房屋的各种构件、部件均有其合理的使用年限，超过这一年限一般就开始不断地出现问题。因此要管好房子，就不能等到问题出现后再采取补救措施，而应该制定科学的大修、中修、小修三级修缮制度，以保证房屋的正常使用，延长其整体的使用寿命。这就是房屋的计划养护。如房屋的纱窗每3年左右就应该刷一遍铅油保养；门窗、壁橱、墙壁上的油漆、油饰层一般5年左右应重新油漆一遍；外墙每10年应彻底进行1次检修加固；照明电路明线、暗线每年检查线路老化和负荷的情况，必要时可局部或全部更换等，这种定期保养、修缮制度是保证房屋使用安全、完好的非常重要的制度。

一般楼宇设施的保养周期和翻新周期参见表 5-1 和表 5-2。

表 5-1　一般楼宇设施的保养周期

设　备	事　项	周　期
楼宇内外墙	走廊及楼梯粉刷 修补粉刷外墙	每3年1次 每5或每6年1次
供水系统	检查、机油及调试各水泵 清洗水池	每半个月1次 每月1次
电梯	例行抹油及检查 彻底检查及大修	每周1次 每年1次
消防设备	日常巡视及保养 聘用政府认可的消防设备保养公司作检查及维修，并向消防部门提交报告	每月1次 每年1次
沟渠	清理天台雨水筒及渠闸 清理明渠及沙井的沉积物	每周1次 每2周1次
机器栏杆	检查锈蚀的窗框、栏杆、楼梯扶手 油漆	每月1次 每年1次

表 5-2　一般楼宇设施的翻新周期

种　类	项　目	翻新周期（年）
楼宇附加装置	屋顶覆盖层	20
	窗	20
	门	30
	五金器具	20
修饰	墙壁	15
	地板	10
	天花板	20
装修	外部	5
	内部	5
供水及卫生设备	喉管	30
	洁具	20
电力	电线	30
	电力装置	15
通风	空调	15
其他	电梯及自动扶梯	20

物业服务企业应根据具体楼宇所选用的设备、材料型号的质量来推算其使用年限。另外，还要做好季节性的预防保养工作，如防台风、防汛、防梅雨、防冻和防治白蚁等。

二、房屋日常养护的内容

（一）地基基础的养护

地基属于隐蔽工程，如果地基发现问题采取补救措施会很困难，所以应给予足够的重视。主要应从以下几个方面做好养护工作。

1. 坚决杜绝不合理荷载的产生

地基基础上部结构使用荷载分布不合理或超过设计荷载会危及整个房屋的安全，而在基础附近的地表面堆放大量的材料或设备也会形成较大的堆积荷载，使地基由于附近压力增大而产生附加沉降。所以，应从内外两方面加强对日常使用情况的技术监督，防止出现不合理荷载状况。

2. 防止地基浸水

地基浸水会使地基基础产生不利的工作条件，因此，对于地基基础附近的用水设施，如上下水管、暖气管道等要注意检查其工作情况，防止漏水。同时，要加强对房屋内部及四周排水设施如排水沟、散水沟等的管理与维修。

3. 保证勒脚完好无损

勒脚位于地基基础顶面，将上部荷载进一步扩散并均匀传递给基础，同时起到基础防水的作用。勒脚破损或严重腐蚀剥落会使地基基础受到传力不合理的间接影响而处于异常的受力状态，也会因防水失效而产生地基基础浸水的直接后果。所以，勒脚的养护不仅仅是美观的要求，更是地基基础养护的重要部分。

4. 防止地基冻害

在季节性冻土地区要注意地基基础的保温工作。对需要持续供热设计的房屋，不宜采用间歇供热，并应保证各房间采暖设施齐备有效。如在使用中有闲置不采暖的房间，尤其是与地基基础较近的地下室，应在寒冷季节将门窗封闭严密，防止冷空气大量侵入，如还不能满足要求，则应采取其他的保温措施。

（二）楼地面工程的养护

楼地面工程常见的材料多种多样，如水泥砂浆、大理石、水磨石、地砖、塑料、木材、马赛克和缸砖等。水泥砂浆及常用的预制块地面的受损情况有空鼓、起壳和裂缝等，而木地板更容易被腐蚀或蛀蚀。在一些高档装修中采用的纯毛地毯则在耐菌性、耐虫性及耐湿性等方面性能较差。所以，应针对楼地面材料的特性，做好相应的养护工作。通常需要注意以下几个主要的方面。

1. 保证经常用水房间的有效防水

对厨房、卫生间等经常用水的房间，一方面要注意保护楼地面的防水性能，更须加强对上下水设施的检查与保养，防止管道漏水、堵塞，造成室内长时间积水而渗入楼板，导致侵蚀损害。一旦发现问题应及时处理或暂停使用，切不可将就使用，以免形成隐患。

2. 避免室内受潮与虫害

由于混凝土防潮性有限，在紧接土壤的楼层或房间，水分会通过毛细现象透过地板或外墙渗入室内；而在南方，空气湿度经常持续在较高的水平，常因选材不当而产生返潮（即结露）现象。这是造成室内潮湿的两种常见原因。室内潮湿不仅影响使用者的身体健康，也会因大部分材料在潮湿环境中容易发生不利的化学反应而变性失效，如腐蚀、膨胀、强度减弱等，造成重大的经济损失。所以，必须针对材料的各项性能指标做好防汛工作，如保持室内有良好的通风等。

建筑虫害包括直接蛀蚀与分泌腐蚀两种，由于通常出现在较难发现的隐蔽性部位，所以更须做好预防工作。尤其是分泌物的腐蚀作用，如常见的建筑白蚁病会造成房屋结构的根本性破坏，导致无法弥补的损伤，使得许多高楼大厦无法使用而被迫重建。无论是木构建筑还是钢砼建筑，都必须对虫害预防工作予以足够的重视。

3. 加强对二次装修的科学管理

由于个别业主在使用过程中出现功能变化与装修档次要求的提高，对所拥有的物业进行二次装修与改造已成为一种常见的现象。但由于业主或业主所雇佣的施工人员的专业知识有限，不懂建筑知识，进行改变房屋结构、拆改设备或明显加大荷载的破坏性装饰，影响了房屋的安全性能；或采用不科学的施工方法，经常产生对房屋极为不利的后果。如在吊顶时砸穿楼板，导致受力钢筋腐蚀与楼板应力失衡；在地面装修时破坏了原有防水层而未采取补救措施，发生严重的渗漏事故；在增设隔墙或地面装修时选材过重而形成不合理荷载分布，甚至危及使用安全等。所以，必须加强对房屋二次装修与改造的科学管理，保证业主在满足自身需求时，不致损害整个房屋的正常使用。

4. 控制与消除装饰材料的副作用

装饰材料的副作用主要是针对有机物而言的，如塑料、化纤织物、油漆涂料、化学黏合剂等常在适宜的条件下产生大量的有害物质，危害人的身心健康，以及正常工作与消防安全。所以，在选用有机装饰材料时必须对它所能产生的副作用采取相应的控制与消除措施。如化纤制品除静电、地毯防止螨虫繁殖等。

（三）墙台面及吊顶工程的养护

墙台面及吊顶工程是房屋装修工作的主要部分，通常包括多种类型，施工复杂，耗资比重大，维修工序繁琐，常常牵一发而动全身。所以，做好对墙台面及吊顶工程的养护工作，延长其综合使用寿命，直接关系到业主与物业服务企业的经济利益。

墙台面及吊顶工程一般由下列装饰工程中的几种或全部组成：抹灰工程，油漆工程，刷浆工程，裱糊工程，块材饰面工程，罩面板及龙骨安装工程，因此应根据具体的施工方法、材料性能以及可能出现的问题采取适当的养护措施。但无论对哪一种工程的养护，都应满足以下几个共性的要求。

1. 定期检查，及时处理

定期检查一般不少于每年 1 次。对容易出现问题的部位重点检查，尽早发现问题并及时处理，防止产生连锁反应，造成更大的损失。对于使用磨损频率较高的工程部位，要缩短定时检查的周期，如台面、踢脚、护壁，以及细木制品工程。

2. 加强保护与其他的工程相接处

墙台面及吊顶工程经常与其他的工程相交叉，在相接触时要注意防水、防腐、防裂和防胀。如水管穿墙加套管保护，与制冷管、供热管相接处加绝热高强度套管。墙台面及吊顶工程在自身不同工种相接处，也要注意相互影响，采取保护手段与科学的施工措施。

3. 注意清洁与清洁方法

经常保持墙台面及吊顶清洁，不仅是房间美观卫生的要求，也是保证材料处于良好状态所必需的。灰尘与油腻等积累太多容易导致吸潮、生虫以及直接腐蚀材料。所以，应做好经常性的清洁工作。清洁时需根据不同材料各自的性能采用适当的方法，如防水、防酸碱腐蚀等。

4. 注意日常工作中的防护

各种操作要注意，防止擦伤、划伤、刮伤墙台面，防止撞击。如有可能损伤墙台面材料的情况，要采取预防措施。在日常工作中有难以避免的情况要加设防护措施，如台面养花、使用腐蚀性材料等应有保护垫层。在墙面上张贴、悬挂物品，严禁采用可能造成损伤或腐蚀的方法与材料，如不可避免，应请专业人员施工，并采取必要的防护措施。

5. 注意材料的工作环境

遇有潮湿、油烟、高温、低湿等非正常工作要求时，要注意墙台面及吊顶材料的性能，防止处于不利环境而受损。如不可能避免，应采取有效的防护措施，或在保证可复原的条件下更换材料，但均须由专业人员操作。

6. 定期更换部件，保证整体协调性

由于墙台面及吊顶工程中各工种以及某一工程中各部件的使用寿命不同，因而，为保证整体使用效益，可通过合理配置，使各工种、各部件均能充分发挥有效作用，并根据材料部件的使用期限与实际工作状况及时给予更换。

（四）门窗工程的养护

门窗是保证房屋使用正常、通风良好的重要途径，应在管理使用中根据不同类型门窗的特点注意养护，使之处于良好的工作状态。如木门窗容易出现的问题有：门窗扇下垂、弯曲、翘曲、腐朽、缝隙过大等，钢门窗则有翘曲变形、锈蚀、配件残缺、露缝透风、断裂损坏等常见病，而铝合金门窗易受到酸雨及建材中氢氧化钙的侵蚀。

在门窗工程养护中，应重点注意以下几个方面。

1. 严格遵守使用常识与操作规程

门窗是房屋中使用频率较高的部分，要注意保护。在使用时，应轻开轻关；遇风雨天要及时关闭并固定；开启后，旋启式门窗扇应固定；严禁撞击或悬挂物品。避免长期处于开启或关闭状态，以防门窗扇变形，关闭不严或启闭困难。

2. 经常清洁检查，发现问题及时处理

门窗构造比较复杂，应经常清扫，防止积垢面影响正常使用，如关闭不严等。发现门窗变形或构件短缺失效等现象，应及时修理或申请处理，防止对其他的部分造成破坏或发生意外事件。

3. 定期更换易损部件，保持整体状况良好

对于使用中损耗较大的部件应定期检查更换，需要润滑的轴心或摩擦部位要经常采取相应的润滑措施，如有残垢还要定期清除，以减少直接损耗，避免间接损失。

4. 北方地区外门窗冬季使用管理

北方地区冬季气温低、风力大、沙尘多，外门窗易受侵害。所以，应做好养护工作。如采用外封式封窗，可有效地控制冷风渗透与缝隙积灰。长期不用的外门也要加以封闭，卸下的纱窗要清洁干燥，妥善保存，防止变形或损坏。

5. 加强窗台与暖气的使用管理

禁止在窗台上放置容易对窗户产生腐蚀作用的物体，包括固态、液态以及会产生有害于门窗的气体的一切物品，北方地区冬季还应注意室内采暖设施与湿度的控制，使门窗处于良好的温湿度环境中，避免出现凝结水或局部过冷过热现象。

（五）屋面工程维修养护

屋面工程在房屋中的作用主要是维护、防水和保温（南方为隔热）等，由于建筑工艺水平的提高，现在又增加了许多新的功能，如采光、绿化以及太阳能采集利用等。屋面工程施工工艺复杂，而最容易受到破坏的是防水层，它又直接影响到房屋的正常使用，并起着对其他的结构及构造层的保护作用。所以，防水层的养护也就成为屋面工程维修养护中的中心内容。

屋面防水层受到大气温度变化的影响，风雨侵蚀、冲刷、阳光照射等都会加速其老化，排水受阻或人为损害以及不合理荷载经常造成局部先行破坏和渗漏，加之防水层维修难度大，基本无法恢复对防水起主要作用的整体性，所以，在使用过程中需要有一个完整的保养制度，以养为主，维修及时有效，以延长屋面防水层的使用寿命，节省返修费用，提高经济效益。

屋面工程的维修养护应注意以下几个方面。

1. 定期清扫，保证各种设施处于有效状态

一般非上人屋面每季度清扫 1 次，防止堆积垃圾、杂物及非预期植物如青苔、杂草的生长。遇有积水或大量积雪时应及时清除，秋季要防止大量落叶、枯枝堆积。上人屋面要经常清扫。在使用与清扫时，应注意保护重要排水设施（如落水口）以及防水关键部位（如大型或体形较复杂建筑）的变形缝。

2. 定期检查、记录，并对发现的问题及时处理

定期组织专业技术人员对屋面各种设施的工作状况按规定项目内容进行全面详查，并

填写检查记录。对非正常损坏要查找原因,防止产生隐患;对正常损坏要详细记录其损坏程度。检查后,对所发现的问题及时汇报处理,并适当调整养护计划。

3. 建立大修、中修、小修制度

在定期检查、养护的同时,根据屋面综合工作状况,进行全面的大修、中修或小修,可以保证屋面的整体协调性,延长屋面的整体使用寿命,以发挥屋面最高的综合效能,并可以在长时期内获得更高的经济效益。

4. 加强屋面使用的管理

在屋面的使用中,要防止产生不合理荷载与破坏性操作。屋面在使用中要注意污染、腐蚀等常见病,在使用期应有专人管理。屋面增设各种设备,如天线、广告牌等首先要保证不影响原有功能(包括屋面的景观要求),其次要符合整体技术要求,如对屋面产生荷载的类型与大小会导致何种影响。在施工过程中,要有专业人员负责,并采用合理的构造方法与必要的保护措施,以免对屋面产生破坏或形成其他的隐患,如对人或物造成危险。

5. 建立专业维修保养队伍

屋面工程具有很强的专业性与技术性,检查与维修养护都必须由专业人员来负责完成,而屋面工程的养护频率相对较低,所以为减轻物业服务企业的负担,并能充分保证达到较高的技术水平,更有效、更经济地做好屋面工程养护工作,应建立起由较高水平专业技术人员组成的专职机构。

(六) 通风道的养护管理

由于通风道在房屋的建设和使用过程中都是容易被忽略而又容易出问题的部位,因此对通风道的养护管理应作为一个专项格外加以重视。首先在设计时就要尽量选用比较坚固耐久的钢筋混凝土风道、钢筋网水泥砂浆风道等,淘汰老式的砖砌风道和胶合板风道。而且必须选用防串味的新型风道。在房屋接管验收时,一定要将通风道作为一个单项进行认真细致的验收,确保风道畅通、安装牢固,不留隐患。在房屋使用过程中,应注意:

(1) 业主在安装抽油烟机和卫生间通风器时,必须小心细致地操作,不要乱打乱凿,对通风道造成损害。

(2) 不要往风道里扔砖头、石块或在通风道上挂东西,挡住风口,堵塞通道。

(3) 物业服务企业每年应逐户对通风道的使用情况及有无裂缝破损、堵塞等情况进行检查。发现不正确的使用行为要及时制止,发现损坏要认真记录,及时修复。

(4) 检查时可在楼顶通风道出屋面处测通风道的通风状况,并用铅丝悬挂大锤放入通风道检查其是否畅通。

（5）通风道发现小裂缝应及时用水泥砂浆填补，严重损坏的在房屋大修时应彻底更换。

（七）垃圾道的养护管理

一般住宅楼、办公楼等通用房屋都设置有垃圾道，作为楼上用户倾倒垃圾的通道。垃圾道由通道、垃圾斗、底层垃圾间及出坂门等部分组成。由于垃圾道是共用设施，又是藏污纳垢的地方，业主与物业使用人对其不够爱护，因此物业服务企业一方面要加强宣传教育，另一方面垃圾道出现堵塞损坏时要及时派人修理。在房屋接管验收时，保洁人员就要认真检查垃圾道的各个部位，看有无垃圾斗、出垃圾门开启不灵便、缺少零件、少刷漆等现象。如果垃圾道内有积存大量的施工垃圾或伸出钢筋头、残存模板等在房屋交付使用后造成垃圾道堵塞隐患的现象，必须要求施工单位及时返修清除。平时养护中应注意：

（1）指定专人负责垃圾清运，保持垃圾道通畅；
（2）搬运重物时要注意保护好垃圾道，避免碰撞，平时不要用重物敲击垃圾道；
（3）不要往垃圾道中倾倒体积较大或长度较长的垃圾；
（4）垃圾道出现堵塞时应尽快组织人员疏通，否则越堵越严，疏通起来更加费时费力；
（5）垃圾斗、出坂门每两年应重新油漆一遍，防止锈蚀，延长寿命，降低维修费用；
（6）垃圾道出现小的破损要及时用水泥砂浆或混凝土修补，防止破损扩大。

三、房屋日常养护的考核标准

日常养护考核指标主要有定额指标、经费指标、服务指标和安全指标。

（一）定额指标

小修养护工人的劳动效率要100%达到或超过人工定额；材料消耗要不超过或低于材料消耗定额。达到小修养护工程定额的指标是完成小修养护工作量、搞好日常服务的必要保证。

（二）经费指标

小修养护经费主要通过收取物业服务费用筹集，不足的部分从物业服务企业开展多种经营的收入中弥补。

（三）服务指标

1. 走访查房率

一般要求物业管理员每月对辖区的住（用）户要走访查房50%以上；每季对辖区内住（用）户要逐户走访查房一遍。

走访查房率的计算公式如下：

月走访查房率=当月走访查房户数/辖区内住（用）户总户数×100%

季走访查房率=当季走访查房户数/辖区内住（用）户总户数×100%

注意，走访查房户数计算时对月（季）内走访如系同一户超过 1 次的均按 1 次计算。

2. 养护计划率

应按物业管理员每月编制的小修养护计划表依次组织施工。考虑到小修中对急修项目需及时处理，因此在一般情况下，养护计划要求达到 80% 以上。遇特殊情况或特殊季节，可统一调整养护计划率。

养护计划率的计算公式如下：

月养护计划完成率=当月完成属计划内项目户次数/当月养护计划安排的户次数×100%

养护及时率的计算公式如下：

月养护及时率=当月完成的小修养护户次数/当月全部报修中应修的户次数×100%

注意，当月全部报修中用修的户次数是指剔除了经专业人员实地查勘后，认定不属小修养护范围，并已作其他维修工程类别安排的和因故不能安排维修的报修户次数。

（四）安全指标

安全指标是为了确保住用安全和生产安全，是维修服务的首要指标，是考核工作实绩的重要依据。

为确保生产安全，物业服务企业应建立一系列安全生产操作规程和安全检查制度，以及相配套的安全生产奖惩办法。在安全生产中要十分注意以下三个方面：

（1）严格遵守操作规程，不违章上岗和操作；

（2）注意工具、用具的安全检查，及时修复或更换有不安全因素的工具、用具；

（3）按实施规定选用结构部件的材料，如利用旧料时要特别注意安全性能的检查，增强施工期间和完工后交付使用的安全因素。

本 章 小 结

房屋的修缮管理是物业管理中的基础性工作，修缮对象是房屋本身，修缮管理的目的是为了保障房屋的保值增值。房屋修缮是指对已建成的房屋进行翻修、大修、中修、小修、综合维修和维护保养。房屋修缮管理的具体内容包括：房屋修缮计划管理，房屋修缮技术管理，房屋修缮质量管理、房屋修缮施工管理和房屋修缮资金管理。在物业管理过程中，搞好房屋的修缮管理，不仅有利于延长房屋的使用寿命、增强房屋使用的安全性能，也有利于美化环境，使物业服务企业在业主与物业使用人的心中建立良好的形象和信誉，从而促进物业管理行业的发展。

复习思考题

1. 房屋修缮的概念是什么?
2. 房屋大修工程的特点是什么?
3. 如何避免室内受潮与虫害?
4. 在门窗工程养护中应重点注意哪几个方面?

第七章
物业设备设施管理

  【教学目的与重点难点】

通过本章的学习，了解物业设备设施的种类与组成；掌握物业设备设施的常见故障及排除方法，以及物业设备设施的维修标准与管理制度。了解物业常见的几种设备设施的结构，掌握物业设备设施正常运行管理的内容、维修标准和管理。了解物业设备设施的主要结构；掌握物业设备设施基础资料的管理、设备运行管理、设备设施维修管理和设备制度，以及熟练掌握物业设备设施的维修服务标准和各种异常情况的处理。

本章的重点是掌握物业设备管理的意义及设备维护保养的一般方式及其工作的实施，室内给排水系统的方式和组成，供暖系统的管理与维护，中央空调及空调系统维护管理的意义，供配电系统管理的目的，高层建筑供电的负荷如何分级，照明的方式及照明故障的排除。

第一节　物业设备设施管理概述

一、物业设备设施管理的含义

物业设备设施是指物业建筑内附属的和相关市政、公用各类设备设施的总称，它是构成物业建筑实体、发挥物业既定使用功能的有机组成部分。没有附属设施、设备和配套的建筑，物业也就丧失了其必要的功能与价值。附属设施、设备不配套或配套的设施、设备相对落后，或经常处于损坏待修状态，也会降低建筑物的效用与价值。供水、排水、供暖、煤气等附属设备是最基本的附属设备。现代的物业建筑，其配套设备与设施的完善程度、合理程度及先进程度往往是决定其未来效用与商业价值的一个极为重要的因素和先决条件。

随着社会经济的发展和现代科技的进步，物业设备的种类日益增多，使用领域不断拓宽，新型产品纷纷涌现，从普通的卫生洁具、装饰用品、厨房设备、运输设备的更新到闭路电视、音响设备、自动报警、空调、全电子电脑电话等系统的建立，直至智能化大楼、综合式太阳能建筑的出现，使物业建筑及附属设备设施更为合理、完善和先进，并向多样化、综合化的设备系统发展，从而使之为人类居住、应用提供更加优越的环境和条件成为可能。从这个意义上讲，在现代城市中，物业建筑附属设备设施的重要性已远远超过以往任何一个时期，并成为反映一个城市在经济、科技、文化、生活等方面发展水平的一个重要特征和人类物质文明进步的重要标志。

物业设备设施的不断推陈出新，不但使人们对物业建筑设备的功能与装修要求逐步提高，也对物业设备设施的维修与管理提出了更高的要求。从管理的角度来看，物业设备设施配套的完备性、合理性与先进性为人们改善物业建筑、住用环境提供了一种物质基础和条件，但关键在于运行过程中的管理与服务，确保相关设备时刻保持良好的状态，使物业设备设施发挥最大的效用。

二、物业设备设施管理的意义

物业设备设施管理的基本内容包括管理和服务两个方面，也就是说，需要做好物业设备设施的管理、运行、维修和保养等方面的工作。管理、使用好物业设备设施有以下几个方面的意义。

（1）物业设备设施管理在为人们提供良好的工作、学习环境及生活环境中起到基础性管理的作用，并提供了有力保障。

（2）物业设备设施管理是实现物业高效率发挥使用功能，促进物业与设备设施现代化、规范化的强有力手段。

（3）物业设备设施管理是提高现有设备设施性能与完好率，延长设备设施的使用寿命，节约资金投入，保障设备设施安全运行的保证。

（4）物业设备设施管理是城市文明建设和发展的需要，对文明卫生、环境建设与物质文明建设起到保驾护航的作用。

（5）物业设备设施管理能强化物业服务企业的基础建设。

三、物业设备设施管理的目标

物业设备设施在整个物业内处于非常重要的地位，它是物业运作的物质基础和技术基础。

用好、管好、维护检修好、改造好现有设备设施，提高设备设施的利用率及完好率是物业设备设施管理的根本目标。

衡量物业设备设施管理质量的两个指标是设备设施有效利用率和设备设施的完好率。

物业设备设施是否完好的标准为：

（1）零部件完整齐全；

（2）设备设施运转正常；

（3）设备设施技术资料及运转记录齐全；

（4）设备设施整洁，无跑、冒、滴、漏现象；

（5）防冻、保温、防腐等措施完整有效。

四、物业设备设施的分类

物业设备设施是根据用户要求和不同的物业用途而设置的，因此不同用途的楼宇有不同用途的设备设施。如一般民宅中的物业管理设备设施由水、电、气、卫、电梯、闭路电视等设备设施系统组成，而现代化综合写字楼、商厦等还有中央空调、自动报警、电信服务等设备设施系统。通常来说，我国城市房屋的常用设备设施主要由房屋建筑卫生设备设施和物业建筑电气设备设施两大类组成。

1. **房屋建筑卫生设备设施**

房屋建筑卫生设备设施包括室内给水设备设施、室内排水设备设施、热水供应设备设施、供热设备设施、消防设备设施、通风设备设施和空调设备设施。

（1）室内给水设备设施。

室内给水设备设施通常分为生产给水设备设施、生活给水设备设施和消防给水设备设施三类。

（2）室内排水设备设施。

用来排除生活污水和屋面雨水、雪水的设备设施。通常，室内排水管道分为生活污水管道、工业区废水管道和室内雨水管道三类。

（3）热水供应设备设施。

一般由加热设备设施、储存设备设施（主要指热水箱）和管道部分（热媒循环管道、配水循环管道和给水循环管道）组成。

（4）供热设备设施。

供热设备设施包括热水供暖设备设施和蒸汽供暖设备设施两种。供暖设备设施系统一般由热源、输热系统和散热系统三个部分组成。

（5）消防设备设施。

目前建筑物采用的消防设备设施仍然以水力灭火为主，如消火栓系统和喷淋系统，其他的配套消防设备设施有烟感器、温感器、消防报警系统、防火卷帘、防火门、抽烟送风系统、通风系统中的防火阀、消防电梯、消防走道及事故照明等设备设施。一般的民用住宅小区常配备的消防设备设施为供水箱、消防箱、灭火机、灭火瓶和消防龙头等。

（6）通风设备设施。

通风设备设施是指房屋内部的通风设备设施，包括通风机、排气口及一些净化除尘设备设施等。

（7）空调设备设施。

大型的商业大厦、办公写字楼常用中央空调设备设施，小型的商店或居住公寓楼道常采用窗式或分体式空调机。中央空调的设备设施构成通常包括风管、空调水管、冷风机组、冷却塔、深井泵、回龙泵和管网等。

2. 物业建筑电气设备设施

物业建筑电气设备设施包括供电及照明设备设施、弱电设备设施、电梯设备设施和防雷装置。

（1）供电及照明设备设施。

供电设备设施包括变压器房内的设备设施、配电房内设备设施、配电干线以及楼层配电箱。照明设备设施则包括开关、插座和各种照明灯具。

（2）弱电设备设施。

给房屋提供某种特定功能的弱电设备设施及装置，主有通信设备设施、广播设备设施、共用天线设备设施及闭路电视系统、自动监控系统、报警系统及电脑设备设施等。随着现代化建筑水平的提高，房屋的弱电设备设施越来越多。

（3）电梯设备设施。

电梯按用途可分为客梯、货梯、客货梯、消防梯及各种专用电梯。

（4）防雷装置。

防雷装置通常是指避雷网等。

建筑物对上述设备设施的配置与安装是根据物业的用途、档次及用户的要求而确定的，如普通住宅一般只设置给排水、供电及照明、电视、电话等设备设施；对于高层建筑，要增加电梯、消防等设备设施；现代化综合性商业大厦几乎包括以上全部设备设施，而且设备设施更先进、品种更齐全。

五、物业设备设施管理的主要内容

从物业设备设施管理的全过程看,物业设备设施管理的内容范围非常广泛。不同的房屋设备设施有不同的特点,因此,房屋设备设施管理的内容也各不相同,一般包括设备设施的选型购置、安装调试、接管验收、运行管理、更新改造以及安全管理、经济管理等方面。也可以分为物业设备设施的基础管理、运行管理、安全管理、维修管理、物业设备设施的购置及评价等内容和环节。

(一)物业设备设施的基础管理

物业设备设施的基础管理是指为实现物业设备设施管理目标及职能服务,提供有关资料信息依据、共同管理准则和基本管理手段的必不可少的管理工作。

1. 资料档案管理

物业设备设施的基础资料管理主要包括设备原始资料档案管理和设备设施维修资料档案管理两大类。

(1)设备设施原始资料档案管理。

设备设施在接管后均应建立原始资料档案,建立设备卡片,记录有关设备设施的各项明细资料等(参见表 7-1 和表 7-2)。

表 7-1　设备登记表

年　月　日

设备分类	设备编号	设备名称	规格型号	主要参数	设备原值	安装位置	备注

表 7-2　设备维修记录

年　月　日

设备编号		设备名称		规格型号	
维修开始时间		维修结束时间		维修人	
设备故障原因					
设备维修过程					
				维修人:(签字)	
设备维修结果鉴定					
				鉴定人:(签字)	
备注					

（2）设备设施维修资料档案管理。

设备设施维修资料档案管理包括报修单，每次维修填写的报修单由设备设施管理部门汇总存查。

物业设备设施的基础资料管理工作，一是做好设备设施技术档案的保管，二是为设备设施运行、维护、管理等提供资料信息依据。

2. 标准管理

标准管理也是物业设备设施基础管理中不可或缺的一环，它包括以下两个方面。

（1）技术标准，如各类设备设施的验收标准、完好标准和维修等级标准等。

（2）管理标准，如报修程序、信息处理标准、服务规程及标准、考核与奖惩标准等。

设备设施的标准管理工作，一是为设备设施管理职能的实施提供共同行为准则和标准，二是为设备设施的技术经济活动提供基本依据与手段。

（二）物业设备设施的运行管理

物业设备设施的运行管理是设备设施在日常运行与使用过程中的各项组织管理工作，它具有日常性、规范性、安全性和广泛性的要求和特点。设备设施的运行管理主要包括以下几个方面的内容。

1. 设备设施运行的组织安排

组织安排的具体任务：一是要在合理分工与协作的基础上合理配置人力；二是根据设备设施操作的技术要求与岗位设置的要求，采取合理的劳动组织形式以提高劳动效率（参见图7-1）。

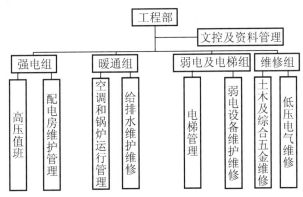

图 7-1 员工人力资源分配

2. 设备设施运行的管理制度

运行管理制度是全体员工的工作依据与准则，主要包括的内容包括：设备设施的安全操作规程，设备设施的巡视工作制度、岗位责任制度、值班与交接班制度、记录与报表制度，以及报告制度和服务规范等。

（三）物业设备设施的维修管理

物业设备设施的维修管理是指对设备设施维修活动所从事的计划、组织与控制，其内容包括日常保养、定期检修和计划修理等。

1. 日常保养

设备的日常保养是一种养护性质的工作，其目的在于及时处理物业设备设施在运转使用过程中由于技术状态的发展变化而引起的大量常见的问题，随时改善设备设施的使用条件与状况，保证设备设施的正常运行，延长设备设施的使用寿命。设备设施日常维护保养的主要内容是设备设施的清洁、润滑、紧固、调整、防腐和安全等工作。同时对于不同类型的物业设备设施，应视其技术特点、使用条件等的不同，分类、分片采取不同的、有重点的保养措施，如对供暖设备必须加强冬季之前的检查、维护工作；对水箱之类的设备一般要在规定期限内清洗，以防出现水质腐臭、阻塞等现象。

2. 运行检查

设备设施检查是对设备设施的运行情况、工作精确度、磨损程度进行检查和校验，是设备设施维修管理中的一个重要环节。通过检查，及时查明和消除设备设施的隐患，针对发现的问题，拟订改进的工作措施，有目的地做好修理前的准备工作，以提高维修质量和缩短维修时间。按照时间间隔，设备设施的检查也可分为日常检查和定期检查。日常检查即每日检查和交接班检查，并同设备设施的维护保养相结合，主要由操作人员实施；定期检查是同设备设施修理相结合，按计划日程表由专业检修人员实施的检查。

3. 计划修理

设备设施的计划修理是以设备设施的磨损理论和故障规律为依据的。

设备设施物质磨损的产生大体上有两类原因，即在设备设施运转过程中的使用损耗和自然力作用下的腐蚀、老化。设备设施的磨损大致可分为三个阶段。

（1）初期磨损阶段。

这一阶段的磨损速度较快，但时间较短。

（2）正常磨损阶段。

这一阶段磨损速度较平稳，磨损量的增值缓慢。这是设备设施的最佳技术状态时期.其功能与效用的发挥最正常。

（3）剧烈磨损阶段。

进入这一阶段零件的正常磨损被破坏，磨损量急剧增加，设备设施的性能、精确度迅速降低。若不及时修理，就会发生事故。

设备设施的磨损是客观必然的，而针对不同的阶段的磨损分别采取有效措施，就有可能延长其使用寿命，保证其经常处于良好的技术状态。一般来讲，在设备设施的正常磨损阶段必须注意设备设施的合理使用、安全操作，以及做好设备设施的维修保养，尽可能延长设备设施的最佳技术状态的延续时间，加强对设备设施的日常检查，掌握设备设施磨损的发展状况，在进入剧烈磨损之前，及时进行修理，防止出现停机故障和严重事故；了解各类零件的磨损规律，准确掌握其使用期限，进行预防性的计划修理，由此保证整个设备设施的正常运行。

同时，设备设施故障的发生也有一定的规律性。设备设施故障的发展变化过程，形状很像一个澡盆的断面，故又称为"澡盆理论"。

（1）初始故障期。

这一时期故障发生的原因多数是由于设备设施的设计制造缺陷，零件抱合不好，搬运、安装时马虎和操作者不适应等。

（2）偶发故障期。

这一时期处于设备设施正常运转阶段，故障率最低。运作的重点是加强安全操作管理，做好日常的维修保养。

（3）磨损故障期。

这一时期故障率高，主要是由于磨损、腐蚀老化所引起。

认真研究与把握设备设施的磨损形成规律和故障发生规律是搞好设备设施的预防性计划维修工作的重要理论依据。

（四）物业设备的购置及评价

物业设备设施的购置既是物业设备设施管理中的一项技术性工作，又是一种物业投资的经济性活动。因此，购置物业设备设施必须充分注意的是要对购置目的进行反复研究，避免盲目采购，以便充分发挥设备设施投资的效益，特别是对于大型设备设施系统的购置要进行技术经济论证，保证设备设施选型能达到技术上先进、经济上合理、功效上适用等目的，还要同业主与物业使用人进行充分的协商与沟通，征得他们的支持，保证设备设施投资所需资金的筹集等。

物业设备设施的购置目的主要有全新房屋建筑的装修型购置、替换陈旧落后设备设施的更新型购置，以及为完善和改进环境与条件的添装型购置等类型。不同的购置目的对设备设施选择时考虑的因素及资金的来源影响也不同，但无论何种目的都必须对设备设施选择进行技术经济的论证分析，全面权衡利弊，做出合理的选择。一般地讲，设备设施的选择应考虑的因素主要有以下几个方面。

（1）技术性的要求。

从技术角度考虑，必须考虑设备设施的功能、可靠性、安全性、耐用件、节能性以及环保性和可操作性等因素。

（2）适用性的要求。

从使用角度考虑，设备设施的适用性具体体现在设备设施的用途和功能要同物业的总体功能要求以及建筑物的装修等级、使用环境等方面的要求协调一致。设备设施的用途与功能要能满足业主与物业使用人的需求。

（3）经济性的要求。

从经济角度考虑，要讲求设备设施的寿命周期的总费用最低，即在设备设施选择时，要测算设备设施的寿命周期费用，包括初期投资费（购价、设置费等）和使用过程中的维修费。同时，要做多方案的比较与经济性评价，由此做出合理的选择。

第二节　给排水设备设施的维修与管理

一、给排水系统的组成

（一）给水系统的组成及分类

1. 基本组成

建筑给水系统通常由以下几个部分组成（参见图7-2）。

（1）引入管。引入管是由室外给水管引入建筑物的水平管段。

（2）水表节点。水表节点是引入管上的水表及其前后设置的阀门、泄水装置的总称。

（3）管道系统。管道系统是指由给水水平干管、立管、横管和支管组成的管路系统。

（4）卫生器具和用水设备。卫生器具和用水设备是供水或接受、排出污水或污物的容器或装置。

（5）给水附件。给水附件是指管路上的各种阀门。

（6）升压和贮水设备。在室外给水管网压力不足或室内对安全供水、水压稳定有要求时，需设置各种附属设备，如水箱、水泵、气压给水设备和贮水池等。

（7）室内消防设备。根据建筑物的防火要求及规定需要设置消防给水时，一般应设消火栓消防设备。

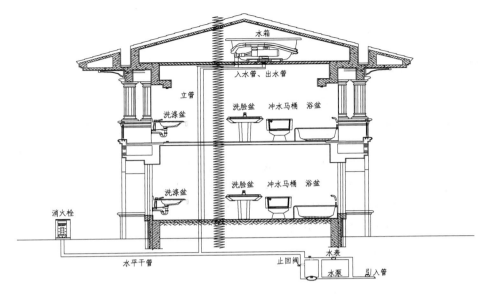

图 7-2　建筑给水系统组成部分

2. 分类

建筑给水系统按照供水对象的不同可以分为以下三类。

（1）生活给水系统。

提供人们日常生活中所需用的水，如饮用、烹调、盥洗、洗涤和淋浴等用水的管道设施，称为生活给水系统。生活给水系统要求水质必须严格符合国家规定的生活饮用水水质标准。

（2）生产给水系统。

提供人们在生产工艺中的用水，如机器设备冷却、原料和产品的洗涤，锅炉及生产过程用水的管道设施，称为生产给水系统。生产给水系统对水质的要求应根据生产性质和工艺要求而定。

（3）消防给水系统。

提供建筑物扑灭火灾所需要的水，其消防管道设施称为消防给水系统。消防用水对水质的要求不高，但必须按防火规范保证有足够的水量和水压。

在一幢建筑物或建筑群中，实际上不一定需要单独设置以上三种给水系统，通常根据建筑物内用水设备对水质、水量和水压的要求，结合室外给水管网情况，并考虑经济、技术和安全条件组成不同的共用给水系统，如生活-生产给水系统、生活-消防给水系统等。

（二）排水系统的组成及分类

1. 基本组成

排水系统一般由以下几个部分组成（参见图7-3）。

（1）污（废）水收集器。污（废）水收集器是指各种产生和收集污水的卫生器具、排放工业废水的设备设施及雨水斗等。

（2）排水支管。排水支管是连接卫生器具和排水横管之间的短管。

（3）排水横管。排水横管是连接2个或2个以上卫生器具排水支管的水平排水管。

（4）排水立管。排水立管是连接排水横管的垂直排水管。

（5）排水管。排水管是室内排水系统和室外排水系统的连接管段。

（6）通气管。为使排水系统内空气流通，压力稳定，防水封被破坏而设置的与大气相通的管道。

（7）清通设备。为了清通建筑物内排水管道，在排水管道的适当部位设置清扫口、检查口和检查井等。

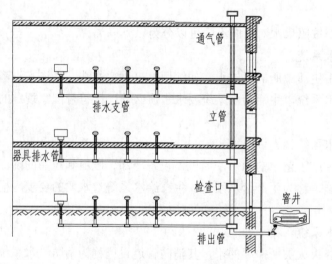

图7-3 建筑排水系统组成

2. 分类

建筑排水系统按照所排除污（废）水的性质，可以分为以下三类。

（1）生活污水排水系统。排除人们日常生活中的生活废水和粪便污水。

（2）工业废水排水系统。排除生产过程中生产的生产污水和工业废水。

（3）雨水排水系统。接纳和排除屋面的雨水和融化的雪水。

二、给排水系统的维修与维护

（一）室内给水设备设施损坏的检修

1. 常用阀门的检修

因各种原因，阀门在安装和使用中容易产生泄漏和关闭不严等现象（参见图7-4），为此，需要对阀门进行检查与修理。

（1）压盖泄漏检修。

填料函中的填料受压盖的压力起密封作用，运行一定时间后填料老化变硬，易造成压盖漏气、漏水，为此，必须更换填料。

① 小型阀门压盖泄漏检修的步骤。

将螺母式盖母卸下；用螺钉旋具将填料环撬下，将旧填料清理干净；将细石棉绳按顺时针方向围绕阀杆缠上3～4圈，装入填料函，放上填料，旋紧盖母。

② 较大阀门压盖泄漏的检修步骤。

拆卸螺栓，卸下填料盖，取出填料函中的旧填料，并清洗干净；用成型的石墨石棉绳做填料圈；在填料函套内放入填料圈，各层填料要错开180°；安装填料压盖，拧紧螺栓。

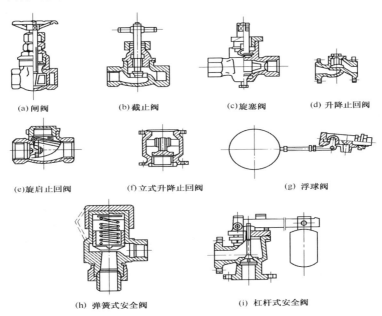

图 7-4 控制阀门附件

（2）不能开启或开启后不通水的检修。

阀门长期关闭，会因锈蚀而不能开启。可采用振打方法使阀杆与盖母（或法兰压盖）之间产生微量的间隙。

① 闸阀。

感观检查发现阀门开启不能到头，关闭时也关不到底。这种现象表明阀杆已经滑扣，需拆卸阀门、更换阀杆或更换整个阀门。

② 截止阀。

出现开启不到头或关闭不到底的现象是因为阀杆滑扣，需要更换阀杆或阀门。如能开到头或关到底，则是阀芯与阀杆脱节。

③ 阀门或管道堵塞。

若阀门既能开启到头，又能关闭到底，但却不通水，则拆开阀门检查阀门与阀芯间连接情况，或检查与阀门连接的管道有无堵塞现象。

（3）闸门关不住或关不严的检修。

① 闸门关不住。

转动手轮，阀杆不再向下移动，且部分阀杆仍留在手轮上面时，属阀门关不上。可检查手轮与带有内螺纹的连接情况。若两者属键连接，需修理键槽或重新配键。若两者属非键连接，修理时可用管钳子咬住阀杆无螺纹处，用手按逆时针方向扳动手轮，将"咬"在一起的螺纹松脱开来。

② 闸门关不严。

阀门产生关不严现象，可能是由于阀座与阀芯之间有脏物，或是阀座、阀芯有被划伤、蚀伤之处。修理时，需将阀盖拆下来进行检查。如果有脏物，应清洗干净，如属划伤、蚀伤时，需用研磨方法进行修理。

（4）阀杆失灵。

阀杆损伤、腐蚀时需更换杆；阀杆螺母倾斜时，需更换阀件或阀门；露天阀门锈死时，需更换露天阀门，并应加罩，要定期转动手轮。

（5）水龙头的检修。

水龙头的常见毛病有螺盖漏水和关不严。多数情况是垫圈被磨损，少数情况是芯子折断或阀座被划伤及滑杆滑扣。修理时可根据具体情况换垫圈、芯子或滑杆。

2. 室内给水管道的检修

（1）管道漏水点的判别。

地面上裸露的给水管道渗漏时，何处形成"喷泉"，何处即为漏水点（参见图7-5）。

采取了防结露措施的给水管道，逆着管道坡度，在流出点前试选一点，将该点隔热层下部割开一条窄缝观察，如无水下流时，说明漏水点在该点前方，再试选另一点，并割开该点隔热层下部观察，照此法至找到漏水点。

(2) 管螺纹漏水的修复。

管螺纹漏水一般是指管箍、弯头、三通及阀门等螺纹连接处漏水。

检修时，用管钳子将漏水处一侧的管子或管件夹住，然后用另一把管钳子将漏水处另一侧的管子或管件上的螺纹拧紧，一般螺纹漏水即可修复。当拧紧螺纹后，螺纹处仍然漏水时，先关闭控制阀门，然后将漏水处的管子或连接管件从长螺纹（或活接、法兰）处拆卸下来，将螺纹上原有的填料用废钢锯条清除干净，再在螺纹上沿顺时针方向缠绕麻丝（或聚四氟乙烯生料带）等填料后，重新连接即可。

(3) 法兰盘漏水的修复。

安装法兰盘时，若法兰盘垫片被管道中的介质腐蚀，在水压或其他外力的作用下易产生渗漏现象。检修时，一般只需用活扳手沿对称方向将螺栓拧紧即可。如拧紧螺栓后仍渗漏，说明垫片已被破坏，此时卸下螺栓后将法兰盘撬开，用废锯条将法兰盘面上的旧垫片清理干净，再将法兰盘重新对正，插入新垫片，依次对称地拧紧螺栓即可。

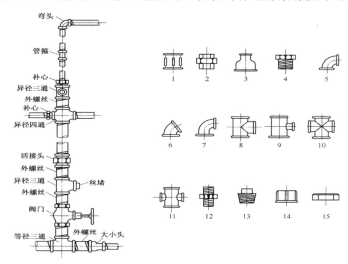

图 7-5　给水常用管件

(4) 钢管管壁漏水的修复。

① 补焊法。

当钢管上漏水点为一小孔或焊接钢管因质量较差而产生较小的裂缝时，首先在裂缝处作上标记，然后关闭控制阀门，排出管内水，用气焊补焊，焊好后将焊接缝锉平。管子因受外力作用而产生的裂缝一般较宽，宜用电焊法补焊，补焊时选用细一点的电焊条，薄薄地焊一层即可。

② 管夹法。

在腐蚀性不严重的钢管上有小孔或较短的裂缝漏水时，如不能停水，可采用管夹法进行修复。

③ 换管法。

对于腐蚀严重的或补焊难以修复的漏水钢管，宜采用换管法。

当管子一端有活接头时，可从活接头拆开，如管子两端都无活接头时，常从管子中间锯断，然后将管子或管件拆卸下来。

（二）室内排水管道的维护和维修

1. 室内排水管道的维护项目

室内排水管道的维护工作对保证系统的正常运行、延长使用寿命等都是重要的技术环节。有关人员应对负责的室内排水管道系统有清楚的了解，如管道的走向、检查井室的位置等，做到勤检查、勤维护、勤修理，防止和消除运行故障。日常维护包括以下几个方面。

（1）各检查井室应封闭严实，防止异物落入。雨水口及其附近不能堆放石灰、碎砖、砂石和垃圾物，防止被雨水冲入管道。

（2）对管道埋设部位地面发现湿迹、地面下沉等现象，地上管道有因泄漏引起的墙面、地面、楼板浸湿和顶棚漏水等现象应及时查明漏点并修漏。泄漏的检查还可和夜间听漏、仪器检查等方法相结合，定期监测漏失情况。

（3）室内卫生间是用水设备集中、管道集中的重点维护部位，应每周检查一次，消除致漏和堵塞隐患。

（4）明装管道除定期检查维护外，应每隔两年涂刷防腐涂料一次，以延长管道使用寿命。

2. 室内排水管道的修理

（1）室内排水管道的漏水修理。

在室内排水管道的正常运行中，漏水是经常出现的一种现象。下面介绍常见管道的漏水和修理方法。

① 钢管漏水的修理。

对漏水的螺纹连接管段应重新添加填料拧紧螺纹。修理时打开附近管段上的活接头、管子即可转动。对腐蚀严重的管段，用切断螺纹部加活接头的方法，或用焊接方法换管修理。

② 铸铁管漏水的修理。

承接接口漏水时，可用水泥砂浆将漏水接口堵死。管子砂眼漏水时，可在砂眼处钻孔后，打入木塞子修理。管子裂纹处包上橡皮板，外用钢板夹子夹紧修理，无法修理的大裂缝漏水，可切去裂缝管段，加套袖，重新填料口。

（2）室内排水管道堵塞修理。

首先要查明堵塞部位，根据具体情况选择清通措施。检查和清通方法如下。

① 排出管堵塞时，底层卫生器具排水不畅，严重时在一层地漏、便器等处外流。修理时，可从室外检查井向室内清通。方法是用竹片、带钩的钢丝或橡胶管来回推拉清通，胶管内还可用有压力的水冲击清通。或从一层立管检查、地面扫除口或地漏处向室外检查井

清通。

② 排水立管堵塞时，来自堵塞物上部管道的污水无法顺畅地向下排放，且常从最低用器里溢出。判断堵塞部位的方法是：若堵塞物处一二楼层间的立管中，则一楼污水可照常排出，而二楼以上各层污水均无法排放，且污物会从二楼的用器中溢出。如此可判定堵塞物大概位置，并采取以下措施。

- 堵塞物靠近检查口时，可打开检查口进行疏通；堵塞物靠近屋顶时，可在立管伸出屋面的通气孔中进行疏通。
- 经上述方法处理仍无效时，堵塞物多停留在三通或弯头处。可打开与这类配件相应的排水管上的扫除口进行疏通。也可在三通或弯头上剔出一个洞，用钢丝或下水疏通机进行疏通，修好后用小木塞封闭。在讲究外观的场合，宜用手电钻钻孔。

（3）排水横管中部堵塞。

堵塞物堵在排水横管中部，由此导致同一层部分器具不排水。判断被堵塞位置时，首先要查找两个相邻的器具，即其中一个应是排水的，而另一个则不排水。两者之间的管段即故障管段。

（4）排水横管末端堵塞。

由于堵塞物在排水横管末端，致使排水横管上所连接的全部用器不排水。排除这种故障的方法与排除管道中部堵塞的方法相同。

（5）卫生器具短管堵塞。

可用橡皮碗抽吸清通。存水弯堵塞时，可打开底部管堵清通。目前使用较多的是管道疏通器，即一台电动机，带动一根钢丝软轴旋转，软轴插入到淤塞管道中搅动，使淤泥松动，然后用水冲洗，逐步使管道疏通。使用较多的是 GQ 型管道疏通机，如 GQ-75 型可疏通 $D_N20\sim75$ 毫米的管道，GQ-200 可疏通 $D_N38\sim200$ 毫米的管道。

3. 常用卫生器具的维修

（1）水箱常见故障及维修方法。

水箱常见故障及维修方法参见表 7-3。

表 7-3 高位水箱渗漏及浮球阀的维修

	常见毛病	产生原因	修理办法
水箱	渗漏	裂缝	灌注环氧树脂
球阀	关不住	胶皮磨损	换胶皮垫
	球阀不出水	挑杆锈蚀、水眼被堵	除锈疏眼

（2）大便器常见故障及维修方法。

大便器常见故障及维修方法参见表 7-4。

表7-4 大便器常见故障与维修方法

常见毛病	产生原因	修理办法
大便器堵塞、污水不流或流得很慢、楼板渗水	存水弯有堵塞物 排水管中有堵塞物	用揣子揣或钩子钩 打开扫除口疏通
胶皮碗漏水,致使地面渗漏	皮碗或铜丝蚀烂 铜丝绑扎不良	刨开地面更换 刨开地面,重新绑扎
大便器裂纹或破碎	重物撞击轻微裂纹 严重碎裂	用水泥砂浆糊上 更换大便器
瓷存水弯损坏,不下水有渗漏	堵塞时用木棍乱捅	刨开地面更换存水弯
坐便器摇动	地面木楔腐烂 固定螺钉腐烂	更换新木楔 新螺钉重新固定好

(3)大便器高低水箱常见故障及维修方法。
大便器高低水箱常见故障及维修方法参见表7-5。

表7-5 大便器高低水箱常见故障及维修方法

常见故障	产生原因	修理方法
不下水	天平架挑杆铁丝断 漂球定得过低	接好 调到合适的高度
自泄	漂球失灵,漂杆腐蚀坏 漂子门销子折断 漂球与漂杆连接断裂 漂球被浸在水中 漂杆定得过高 漂子门不严	换漂杆 修配销子 更换漂球,避免漂球与他物相碰 调整漂杆 调到合适程度 更换门芯胶皮或门芯
锁母漏水	高水箱不稳 填料失效	固定高水箱 更换填料
哈风排水口漏	垫料失效 垫料弹性不够	更换垫料 更换垫料
高水箱不稳	受外力撞击或拉绳用力大	更换铝垫或开脚螺栓,小心使用
高水箱损坏	有微细裂纹 严重损坏	用胶布,外涂环氧树脂 更换高水箱
冲洗管损坏	撞击或高水箱挪位	重新配管

(4)瓷脸盆常见故障及维修方法。
瓷脸盆常见故障及维修方法参见表7-6。

表 7-6　瓷脸盆的常见故障与维修方法

常见故障	产生原因	修理方法
水嘴处漏水	盖母漏，关不严	相应更换填材及垫料
排水栓漏水	根母松，托架不稳	拧紧根母或加垫料，稳固托架
瓷脸盆损坏	有细小裂缝使用不当 严重损坏	用防水胶粘剂补缝 更换脸盆
不下水	排水栓或存水弯堵塞	用橡皮泵拔或疏通
存水弯与排水管接口漏水	排水管道内有异物堵塞	疏通

（5）小便器常见故障及维修方法。

小便器常见故障及维修方法参见表 7-7。

表 7-7　小便器的常见故障与维修方法

常见故障	产生原因	修理方法
不下水	尿碱或异物堵塞存水弯	用皮掀子掀，如不见效可打开存水弯活接疏通冲洗
底部冒水	同洗脸盆	同洗脸盆
存水弯漏	承插口漏 活接漏 丝堵漏	更换、增加填料 更换垫料 卸下缠麻重上或更换
直角水门漏	皮垫或塑料芯损坏 阀体损坏，阀杆滑扣	更换 更换新直角水门

三、给排水系统的管理

1. 严格执行验收接管制度

给排水管道和设备设施的验收执行国家验收规范（GB5026-97）。验收时要注意以下几个方面。

（1）管道应安装牢固，控制部件灵活、无滴漏，水压试验及保温、防腐措施必须符合要求。应按户安装水表或预留表位。

（2）高位水箱进水管与水箱检查口的设置应便于检修。

（3）卫生间、厨房间内的排污管应分设，出户管长不宜超过 8 米，不应用陶瓷管或塑料管，地漏、排污管接口、检查口不得渗滴，管道排水必须流畅。

（4）卫生洁具质量好，接口不得渗漏，安装应平整牢固、部件齐全、启闭灵活。

（5）水表安装应平稳，运行时无较大振动。

（6）消防设施必须符合 GBJ16、GBJ45 的要求，并且有消防部门的检测合格证。

2. 给排水管理的基本内容

（1）建立正常的给水、供水、排水管理制度，用图表形式记录保养、检修的情况，严格执行操作流程。

（2）对供水管道、水泵、水箱、阀门和水表等进行经常性维护和定期检查。

（3）经常对水池、水箱和管道进行清洗、保洁和消毒，防止供水水质的二次污染。

（4）注意节约用水，防止跑、冒、滴、漏及大面积跑水、积水事故的发生，发现阀门滴水、水龙头关不严等现象应及时维修。

（5）制订突发事故的处理方案，当发生跑水、断水等故障时能及时处理，防止事故范围扩大。

3. 水泵房管理规定

（1）水泵房以及地下水池、消防系统的全部机电设备设施应定期进行保养、维修、清洁，发现故障苗头和消防隐患应及时处理，并认真做好记录，解决不了的问题书面报告主管领导，争取尽快解决。

（2）水泵房内的机电设备设施操作由专业人员负责，无关人员不得进入水泵房。

（3）生活水泵、消防水泵和污水泵等水泵在正常情况下，选择开启位置与自动位置，操作标志都应简单明确（参见图7-6）。

（4）生活水泵应在规定时间内轮换使用，连接处定期检查擦洗，保证其正常运转。

（5）消防水泵每月运转一次，以保证其正常运转，每半年进行一次"自动"或"手动"操作检查，每年进行一次全面检查。

（6）水泵房卫生每周打扫一次，水泵及管道每半月清洁一次。

（7）操作人员在高度2米以上检修设备，必须带好安全帽，扶梯要有防滑措施，要有人扶挡。

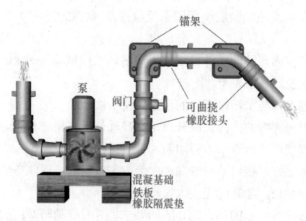

图7-6 水泵仿真图

第三节 空调设备设施的维修与管理

一、中央空调设备设施管理概述

空气调节系统可以分为工艺性空调和舒适性空调两种。工艺性空调是指在生产和科学实验时,其工作过程需在特定受控的空气环境中进行,以确保产品质量和科学实验结果。舒适性空调一般是指为满足人的生理需要,使人感到舒适的空气处理技术。

(一)空调系统的基本组成

空调系统主要由以下几部分组成。

1. 工作区(或居住区)

工作区(或居住区)通常是指空气调节系统所控制范围的工作区域或生活区域,在此空间内,应保持所要求的室内空气参数。

2. 空气的输送和分配部分

空气的输送和分配部分主要是指输送和分配空气的送风机、回风机、送风管和送回风口等设备设施组成。

3. 空气的处理部分

空气的处理部分是指按照对空气各种参数的要求,对空气进行过滤净化、加热、冷却、加湿、减湿等处理的设备设施。

4. 空气处理所需的辅助设备

这部分设备设施是指为空调系统提供冷量和热量的设备设施,如锅炉房、冷冻站和冷水机组等。

(二)空调系统的分类

空调系统的分类方法很多,可以按性质、空气处理设置的设备设施情况分等,下面主要介绍按空气处理设备设施的设置情况进行分类。

1. 集中式空调系统

这种系统把所有的空气处理设备设施都设置在一个集中的空调机房里,空气经过集中处理后,再送往各个空调房间(参见图7-7)。

2. 半集中式空调系统

这种系统除了设有集中空调机房外,还设有分散在各个空调房间里的二次空气处理设备设施,常见的有风机盘管新风系统,这是最常见的空调系统形式。

3. 分散式系统

这是把冷热源和空气处理、输送设备集中在一个箱体内,就是通常所说的窗式、柜式空调器。

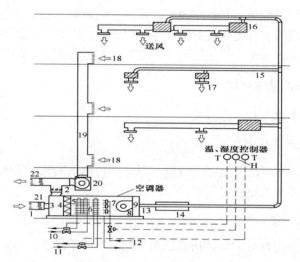

1—新风进口;2—回风进口;3—混合室;4—过滤器;5—空气冷却器;6—空气加热器;7—加湿器;8—风机;9—空气分配室;10—冷却介质进出;11—加热介质进出;12—加湿介质进;13—主送风管;14—消声器;15—送风支管;16—消声器;17—空气分配器;18—回风;19—回风管;20—循环风机;21—调风门;22—排风

图 7-7 集中式单风管一次回风式系统

(三) 中央空调系统的主要设备设施

中央空调设备设施主要包括冷水机组、组合式空调机、风机盘管、冷却塔、水泵、控制装置和管道系统等(参见图7-8)。

1. 冷水机组

冷水机组是中央空调系统的冷源,主要是指产生冷冻水的冷机。制冷机有活塞式、吸收式、离心式和地温式等,冷水机组按冷凝器的冷却方式又分为风冷式和水冷式两种。

2. 组合式空调机组

组合式空调机组是在送回风系统中,用来对空气进行处理的设备设施,它由不同功能的空气处理段组合而成,有过滤段、换热段、挡水段和风机段等。

3. 风机盘管

风机盘管是安装在空调层间内对室内空气进行循环处理的设备设施,主要有表面冷却器、风机和集水盘组成，风机盘管有明装、暗装、立式和柜式等多种形式。

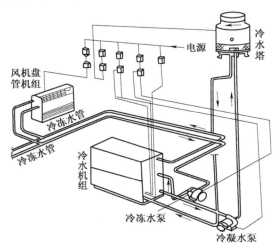

图 7-8　风机盘管式空调系统

4. 冷却塔

水冷式冷水机组需要大量的冷却水对设备设施进行冷却，使升温后的冷却水与室外空气进行强制热、湿交换，使之降温从而可以循环使用。

5. 水泵

空调系统中的冷却和冷冻水在循环运行时为克服设备设施和管道阻力，需在系统中安设水泵。

6. 控制装置

为了确保机械设备设施的安全运行和空调装置优化工作，在系统中需要安装许多控制仪表，如温度计、压力计、低压保护和水流断水保护等。有的设备设施还设有自动控制器，如室温自动控制、制冷机冷量自动调节等。

7. 管道系统

空调系统中回风道、风阀、防火阀、冷冻水供回水管道、凝结水管道及附件、阀门等也是空调系统一个重要组成部分。风道的截面形状有圆形和矩形两种，所使用的材料有玻璃钢、镀锌铁皮和不锈钢等。水管道常用的有焊接钢管、无缝钢管和铝型管等。

二、中央空调设备设施日常操作管理

（一）中央空调操作管理职责

中央空调系统设备设施的操作管理是指空调系统中主要设备设施的开启和停止的管

理。在管理工作中，《中央空调操作标准作业规程》由工程部会同物业服务企业来制定，并负责检查其执行情况，空调机房的管理员具体负责中央空调的日常操作。

（二）中央空调操作的作业规程

1. 设备设施运行前的检查准备工作

首先查看主机、副机的电源是否接通，查看电压表是否正常，电压波动值不超过设计值的±10%，再检查冷冻水系统及冷却水系统是否已充满水，若未充满应查找原因，排除故障后，补水至满液状态。然后查看管道上的阀门是否处于开启状态以及各种信号指示灯指示是否正常等。

2. 开机操作程序

首先启动冷冻水泵，先启动一台，当运行平稳后再启动其余的水泵（备用泵除外）。其次，启动冷却水泵，运行平稳后，启动冷却塔的风机，水系统启动以后，注意观察电流、电压、水量水压是否正常，若有异常，立即停机。一切正常后过5～10分钟启动压缩机，压缩机启动后，观察压缩机运行电流、压缩机的吸排气压力，观察压差、回油情况，出水的温度和运转声音，检查有无异常振动、噪声或异常气味，确定一切正常后说明启动成功。一般停机1周以上重新开机时必须先预热24小时，并注意1小时内启动次数不得超过4次。

3. 停机日常操作

首先应关掉压缩机的电源，但保留总电源，以便主机处于预热状态，若要长时间停机应关闭总电源，然后再关闭冷冻泵。在关闭冷冻水泵时，先关闭冷冻泵出口的阀门，然后再关闭冷冻水泵，以免引起管道的剧烈振动，停泵后再将阀门开启到正常位。确认无异常情况后才算停机成功。

三、中央空调设备设施运行管理

（一）中央空调设备设施运行管理中的巡视监控

开机成功后，为了保证空调系统的良好运行，中央空调设备设施在正常运行过程中值班管理员应每隔2小时巡视一次中央空调机组。巡视的部位主要包括中央空调的主机、冷却塔、控制柜及管道、闸阀附件。在运行巡视过程中，主要巡视内容包括：检查电压表指示是否正常，正常情况下为380伏，不能超过额定值的±10%；检查三相电流是否平衡，是否超过额定电流值；检查油压表是否正常，油压的正常范围100～150帕；冷却水管理中主要检查进水、出水温度（进水温度正常<35℃，出水温度正常<40℃）；冷冻水管理中同样主要检查进水、出水温度（正常进水温度10～18℃，出水正常温度6～8℃）；另外，辨听主机在运转过程中是否有异常振动或噪声；对于冷却塔，应查看冷却塔风机运转是否平稳，冷却塔水位是否正常；检查管道、阀门是否渗漏，冷冻保温层是否完好；检查控制柜

各元件动作是否正常,有无异常的气味或噪声等。

值班员在巡视监察过程中,如发现情况应及时采取措施,若处理不了的异常情况,应报给物业服务企业工程部管理组,请求支援。管理组派维修组人员及时到场,运行组人员协助维修组人员处理情况。

(二) 中央空调设备设施运行管理中异常情况的处理

1. 中央空调发生制冷机泄漏

发现这种情况,值班人员应立即关停中央空调主机,并关闭相关的阀门,打开机房的门窗或通风设施加强现场通风,立即告知值班主管,请求支援,救护人员进入现场应身穿防毒衣,头戴防毒面具。对不同程度的中毒者采取不同的处理方法:对于中毒较轻者,如出现头痛、呕吐、脉搏加快者应立即转移到通风良好的地方;对于中毒严重者,应进行人工呼吸或送医院;若氟利昂溅入眼睛,应用2%硼酸加消毒食盐水反复清洗眼睛。寻找泄漏部位,排除泄漏源,启动中央空调试运行,确认不再泄漏后机组方可运行。

2. 中央空调机房内发生水浸时的处理

当中央空调机房值班员发现这种情况时,应按程序首先关掉中央空调机组,拉下总电源开关,然后查找漏水源并堵住漏水源。如果漏水比较严重,在尽力阻滞漏水时,应立即通知工程部主管和管理组,请求支援。漏水源堵住后应立即排水。当水排除完毕后,应对所有湿水设备设施进行除湿处理,可以采用干布擦拭、热风吹干、自然通风或更换相关的管线等办法。然后确定湿水已消除,绝缘电阻符合要求后,开机试运行。没有异常情况可以投入正常运行。

3. 发生火灾

发生火灾时,应同水泵房的处理一样,按《火警、火灾应急处理标准作业规程》操作。

(三) 中央空调设备设施管理职责及机房管理制度

工程部管理组结合所管辖范围工程的特殊性,根据ISO9002操作标准的要求制定《中央空调运行管理操作规程》并检查运行管理的实施情况,中央空调设备设施运行组负责组织实施中央空调的运行管理,当值的管理员具体负责中央空调的运行管理。

中央空调机房内管理除了技术操作要求外,还有一些其余的管理要求。主要包括:非值班人员不准进入中央空调机房,若需要进入,须经过工程部主管的同意,并在值班人员的陪同下方可进入中央空调机房;中央空调机房为了防止出现异常事故,严禁存放易燃、易爆危险品;为了在出现异常情况时及时采取措施,中央空调机房内应备齐消防器材、防毒用品,并放置在方便显眼处;为了防止火灾的发生,还应禁止在机房内吸烟;为了保证机房内的环境应有严格的清洁制度,每班值班员打扫一次中央空调机房的卫生,每周机房运行组人员清洁一次中央空调机房内的设备设施,按照要求,应做到地面、天花板、门窗、墙壁和设备设施表面无积尘、无油渍、无锈蚀、无污物，表面油漆完好、整洁光亮，并且门窗开启灵活，通风良好、光线充足；为了保证不出意外事故，机房应随时上锁，钥匙由当值管理员保管，管理员不得私自配钥匙；另外，为了保证管理员的职责明确，应有严格的交接班制度要求，接班人员应准时到岗，并应认真听取交班人员交代，并查看《中央空调运行日记》，清点工具、物品是否齐全，确定无误后，在《中央空调运行日记》表上签名。当出现下列情况时，不准交接班：上一班的运行情况未交代或交代不清；记录不完整、不规范、不清晰，交班人员没有打扫中央空调机房，接班人未按时到岗，或遇异常情况正在处理中，事故仍由交班人处理，接班人协助进行。

（四）中央空调运行记录

对于中央空调的运行情况，当值的管理员应及时、准确、完整、清晰地记录在《中央空调运行日记》表内，并由工程部中央空调运行组组长负责装订成册，上交工程部管理组存档，以便物业服务企业掌握各种设备设施的运行情况，制定严格的运行及操作管理规定，采取预防措施，调整维修养护制度，提供可靠的技术资料。

四、中央空调设备设施维修养护管理

（一）空调设备设施维修养护管理职责

空调设备设施维修养护管理主要是指对中央空调系统及设备设施定期养护和及时维修，以确保中央空调设备设施各项性能完好，增加各种设备设施的寿命，保证设备设施正常安全运行。应制订《中央空调维修保养计划》，具体职责是：工程部管理组负责制订《中央空调维修保养计划》并检查该计划的执行情况，工程部中央空调维修组具体负责中央空调的维修养护，公共事务部负责向有关用户通知停用中央空调的情况。

（二）空调设备设施维修养护计划的制订

空调设备设施的维修养护，技术性较强，因此每年的年底就要制订下一年的维修养护计划。制订计划时，为了使计划制订的准确、合理、完整、明确，应由工程部主管经理与管理组及维修组人员共同研究制订《中央空调维修养护计划》并上报物业服务企业审批。《中央空调维修养护计划》在制订过程中应考虑到中央空调使用的频度、中央空调的运行状况、有无故障隐患、合理维修养护的时间（避开节假日、特殊活动日等）。维修养护计划的内容主要包括：维修养护项目的内容、具体实施维修养护的时间、预计的费用以及所需备品、备件计划等。

（三）空调设备设施的维修养护

空调设备设施的维修养护主要是对冷水机组、冷却塔、风机盘管、水管道、阀类、仪表、检测器件、送回风系统及组合式空调机等的维修养护，其具体的维修养护内容如下。

1. 冷水机组的维修养护

冷水机组是把整个制冷系统中的压缩机、冷凝器、蒸发器和节流阀等设备以及电气控制设备组装在一起，提供冷冻水的设备。对于设有冷却塔的水冷式制冷机中的冷凝器、蒸发器，每半年由制冷空调的维修组进行一次清洁养护，清洗时，先配制10%盐酸溶液（每1千克酸溶液里加0.5千克缓蚀剂）或用现在市场上使用的一种电子高效清洗剂杀菌清洗，剥离水垢一次完成，并对铜铁无腐蚀。然后拆开冷凝器，蒸发器两端进出水法兰封闭，向里注清洗液，酸洗时间24小时，也可用泵循环清洗，时间为12小时，酸洗完后用1%的NaOH溶液或5%Na_2CO_3清洗15分钟，最后用清水冲洗3遍，全部清洗完毕，检查是否漏水，若不漏水则重新装好，若法兰胶垫老化，则需更换。同时，检查螺丝、螺栓、螺母及接头紧密性，适当紧固以消除振动，防止泄漏。压缩机由制冷空调维修组每年进行一次检测、保养。检测保养内容包括：检查压缩机的油位、油色，如油位低于观察镜子的1/22位置，则应查明漏油的原因并排除故障后再充注润滑油，如油已变色则应彻底更换润滑油，检查制冷系统内是否存有空气，如有则应排放；检查压缩机和各项参数是否在正常范围内，压缩机电机绝缘电阻正常为0.5兆欧以上，压缩机运行电流正常为额定值，三相基本平衡，压缩机的油压正常为1～1.5兆帕，压缩机外壳温度85℃以下，吸气压力正常值为0.49～0.54兆帕，排气压力正常值为1.25兆帕，并检查压缩机运转时是否有异常的噪声和振动，检查压缩机是否有异常的气味。通过各项检查确定压缩机是否有故障，视情况进行维修更换。

2. 冷却塔的维修养护

制冷空调维修组每半年对冷却塔进行一次清洁保养，先检查冷却塔电机，其绝缘电阻应不低于0.5兆欧，否则应干燥处理电机线圈，干燥后仍达不到应拆修电机线圈；检查电机风扇转动是否灵活，风叶螺栓是否紧固，转动是否有振动；制塔壁有无阻滞现象，若有则应加注润滑油或更换同型号规格轴承；检查皮带是否开裂或磨损严重，视情况进行更换，检查皮带转动时松紧状况（每半月检查一次）并进行调整；检查布水器布水是否均匀，否则应清洁管道及喷嘴，清洗冷却塔（包括填料、集水槽）清洁风扇、风叶；检查补水浮球阀动作是否可靠，否则应修复；然后紧固所有紧固件，清洁整个冷却塔外表，检查冷却塔架，金属塔架每两年涂漆一次。

3. 风机盘管的维修养护

制冷空调维修组每半年对风机盘管进行一次清洁养护，每周清洗一次空气过滤网，排除盘管内的空气，检查风机转动是否灵活，如果转动中有阻滞现象则应加注润滑油，如有异常的摩擦响声应更换风机的轴承。对于带动风机的电机，用500伏摇表检测线圈绝缘电阻，应不低于0.5兆欧，否则应作干燥处理或整修更换，检查电容是否变形，如是则应更换同规格电容，检查各接线头是否牢固，清洁风机风叶、盘管、积水盘上的污物，同时用盐酸溶液清洗盘管内壁的污垢，然后拧紧所有的紧固件，清洁风机盘管的外壳。

4. 水管道的维修保养

制冷空调维修组每半年对冷冻水管道、冷却水管和冷凝给水管路进行一次保养，检查冷冻水、凝结水管路是否有大量的凝结水，保温层是否已有破损，如是则应重新做保温层，尤其是检查管路中阀件部位，保温层做不到位或破坏，应重点检查，及时整修。

5. 阀类、仪表、检测器件的维修养护

维修工每半年对中央空调系统所有阀类进行一次养护。对于管道中节流阀及调节阀应检查是否泄漏，如是则应加压填料，检查阀门的开闭是否灵活，若开闭困难则应加注润滑油，若阀门破裂则应更换同规格阀门，法兰阀应检查法兰连接处是否渗漏，如是应更换密封胶垫；对于电磁调节阀、压差调节阀，其中干燥过滤器要检查是否堵塞或吸潮，如是则应更换同规格的干燥过滤器，通过通断电试验检查电磁调节阀、压差调节阀动作是否可靠，如有问题应更换同规格电磁调节阀、压差调节阀，对阀杆部位加注润滑油，压填料处泄漏则应加压填料。

对于常用的温度计、压力表和传感器，若有仪表读数模糊不清应拆换，更换合格的温度计和压力表，检测传感器的参数是否正常并做模拟实验，对于不合格的传感器应拆换。

6. 送回风系统及组合式空调机

现代中央空调空气处理常用模块或组合空调机，是把空气处理设备、风机、消声装置和能量回收装置等分别做成箱式的单元，按空气处理过程的需要进行选择组成的空调器，空调机的标准分段分别为回风机段、混合段、预热段、过滤段、表冷段、喷水段、蒸汽加湿段、再热段、送风机段、能量回收段、消声器段和中间段等。

对送风系统每年初次运行时，应先将通风干管和组合式空调机内的积尘清扫干净，设备进行清洗、加油，检查风量调节阀、防火阀、送风口、回风口的阀板，叶片的开启角度和工作状态，若不正常，进行调整，若开闭不灵活应更换。检查水管系统调箱连接的软接头是否完好，空调箱是否有漏风、漏水、凝结水管的堵塞现象，若有要及时整修。送风管道连接处漏风是否超规范，送风噪声是否超过标准。若有则应寻找原因加以处理。

对于喷淋段应定期清洗喷水室的喷嘴、喷水管以防产生水垢，喷水室的前池半年左右清洗和刷底漆一次，以减少锈蚀。定期检查底池中的自动补水装置，如阀针是否灵活、浮球是否好用等。清洗回水过滤网和进水过滤器，在喷水室的回水管上装设水封以防由于风机吸风产生的负压，使回水受阻。

第四节　供暖设备设施的维修与管理

一、供暖设备设施的维修

(一) 锅炉的检查

1. 定期检查

定期检查锅炉是一项预防锅炉发生事故的重要措施。在运行过程中，由于受到烟、煤、汽、水的侵蚀，以及温度变化的影响，对锅炉会产生某些损害。为保证锅炉安全运行，对使用的锅炉进行定期检查是十分必要的。

定期检查主要检查锅炉的腐蚀程度，受压部件有无过热变形或渗漏情况，附件是否灵活（如安全阀）、准确（如压力表）、严密（如各个阀门）等。检查出毛病后，应及时地解决和处理。对于终年运行的锅炉，每3个月进行一次清洗检查，每年要进行一次炉内外和附件的彻底检查。对于仅供取暖用的锅炉，一般在停火后进行清洗检查，每年生火前再做一次检查。

供暖系统基本构成参见图7-9。

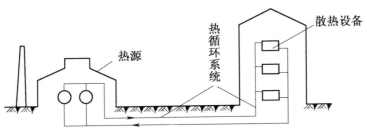

图7-9　供暖系统基本构成

2. 超水压试验

锅炉遇有下列情况时，需进行超水压试验：锅炉已连续使用6年；锅炉已停运1年以上，再次使用时；锅炉经过移装或改装，锅炉的受压部件进行了更新或挖补，或经过较大的电焊修理；水管锅炉的水冷壁管和沸水管的更换总数超过了一半以上。

(二) 锅炉的保养

锅炉的保养分为湿式和干式两种。无论采用哪一种保养方法，均需在锅炉的水垢和烟灰清理干净后进行。常见的打碱除水垢方法有手工打碱、机械打碱、药剂清碱法和烤胶除垢法。

1. 湿式保养

湿式保养适用于停用时间不超过 1 个月的锅炉。把锅炉充满水，排除锅炉中所有的空气，以防氧、二氧化碳气加速锅炉的腐蚀。为使锅炉内壁能形成碱性保护膜，应向炉内投入一定量的纯碱或火碱。

2. 干式保养

采用干式保养时，需先用微火将锅炉烘干后在锅炉中放入干燥剂（常用的有生石灰和氯化钙），把可能进入空气的孔洞、各个阀门均密封好，以保证锅炉始终处于干燥状态，不致因受潮湿而遭到腐蚀。每隔 2~3 个月，必须对锅炉检查一次，如干燥剂已失效时，应进行更换。对于需长时间保养的锅炉可在炉体外涂一层樟丹，炉体内部涂一层防腐油，以增强锅炉的抗腐蚀能力。

二、供暖管道的维护与修理

1. 运行期间的维护

（1）装有供暖设备的房间和管道的地方应注意保温，减少热能损失和管道上冻。

（2）水暖系统的循环水，必须使用经处理合格的水，以减少腐蚀和堵塞现象。

（3）供暖系统运行期间，需经常注意检查各种仪表（压力表、温度表和流量表等）的工作状况，发现问题应及时排除，以确保系统安全、正常运行。

（4）供暖系统运行期间，需经常检查各种装置（除污器、排气装置等）的工作状态是否正常；对除污器、水封管等处的排污阀，要定期排放。

（5）向用户讲明使用供暖设备设施必须注意的事项，如用户不得任意调节关闭节门，不得振打、蹬踏管道和散热器，不得打开封门放水等。

2. 停运后的维护

（1）需要对系统中所有控制件（包括管线）进行维护和检修，保证控制件于来年供暖时灵活有效。

（2）应将系统中的水全部放掉，再用净水冲洗系统和清洗除污器。用经处理合格的水充满系统，保持到系统再次运行。

3. 供热管道漏水、滑气的修理

供暖管道有小修和大修。小修的工作量小，一般指供暖系统运行期间的日常维修工作。大修的工作量大，一般需在供暖系统停运季节进行。当发现管子有漏水现象，应根据情况考虑和确定修理方法，既要保证修理工作顺利进行，又不致影响整个系统对用户的供暖。

4. 散热器漏水及漏气的修理

对于对箍式与拉条式散热器漏水或漏气有两种情况：一种属暖气片的砂眼漏；另一种是暖气片的接口漏。不管哪一种，都应以拆卸开散热器重新组对的方法为彻底的修理方法，通常是采取拆换散热器或糊砂眼，包括散热器拆卸、组对、安装及进行打压试验等。

第五节　供电设备设施的维修与管理

一、建筑供电系统

（一）建筑的供配电系统

发电厂通过高低压输送线路将高压 10 千伏或低压 380/220 伏的电送入建筑物内称为供电。送入建筑物的电能经配电装置分配给各个用电设备称为配电。选用相应的电气设备（如导线、开关等）将电源与用电设备联系在一起即组成建筑供配电系统。

一般的住宅建筑、办公楼宇多直接采用低压供电（380/220 伏），而对于大中型物业服务项目或高层建筑物通常经过 6 千伏、10 千伏或者 35 千伏的变配电所降压后再向用户供电。

1. 负荷分类和供电系统的方案

根据建筑物本身的重要性和对其短时中断供电在政治上和经济上所造成的影响和损失，供电负荷可分为三级。

（1）一级负荷：中断供电将造成人身伤亡，或将在政治上、经济上造成重大损失的用电户。

（2）二级负荷：中断供电将造成政治上和经济上较大损失的用电户。

（3）三级负荷：凡不属于一级、二级负荷者。

一般的物业管理区域中以三级负荷居多，它们无须保证在任何情况下都满足供电要求，这种负荷也称为非保证负荷。但在这类建筑中的消防水泵、消防电梯、排烟设施、自动报警和自动灭火等消防用电则为一级负荷。这样的一级负荷以及一些特殊需要保证供电的负荷，如高层建筑中的高层电梯用电也是保证负荷。

用电负荷配电方案就是按其不同等级，按保证或非保证负荷来进行分组配电，常用的方案如下。

（1）负荷不分组配电。

负荷不按种类分组，保证负荷和非保证负荷不分组，备用电源也接至同一条母线，在不能满足全面供电的情况下非保证负荷采用失压脱扣方式断电，剩下保证负荷由备用电源供电。

（2）保证负荷单独分组配电。

这是把保证负荷单独分出，集中一段母线供电，备用电源仅对此段线路实行临时供电。

（3）负荷分三类分组配电。

把负荷分为一级负荷，非一级负荷中的保证负荷以及一般负荷三大类来组织母线供电。

2. 供配电系统

（1）系统中的主要设备设施。

除了根据供电电压与用电电压是否一致确定是否需要选用变压器外，根据供配电过程中输送电能、操作控制、检查计量和故障保护等不同要求，在系统中一般还有以下设备设施。

① 输送电能设备设施，如母线、导线和绝缘子，三者是输送电能必不可少的设备设施。

② 通断电路设备设施，高电压、大功率采用断路器，低电压、中小功率采用低压断路器或刀开关等。

③ 检修指示设备设施，如高压隔离开关。

④ 满足高电压、大电流电路检查计量和继电保护需要的电压互感器和电流互感器。

⑤ 故障保护设备设施，如熔断器等。

⑥ 雷电保护设备设施，如避雷器等。

⑦ 功率因数改善设备设施，如电容器等。

⑧ 限制短路电流设备设施，如电抗器等。

从开关设备到电抗器的全部设备都是为方便于和有利于系统的运行而加入的，统称为电器。全部电气装置和电器，即供配电系统中的全部设备设施，统称为电气设备设施。

（2）配电柜。

用于安装电气设备的柜状成套电气装置称为配电柜。用于安装高压电气设备的称为高压配电柜，安装布置高压配电柜的房间称为高压配电室。用于安装低压电气设备的称为低压配电柜，安装布置低压配电柜的房间称为低压配电室。变配电所（室）是由高压配电室、变压器室和低压配电室三个基本部分组成。

（二）建筑电气照明系统

应用可以将电能转换为光能的电光源进行采光，以保证人们在建筑物内正常从事生产和生活活动，以及满足其他特殊需要的照明设施，称为建筑电气照明系统。

1. 基本组成

电气照明系统是由电气和照明两套系统组成。

电气系统是指电能的产生、输送、分配和消耗使用的系统，是由电源、导线、控制和保护设备（开关和熔断器等）和用电设备（各种照明灯具）组成。

照明系统是指光能的产生、传播、分配和消耗吸收的系统，是由光源、控制器、室内空间、建筑内表面、建筑形状和工作面等组成。

电气和照明系统的关系是：两套系统是相互独立的，它们的职能不同，在设计中遵循的基本理论、依据的基本参数、所采用的基本运算方法都不相同；两套系统又是紧密相关的，连接点就是灯具，灯具是电气系统的末端，又是照明系统的始端。

2. 分类

按照在建筑中所起作用的不同，可将建筑照明系统分为视觉照明和气氛照明两大类。由于这里是针对物业管理而言，因此只介绍一下视觉照明。

视觉照明是指在自然采光不足之处或夜间提供必要的照度，满足人们的视觉要求，保证所从事的生产和生活活动正常进行。根据具体工作条件，视觉照明又可分为以下三种。

（1）工作照明。

工作照明是保证人们的工作和生活正常进行所采用的照明。工作照明是电气照明中的基本类型。

（2）事故照明。

事故照明是当工作照明因事故而中断时，供维持工作或保证人员安全疏散所采用的照明。事故照明又称备用照明或事故应急照明。

（3）障碍照明。

障碍照明是装设于高大建筑物的顶部，作为飞行障碍标志的照明。

（三）建筑动力系统

应用可以将电能转换为机械能的电动机拖动水泵、风机等机械设备运转，为整个建筑提供舒适、方便的生产、生活条件而设置的各种系统，统称为建筑动力系统。

（四）建筑弱电系统

应用可以将电能转换为讯号能的电子设备，保证讯号准确接收、传输和显示，以满足人们对各种信息的需要和保持相互联系的各种系统，统称为建筑弱电系统。

二、供电系统的维修与维护

（一）变配电所（室）的运行与维护

变配电所（室）的运行主要是变压器和配电设备的运行，要使其正常运行，在运行中实施维护是非常重要的。

1. 倒闸操作

倒闸操作是变配电所（室）人员按照指定的运行方式对各种开关设备进行分闸和合闸

的操作。其具体操作要点如下。

（1）断路器和隔离开关的倒闸操作步骤是：合闸时先合隔离开关（俗称刀闸），再合断路器；拉闸时先拉断路器，再拉隔离开关。这主要是防止隔离开关带负荷倒闸引起太大的电弧而触发事故。

（2）万一发生操作失误，具体处理方法如下。

① 若刚拉闸少许已发现错误，此时仅产生少许电弧，应立即合上，若已全部拉开，则不许重新合上。

② 若已错误合闸，或错合时产生较大电弧，决不允许再立即回拉，此时应分析误操作引起的后果，立即采取正确倒闸操作以减轻或消除误操作事故。

2. 送电和停电操作

（1）送电。

一般从电源侧合开关，依次到负荷侧合开关，其合闸操作遵循上面提到的倒闸操作的步骤，这样的操作比较安全。在变电站由于外部电网暂时停电，为使电网恢复供电后送电操作简单些，当停电时可以不必拉开总开关，只拉开各出线开关即可。这样当恢复供电后只要依次合上各路出线开关便可送电。

（2）停电。

一般从负荷侧拉开关，先拉低压侧各路出线开关，依次拉至电源侧高压主开关。这样的顺序可以使开关分断电流减少，比较安全。

3. 变配电所（室）事故处理

作为物业管理人员，应尽量避免事故的发生，但是也要掌握处理事故的方法。对于一些常见的故障，其处理方法如下。

（1）隔离开关故障。

隔离开关故障多表现为发热或开关咬死难以拉开。

发热主要是由于隔离开关接触部分的压紧弹簧栓松动以及触点长时间表面氧化导致电阻增加而发热。其处理方法是减轻负荷，使其发热自然减少。但这不是长远解决问题的方法，要彻底解决，应把隔离开关在可能的情况下退出运行进行维修。

隔离开关拉不开时，应分析其卡住咬死部位和原因，不能强行拉开而造成破坏。处理方法是切换母线把开关退出运行，停电维修。

（2）单相接地故障。

当发生单相接地时，三相电压将发生异常，有接地故障的一相其相电压接近于零，其他两相将升高$\sqrt{3}$倍。

单相接地故障的处理方法是先逐条对供电线路进行试验检查，找出故障点，然后对该线路停电检修。停电前应先通知有关用电单位做好停电准备或由变电所做好线路切换继续供电。在处理过程中要密切监视电压互感器的发热并注意不能直接操作隔离开关切断接地故障电路。

（3）母线系统故障。

母线系统故障多半是误操作引起的，也有因断路设备的继电保护装置误动作而成。当出现母线断路器跳闸时，应仔细检查母线，查明故障点，待误操作或误动作的故障消除后才能恢复母线供电，严禁未作检查就对母线强行供电。

（二）变压器的运行维护

变压器是变电所（室）的主要设备。变压器是一种静止的电器，用来把某一数值的交变电压变换为同频率的另一数值的交变电压。在物业管理区域中主要使用三相降压变压器，它在整个配电系统中的作用是非常重要的。为保证变压器安全可靠的运行，在运行中给予严密的监察和定期进行维护是十分必要的。

变压器在日常运行中值班人员要进行的监察内容如下。

（1）变压器温度。

观察变压器上层油温是否接近或超过最高允许温度。

（2）油位。

观察变压器油位、油色是否正常，是否有渗油、漏油以及假油位现象。

（3）运行中的声响。

变压器运行时有正常的电磁声响，检查时判断是否有异常声响，如果有异常声响多半是变压器内的紧固部位松动或者是交流电频率波动过大甚至可能局部有放电现象而引起的。

（4）检查仪表读数并定时抄表做好运行记录。

（5）检查变压器外部，如绝缘件、防爆管和阀门等附件是否正常。

（三）供配电线路的维护

供配电线路的维护参见表7-8。

表7-8　供配电线路的维护

项目内容	原因	修理方法
线路断路	熔断器内的熔丝熔断	更换熔丝
	电源线断裂	重新接上，用胶布包扎 调换新线
	接头处松动	更新固定
线路短路	电线绝缘体蚀损	用胶布分别包扎或调换新线
	接线器内的一根线头脱落，造成与另一根电线接触	重新固定脱落的线头
	接线盒、开关、插头、插座等接线器进水	切断电源、烘干电器

（续表）

项目内容	原因	修理方法
接触不良	固定线头的螺丝钉未压紧	拧紧螺丝
	线路的接头处氧化	用细沙布或刮刀清除氧化物
	开关的触点因电火花烧灼而损坏	用细纱布清除烧蚀物 更换新开关

（四）照明灯具的维修

1. 白炽灯常见故障及维修方法

白炽灯照明线路的常见故障及维修方法参见表7-9。

表7-9 白炽灯常见故障及维修方法

故障现象	产生原因	检修方法
灯泡不亮	1. 灯泡钨丝烧断	1. 调换新灯泡
	2. 电源熔断器的熔丝稍短	2. 检查熔丝稍短的原因并更换熔丝
	3. 灯座或开关线松动或接触不良	3. 检查灯座和开关的接线处并修复
	4. 线路中有断路故障	4. 用电笔或校线灯检查线路的断路处并修复
开关合上后熔断器熔丝烧断	1. 灯座内两线头短路	1. 检查灯座内两接线头并修复
	2. 螺口灯座内中心铜片与螺旋铜圈相碰发生短路	2. 检查灯座并扳准中心铜片
	3. 线路中发生短路	3. 检查导线绝缘是否老化或损坏，并修复
	4. 用电器发生短路	4. 检查用电器并修复
	5. 用电量超过熔丝容量	5. 减少用电器或更换熔断器
灯泡忽亮忽暗或者忽亮忽熄	1. 灯丝烧断但受震动后忽亮忽暗	1. 调换灯泡
	2. 灯座或开关线松动	2. 检查灯座和开关并修复
	3. 熔断器熔丝接头接触不良	3. 检查熔断器并修复
	4. 电源电压不稳定	4. 检查电源电压
灯泡发强烈白光并烧坏	1. 灯泡额定电压低于电源电压	1. 更换与电源电压相符的灯泡
	2. 灯泡钨丝有搭丝，从而使电阻减小，电流增大	2. 更换灯泡
灯光暗淡	1. 灯泡内钨丝挥发后积聚在灯壳内表面，造成灯壳的透光度减低，同时由于钨丝挥发后变细，造成钨丝电阻增大，电流减小，光通量减小	1. 正常现象，不必修复
	2. 电源电压过低	2. 调高电源电压
	3. 线路老化或者绝缘损坏；有漏电现象	3. 检查线路，更换导线

2. 荧光灯的安装与维护

（1）荧光灯的构造。

荧光灯由荧光灯管、镇流器和启辉器配套组成。

（2）荧光灯线路常见故障及检修方法。

荧光灯照明线路的常见故障、故障产生原因及故障排除方法参见表7-10。

（3）荧光灯照明常见故障及维修方法。

① 不能启辉。一般是由电源电压过低，镇流器选配不当，开关桩头接线松动或灯泡内部构件损坏等原因造成的。

② 只亮灯芯。一般是由灯泡玻璃破碎或漏气等原因造成。处理方法是更换灯泡。

③ 亮后突然熄灭。一般是由电源电压下降，或线路断线和灯泡损坏等原因造成的。

④ 忽亮忽熄。一般是由电源电压波动，在启辉电压的临界值上，或灯座接触不良，接线松动等原因所致。

⑤ 开而不亮。一般是由停电、熔丝熔断、连接导线脱落或镇流器、灯泡烧毁造成。

表7-10 荧光灯的常见故障及维修方法

故障现象	产生原因	检修方法
荧光灯不发光	1. 灯座或启辉器底座接触不良	1. 转动灯管，使灯管四级和灯座四级座接触，使启辉器两级与底座二铜片接触，找出原因并修复
	2. 灯管漏气或灯丝断	2. 用万用表检查或观察荧光粉是否变色，确认灯管坏后更换灯管
	3. 镇流器线圈断路	3. 修理或调换镇流器
	4. 电源电压过低	4. 不必修理
	5. 新装荧光灯接线错误	5. 检查线路
荧光灯抖动或两头发光	1. 接线错误或灯座灯脚松动	1. 检查线路或修理灯座
	2. 启辉器氖泡内动、静触片不能分开	2. 将启辉器取下，用两把旋具的金属头分别触及启辉器底座两块铜片，然后将两金属杆相碰后，立即分开，如灯管能跳亮，则说明启辉器坏了，给予更换。
	3. 镇流器配用规格不合适	3. 调换镇流器
	4. 灯管陈旧	4. 调换灯管
	5. 电源电压过低	5. 升高电压
	6. 气温过低	6. 用热毛巾对灯管加热
灯管两端发黑或生黑斑	1. 灯管质量差	1. 调换灯光

（续表）

故障现象	产生原因	检修方法
灯管两端发黑或生黑斑	2. 如果是新灯管，可能因启辉器损坏，灯丝发射物质加速挥发	2. 调换启辉器
	3. 灯管内水银凝结	3. 将灯管旋转180°
	4. 电源电压太高或镇流器配用不当	4. 调整电压或调换镇流器
灯光闪烁或光在管内滚动	1. 新灯管暂时现象	1. 开用几次或对调灯管两端
	2. 灯管质量不好	2. 换一根灯管，视其有无闪烁
	3. 镇流器配备不当或接线松动	3. 调换合适的镇流器
	4. 启辉器损坏或接触不良	4. 调换启辉器或修复
灯管亮度减低或色彩转差	1. 灯管陈旧的必然现象	1. 调换灯管
	2. 灯管上积垢太多	2. 清除积垢
	3. 电源电压太低或线路电压降太大	3. 调整电压或换粗导线
	4. 气温过低或冷风直吹灯管	4. 加防护罩或避开冷风
灯管寿命短或发光后立即熄灭	1. 镇流器配用不当，或质量较差，或其内部线圈短路，致使灯管电压过高	1. 调换或修理镇流器
	2. 受到剧烈震动，灯丝震断	2. 调换安装位置并更换灯管
	3. 接线错误将灯丝烧坏	3. 检修线路
镇流器有杂音或电磁声	1. 镇流器质量差，铁芯片未夹紧	1. 调换镇流器
	2. 镇流器受热过度	2. 检查受热原因
镇流器有杂音或电磁声	3. 电源电压过高引起镇流器发声	3. 设法降压
	4. 启辉器不好引起开启时有辉光杂音	4. 调换启辉器
	5. 镇流器有微弱声，但影响不大	5. 正常现象，用橡皮衬垫减震
镇流器过热或冒烟	1. 电源电压过高	1. 降低电压
	2. 镇流器线圈短路	2. 调换镇流器
	3. 灯管闪烁时间长或使用时间太长	3. 检查闪烁原因或减少连续使用时间

（4）H形节能灯的维修。

① 灯不亮。

这种故障一般是因灯丝断或其他部分有断路点引起。检查灯丝可用万用表的电阻档测量，但应注意将铝壳与塑料壳连接处轻轻撬开，再用电烙铁将灯脚处焊锡烫开，取下塑料壳才能测量。

② 灯不启动、尾部发红。

这种故障是因启辉器故障造成的，有时可以用手指轻轻弹击塑料壳使其恢复工作。若其不能恢复工作，则应按上述方法取下塑料壳，将损坏的启辉器换下即可。

③ 灯启动困难。

H形节能灯正常时接通电源后1~2秒内便可启动发光。若启动时启辉器跳闪多次，时间超过 3 秒则视为不正常。造成这种故障的主要原因是灯管或镇流器不良，但也应注意电源电压过低或气温较低时会造成灯启动慢。

④ 灯光暗。

这是由于电源电压过低或灯管衰老造成的，灯管衰老时，会看到玻璃管靠近灯丝部位有黑斑。H 形节能灯刚通电时灯光较暗，以后渐渐亮起来是正常现象，并不是灯管衰老。

⑤ 镇流器过热。

使用中闻到烧焦味时应及时关掉电源检查。这种故障多是因镇流器绕组有局部短路引起。此时应换镇流器。

H 形节能灯的灯座应选用专用灯座。在拆装 H 形灯时应捏住灯头的铝壳部分平行的插入或拔出，不能捏玻璃管部位摇动或推拉，以免灯管与灯头间脱开、松动。

三、供电系统的管理制度

1. 供电系统管理的基本内容

（1）负责供电运行和维修人员必须持证上岗，并配备主管电气工程技术人员。

（2）建立严格的配送电运行制度和电气维修制度，加强日常维护检修。

（3）建立 24 小时值班制度，做到发现故障，及时排除。

（4）保证公共使用的照明灯、指示灯、显示灯和园艺灯的完好，电气线路符合设计施工技术要求，线路负荷要满足业主与物业使用人的需要，确保配电设备安全运行。

（5）停电、限电提前出安民告示，以免造成经济损失和意外事故。

（6）对临时施工工程及住户装修要有用电管理措施。

（7）对电表安装、抄表、用电计量及公共用电进行合理分配。

（8）发生特殊情况如火灾、地震、水灾时，要及时切断电源。

（9）禁止乱拉接供电线路，严禁超载用电，如确需要，必须取得主管领导的书面同意。

（10）建立各类供电设备档案，如设备信息卡等。

2. 配电房管理制度

配电房是供电的中心，为了加强管理，应建立以下制度。

（1）配电房的全部机电设备由机电技术人员负责管理和值班；送电、停电由值班人员负责完成，无关人员严禁入内。

（2）建立巡查制度和运行记录，每班巡查一次，每月细查一次，半年大检修一次；查出问题及时处理，并做好记录，不能解决的问题及时上报主管领导。

（3）室内照明、通风良好，室温控制在 40℃ 以下。

（4）供电回路操作开关的标志要显著，停电拉闸、检修停电要挂标志牌，非有关人员绝不能动。

（5）应严格保持各个开关状态和模拟盘相一致，不能随意更改设备设施的接线的运行方式及各种开关的整定值。

（6）严格遵守交接班制度和安全、防火、清洁卫生制度。

（7）严格执行岗位责任制，遵守电业系统有关变配电的各项规程。

（8）严格执行各种设备设施的安全操作规程。

（9）在恶劣的气候环境下，要加强对设备设施的特巡，当发生事故时，应保持冷静，按照操作规程及时排除故障，并暗示做好记录。

（10）操作及检修时必须按规定使用电工绝缘工具、绝缘鞋和绝缘手套等。

第六节　电梯设备设施的维修与管理

一、电梯设备设施的检修

1. 电梯日常保养及预检制度

（1）每天观察电梯的运行情况（上下运行、换速、开门、平层等）。

（2）每日机房巡视时，必须检查曳引机各传动部位状况。

（3）检查电动机和曳引机减速箱油位是否符合要求。

（4）检查控制柜、配电箱及其他电气设备的端子有无松动、烧坏现象。

（5）检查断路器、接触器各触点有无打火、拉弧现象。

（6）检查各接地点是否符合要求，检查限速器工作运行情况，及时加油。

（7）检查各内选、外选按钮工作情况是否灵敏。

（8）检查安全保护装置的各种安装参数和动作试验状态是否符合标准。

（9）检查轿厢照明和风扇，检查各指示灯，更换损坏的部件。

（10）检查消防梯的消防功能。

（11）每月检查导靴及靴衬，每月检查井道位置传感器等。

（12）每月检查轿顶检修开关及上、下强迫缓速开关，每月检查并调整钢丝绳张力。

（13）每月清洁机房、清扫轿顶及底坑卫生。

（14）每月检查缓冲器油位及复位情况。

（15）每月检查井道随行电缆，每月检查平衡链悬挂及转动情况。

（16）每月检查厅轿门相关尺寸，并作相应的调整。

（17）每月检查及调整制动器的制动力矩及制动器闸瓦工作状况。

（18）每月清洁地坎滑道卫生及清除杂质，使房门和轿厢门无阻塞。

（19）每月检查、调整开关门机构及上、下端站的换速、限位开关，使其位置正确，功能可靠。

（20）每月电梯整机性能的调整检查，必须有记录，并存档。

2. 电梯维修操作规程

（1）维护修理前，轿厢内入口处悬挂"检修停用"牌。

（2）检修电器设备时，应切断电源或采取适当的安全措施。

（3）一个人在轿顶上检修工作时，必须按下轿顶急停按钮及检修开关或切断电梯电源。

（4）工作时必须穿工作制服，戴安全帽，穿绝缘鞋。

（5）给转动部位加油、清洗或观察钢丝绳的磨损情况时，必须停止使用电梯并且切断电梯电源。

（6）人在轿顶工作时，脚下不许有油污，以防滑倒。

（7）严禁在井道内和轿顶上吸烟。

（8）必须带电操作时，或不能完全切断电源时，必须有预防触电及防电梯突然启动措施，并且需两人以上操作。

（9）使用的行灯必须带防护罩，电压为36伏以下。

（10）严禁任何人员站在井道外探身到井道内，以及两只脚分别站在轿顶上和厅门地坎上进行长时间的检修工作。

（11）进入底坑后，必须将急停开关或电源断开。

（12）维修完毕后，必须清洁工具及清理现场。

（13）电梯保养工作中"五要"、"二定"的工作内容。

① 设备要完好干净（包括电气元件、门安全触板、钢带、限速器、控制柜、轿厢和底坑等）。

② 安全装置要动作灵敏可靠，不允许超限使用。

③ 要保证润滑部位有油（曳引机、电动机、限速器等）。

④ 要整机性能好，不带病运行。

⑤ 要维修及时，一般故障不过夜。

⑥ "二定"的内容是"一定时间、二定项目"。

按照电梯的内容和要求，安排好日、月、季、年的保养项目计划，按时按项目逐一完成，不漏项，保证质量。

二、电梯故障救援

凡遇电梯故障，必须首先通知维修人员，如果电梯维修人员超过30分钟未到达，则须请受过训练的救援人员救援。下列情况先行释放被困人员。

（1）轿厢停于接近电梯厅门口的位置，且高于与低于不超过50厘米时。

① 确定轿厢所在位置（根据楼层指示灯或小心打开外门查看），关断电源。

② 引用专用外门钥匙打开厅门。
③ 引用人力开启轿厢门。
④ 帮助乘客离开轿厢。
⑤ 重新把厅门关妥。

（2）轿厢远离厅门位置时。

必须先将轿厢移动至邻近电梯门口，然后按上述步骤救出乘客。

① 利用轿内电话或其他方法通知乘客保持镇定，并说明轿厢随时可能移动，不可将身体任何部位探出轿厢外，以免发生危险，如轿厢门处于半关闭状态，则必须先行将其完全关闭。

② 进入机房，关闭故障电梯的电源。

③ 拆除主机主轴端盖，安上旋转柄。

④ 两个救援人员各持旋转柄一端，另一救援人员手持松闸扳手，轻轻撬开机械松闸，轿厢将会由于自重而移动，为避免轿厢上升或下降速度太快发生危险，操作时应断续动作（一撬一放）使轿厢逐步移动，直至最接近厅门为止（可根据钢丝绳上楼层标志），操作时注意，如轿厢停于最高层电梯门 IZI 上位置或最下层电梯门以下位置时，救援人员必须手持旋转柄并用人力盘绞使轿厢向正确方向移动。

⑤ 遇到其他复杂情况，应等待电梯维修人员到达处理。

三、电梯维修等级、周期与要求

1. 零维修

零维修也称小修，是指日常的维护保养，其中包括排除故障的急修和定时定点的常规保养。因故障停梯接到报修后，应在 15 分钟内到达现场立即抢修。常规保养分为周保养、半年保养和一年保养三个等级：周保养，每梯每周一次，每次不少于 4 小时；半年保养，每梯每半年一次，每次不少于 8 小时，侧重于重点部位的保养；一年保养，每梯每年一次，每次不少于 16 小时，为较全面的检查保养。

2. 中修

中修是指运行较长时间后进行的全面检修保养，周期一般定为 3 年。但第二个周期是大修周期，如需要进行大修则免去中修。

3. 大修

大修是指在中修后继续运行 3 年时间，因设备磨损严重，需更换主机和较多的机电配套件，以恢复设备原有性能而进行的全面彻底的维修。

本 章 小 结

本章主要阐述在实施物业管理的过程中,作为物业服务企业应如何对楼宇附属的设备设施进行管理和维护。设备设施管理是物业管理中一项重要的基础管理。

设备设施管理的对象主要有:给排水设备设施,电力供应设备设施,大厦运输设备设施,供暖、冷、气、风设备设施及控制设备设施,通风设备设施,监控设备设施等。房屋配套设备设施的高效管理主要靠高素质的员工队伍、规范的程序、严格的标准和完善的规章制度来保证。

物业设备设施管理多采用集中与分散管理的方式,管理的主要内容包括设备设施资料管理、设备设施的运行管理和设备的维修管理等。管理的制度化是专业管理的特征之一,设备设施管理各项制度主要包括各项管理制度、各岗位责任制度以及各种设备设施的操作规程等。培养服务意识、完善服务措施、增加服务内容和提高服务技能是做好设备设施管理的另一个重要方面。

复习思考题

1. 物业设备设施管理的意义是什么?
2. 各类设备设施管理和维护的特点是什么?
3. 如何做好日常养护工作?
4. 给排水系统设备设施主要包括哪些内容?其物业管理范围是如何界定的?

第八章
物业公共秩序管理

【教学目的与重点难点】

通过本章的学习，了解物业公共秩序管理的相关知识，熟悉物业公共秩序管理的主要内容，掌握物业公共秩序管理的各项岗位职责与管理措施。重点是物业公共秩序、公共交通、物业公共消防秩序管理的基本内容与特点，熟悉各项事务的具体管理制度与措施，具备物业日常管理中突发事件的应急处理能力。

物业公共秩序管理服务是指在物业管理区域内，协助政府有关部门所进行的公共安全防范和公共秩序维护等管理服务活动，包括公共安全防范管理服务、消防管理服务和车辆停放管理服务等方面的内容。公共秩序管理服务的实施，一要以国家相关法规为准绳，二要以物业服务合同的约定为根据，明确相关各方的责任和义务，不得超越职权范围，不得违规操作。

第一节　公共安全防范管理服务

一、公共安全防范管理服务的内容

公共安全防范管理服务是协助政府相关部门，为维护公共安全、施工安全等采取的一系列防范性管理服务活动。公共安全防范管理服务的内容包括：出入管理，安防系统的使用、维护和管理，施工现场的管理；配合政府开展社区安保活动等工作。

物业服务项目的出入管理应根据国家法规和物业服务合同的约定，区分不同物业的类型和档次，制订相应的方案，实现人员、物品和车辆等出入的有效管理。

在出入管理中，安防人员应熟悉国家相关法律法规和物业服务项目公共秩序管理服务规章制度，熟悉本岗位工作规程及相关安防设施设备的使用方法，合理控制出入管理环节，认真履行岗位职责，发现异常情况及时采取相应的防范措施。

1. 安防系统的使用、维护和管理

物业管理防范系统是物业管理区域内用于秩序维护、消防、车辆管理及紧急呼叫等安全防范的技术设备系统。常用的安防系统有笔录监控系统、红外报警系统、自动消防监控系统、门禁系统、自动呼救系统、道闸系统、煤气自动报警系统和巡更系统等。

为确保安防系统功能的正常发挥，安防人员要熟练掌握安防系统的技术性能，使之相互配合，正确使用，如利用监控系统和自动报警系统的相互配合，减少误报，提高管理效率。同时，安防系统应有专人维护与保养，定期检查、检测，发现问题及时处理。

2. 施工现场管理

为了共同做好社区管理，创建安全和谐社区，除做好各项物业管理服务工作外，还应协助公安机关、居委会等政府部门做好社区安全防范管理工作。

（1）在社区组织重大活动时，应及时通知辖区派出所及社区居委会，相互配合、协调，避免发生意外事故。

（2）物业管理区域内发生治安或意外事故时，应及时通知相关部门，并协助做好调查取证及善后处理工作。

（3）积极配合相关部门做好法律政策宣传教育。

二、安全防范服务的要求

1. 保安员的仪表和礼貌礼仪

（1）执勤时整洁着装，佩戴工号牌。
（2）精神饱满，站立、行走姿态规范。
（3）执勤中认真履行职责，不脱岗，不做与工作无关的事情。
（4）办事高效，坚持原则，礼貌待人。
（5）巡逻、门岗等执勤人员既要严肃认真，又要热情服务。

2. 保安员的安全防范工作程序

（1）服从领导，听从指挥。
（2）熟悉物业业主或物业使用人的基本情况，如业主或物业使用人的家庭成员、楼宇结构、消防设备、各类技防设备、各类机电设备分布情况、消防中心和应急反应等。
（3）按规定路线和方式巡逻、签到，未签到或迟到要记录原因。
（4）熟悉人员和物品出入管理流程，具备条件的，可对外来人员及外搬物品做好记录及控制。
（5）观察细致，反应迅速，按照有关规定及时发现、处理各种事故隐患及突发事件。
（6）相互配合，妥善处理各种问题。对于超出职权或无法处理的情况，应及时汇报。

具体管理深度和配备人员的多少要根据物业服务费用的水平和物业服务合同的约定来制定。

3. 记录

（1）记录要及时、齐全、规范和真实。
（2）交接班事项及物品记录清晰，未完成事项有跟进记录。
（3）接班人员分别签名确认。
（4）记录、分类和归档正确及时，记录本整洁完好，记录字迹清楚。

4. 技防设备设施

（1）各类安防设备设施要齐全完善，使用正常。
（2）定期检查和维护，并有完整的记录。
（3）标识明显正确，相关制度应张贴在墙壁的醒目处。

三、安全防范工作的检查方法

1. 日检

秩序维护队伍的各班班长每天应依据检查标准对本班各岗位的当班人员进行检查，检查保安人员上岗情况、礼仪形象和安全隐患等，对存在的问题应及时指出并作相应的处理。

2. 周检

保安主管及项目经理每周应根据检查标准进行全面检查，除日检内容之外，还应包括各类安防设施设备的检查、业主意见收集反馈、班组长检查记录和安全隐患分析等，并填写周检记录表。

3. 月检

月检工作是指由指定人员对各项目的安防工作进行全面检查，重点检查现场管理效果及过程管理记录，确保安防工作的有效性。

4. 督察

督察工作是指由指定的督察队员不定期对安防工作进行突击检查，确保安防工作严格按标准执行，并对违规人员进行教育和处罚。

四、治安防范注意事项

（1）遇到有人在公共区域聚众闹事时，应及时向公安机关报告，并及时上报上级领导，协助公安机关迅速平息事件，防止事态扩大。

（2）遇有违法犯罪分子正在进行盗窃、抢劫、行凶和纵火等违法犯罪活动时，应立即报警，协助公安机关制止，并采取积极措施予以抢救、排险，尽量减少损失。对于已发生的案件，应做好违法犯罪分子家属的工作，单位或公安派出所将其领走。

（3）物业管理区域公共区域内出现可疑人员，要留心观察，必要时可礼貌查问。

（4）物业管理区域内发生坠楼等意外事故，应立即通知急救单位及公安部门、家属，并维护好现场，并做好辖区客户的安抚工作，等待急救单位及公安部门前来处理。

第二节　消　防　管　理

消防管理是公共秩序管理服务的一项重要工作，为了做好物业的消防安全管理工作，物业服务企业应着重加强对物业管理区域内业主的消防安全宣传教育及消防安全检查，并建立义务消防队伍，完善消防管理制度，加强消防设施设备的完善、维护和保养工作。

一、义务消防队伍建设

义务消防队伍是日常消防检查、消防知识宣传及初起火灾抢救扑灭的中坚力量，为了做好小区的消防安全工作，各物业服务企业应建立完善的义务消防队伍，并经常进行消防知识与实操技能的训练与培训，加强实战能力。

1. 义务消防队员的构成

物业服务企业的义务消防队由企业的全体员工组成,分为指挥组、通讯组、警戒组、设备组、灭火组和救援组等。其中灭火组及救援组的人员应由年轻力壮、身体素质较好、反应灵敏和责任心强的人员担任,设备组由具备消防设备操作及维护知识的维修人员担任。

2. 义务消防队员的工作

(1)负责消防知识的普及、宣传和教育。

(2)负责消防设施设备及日常消防工作的检查。

(3)负责消防监控报警中心的值班监控。

(4)发生火灾时应配合消防部门实施灭火补救。

3. 义务消防队伍的训练

义务消防队伍建立后应定期对义务消防人员进行消防实操训练及消防常识的培训,每年还应进行一次到两次的消防实战演习。

二、消防制度的制定

消防工作的指导原则是"消防为主,防消结合"。为达到"预防为主"的目的,必须把日常的消防管理工作制度化、明确化。消防制度包括各种场所的消防要求规范、消防检查制度、各种消防设施设备的操作及维修保养制度、火警火灾应急处理制度、消防值班制度和消防器材管理制度等。

1. 制定消防管理规定

消防管理规定包括:企业消防管理机构及运作方式、消防安全岗位责任、奖惩规定、消防安全行为、消防保障要求和消防事故处理报告制度等。

2. 制定消防设施设备管理制度

消防设施设备管理制度的内容包括:消防系统运行管理制度,消防器材配置,保管制度,消防系统维护、保养及检查制度,消防装备日常管理制度和消防系统运行操作规程等。

3. 制定消防检查方案及应急预案

根据各物业管理区域的特点,制定消防检查要求与标准,并制订消防演习方案及消防事故应急预算等。

三、物业消防安全检查的内容与方法

（一）消防安全检查的内容

物业消防安全检查的内容主要包括：消防控制室、自动报警（灭火）系统、安全疏散出口、应急照明与疏散指示标志、室内消防栓、灭火器配置、机房、厨房、楼层、电气线路以及防排烟系统等。

（二）消防安全检查的组织方法和形式

消防安全检查应作为一项长期性、经常性的工作常抓不懈。在消防安全检查组织形式上可采取日常检查和重点检查、全面检查与抽样检查相结合的方法，应结合不同物业的火灾特点来决定具体采用什么方法。

1. 专职部门检查

应对物业管理区域的消防安全检查进行分类管理，落实责任人或责任部门，确保对重点单位和重要防火部位的检查能落实到实处。一般情况下，每日由小区防火督察巡检员跟踪对小区的消防安全检查，每周由班长对小区进行消防安全抽检，监督检查实施情况，并向上级部门报告每月的消防安全检查情况。

2. 各部门、各项目的自查

（1）日常检查。

应建立健全岗位防火责任制管理，以消防安全员、班组长为主，对所属区域重点防火部位等进行检查。必要时要对一些易发生火灾的部位进行夜间检查。

（2）重大节日检查。

对元旦、春节等重要节假日应根据节日的火灾特点对重要的消防设施设备、消防供水和自动灭火等情况重点检查，必要时制订重大节日消防保卫方案，确保节日消防安全。节假日期间大部分业主休假在家，用电、用火增加，应注意相应的电器设备及负载检查，采取安全措施，同时做好居家消防安全宣传。

（3）重大活动检查。

在举行大型社区活动时应制订消防保卫方案，落实各项消防保卫措施。

（三）消防安全检查的程序和要求

1. 消防安全检查的基本程序

（1）按照部门制定的巡查路线和巡检部位进行检查。

（2）确定被检查的部位和主要检查内容得到检查。

（3）对检查内容的完好情况进行判断，并通过直观检查法或采用现代技术设备进行检查，然后把检查结果和检查情况进行综合分析，最后得出结论，进行判断，提出整改意见和对策。

（4）对检查出的消防问题在规定时间内进行整改，对不及时整改的应予以严肃处理。对问题严重或不能及时处理的应上报相关部门。

（5）对检查情况进行登记存档，分析总结，提出检查安全报告。

2. 消防安全检查的安全

（1）深入楼层对重点消防保卫部位进行检查，必要时应做系统调试和试验。

（2）检查公共通道的物品堆放情况，做好电气线路及配电识别的检查。

（3）对重点设施设备和机房进行深层次的检查，发现问题立即整改。

（4）对消防隐患问题，立即处理。

（5）应注意检查通常容易忽略的消防隐患，如单元门及通道前堆放单车和摩托车，过道塞满物品，疏散楼梯间应急指示灯不亮和配电柜（箱）周围堆放易燃易爆物品等。

四、动火安全管理

1. 动火前要求

（1）重点部位动火须由物业企业的负责人会同消防管理负责人会审，无异议才能动火。

（2）防火、灭火设施不落实，周围易燃杂物未清除，附近难以移动的易燃结构未采取安全防范措施不能动火。

（3）凡盛装过油类等易燃液体的容器、管道，未经洗刷干净、排除残存的油质不能动火。

（4）凡盛装过受热膨胀有爆炸危险的气体的容器和管道不能动火。

（5）凡储有易燃、易爆物品的车内、仓库和场所，未经排除易燃、易爆物品的不能动火。

（6）在高空进行焊接或切割作业时，下面的可燃物品未清理或未采取安全防护措施的不能动火。

2. 动火过程中的要求

（1）动火现场要制定安全负责人。

（2）现场安全责任人和动火作业员必须经常检查动火情况，发现不安全苗头时，要立即停止动火。

（3）发生火灾、燃炸事故时要及时补救。

（4）动火人员要严格执行安全操作规程。

3. 动火后的要求

动火人员和现场负责人在动火作业后应检查并彻底清理现场火种。

五、消防安全预案的制定

(一) 重点防火单位和防火部位的确定

1. 重点防火物业

重点防火的物业主要包括：生产易燃易爆的工厂，大型物资仓库以及工厂较为密集的工业区、酒店、商场、写字楼、大型超市和度假村等。

2. 重点防火部位

重点防火部位主要包括：机房、公共娱乐场所、桑拿浴室及卡拉 OK 厅、业主专用会所、地下人防工程、资料室和计算机中心等。

(二) 灭火方案的要求

（1）所制定的灭火预案应结合现有的物业消防技术装备和义务消防队伍的业务素质，符合本物业的实际情况。

（2）灭火预案经消防安全部门演练后具有可操作性。

（3）根据小区情况、火灾特点对火险隐患较大的地方进行重点标识。

（4）具体的组织实施时间和相应演练经费预算。

（5）确定灭火预案演练的责任人。

（6）确定各人员、部门的职责及分工要求。

（7）灭火方案须报经当地公安消防大队审核通过和备案。

(三) 灭火预案的制定

1. 灭火预案的制定

（1）在制定灭火预案前，消防安全部门的负责人应组织人员深入实地，调查研究，确定消防重点。

（2）根据火灾特点和灭火战术特点，假想火场上可能出现的情况，进行必要的计算，为灭火方案提供正确的数据，确定要投入灭火的装备和器材，以及供水线路。明确灭火、救人和疏散等战斗措施和注意事项。

（3）写出文字说明，打印报批，并绘制灭火力量的部署的草图。

2. 灭火预案的主要内容

（1）物业服务项目的基本概况，包括周围情况、水源情况、物资特性及建筑特点、单位消防组织与技术装备。

（2）火灾危险性及火灾发展特点。

(3)灭火力量部署。

(4)灭火措施及战术方法。

(5)注意事项。

(6)灭火预案图。

六、消防器材的配备、使用与维护

(一)常规消防器材装备

1. 大型物业管理区域一般配备

大型物业管理区域的一般配备应包括：消防头盔、消防战斗服、消防手套、消防战斗靴、消防安全带、安全钩、保险钩、消防腰斧、照明灯具、个人向导绳和安全滑绳等。

表8-1为某物业服务企业消防部门常规器材装备一览表。

表8-1 某物业服务企业消防部门常规器材装备一览表

器材名称		装备数量	主要用途
消防战斗服		20套	主要用于训练及灭火战斗时保护身体防火源辐射
消防战斗靴		20双	主要用于训练及保护小腿
消防头盔		20个	主要用于保护头部及面部
消防手套		20双	主要用于高空作业、滑绳及火场护手
安全带		20条	主要用于保护腰部和平时训练
保险钩		5个	配合安全带用，有利于高空作业
安全滑绳		3条	用于高空滑绳自救
训练水袋	小（φ50mm）	4m×9m	用于铺设水带、供水、训练及比赛竞技
	大（φ25mm）	10m×20m	同上
水枪	开关	2支	用于火场上选用开花射流
	直流	2支	用于直流射流
	开关	2支	从水枪上直接控制水流
	直流	2支	用于需喷雾射流的火场供水
分水器		1个	主要用于训练火场供水
集水器		1个	用于个股水流汇集增大水流
二节梯（6m或9m）		1架	用于登高训练及救援
灭火器	新型气体	10瓶	主要用于代替酸碱、化学泡沫和四氯化碳灭火器使用
	CO_2	10瓶	主要用于小型初起火灾的扑灭
	干粉	5瓶	同上
灭火器	1211	10瓶	用于初起火灾的控制及扑灭
	泡沫	5瓶	同上
	清水	5瓶	同上

(续表)

器材名称		装备数量	主要用途
消防车	水罐	1部	供水灭火,主要用于远离消防队的大型物业服务企业
	指挥	1部	巡逻、检查和灭火指挥专用
消防斧(腰斧)		5把	用于破拆
消防扳手		5把	用于打开消防栓供水
云梯登高消防车（以服务高层物业业主）		1部	登高救援及灭火专勤特用,用于超大型及产值上亿的大集团及厂企、事业单位
警用摩托车		1辆	巡检
其他装备:根据物业服务企业的规模及管理面积,火灾危险性及与公安消防队的距离情况进行装备			

2. 消防器材一般配置

（1）楼层配置。

消防器材的配置应结合物业的火灾危险性,针对易燃易爆物品的特点进行合理的配置。一般在住宅小区内,多层建筑中每层楼的消防栓内均配置2瓶灭火器;高层物业每层楼放置的消防栓内应配置4瓶灭火器;每个消防栓内均配置1或2卷盘水带、水枪1支及消防卷盘。

（2）岗亭配置。

物业服务项目的每个秩序维护岗亭均应配备一定数量的灭火器,在发生火灾时,岗亭保安员应先就近使用灭火器扑救本责任区的初起火灾。

（3）机房配置。

各类机房均应配备足够数量的灭火器材以保证机房火灾的处置。机房内要配有固定的灭火器材和推车式灭火器。

（4）其他场所配置。

其他场所配置灭火器材应保证在发生火灾后能在较短的时间内迅速取用并扑灭初期火灾,以防止火势进一步扩大蔓延。

（二）消防装备的维护、管理

1. 常规消防

装备是配备在保安部的战备器材,应定期检查,至少每月进行一次全面检查,发现破损、泄漏、变形或工作压力不够时,应对器材进行维护和调换申购,以防在训练中发生事故。

2. 定期养护

所有的员工应爱护器材,在平时训练和消防工作中对器材应轻拿轻放,避免摔打、乱扔乱掷，用完统一放归原处进行归口管理，并定期清洗和上油，以防器材生锈、变形和失去原有功能。

3. 专人保管

消防安全部门应指定专人对消防装备进行统一管理，建立消防设备保管台账，避免丢失和随便动用。平时训练用完后应由培训负责人交给器材保管员，做好领用和归还登记。

4. 交接班检查

消防班在交接班时应对备用、应急和常规配备的器材进行检查，以保证器材的良好运行。

5. 消防器材的定期统计

配置在各项目的消防器材，每月均应做一次全面统计工作。按照各区域分类统计，以保证项目配备的消防器材完整、齐全，对已失效、损坏的器材应进行重新配置。配置在每个项目及各个场所的消防器材应由项目管理员签字确认，有专人负责管理。

第三节 车辆停放管理服务

物业管理区域内交通管理与车辆停放服务是物业公共秩序管理的一项基本内容，也是体现物业管理服务水平的重要环节。

一、车辆管理方法及要求

1. 建立健全车辆管理队伍

为做好物业管理区域内的车辆管理，提供安全有序的车辆停放管理服务，应根据住宅小区车辆的实际情况做好人员安排，包括小区车辆交通的疏导及管理人员、停车场维护人员和车辆收费管理人员等。

2. 车辆出入管理

物业管理区域内出入及停放的车辆宜采用出入卡证管理。卡证根据停车场的性质采用不同的方式。一般对居住在物业管理区域内的业主的车辆多以办理年卡或月卡的方式管理，出入时只需出示年卡或月卡即可。外来的车辆或暂时停放的车辆应采用临时发卡的方式进行管理，即每次进入时发给一张临时卡，上面记录进入时间、道口、车牌号和值班人等，此卡在车辆出去时收回。是否收费，应根据相关法规、物业类型、停车场的性质和物业服务合同的约定作相应的处理。

3. 车辆停放管理

车辆进入物业管理区域后，管理人员应引导车辆停放。有固定车位而任意停放，或不按规定任意停放，或在消防通道停车等现象出现时，管理人员应及时劝阻。同时，车辆进入停车位停放时，管理人员应及时检查车辆，观察车辆是否有损，车辆是否已关闭，是否有贵重物品遗留车内等，必要时做好记录并通知车主，避免出现法律纠纷。

二、车辆管理注意事项

1. 车辆管理的交通标志及免责告示应充分明显，避免发生法律纠纷

完善的交通标志及提示既可以确保物业管理区域车辆交通的有序，又可以减少安全事故的发生。而车辆停放票据、卡证及收费牌上的免责提示等则可以提醒车主做好相应的防范措施，减少安全事件的发生并且避免发生安全事件时引发法律的纠纷。

2. 签订停车位使用协议，建立完善的车辆停放法律关系

车主首次申请办理停车年卡或月卡时应提交本人的身份证、驾驶证、车辆行驶证原件与复印件，并签订停车位使用协议，建立双方车辆停放服务关系。协议上应对车辆是有偿停放还是无偿停放、是保管关系还是仅仅为车位租用关系以及停放过程中的安全责任等法律责任问题予以明确，避免在车辆出现剐损或丢失时引起法律纠纷。

3. 车辆停放必须符合消防管理要求，切忌堵塞消防通道

为了方便，部分车主经常会将车辆停放于消防通道，或部分物业服务企业为了提高车辆停放收入擅自将部分消防通道划为停车位，这样往往会导致消防通道的堵塞，严重影响消防疏散及抢救。因此，车辆停放管理应特别注意对消防疏散通道的管理，确保车辆停放符合消防管理要求，绝对不能堵塞消防通道。

4. 做好电梯口等安全防范工作

对于电梯直接通往室内停车场车库的小区必须做好电梯入口的安全防范监控措施，避免不法人员直接从地下车库进入楼内。

本 章 小 结

物业公共秩序安全管理是指采取各种措施和手段，保证业主与物业使用人的人身和财产安全，维持正常的生活秩序和工作秩序的一种管理工作。重点是防火防盗，预防交通事故，防止意外事件发生。物业公共秩序安全管理的目的是要保证业主与物业使用人有一个安全舒适的工作环境和生活环境，以提高其生活质量和工作效率。

复习思考题

一、简答题

1. 物业公共秩序管理的特点与管理原则有哪些？
2. 简述物业公共秩序管理的主要内容。
3. 物业公共秩序管理制度有哪些？
4. 物业公共秩序管理应急事件有哪些？
5. 停车场的管理内容有哪些？
6. 简述常用的消防设备设施和器材。

二、案例分析题

6岁的小光和另外3个小朋友在某花园小区的一幢住宅楼后面玩耍。在一件堆放杂物的临时搭建的房子里，孩子们发现了几个放"天那水"的小铁桶。孩子们用木棒点燃"天那水"玩，其中小亮将燃烧的木棒插入"天那水"小桶后发生爆炸，小光因离得最近而被严重烧伤。事情发生后，小光的父母随即将孩子送入医院抢救。但经过治疗一个月后，小光因大面积烧伤导致患败血症而死亡。后来，小光的父母把管理该花园小区的物业服务企业和另外3个孩子的家长告上法庭，要求赔偿损失。

请对以上案例进行分析。

第九章 物业环境管理

【**教学目的与重点难点**】

通过本章的学习，了解环境、物业环境、保洁管理、绿化管理的概念，城市绿地的分类；掌握物业环境污染防治措施，保洁管理的内容、工作程序、工作标准和具体措施；掌握常用的绿化指标、绿化管理基本操作及养护管理的质量要求和考核目标等。

第一节 物业环境管理概述

环境是指周围所在的条件,对不同的对象和科学学科来说,环境的内容也不同。在建筑学上环境是指室内条件和建筑物周围的景观条件。习惯上分为自然环境和社会环境。

自然环境亦称地理环境,是指环绕于人类周围的自然界,包括大气、水、土壤、生物和各种矿物资源等。自然环境是人类赖以生存和发展的物质基础。

社会环境是指人类在自然环境的基础上,为不断地提高物质生活和精神生活水平,通过长期有计划、有目的的发展,逐步创造和建立起来的人工环境,如城市、农村和工矿区等。社会环境的发展和演替受自然规律、经济规律以及社会规律的支配和制约,其质量是人类物质文明建设和精神文明建设的标志之一。

一、物业环境的含义及类型

物业环境是指物业管理区域内的周围环境及公共设施,即与业主与物业使用人的生活和工作密切相关的、直接影响其生存发展和享受的各种必需条件和外部变量因素的综合。按物业类型的不同,物业环境可以分为生活居住环境、生产环境、商业环境和办公环境等。

(一)生活居住环境

生活居住环境是指提供给人们居住的物业环境,包括内部居住环境和外部居住环境两个方面。

1. 内部居住环境

内部居住环境是指建筑的内部环境。内部居住环境的影响因素包括:住宅标准,住宅类型,隔声、隔热和保温,光照,通风,室内小气候,室内空气质量和二氧化碳含量等。

2. 外部居住环境

外部居住环境是指住宅和与居民生活密切相关的各类公共建筑、共用设施、绿化、院落和室外场地等。外部居住环境的影响因素包括:居住密度、公共建筑、市政公共设施、绿化、室外庭院和各类活动场所、室外环境小品、大气环境、声环境和视环境、小气候环境、邻里关系和社会环境等。

(二)生产环境

生产环境是指提供给企业及其生产者进行生产时相关的环境和条件。生产环境的影响因素包括:物业类型及用途,隔声、隔热和保温,光照,通风,绿化,卫生,生产设施和行政办公条件等。

（三）商业环境

商业环境是指提供给商业企业及其经营者从事商业活动的物业环境。商业环境的影响因素包括：物业类型及用途，隔声、隔热和保温，光照，通风，绿化，卫生，交通条件及室内各种环境小品、商业设施等，商业从业人员的服务态度和服务水平也是影响商业环境的一个很重要的因素。

（四）办公环境

办公环境是指用于行政办公目的的物业环境，包括办公室内环境和办公室外环境。办公室内环境的影响因素包括办公室标准及类型、隔音效果、隔热与保温、室内气候和室内景观布置等。办公室外环境的影响因素包括绿化、大气环境、办公区域的治安状况、办公人员的思想文化素质、艺术素质以及相互关系等。

二、物业环境管理的内容

物业环境管理是指物业服务企业按照物业服务合同的约定，对物业管理区域的物业环境进行管理的活动。物业环境管理的任务是保护和维持物业管理区域内的容貌，防止人为破坏和减缓自然损坏，维护正常的生产秩序、生活秩序和办公秩序，保持物业的外观及整体形象的永恒性，提高知名度等。

物业环境管理的内容包括以下几个方面。

（一）物业环境污染防治

环境污染防治包括：水体污染防治、大气污染防治、固体废弃物污染防治、噪声污染防治和电磁波污染防治等。

1. 水体污染防治

造成物业环境水体污染的原因包括：过量排放造成水的物理、生化污染和致病微生物污染。

水体污染防治的途径包括：加强污水排放的控制，加强对已排污水的处理和加强生活饮用水二次供水卫生管理。

2. 大气污染防治

造成物业环境大气污染的主要原因包括：烧煤，机动车尾气，基建扬尘，不当燃烧以及燃放烟花爆竹等。

大气污染防治的途径包括：改变能源结构；禁止不当燃烧；严格控制物业管理区域内的工业废气的排放；加强车辆管理；在物业装修时尽量采取防止扬尘的措施；平整路面，减少扬尘；以绿色净化环境。

3. 固体废弃物污染防治

固体废弃物是人们在生产和生活中扔弃的固体物质。影响物业环境固定废弃物污染的主要原因包括生产与生活垃圾、粪便和沟泥等。其中垃圾包括无机垃圾（如砖瓦碎石、炉灰和渣土等）和有机垃圾（如动植物残体、废纸、塑料和碎布等）。

固体废弃物污染防治的途径包括：全过程管理（即贯穿于从产生、排放、收集、输出、贮存、综合利用、处理到最终处置的全过程）；实行"三化"（即固体废弃物的减量化、资源化和无害化）；集中防治与分散防治的相结合。

4. 噪声污染防治

噪声污染是指所产生的环境噪声超过国家规定的环境噪声排放标准，并干扰他人正常的工作、学习、生活的现象。噪声可分为交通噪声、生产噪声和生活噪声等。

物业环境噪声污染防治的途径包括：禁止设立产生噪声污染的生产、经营项目；规定夜间不得作业的时间；禁止机动车、船在禁止鸣喇叭的区域内鸣叫；控制音响。

5. 电磁波污染防治

电磁波污染即各种电子生活产品，包括空调、计算机、电视机、电冰箱、微波炉、卡拉OK机、电磁炉和移动电话等在正常工作时所产生的各种不同波长和频率的电磁波，被称为"电子垃圾"或"电子辐射污染"。

面对这个无形的杀手，我们应尽量减少被辐射的机会，采取一定的措施进行防治。如电器用品不使用时，将插头拔掉；保持距离也可减少电磁波；尽量别把电器都集中在一起使用，尽量避免长时间操作，保持室内空气流通等。

针对不同来源的环境污染，采取各种可行、有效的措施防治物业管理区域内的水污染、大气污染、固体废弃物污染、噪声污染和电磁波污染等。

（二）物业环境保洁管理

保洁管理是指通过宣传教育、监督治理和日常清洁工作，保护物业管理区域环境，防治环境污染，定时、定点、定人进行生活垃圾的分类收集、处理和清运。通过清、扫、擦、拭、抹等专业性操作，维护物业管理区域内所有公共地方、共用部位的清洁卫生，从而塑造文明形象，提高环境效益。物业环境保洁管理是物业管理中一项经常性的管理服务工作，其目的是净化环境，给业主与物业使用人提供一个整洁、舒适、美化的居住环境和工作环境。

（三）物业环境绿化管理

物业环境绿化管理包括环境绿化和美化两部分。物业环境绿化主要是在物业管理区域内栽植花草树木。物业环境美化主要是建设各种园林小品，它可以组织空间，充实、丰富、美化物业环境。园林小品设计应从使用功能出发，与物业管理区域内周围的环境要协调统一，与建筑群体和花草树木要密切配合。

通过物业环境绿化管理，扩大绿化面积及种植花草、树木，不仅可以净化空气，调节物业管理区域的气候，保持水土、防风固沙，而且还可以消声防噪，创造出和谐、绿色的自然环境。

（四）物业环境宣传

物业环境宣传实质上是物业软环境建设的一种重要措施，主要是普及环境意识，宣传国家政策、法规，引导业主与物业使用人自觉地遵守公民行为准则和道德规范，倡导业主爱护身边的环境，维护各种设施，共同建设美好的家园。物业环境宣传是配合物业环境管理的其他内容，应融汇到物业环境管理的各种具体工作中。

第二节 物业环境保洁管理

在物业管理区域中，洁净的卫生环境是业主与物业使用人正常生活和工作的需要，它是提升服务水准的一个直观指标，物业环境卫生的好坏也是评判一个物业服务企业管理水平高低、实力强弱的一个最直观的指标。

一、物业环境保洁管理的范围

1. 楼宇前后左右的公共地方

楼宇前后左右的公共地方是指物业管理区域内的道路、空地、绿地和公共停车场等所有公共地方。

2. 楼宇上下空间的公共部位

楼宇上下空间的公共部位是指楼宇一层到顶层屋面的所有公共部位，包括楼梯、电梯间、大厅、天台、公用卫生间和楼宇外墙等公共部位。

3. 生活垃圾的处理

生活垃圾的处理是指日常生活垃圾（包括装修垃圾）的分类收集、处理和清运。生活垃圾的处理要求和督促业主与物业使用人按规定的地点、时间和要求，将日常垃圾倒入专用容器或者指定的垃圾收集点，不得擅自乱倒。

二、物业环境保洁管理的基本要求

1. 保洁管理要责任分明

保洁工作是一项细致、量大的常规性工作，必须做到责任分明，做到"五定"，即定人、定地点、定时间、定任务和定质量。

2. 保洁管理要明确标准

要明确具体的管理指标，对卫生清扫、垃圾清运等工作进行评判和验收，要达到"六不"和"六净"。"六不"即不见积水、不见积土、不见杂物、不漏收垃圾、不乱倒垃圾和不见人畜粪。"六净"即路面净、路沿净、人行道净、雨水口净、树坑墙根净和废物箱净。

3. 保洁管理要及时

保洁管理要体现及时快速性，对每天产生的垃圾及时清除，做到日产日清，建立合理的分类体系。

4. 保洁管理要因地而异

在同一物业管理区域内，不同管理部位要求的标准也可能不同，应根据不同类型、不同档次的物业对楼宇清洁卫生的质量标准不同而制定相应的管理制度和措施。

三、物业环境保洁管理工作程序

保洁管理工作程序是要求保洁工作必须按照有关程序来开展的。下面以北京某大厦的部分保洁工作程序为例来说明。

（一）楼道的保洁

1. 范围

楼道梯级、扶手、墙面、信报箱、配电箱、消防栓、消防管道、楼道门窗、楼道灯开关及灯具的清洁。

2. 作业程序

（1）备扫把、垃圾铲、胶桶、拖把各一只，从底层至顶层自下而上清扫楼道梯级，将果皮、烟头、纸收集于胶袋中然后倒入垃圾车；用胶桶装清水，洗净拖把，拧干拖把上的水，用拖把从顶层往下逐级拖抹梯级，拖抹时，清洗拖把数次。

（2）备抹布一块，胶桶（装水），自下而上擦抹楼梯扶手及栏杆，擦抹时，清洗抹布数次。

（3）清洁消防栓、管：备扫把一把，抹布两块（干、湿各一块），胶桶（装水）。先用扫把打扫消防管上的灰尘和蜘蛛网，再用湿抹布擦抹消防栓及玻璃，然后用干抹布擦抹玻璃一次，按上述程序逐个清洁。

（4）清洁墙面、宣传板、开关：备干净的长柄扫把、抹布、胶桶（装水）和刮刀。先用扫把打扫墙上的灰尘和蜘蛛网，再撕下墙上贴的广告纸。如有残纸时，用湿抹布抹湿残纸，慢慢用刮刀刮去，撕下宣传板上过期的资料和通知，用湿抹布擦抹干净；将抹布清洗干净，尽量拧干水分，擦抹各楼道灯开关板。

（5）用干抹布擦抹配电箱、电表箱上的灰尘和污迹。

（6）清洁窗户玻璃：备玻璃刮刀，清水一桶，清洁剂，按（玻璃门、窗、镜面的清洁）进行作业。

（7）巡视检查楼道内外卫生，将广告纸、垃圾清扫干净。

3. 标准

（1）每天清扫、擦抹二次。楼梯踏步每天用拖把拖抹，窗户玻璃每月清洁一次。

（2）目视楼道无烟头、果皮、纸屑、广告纸、蜘蛛网、积尘和污迹等。

（二）玻璃门、窗、镜面的保洁

1. 作业程序

（1）先用铲刀铲除玻璃边缘上的污垢。

（2）将玻璃清洁剂按 1∶5 加入清水稀释。

（3）把浸有玻璃水的毛巾裹在玻璃刮上，然后用适当的力量按在玻璃顶端，从上往下垂直刮。

（4）除掉毛巾，用玻璃刮刮去玻璃上的水分。

（5）一洗一刮连贯进行，当玻璃的位置与地面较接近时，可以将刮横向移动。

（6）最后用拖把抹净地面上的污水。

（7）清洁高处玻璃时，可把玻璃刮套在伸缩杆上。

2. 标准

清洁后要求玻璃上无污迹、水珠，无明显的灰尘。

（三）灯具的保洁

1. 范围

各住宅小区内的大厦内外、大堂灯具、走廊灯、楼道灯、办公室和各活动场所的灯具。

2. 作业程序

（1）准备梯子、螺丝刀、抹布、胶桶等工具。

（2）关闭电源，架好梯子，人站在梯子上，一手托起灯罩，一手拿螺丝刀，拧松灯罩的固定螺丝，取下灯罩。

（3）先用湿抹布擦抹灯罩内外污迹和虫子，再用干抹布抹干水分。

（4）将抹干净的灯罩装上，并用螺丝刀拧紧固定螺丝。

(5) 清洁日光灯具时，应先将电源关闭，取下盖板，取下灯管，然后用抹布分别擦抹灯管和灯具及盖板，重新装好。

3. 标准

清洁后的灯具、灯管无灰尘，灯具内无蚊虫，灯盖、灯罩明亮清洁。

4. 注意事项

（1）在梯子上作业应注意安全，防止摔伤。
（2）清洁前应首先关闭灯具电源，以防触电。
（3）在梯子上作业时，应注意防止灯具和工具掉下碰伤行人。
（4）用螺丝刀拧紧螺钉，固定灯罩时，应将螺钉固定到位，防止损坏灯罩。

（四）公共场地和道路的保洁

1. 范围

公共场地和道路的保洁范围包括汽车道、人行道和消防通道等。

2. 作业程序

（1）用长竹扫把把道路中间和公共活动场所的果皮、纸屑和泥沙等垃圾扫成堆。
（2）用扫把把垃圾扫入垃圾斗内，然后倒进垃圾手推车。
（3）对有污迹的路面和场地用水进行清洗。
（4）雨停天晴后，用竹扫把把马路上的积水泥沙扫干净。

3. 标准

（1）每天打扫三次，半天循环保洁一次，从早上 6:00—18:00，保持整洁。
（2）公共场地，路面无泥沙，无明显垃圾，无积水，无污迹。

（五）绿地的保洁

1. 范围

绿地的保洁范围包括物业管理区域内的草地和绿化带。

2. 作业程序

（1）用扫把仔细清扫草地上的果皮、纸屑和石块等垃圾。
（2）对烟头、棉签、小石子和纸屑等用扫把不能打扫起来的小杂物，弯腰用手捡入垃圾斗内。
（3）在清扫草地的同时，仔细清理绿篱下面的枯枝落叶。

3. 标准

(1) 每天早晨、上午、下午各清扫一次以上，半天循环清洁一次，保持清洁干净。

(2) 目视无枯枝落叶，无果皮，无饮料罐，无3厘米以上的石块等垃圾和杂物；烟头控制在100平方米1个以内。

(六) 雕塑装饰物、宣传栏和标识宣传牌的保洁

1. 作业程序

(1) 雕塑装饰物的清洁：备长柄扫把、抹布、清洁剂和梯子等工具，用扫把打扫装饰物上的灰尘，人站在梯子上，用湿抹布从上往下擦抹一遍，如有污迹用清洁剂在污迹处，用抹布擦抹，然后用水清洗。

(2) 宣传栏的清洁：用抹布将宣传栏里外周边全面擦抹一遍，擦玻璃用玻璃刮清洁，按（玻璃门、窗用镜面的清洁）操作。

(3) 宣传牌、标识牌的清洁：有广告纸时先撕下纸后，用湿抹布从上往下擦抹牌，然后用干抹布抹一次。

2. 标准

宣传牌每周清洁一次；室内标识牌每天清洁一次；雕塑装饰物每月清洁一次，清洁后检查无污迹、积尘。

3. 注意事项

梯子放平稳，人勿爬上装饰物上面，防止人员摔伤；清洁宣传栏玻璃时，小心划伤手；清洁工具不要损伤被清洁物。

(七) 垃圾池（箱）的保洁

1. 范围

垃圾池（箱）的保洁范围包括物业管理区域内的垃圾池和果皮箱。

2. 作业程序

(1) 用铁铲将池内垃圾铲入手推车内，用扫把将剩余垃圾扫干净后，冲洗池内外一次。

(2) 用去污粉撒在垃圾池内外瓷砖和垃圾池门上，用刷子擦洗污迹。

(3) 疏通垃圾池的排水道，清洁周围水泥面。

(4) 打开水闸用水全面冲洗垃圾池内外，同时用扫把或刷子擦洗。

(5) 关闭水闸，收回水管，锁好垃圾池门。

(6) 垃圾桶或果皮箱的清洁：清除箱内垃圾后，将箱搬到有水源的地方，先用水冲洗一遍，然后对污迹处倒少许去污粉擦洗，再用水冲洗干净，搬到原处放好。

3. 标准

目视无污迹,无广告纸,每天清运、清洗一次;垃圾池(箱)每月用去污粉清洁一次;垃圾池周围不积污水。

四、保洁管理操作细则和要求

保洁管理的操作细则要求可分为每日管理、每周管理和每月管理要求,以便在管理中进行定量、定期检查考核。

由于物业状况及客户需求不同,服务标准也存在差异,以住宅小区为例说明保洁操作细则和要求。

1. 住宅小区每日保洁操作细则和要求

住宅小区每日清洁操作细则和要求参见表9-1。

表9-1 每日保洁操作细则和要求

序号	保洁项目和内容	保洁方式	保洁次数
1	各楼层楼梯(含扶手)过道	清扫、抹擦	1
2	居民生活垃圾、垃圾箱内垃圾	收集、清除、集送	2
3	电梯门、地板及周身	清扫、抹擦	2
4	通道扶手、电梯扶手、电梯两侧护板与脚踏	抹擦、清扫	2
5	男女卫生间	拖擦、冲洗	3
6	会议室、商场等公众场所	清扫、拖擦	2~4
7	指定区域内的道路	清扫、洒水	2
8	指定区域内绿化带	清扫	1

2. 住宅小区每周保洁操作细则和要求

住宅小区每周保洁操作细则和要求参见表9-2。

表9-2 每周保洁操作细则和要求

序号	保洁项目和内容	保洁方式	保洁次数
1	天台、天井	清扫	1
2	各楼层公共走廊	拖洗	1
3	用户信箱	抹擦	1
4	电梯表面保护膜	涂上	1
5	手扶电梯打蜡	涂上	1
6	共用部位门窗、空调风口百叶	抹擦	1
7	地台表面	拖擦	2
8	储物室、公共房间	清扫	1

3. 住宅小区每月保洁操作细则和要求

住宅小区每月保洁操作细则和要求参见表 9-3。

表 9-3 每月保洁操作细则和要求

序号	保洁项目和内容	保洁方式	保洁次数
1	共用部位天花板、四周围墙	清扫	1
2	共用部位窗户	抹擦	1
3	共用电灯灯罩、灯饰	抹擦	1
4	地台表面打蜡	涂上	1
5	卫生间抽排气扇	抹擦	2
6	共用部位地毯	清洗	1

五、保洁设施建设

（一）常用清洁剂

1. 酸性清洁剂

酸性清洁剂对物体有腐蚀性，且对皮肤有损伤，具有一定的杀菌除臭功效，但不用于纺织品、木器和金属等处。酸性清洁剂包括外墙清洁剂、除锈剂、洁厕剂和消毒剂等。

2. 中性清洁剂

中性清洁剂配方温和，不腐蚀和损伤任何物品，对被清洗物起到清洁和保护作用，其主要功能是除污保洁，但对久积的污垢去除力弱。中性清洁剂包括多功能清洁剂和洗地毯剂。

3. 碱性清洁剂

碱性清洁剂不仅含有纯碱（碳酸钠），还含有大量的其他化合物，对于清除一些油脂类脏垢和酸性污垢有较好的效果。碱性清洁剂包括玻璃清洁剂、家具蜡和起蜡水等。

（二）常用清洁设备

1. 一般清洁用具

一般清洁用具包括手工操作和不需要电机驱动的清洁设备，如抹布、扫帚、拖把、多用途清洁车和玻璃清洁器等。

2. 机器清洁设备

机器清洁设备一般是指要经过电机驱动的器具，如吸尘器、吸水机、洗地机、洗地毯机、打蜡机、升降工作平台和长梯等。

六、保洁管理的具体措施

保洁管理的具体措施是指物业服务企业为了创造整洁、卫生、优美、舒适的物业环境所采取的行之有效的方法和手段。

1. 生活垃圾分类袋装化

对于日常生活垃圾统一收集后运至指定地点进行无害化、资源化和减量化处理，从而改善了环境的质量，有利于提高物业管理区域的文明程度和环境质量。

2. 进行超前宣传教育

物业服务企业在早期介入阶段寻找"切入点"，如在售房时、分房时和入户时，对未来的业主进行超前宣传教育，明确保洁管理的要求，以便收到事半功倍的效果。

3. 配备必要的硬件设施

为了增强保洁工作的有效性，还应配备与之有关的必要的硬件设施。如有的物业服务企业在每户门前安置一只相对固定的 ABS 塑料垃圾桶，上面有盖，规定业主每日将生活垃圾袋装后丢入，由清洁工每日清晨定时收集，用不锈钢小车乘电梯下去倒入指定的垃圾箱。

4. 依法处罚及典型曝光

对于各种不良的卫生习惯除了进行宣传教育外，还应当采取必要的硬性措施，依法按规定进行经济的、行政的处罚。对极少数屡教不改者，在业主委员会、居民委员会的配合下可采取典型曝光的方法，公开其不文明行为。

第三节　物业环境绿化管理

物业环境绿化管理是指为了充分发挥物业绿化的防护和美化的功能，根据植物的生物特性，通过科学的肥水管理、整形修剪、中耕锄草、防治病虫害和防风防寒等养护措施，使物业环境绿地中的花草树木生长茂盛，以维护良好的生活环境和工作环境的管理活动。

物业环境绿化是城市绿化的一部分，与业主的日常生活关系最为密切的绿地，在改善物业管理区域内的小气候和卫生条件，美化环境和为城市居民创造室外休息活动场所等方面有显著作用。

一、城市绿地分类和绿化指标

（一）城市绿地分类

以绿地的主要功能和用途作为分类的依据，将城市绿地分为五大类，即公园绿地（综合公园、社区公园、专类公园、带状公园和街旁绿地)、生产绿地、防护绿地、附属绿地(居住绿地、公共设施绿地、工业绿地、仓储绿地、对外交通绿地、道路绿地、市政设施绿地和特殊绿地）及其他绿地。

（二）城市绿化指标

1. 城市绿地率

城市绿地率是指城市各类绿地(含公共绿地、居住区绿地、单位附属绿地、防护绿地、生产绿地和风景林地等六类)总面积占城市面积的比率。

$$城市绿地率（\%）=\frac{城市六类绿地面积之和}{城市总面积}\times100\%$$

2. 城市绿化覆盖率

城市绿化覆盖率是指城市绿化覆盖面积占城市面积比率。

$$城市绿化覆盖率（\%）=\frac{城市内全部绿化种植垂直投影面积}{城市面积}\times100\%$$

3. 城市人均公共绿地面积

城市人均公共绿地面积是指城市中每个居民平均拥有的公共绿地面积。

$$人均公共绿地面积=\frac{城市公共绿地面积}{城市非农业人员}$$

根据国家"十一五"城市园林绿化的总体要求，城市绿化工作目标是：到2010年，城市规划建成区绿地率达到35%以上，绿化覆盖率达到40%以上，人均公共绿地面积达到10平方米以上，城市中心区人均公共绿地面积达到6平方米以上。

二、物业环境绿化管理的基本操作

常言道"种三管七"（即种三天管七天），绿化种植的都是有生命的植物，不少单位在绿化时往往规划设计高标准，施工养护低水平，造成好景不长。在绿化养护管理上，要了解种植类型和各种品种的特性，关键抓好水、肥、草、剪、虫和过冬等方面的养护管理工作。

（一）浇水排水

不同品种的植物需水量不同，不同的季节需水量也不同，浇水时应根据具体情况掌握。浇水应根据不同植物生物学特征、树龄、季节和土壤干湿程度确定。做到适时、适量、不遗漏。每次浇水要浇足。北方地区园林植物浇水时间、次数参见表9-4，各类草坪浇水时间、次数参见表9-5。

表 9-4　园林植物浇水时间、次数参考表（以北方地区为主）

序号	植物类型	生长期内每月浇水次数（次）	浇水时间	湿润深度（cm）	冬灌深度（cm）
1	低矮地被植物	2～3	早、晚	10	40
2	一年生草本花卉	3～4	早、晚	10	40
3	多年生灌木、藤木	1～2	早、晚	20	40
4	竹类	3～5	早、晚	30	50
5	1～5年生乔木	2～5	早、晚	40	50
6	5年以上乔木	1	早、晚	40	50

表 9-5　各类草坪浇水时间、次数参考表

序号	植物类型	生长期内每月浇水次数（次）	浇水时间	湿润深度（cm）	冬灌深度（cm）
1	观赏草坪	2～3	早晨、下午	6～8	30
2	休息草坪	3～4	早晨、下午	5～8	20
3	球场草坪	1～2	傍晚与夜间	6～10	20
4	活动性草坪	3～5	傍晚	6～10	20
5	南方冷季型草坪	2～5	傍晚	3～4	20

（二）施肥

为确保园林植物的正常生长发育，要定期对树木、花卉和草坪等进行施肥。施肥应根据植物的种类、树龄、土地条件、生长情况及肥料的种类等具体情况而定。合理施肥，促进植物的生长，增加绿化、花卉的观赏价值。

根据绿化生长情况以及所需要的肥料选定有机肥（如垃圾肥、蘑菇肥和饼肥等）和无机肥（氮、磷、钾和复合肥）。施肥分基肥和追肥两类。基肥一般采用复合肥，在植物休眠期内进行，追肥一般采用化肥或复合肥在植物生长期内进行。化肥先要溶解后再施用。干施化肥一定要注意均匀，用量宜少不宜多，施肥后必须及时浇水，以免伤根伤叶。

1. 花卉施肥

一般在栽种之前要施以基肥，大多使用厩肥、堆肥、河泥和骨粉等。生长期间为使枝叶繁茂要施以氮肥，开花结果期间则只施磷钾肥。追肥使用之前宜先中耕除草，然后将肥料兑水，随浇水而进行。施肥宜选晴天，土壤干燥时为佳。

2. 乔灌木施肥

对乔灌木不宜多施肥。一般采用休眠期施基肥的方法进行沟施，也就是在乔灌木根部挖环行沟或在树冠外缘的投影线下，多株挖对称两穴。肥料以氮肥、过磷酸钾配合使用。

3. 草坪施肥

草坪要经常补充肥料。一般南方地区由于气温高，多在秋季施用，其中长江流域则以梅雨季为宜；北方寒冷地区应在春季。以氮素肥料为主，同时施以磷、钾肥来促进茎叶繁茂，增加草坪的抗病和防病的能力。

（三）中耕除草

中耕除草即清除杂草，为了提高土壤透气性，集中营养和水分，防止杂草丛生。

1. 花卉的中耕除草

除草要除早除小。除草的次数要根据野草混杂程度及花卉的植物种类而定。一般生长期内中耕松土2次，除草3或4次。

2. 乔木、灌木的中耕除草

乔木、灌木一般20～30天可除草结合松土1次。除草结合松土时，要注意深度以6厘米左右为好。北方的中耕除草，一般在4月份开始到九月份或十月份为止。

3. 草坪的中耕除草

清除草坪中的杂草的方法比较多，可采取物理机械和化学药物的方法达到灭草的目的。

（四）整形修剪

修剪应根据树种习性、设计意图、养护季节和景观效果为原则，达到均衡树势、调节生长和姿态优美的目的。

修剪分为休眠期修剪（冬剪）和生长期修剪（夏剪）。落叶乔木、灌木在冬季休眠期进行，常绿乔木、灌木在生长间隙期进行，亚热带植物在早春萌发前进行。绿篱、造型灌木、色块灌木和草坪等按养护要求及时进行。

（五）病虫害防治

病虫害对花、草、树木的危害很大，轻者影响景观，重者导致死亡，及时做好病虫害的防治工作，以防为主，精心管养，使植物增强抗病虫能力。经常检查，早发现、早处理。采取综合防治、化学防治、物理人工防治和生物防治等方法防止病虫害蔓延和影响植物生长。尽量采用生物防治的办法以减少对环境的污染，用化学方法防治时，一般在晚上进行喷药，药物用量及对环境的影响要符合环保的要求和标准。

（六）防寒越冬

冬季在北方地区做好苗木防寒越冬措施，特别对于新栽乔木应提前浇好防冻水，封根缠干。在冬季可以采用以下的防冻保温措施。

（1）越冬前灌足封冻水，一般在秋末、初冬地表温度在 0℃左右时浇足水，这样才能达到保水防寒的作用。

（2）秋末适当修剪。

（3）对根茎培土，盖地膜。在灌完封冻后在树木整个树坑内覆盖地膜，然后根茎培土 20~30 厘米的土堆。

（4）覆土，对于不耐寒的树苗、藤木，在土地封冻前将枝干柔软、树身不高的植株压倒固定，盖一层干树叶或覆细土 40~50 厘米。

（5）缠树干的措施。对法桐等落叶乔木冬季防寒处理用布料缠裹树干，把树干包严，再用绳缠上，使次年的法桐成活率达到 99%。

（6）搭风障的措施。如雪松等树种越冬困难，可以搭风障保证树木的安全越冬。

（7）建保温棚。对于当年栽植的大叶黄杨、小叶黄杨和铺地龙柏等苗木可以根据面积大小，用木条和无纺布搭建保温棚的方法进行防寒。

（8）树干涂白防冻。这是行道树冬季防寒、防病的措施，特别是新植落叶乔木，涂白时间一般在 10 月下旬至 11 月中旬。

三、绿化养护管理的质量要求和考核指标

1. 绿化养护管理的质量要求

（1）树木生长茂盛无枯枝。

（2）树形美观完整无倾斜。

（3）绿篱修剪整齐无缺枝。

（4）花坛土壤疏松无垃圾。

（5）草坪平整清洁无杂草。

2. 绿化养护管理的考核指标

（1）新种树苗本市苗成活率大于 95%，外地苗成活率大于 90%。

（2）新种树木高度 1 平方米处倾斜超过 10 公分的树木不超过树木总数的 2%；栽植一年以上的树木保存率大于 98%。

（3）五大虫害的树木不超过树木总数的 2%，树木二级分枝枯枝不超过树木总数的 2%。

（4）绿化围栏设施无缺损，绿化建筑小品无损坏。

（5）草坪无高大杂草，绿化无家生或野生的攀援植物。

（6）绿地整洁无砖块、垃圾。

（7）绿化档案齐全、完整，有动态记录。

四、园林小品的维护管理

物业环境绿化管理不仅要绿化还要美化环境，园林小品能创造景观，改善人们的生活环境，起着塑造景观特色及个性、体现文化氛围的重要作用。无论是在传统古典园林、现代公园和风景名胜区，还是在城市休闲广场、街头绿地以及居住区内外环境中，园林小品都以其丰富多彩的内容、轻巧美观的造型为人们的各种活动服务。保持园林小品清洁美观和良好的观赏效果，对于充分实现其景观功能，发挥其观赏价值具有重要意义。园林小品主要包括景观建筑与雕塑小品、园林设施小品水体景观和山石小品。

1. 景观建筑与雕塑小品维护

亭、廊、榭、花架和雕塑等庭园景观小品，天长日久，因人为作用或自然因素的影响出现油漆脱落、局部损坏或表面附着污物等问题。应及时进行清洁和修复，保持景观小品的良好形象。

要注重木质园景小品的材质选择。木质小品使用寿命短，宜出现腐蚀，户外小品长期日晒雨淋，风化严重，随意选择的木材及简单的表层涂刷防水漆根本无法抵御外力侵蚀，以至园林小品昙花一现，后患很多。要延长木质园景小品的使用年限，确保园景小品的观赏效果，应从后期使用考虑，挑选专门经过处理的防真菌、防虫蚁等特性的户外专用木材，彻底解决木材在户外应用时易产生开裂、变形、退色、腐烂和蚁侵等问题。

2. 园林设施小品维护

园林设施小品包括铺装路面、休息、照明等人工设施，这些设施的维修工作与庭园建筑及设施的维修清洁工作基本相同，一旦发现设施破损、玷污，应及时加以修复和清洁，同时还要进行宣传教育。

3. 水体景观维护

（1）定期去积浮，捞除残花、落叶和废弃物，以及生长过多的漂浮植物。沉积水底的污泥每年要清除一次。

（2）检修管道设施是否淤塞或漏裂，并做到及时修复。

（3）水生植物管理池中野生水草每年的夏季要割除、清理一两次。栽种的水生花卉，每二三年须挖起重栽，或清除一部分。如为不耐寒的品种，冬季则须连缸捞起入室保护越冬，入春解冻后再重新放入水体中。换季时，也要进行残花败叶的剪除工作。

4. 山石小品维护

假山或叠石小品石块的接合缝隙往往会由于冰冻、冲刷、树根挤压和小动物钻营而扩大，甚至造成山石坍塌，一旦发现应立即进行修复。岩石假山上的树木，每年须修剪一两次，使其造型、体量与假山保持协调。攀缘植物攀附于山石表面，能使山石更为生动，但若布满山石则会掩盖山石的特性，所以每年也须修剪一两次。

五、物业环境绿化管理档案的建立

绿化档案管理是一项十分重要的基础性工作，建立绿化档案要从绿化工程接管验收开始，并建立管理手册，对绿化养护情况进行记录等。

1. 绿化工程接管验收资料的收集整理

绿化工程验收后将下列资料及相关记录加以整理并归档：《绿化工程合同》、《绿化工程设计图》、《绿化工程竣工图》、《绿化种植更改签证》、《苗木种植一览表》、《绿化工程初验、复验表》、《绿化工程预决算书》、《实际工程量统计表》和《绿化工程竣工报告》等。

2. 建立绿化手册

建立大小两个绿化手册。大手册作为基础资料留存物业服务企业，其最主要内容是绿化平面图，要求绘制比例为1:200—1:500，注明主体树的位置，误差不得超过1%。小手册是绿化人员经常使用的工作手册，除没有绿化平面图外，其他均与大手册相同。

3. 对绿化养护情况进行记录

对物业管理区域内的绿化从浇水、施肥、喷药、修剪、除草和治病杀虫等环节随时进行养护情况记录。

物业环境绿化管理工作既是一年四季日常性工作，又具阶段性特点。如花、草、树木的栽种、繁殖、修剪、整形、浇水、施肥、松土和病虫害防治等一年四季都要分段进行。树木栽植后，管理是绿化成功的关键，不进行养护管理，植物就会坏死，就会失去环境绿化、美化的效果，因此搞好绿化管理是非常必要。

本 章 小 结

物业环境是某个物业管理区域内的环境，即与业主与物业使用人的生活和工作密切相关的，直接影响其生活和享受的各种必需条件和外部变量因素的总和，也是城市环境的一部分。物业环境管理是指物业服务企业按照物业服务合同的约定，对物业管理区域的物业环境进行管理的活动。保洁与绿化管理可以说是物业管理中的两大形象工程，不仅是人们了解物业管理的窗口，也是人们评价管理服务水平最直观的认识，因此，无论是业主与物业使用人，还是物业服务企业都十分重视这两大业务活动。

保洁管理是指物业服务企业通过日常清洁工作，保护物业环境，防治环境污染，定时、定点、定人进行日常生活垃圾的分类收集、处理和清运。通过清、扫、擦、拭、抹、整理等专业操作，维护物业管理区域所有公共地方和公共部位的清洁卫生，保持环境整洁，从而塑造文明现象，提高环境效益。现代保洁管理包括专业清洁、卫生和美化。

绿化管理工作通常是指绿化建设和绿化养护管理。绿地建设包括新建小区绿地建设、恢复整顿绿地和提高绿地级别三方面的内容。绿化养护管理工作主要是经常性的对物业管理区域内的绿地进行浇水、施肥、除草、灭虫、修剪、松土和围护等活动，以及巡查巡视，保护绿地的工作。

复习思考题

一、简答题

1. 什么是物业环境？按物业的不同，物业环境分为哪几类？
2. 物业环境管理的内容有哪些？
3. 保洁管理的范围有哪些？
4. 保洁管理中的"五定"、"六净"和"六不"指的是什么？
5. 城市绿化指标有哪些？其含义是什么？
6. 绿化管理档案的建立包括哪些内容？
7. 简述噪声污染的类型和物业环境噪声污染的控制方法。

二、案例分析题

1. 近来某市汇阳小区的小区业主与物业使用人一直生活在肮脏、恶臭的环境中。小区楼前楼后到处是垃圾，小区成了"垃圾小区"。小区物业服务项目部经理说，这是因为住户不交物业服务费用所致。去年下半年只有少数住户交了费，而今年以来则几乎没有住户交费，公司目前已亏空5万多元。对此，业主认为物业服务企业的服务质量差，光收钱不办实事，所以大家都不交物业服务费用。

请问：业主不缴物业服务费用，物业服务企业能降低保洁服务标准吗？

2. 汇源物业公司的李经理在巡视该小区时看到以下情况：小区室外停车场上部分车辆停放无序，有小孩在玩耍；室外垃圾桶敞开，周围堆放一些装修垃圾；草坪上有人在跳绳，有人在打羽毛球；保洁人员在用保洁设备清洗擦地时东张西望，原地不动；走廊里堆放纸箱；楼内垃圾桶无盖；电梯滑道有垃圾纸屑。

请问：上述现象是否存在问题？物业服务企业应如何处理这些问题？

第十章
物业管理服务风险防范与紧急事件

【教学目的与重点难点】

　　通过本章的学习,了解常见的物业管理服务风险的类型,如何防范风险化解矛盾,掌握物业管理紧急事件的类型与处理,提高抵抗风险的能力与水平。重点掌握物业管理服务风险防范与紧急事件的相关法规,物业管理服务风险的内容,典型紧急事件的处理。

　　从整个行业来看,物业管理所涉及的空间范围和时间范围是非常广泛而长远的,同时与千千万万的业主与物业使用人生活的各个方面息息相关,正因为上述特点决定了物业管理服务面临的风险可能是无时不在、无处不在。物业管理行业又是相对利润低的行业,风险的承担可能导致企业正常的生产经营活动无法进行,所以风险的防范成为摆在物业管理整个行业和物业服务企业的头等大事。

第一节 物业管理服务风险的类型及防范管理

一、风险与物业管理服务风险的概念

风险是指未来的不确定性所带来的可能损失，是收益或结果偏离期望值或平均值的可能性。物业管理服务风险是指物业服务企业在服务过程中，由于企业或企业以外的自然因素、社会因素所导致应由物业服务企业承担的意外损失。

根据国务院颁布的《物业管理条例》第2条的规定，物业管理是指业主通过选聘物业服务企业，由业主和物业服务企业按照物业服务合同约定，对房屋及配套的设施设备和相关场地进行维修、养护、管理，维护物业管理区域内的环境卫生和相关秩序的活动。《物业管理条例》第36条规定："物业服务企业应当按照物业服务合同的约定，提供相应的服务。物业服务企业未能履行物业服务合同的约定，导致业主人身、财产安全受到损害的，应当依法承担相应的法律责任。"该规定将未按照法定和约定全面履行义务给权利人造成直接或间接经济损失和人身损害就产生了相应的法律风险和赔偿的法律责任。

物业管理服务的风险是因的义务产生的，风险的类型可以根据物业管理服务的具体义务内容划分而确定。具体来说可以分为治安风险、车辆管理风险、消防事故和消防隐患风险、物业及公共设施设备造成的风险和公共环境不安全因素造成的风险。当然这并不能涵盖全部的风险，但基本包括了风险的主要方面。

二、治安风险

所谓治安风险，主要是指由于外界第三人的过错和违法行为给物业管理区域内的业主或物业使用人造成人身损害、丧失生命和财产损失等风险，即导致了物业管理服务的风险。目前，因改革开放和市场经济的深入发展，我国人口的流动率日益增高，社会各层次的收入差距急剧增大，由社会矛盾问题产生的社会治安问题已明显体现在物业管理行业里。入室盗窃、抢夺、抢劫和故意伤害、故意杀人等各类治安案件相继发生在各个小区，给物业管理工作带来极大的压力和风险。

三、车辆管理风险

所谓车辆管理中车辆的损坏和灭失，主要是指在物业小区中的停车场经营车辆停放服务过程中，车辆发生车身受损、车辆灭失等损坏。车辆停放服务是由小区物业管理服务附带产生的附加服务，通常受开发商或小区业主委员会的委托进行停车场的经营管理，并收取车辆停放服务费。车辆停放期间，车辆可能遭故意损坏或过失损坏，也可能在停放期间被盗窃或被抢劫。该类事件和诉讼争议也是物业服务企业长期以来面临可能赔付金额较大

的风险。

四、消防事故和消防隐患风险

消防风险主要是指消防事故和隐患，它是小区或大厦公共设施管理服务风险之一，但由于消防设施自身的特殊性，同时消防往往影响广大业主的生命财产安全，将此项风险单独列明更有利于物业管理服务风险的防范和广大业主公共安全利益的维护。做好消防设施的日常维修和养护确保火灾发生时消防设施能够发挥正常功效满足消防部门处理消防事故的要求。消防设施的维修保养不完善、无消防用水供应和消防报警系统失灵都可能导致业主与物业使用人的人身和财产损失，如此物业服务企业面临的风险不仅是经济赔偿的民事法律责任，其直接责任人和单位主要负责人等个人还可能因此而承担刑事法律责任。

五、物业及公共设施设备造成的风险

设备风险是指物业本身及共用设施设备的管理不善都可能造成业主或物业使用人的人身和财产损失，此项管理服务义务是物业服务企业主要的工作之一，同时因为物业、共用设施设备的多样性和分散性特点，随之而来产生了风险的频繁发生。物业本身主要包括房屋本体公共部位及属于物业管理服务范围的房屋建筑物的附着物、坠落物和悬挂物；公共设施和设备包括供水系统、供电系统、安全报警系统、排水和排污系统、配套的娱乐活动设施等。

六、公共环境不安全因素造成的风险

公共环境风险是指物业服务企业依据法律规定和合同约定，对小区和大厦内的公共区域和场地进行管理和维护服务，维护物业正常的使用和功能。公共区域的绿化、消杀、环境污染的整改都是消除公共环境不安全因素和隐患的必要工作措施。

第二节　治安风险防范

首先要明确物业服务企业的法律地位和职责。每一个物业管理区域都是社会的组成单元，都面临着社会治安问题。应该明确的是社会包括物业管理区域的治安是由公安机关负责的，物业服务企业的义务是协助公安机关维护物业管理区域的公共秩序。这一点物业服务企业和业主都应明确，物业服务企业仅仅是依法成立的、普通公司法人主体，不享有超出法律规定的任何行政管理职权和行政处罚职权，包括保安员都不具有超出普通公民的任何特权，因此治安防范义务是在一定限度内的有限的义务，物业服务企业不具备保证业主与物业使用人人身和财产安全的行为能力。

在明确自身法律地位和职责的基础上，物业服务企业应在一定职责内有限地履行义务，

协助公安机关维护物业管理区域的公共秩序，防范治安风险。

为防范治安风险，针对不同的物业管理区域的具体不同情况，制定相对完善和实用的制度，组建和设置相应的机构和人员制度规定。制度中应明确对住宅小区和大厦往来人员如何管理，定时安排人员巡逻和巡视，针对治安事件的处理程序等。鉴于住宅小区和大厦的业主与物业使用人的不同需求和特点，对于人员的往来管理是有区别的。住宅小区可以采用业主与物业使用人凭密码和智能卡进出，来访者采用登记或经业主与物业使用人的同意后进入。大厦和以办公商业为主的区域，因为人员进出过于频繁，进出人员数量过大，逐一登记是不必要和难以落实的，多数都采用对从大厦和住宅小区搬离物品进行登记的方式，并凭当时在业主或合法的物业使用人入住时预先所留的印鉴或签名确认。往来人员的登记和管理是由固定岗位的工作人员完成的，同时必须配备相应的其他人员进行定时的流动式巡逻和巡查工作，对已进入住宅小区或大厦的人员的行为进行监督，及时发现和制止不法侵害的行为，第一时间进行报警，协助公安机关制止和防范违法犯罪行为、保护事发现场，以实现协助公安机关维护公共秩序的职责。物业服务企业应根据住宅小区的不同情况与业主委员会协调共同组织一定数量的业主，结合自愿原则，建立业主防范体系，配合和促进的治安防范工作，既针对非法侵害行为，也可以监督和发现工作漏洞，最终形成不同层次的防范体系。

物业服务企业严格依据经过业主大会确定的各项管理制度和物业服务合同，履行自己的义务，协助公安机关维护社会公共秩序，不再承担业主与物业使用人因第三人非法侵害导致的人身损失和财产损失赔偿责任。

在目前的物业管理行业中，有一部分物业服务企业将协助公安部门维护住宅小区和大厦公共秩序的工作委托给专门的保安公司，协商约定支付一定的保安服务费，由保安公司根据具体要求提供一定数量的保安员，按照合同约定提供要求的服务。该做法实际也是与其他主体分担法律风险的措施。

但众多的保安公司往往在合同中要求排除因住宅小区盗窃和抢劫事件造成损失的赔偿责任。而法律目前对保安公司的义务尚没有明确的规定，造成聘请专业保安公司分担法律风险的做法的效果显得极为有限。

第三节　车辆管理风险防范

物业服务企业接受开发商和业主委员会委托进行停车场经营管理，应从停车场硬件建设、维护和车辆停放管理方面两方面防范风险。

停车场经营管理需要向公安机关依法取得许可证，向物价部门申请取得收费许可证。取得经营许可证的前提是停车场的规划和建设符合法律规定，同时须负责相关停车场设施的维护和维修保养；将停车场车辆停放服务的内容制作成公示牌，放置在停车场的显著位置,明示停车场经营单位是否承担车辆的保管责任等;停车场内因维修工程等原因可能造成停放车辆损害时,应以公示牌等形式向车辆停放人明确告知,并将可能造成车辆损害和危险的区域进行单独围栏,进行分离,明确禁止车辆停放在上述区域。

在停车场硬件完善并符合要求后,还应依照规定制定车辆停放管理制度,对车辆的出入进行严格管理。停车场的工作人员对进入停车场的所有车辆发放停车凭证,该凭证可以是一次性的停车票,或者是多次反复使用的停车卡。该停车凭证应由物业服务企业加盖公章,应记载车辆牌号、进入停车场的时间和发卡的经办人,对车辆明显的、已有的损害和破损应记载在凭证上。同时对停车场的停放服务的具体内容和车辆停放人应注意的事项记载在该凭证上,告知车辆停放人。当车辆进入停车场后,停车场工作人员负责对车辆的停放位置和停放秩序进行规范和指挥,及时制止不规范的停放行为,防止因外界原因造成停放车辆的损害,履行自身善意的管理职责。

车辆驶离停车场时,停车场管理人员应向车辆驾驶人员收取进入停车场时发放的凭证,并仔细核对凭证上记载的车辆牌号和其他情况是否与车辆相符。当不一致时,应及时核对车辆行驶证件或驾驶人员的证件,与发放凭证的人员联系确认是否在记录中存在错误。确认驾驶人员是依法停车,予以放行,并收取停放服务费,给予收款凭证,收款凭证上应记载停放的时间和车辆的牌号。如果车辆停放凭证丢失,应由车辆停放人持车辆的行驶证件和驾驶人员的身份证前往物业服务企业办理相应的凭证挂失手续,重新领取车辆放行凭证。

上述管理规范的程序目的在于确保停放车辆不被损害与停放车辆的完好。如果车辆停放人不按照停车场的管理规定停放车辆,而停车场已进行明示告知,管理人员已进行劝止,停放人拒不改正而导致损害的,应由车辆停放人承担责任。

《合同法》第367条规定:"保管合同自保管物交付时成立,但当事人另有约定的除外。"从合同法立法的原意来看,保管物的交付实际上就是要将保管物的实际控制权和排他占有交付给保管人,但物业管理法律条文没有明确这一点。同时,如何界定区分车辆保管关系或车位有偿使用关系没有一个明确的判定标准和实际措施及方法,因此,往往只要机动车辆停放在停车场,在司法审判中法官就可能将车辆保管关系与车位有偿使用关系这两种截然不同的法律关系混淆在一起,仍然判定成为车辆的保管关系。

针对这种情况,深圳的物业管理专家在2000年起草《深圳经济特区物业管理条例(草案)》中,进行了专题研究,依据《合同法》第10条"当事人订立合同,有书面形式、口头形式和其他形式。法律、行政法规规定采用书面形式的,应当采用书面形式"的规定,在《深圳经济特区物业管理条例(草案)》第70条中以授权立法的形式明确规定:"物业管理区域内的机动车辆的保管责任由物业管理企业或业主大会与车主以书面形式签订保管合同,未以书面形式签订保管合同的只可收取车位使用费。"同时也明确规定公安、工商、税务等相关部门要按照这个规定的原则,分别给停车场出具车辆保管或停车位有偿使用的许可证、营业执照和税务登记手续,出具不同的发票和报销票据供停车场使用。

目前,为了避免败诉赔偿,深圳许多的物业服务企业取消了车辆进出停车场的车辆停放证，换成出入凭条或者进出计时牌，在出入凭条和进出计时牌上注明"依照《深圳经济特区住宅区物业管理条例》规定，只收取车位有偿使用费，而不承担保管责任"。事实上，无论是车辆停放证，还是出入凭条、进出计时牌，都是获得车辆控制权的一种有效凭证，是保管合同成立的有效证据。因为车辆没有这些凭证，停车场是不会放行的。

物业管理行业承担车辆保管义务的条件早已具备，但收费没有体现出质价相符的服务原则，仍由政府制定统一的车辆保管费的价格标准约束。因此，为满足车辆保管市场的需要，必须按照契约自由的原则和质价相符的服务原则，通过车主与物业服务企业订立书面的车辆保管合同来明确双方的权利和义务，明确车辆保管费用的收取额和方法，明确车辆丢失的赔偿责任。

第四节　消防风险防范

住宅小区和大厦等物业服务项目的消防问题是关系到广大业主与物业使用人的生命、财产安全的关键问题，同时也具有一定的专业性。首先在住宅小区和大厦接管验收时要查验是否已通过消防部门的验收，取得消防验收合格证。在住宅小区和大厦等物业服务项目未取得消防验收合格证之前，物业服务企业可以提前进入，但有义务将消防存在的隐患或瑕疵告知委托管理方。

业主入伙后，进行二次装修过程要审查业主申请装修项目是否影响结构安全，使用的材料是否符合消防要求。同时在业主装修过程中应监督业主是否按照消防要求配备消防灭火器械，在装修现场应严禁明火等；监督业主在装修过程中是否损害公共消防设施和器械。对损害公共消防设施和器械的行为应及时进行制止和纠正，造成重大损坏或严重后果的，应向消防主管部门报告，由消防主管部门依法进行处理。

在进行物业管理过程中对住宅小区和大厦等物业服务项目的消防设施和器械要进行日常的维修和养护。消防设施的维修和养护事项委托给专业的消防公司；对消防设施需要中修、大修的，要根据消防部门检查的整改意见，依照法律规定的程序经业主大会同意，从维修资金中开支。

在住宅小区和大厦等物业服务项目发生消防事故时应在第一时间报警，并协助消防部门进行事故处理；确保消防设施、器械完好和功能正常；相关人员要熟悉和掌握消防设施的正确使用。

第五节　设备风险防范

根据《物业管理条例》第 27 条的规定，业主依法享有的物业共用部位、共用设施设备的所有权或者使用权，建设单位不得擅自处分。物业本身及公共设施设备和公用设备管理和维护方面潜在的隐患也是物业管理风险的主要方面。为防范上述风险，应做好以下几个方面的工作。

物业服务企业与开发商或业主委员会签订物业服务合同承接物业时，在办理物业承接验收手续时应向建设单位接收下列资料：

（1）竣工总平面图，单体建筑、结构、设备竣工图，配套设施、地下管网工程竣工图等竣工验收资料；

（2）设施设备的安装、使用和维护保养等技术资料；

（3）物业质量保修文件和物业使用说明文件；

（4）应对物业共用部位、共用设施设备的现状和存在的问题进行交底和记录，了解以往曾出现的故障和隐患，各方进行书面确认，这些记录和情况作为以后防范设备风险的参考资料。

对于交接过程中发现的重大损坏和人为原因造成的事故，根据不同情况，确定责任和修复费用的承担主体。这些基础技术资料都是物业管理服务所必需的，也是提高管理水平和防范风险所必备的文件，法律风险的防范要建立在设施和设备本身技术风险防范基础上。尤其在物业服务项目建成时间较长以后，隐患和事故发生的几率逐年增加，风险的系数也在逐年增大，大量的设施和设备需要重新中修、大修，甚至进行更换，上述资料就更为重要和不可缺少。

在各方交接的过程中，向物业服务企业移交上述全部资料，是开发商、业主委员会应履行的法定义务和合同义务，如果不履行，应承担相应的违约责任。

根据《民法通则》第126条的规定，建筑物或者其他设施以及建筑物上的搁置物、悬挂物发生倒塌、脱落、坠落造成他人损害的，它的所有人或者管理人应当承担民事责任，但能够证明自己没有过错的除外。根据上述规定，物业服务企业应首先明确自己的管理责任范围，管理责任范围决定风险责任承担的范围。建筑物的管理可以分为两部分责任范围，一部分业主自己房产入户门以内属于业主自己维修和养护的范围，相应的责任和费用都由业主承担；由于业主的窗户坠落、业主在阳台放置的物品或者悬挂的物品坠落造成他人人身或财产损失的，由业主承担全部的赔偿责任；如果证明是受害人的故意行为造成的，由受害人承担责任。在此种情形下，无论是业主还是物业使用人的过失行为导致的损害，业主都应承担相应的法律责任。另一部分是物业的共用部位和共用设施设备的维修与养护管理责任归物业服务企业负责。分清上述责任是防范物业管理风险的举措之一。对上述责任问题应在物业管理区域内积极公开宣传，让广大的业主与物业使用人清楚地了解上述责任义务，促进业主与物业使用人提高防范风险意识，防止住宅小区和大厦等物业服务项目发生人身和财产损害事件。

物业服务企业工作人员的防范风险意识是防范风险措施具体化和落实的根本。工作人员只有具备防范风险意识指导才能使他们日常的管理服务行为规范化、制度化和法制化，没有物业服务企业工作人员的防范风险意识，一切防范风险的措施都将成为空话。

为防范风险，物业服务企业必须对所管理的全部建筑物本体共用部位、公共设施设备和共用设施设备做好日常的和例行的检查、维修、保养工作，保持建筑物本体公共部位完好，公共设施设备和共用设施设备的正常运行。对房屋公共通道所属的窗户和公共天台、通道、空中连廊区域的设备应定期检查是否完好，是否需要更换，考虑在台风等特殊天气时是否可能发生损坏，从而导致业主与物业使用人的人身和财产损害，造成不该发生的伤害。

　　为培养物业服务企业工作人员防范风险的意识，除对他们进行企业管理制度的培训和规范操作的训练，还需要进行专业的法律知识培训，法律规定和大量的现实生活的案例，同行业和其他企业已经发生的经济损失和鲜血事实，甚至生命的教训是对物业服务企业工作人员风险防范意识培养最有效的方法之一。案例是物业管理行业实际操作与法律规定相结合的最生动的例子。通过培训，物业服务企业的工作人员对照案例中的行为，分析自身行为的潜在风险之处，加以纠正和规范自身行为。

　　高层管理人员更加需要以身示范自觉遵守，这样才能有效地在物业管理服务中控制和防范各类风险的发生。

　　高层管理人员应该将法律意识和风险防范意识不折不扣地贯彻在日常的各项管理制度和工作中，很多的物业服务企业都已经通过质量体系认证，但往往只是流于形式和表面，没有与法律风险的防范结合在一起，造成风险防范不强。要将设备风险的控制真正落实和渗透到具体工作的每个环节中，严格控制每个环节的规范性和法律风险，提高整体的管理效率。随着社会专业分工的日益细化，物业服务企业应聘请专业的法律顾问，为企业提供法律专业服务；除对管理制度和管理流程提供法律专业意见以外，针对物业管理服务过程中出现的纠纷和事故在第一时间采取紧急措施应对和处理，还应征求律师或法律顾问的意见，将法律专业知识与物业管理有机结合在一起；并做好证据保全工作，依照法律规定采取谨慎有效的应对措施，为日后分清责任做好准备工作，避免责任和损失的扩大。事件发生后，相对人已通过律师发函或已通过诉讼、仲裁途径解决纠纷和争议，需要第一时间将所有的资料移交给律师或法律顾问，并由当时的经办人将事情的主要情况介绍给律师或法律顾问，由律师或法律顾问负责进行下一步的处理和应对，以避免由于法律专业知识的不足造成进一步的不利和责任的扩大。

　　在建筑物及公共设施设备和共用设施设备的管理中，全体人员应特别明确的一个问题是目前的司法实践中，按照民法通则规定和最高人民法院的司法解释，由于建筑物及其他设施或附着物、悬挂物和坠落物造成的人身和财产损害诉讼，举证责任由建筑物或设施的管理人和所有权人承担，通俗地讲就是损害发生后，不是由受害人向法庭证明损害发生的原因，受害人只需要证明损害结果和该结果由建筑物或设施导致的。物业服务企业在法律上有义务证明自己在管理过程中是没有过错或损害结果是由受害人的故意行为造成的，如果不能证明这一点，法庭将依法推定管理人和所有权人负有过错责任。

　　物业服务企业所管理的房屋共用部位、共用设施设备和公共设施设备的所有权人是住宅小区或大厦的全体业主，受害人很难向所有权人追索，而且目前的司法实践中也难以操作；同时根据与开发商或业主委员会的物业服务合同的约定，通常由于管理责任造成的损害也是由物业服务企业承担的，因此对于容易发生损害的设施设备的区域应建有相应的监控设备，对现场进行监控和录像并定期存储，否则难以履行举证义务，将承担一定的法律后果。

另外，物业服务企业对房屋、设施设备的维修、养护要进行书面和现场施工记录，如果是委托其他专业公司和人员完成的，应签订有关合同，保留履行合同的所有证据，以证实自己已履行了善意的管理员义务。同时如果因为其他公司履行合同不符合合同约定或不符合法律规定，造成第三人人身和财产损害的，可以向公司追索，以降低物业服务企业的风险和赔偿责任。

将物业管理中涉及的电梯、绿化、清洁等专项管理委托给专业的公司，由专业公司提供专业的服务。上述分项发包形式也是防范风险的措施之一。

在专项管理分包中，选聘电梯、绿化、清洁等专业公司时，第一，必须审查承包公司的法人资格和专业资质，如电梯维修保养专业公司不具备专业资质从事承包工作，不仅是违反法律规定，也被法律所禁止，如果设备造成业主与物业使用人的人身和财产损害后果，将依法承担赔偿责任。第二，在与专业公司的签订承包合同中应明确规定，专业公司在承包期因维修保养不善造成设施本身的损坏或给第三人造成人身和财产损失的，由专业公司承担全部的赔偿责任。

一些物业服务企业为追求更大的经济利润，在未取得相应资质的情况下，委派单位内部人员从事电梯设备等日常维修、保养，形式上采用挂靠有资质单位的名义，每年缴纳一定的管理费。这种做法是违法的，实际上可以产生巨大的法律风险，上述做法是不可取的。

物业服务企业在公共设施设备和共有设施设备的管理和养护过程中，如果发生事故和损害事件，应向有关部门报告，由相应的部门对事件进行调查，并写出调查报告，对事件和损害发生的原因进行认定；该原因就是日后各方包括法院认定过错和责任的依据，在一定程度上可以说是最重要的依据。因为在很多情况下，如果当时未进行调查和认定，在诉讼过程，由于距离事件发生的时间已太久，很难查清和证明原因；而法院也不是专业机构，只能依法委托专门的机构进行鉴定，但时间太长，现场已不存在，专业鉴定机构也无法鉴定，如此举证的责任就依法落在物业服务企业的身上，如果不能举证就会处于无可奈何的境地，将不得不承担举证不能的败诉后果。损害事件发生后应积极面对，暂时的回避是解决不了问题的，责任也是无法逃脱的。

第六节 公共环境风险防范

住宅小区和大厦公共区域的绿化、消杀、环境污染的整改和公共区域施工等规范管理都是消除公共环境不安全因素和隐患的必要工作。

住宅小区和大厦的公共设施的维修工程或其他供水、供电、有线电视、网络和通信等单位施工需要，在公共场所、小区道旁或者通道上挖坑、修缮安装地下设施等，应监督施工单位或在施工现场周边设置明显标志和采取安全防护措施，避免造成他人人身和财产损害。

在上述情形下，因维修物业或者公共利益，确需临时占用、挖掘道路、场地的，应当征得业主委员会和物业服务企业的同意；确需临时占用、挖掘道路、场地的，应当征得业主委员会的同意，应与相关的施工单位在施工前签订协议，对住宅小区施工现场管理和风险防范、法律责任分担问题进行约定，降低法律风险和责任。施工结束后，应当将临时占用、挖掘的道路、场地在约定期限内恢复原状，消除风险和隐患。

住宅小区和大厦的公共区域的绿化和消杀工作是为了维护住宅小区和大厦良好的生活环境。但在上述工作中，应注意避免由于上述工作本身给广大业主与物业使用人带来的潜在风险和隐患。在绿化养护时，往往对新种植的草坪和其他植物采用围栏方式阻止行人通过，以实现养护的目的。围栏很多采用带滚刺的铁丝，而该铁丝在黑夜时行人很难看清楚，容易造成行人被绊倒和摔伤。对于在公共区域设置的临时性障碍物，首先必须考虑所使用的障碍物本身是否会造成对他人的人身损害，应选择安全的障碍物，如可以将铁丝更换为光滑的圆形竹竿，加以夜间反光材料；其次，在障碍物前需要设置明显的提醒行人注意的标识，告知行人注意和绕行。在消杀前应在住宅小区或大厦的公示栏提前告知业主与物业使用人消杀的时间安排，提醒注意未成年人和宠物的安全；消杀过程中，对作业的区域应适当加以封闭，暂时阻止行人通过；消杀完成后的一定时间应在作业区域的周围设置明显的提示和告知标识，避免因业主与物业使用人在不知情的情况下造成人身和财产损害。

对住宅小区和大厦中的商业用途的房屋管理也是面临的难题之一。商业用途的房屋如果用于饮食业会给住宅小区，尤其是周围临近的业主带来一定程度的油烟和排污、气味的污染。在饮食场所开业前应审查排污、排烟设施的建设，相关政府部门的批准文件；开业后，继续跟踪监督和管理，针对其他业主与物业使用人的投诉应及时调查和取证，及时限期进行整改，对整改无效或拒不整改的应依法向有关部门以书面形式反映情况，提交政府部门处理和处罚，因为物业服务企业不具有行政处罚的权利。而拖延和不作为，可能发生新的风险和安全隐患。

如果物业管理区域内的业主个人所有的物业存在安全隐患，可能危及公共利益及他人合法权益时，应书面通知责任人及时维修养护，要求相关业主给予配合；同时将上述情况书面告知住宅小区和大厦业主委员会，由业主委员会出面协调，督促责任人履行自己的义务。在采取上述措施都无效的情况下，经业主大会同意，可以由物业服务企业维修养护，相关费用再由责任人承担，向责任人追索。

第七节 紧急事件处理

一、紧急事件

1. 紧急事件的概念

紧急事件是物业管理服务活动过程中突然发生的，可能对服务对象、物业服务企业和公众产生危害，需要立即处理的事件。

2. 紧急事件的性质

（1）紧急事件能否发生，何时何地发生，以什么方式发生，发生的程度如何，均是难以预料的，具有极大的偶然性和随机性。

（2）紧急事件的复杂性不仅表现在事件发生的原因相当复杂，还表现在事件发展变化也是相当复杂。

（3）不论什么性质和规模的紧急事件都会不同程度地给社区、企业和业主造成经济上的损失或精神上的伤害，危及业主正常的工作秩序和生活秩序，甚至威胁到人的生命和社会的和谐。

（4）随着现代科技的发展和人类文明程度的提高，人们对各种紧急事件的控制和利用能力在不断提高。

（5）面对突如其来、不可预见的紧急关头或困境，必须立即采取行动以避免造成灾难和扩大损失。任何紧急事件都有潜伏、爆发、高潮、缓解和消退的过程，抓住时机就可能有效地减少损失。面临紧急情况要及时发现、及时报告、及时响应、及时控制和及时处置。

物业服务企业在处理紧急事件的过程中，通过对处理原则、处理程序和处理策略的正确理解和运用，将更有助于有效地处理好紧急事件，降低物业管理风险。

二、处理紧急事件的要求

（1）在发生紧急事件时，物业服务企业应尽可能努力控制事态的恶化和蔓延，把因事件造成的损失减少到最低限度，在最短的时间内恢复正常。

（2）在发生紧急事件时，物业服务企业的工作人员不能以消极、推脱甚至是回避的态度来对待，应主动出击，直面矛盾，及时处理。

（3）随着事件的不断发展、变化，对原订的预防措施或应对方案要能灵活运用，要能随各种环境的变化而有针对性地提出有效的处理措施和方法。

（4）在紧急事件发生后应由一名管理人员做好统一的现场指挥，安排调度，以免出现"多头领导"，造成混乱。

（5）处理紧急事件应以不造成新的损失为前提，不能因急于处理而不顾后果，造成更大的损失。

三、紧急事件的处理过程

紧急事件处理可以分为事先准备、事中控制和事后处理三个阶段。

（一）事先准备

1. 成立紧急事件处理工作小组

紧急事件处理工作小组应由物业服务企业的高层决策者、公关部门、质量管理部门、技术部门领导及法律顾问等共同参加。

2. 制订紧急事件备选方案

紧急事件处理工作小组必须细致地考虑各种可能发生的紧急情况，制订相应的行动计划，一旦出现紧急情况，工作小组就可按照应急计划立刻投入行动。对物业管理常见的紧急事件，不仅要准备预案，而且针对同一种类型的事件要制订两个以上预选方案。

3. 制订紧急事件沟通计划

紧急事件控制的一个重要工作是沟通。沟通包括物业服务企业内部沟通和与外部沟通两个方面。

（二）事中控制

在发生紧急事件中，首先必须确认危机的类型和性质，立即启动相应的行动计划，负责人应迅速赶到现场协调指挥。物业服务企业应调动各方面的资源化解事件可能造成的后果，对涉及公众的紧急事件应指派专人向外界发布信息，避免受到干扰，影响紧急事件的正常处理。

（三）事后处理

对于紧急事件的善后处理，一方面要考虑如何弥补损失和消除后遗症，另一方面要总结紧急事件处理过程，评估应急方案的有效性，改进组织、制度和流程，提高物业服务企业应对紧急事件的能力。

四、典型紧急事件的处理

在物业管理服务过程中经常会面临的紧急事件有火警、气体燃料泄漏、电梯故障、噪声侵扰、电力故障、浸水漏水、高空坠物、交通意外、刑事案件和台风袭击等。

1. 火警

（1）了解和确认起火位置、范围和程度。

（2）向公安消防机关报警。

（3）清理通道，准备迎接消防车入场。

（4）立即组织现场人员疏散，在不危及人身安全的情况下抢救物资。

（5）组织义务消防队。在保证安全的前提下接近火场，用适当的消防器材控制火势。

（6）及时封锁现场，直到有关方面到达为止。

2. 燃气泄漏

（1）当发生易燃气体泄漏时，应立即通知燃气公司。

（2）在抵达现场后要谨慎行事，不可使用任何电器（包括门铃、电话、风扇等）和敲击金属，避免产生火花。

（3）立即打开所有的门窗，关闭燃气闸门。

（4）情况严重时应及时疏散人员。

（5）如发现有受伤或不适者，应立即通知医疗急救单位。

（6）燃气公司人员到达现场后应协助其彻底检查，消除隐患。

3. 电梯故障

（1）当乘客被困电梯时，消防监控室应仔细观察电梯内的情况，通过对讲系统询问被困者并予以安慰。

（2）立即通知电梯专业人员到达现场救助被困者。

（3）被困者内如有小孩、老人、孕妇或人多供氧不足的须特别留意，必要时请消防人员协助。

（4）督促电梯维保单位全面检查，消除隐患。

（5）将此次电梯事故详细记录备案。

4. 噪声侵扰

（1）接到噪声侵扰的投诉或信息后应立即派人前往现场查看。

（2）必要时通过技术手段或设备，确定噪声是否超标。

（3）判断噪声侵扰的来源，针对不同的噪声源，采取对应的解决措施。

（4）做好与受噪声影响业主的沟通、解释工作。

5. 电力故障

（1）若供电部门预先通知住宅小区和大厦暂时停电，应立即将详细情况和有关文件信息通过广播、张贴通知等方式传递给业主，并安排相应的电工人员值班。

（2）若属于因供电线路故障，住宅小区和大厦紧急停电，有关人员应立即赶到现场，查明确认故障源，立即组织抢修；有备用电线路或自备发电设备的，应立即切换供电线路。

（3）当发生故障停电时，应立即派人检查确认电梯内是否有人，做好应急处理；同时立即通知住户，加强消防和安全防范管理措施，确保不至于因停电而发生异常情况。

（4）在恢复供电后，应检查住宅小区和大厦内所有的电梯、消防系统和安防系统的运作情况。

6. 浸水、漏水

（1）检查漏水的准确位置及所属水质（自来水、污水、中水等），设法制止漏水（如关闭水阀）。

（2）若漏水可能影响变压器、配电室和电梯等，通知相关部门采取紧急措施；

（3）利用现有设备工具排除积水、清理现场。

（4）对现场拍照，作为存档及申报保险理赔的证明。

7. 高空坠物

（1）在发生高空坠物后，物业服务企业的工作人员要立即赶到现场，确定坠物造成的危害情况。如有伤者，要立即送往医院或拨打急救电话；如造成财物损坏的，要保护现场，拍照取证并通知相关人员。

（2）尽快确定坠落物来源。

（3）确定坠落物来源后，及时协调受损或受害人员与责任人协商处理。

（4）事后应检查和确保在恰当位置张贴"请勿高空抛物"的标识，并通过多种方式使业主自觉遵守社会公德。

8. 交通意外

（1）在物业管理区域内发生交通意外事故的，物业服务企业的安全主管应迅速到场处理。

（2）有人员受伤的应立即送往医院或拨打急救电话。

（3）如有需要，应对现场进行拍照，保留相关记录。

（4）应安排专门人员疏导交通，尽可能使事故不影响其他车辆的正常行驶。

（5）应协助有关部门尽快予以处理。

（6）事后应对物业管理区域内的交通情况进行检查，晚上相关交通标识、减速坡、隔离墩等的设置。

9. 刑事案件

（1）若控制中心接到案件通知后，应立即派有关人员到现场。

（2）如证实发生犯罪案件，要立即拨打110报警，并留守人员控制现场，直到警方人员到达。

（3）禁止任何人在警方人员到达前挪动现场的任何物品。
（4）若有需要，关闭出入口，劝阻住户及访客暂停出入，防止疑犯乘机逃跑。
（5）积极协助警方维护现场秩序和调查取证等工作。

10. 台风袭击

（1）在公告栏张贴台风警报。
（2）检查和提醒业主与物业使用人注意关闭门窗。
（3）检查天台和外墙广告设施等，防止坠落伤人，避免损失。
（4）检查排水管道是否畅通，防止淤塞。
（5）物业管理区域内如有维修棚架、设施等，应通知施工方采取防护和加固措施。
（6）有关人员值班待命，并做好应对准备。
（7）台风过后要及时检查和清点损失情况，采取相应措施进行修复。

本章小结

物业管理服务的风险根据物业管理服务的具体义务内容划分为治安风险、车辆管理风险、消防事故和消防隐患的风险、物业及公共设施设备造成的风险和公共环境不安全因素造成的风险。当然这并不能涵盖全部的风险，但基本包括了风险的主要方面。

物业管理紧急事件是物业管理服务过程中突然发生，可能对服务对象、物业服务企业和公众产生危害，需要立即处理的事件。紧急事件具有突发性、复杂性和危害性等特点。

紧急事件的处理原则：（1）把损失减少到最低限度；（2）以最快的效率处理；（3）统一现场指挥；（4）选择最有效的措施；（5）防止造成新的损失。紧急事件的处理过程包括事前科学预测、事中应急处理和事后妥善解决。

典型紧急事件有火警、燃气泄漏、电梯故障、噪声侵扰、电力故障、浸水、漏水、高空坠物、交通意外、刑事案件和台风袭击等。

处理紧急事件的注意要点包括：（1）加强防范意识，平日备齐应急工具；（2）应急设施设备要保证处于正常状态；（3）冷静处理量力而为；（4）因工作失误引起的事故，一定要引以为戒；（5）处理紧急事件一定要有法律意识。

物业管理紧急事件的处理水平综合反映了物业服务企业的服务能力与管理水平，它对于降低物业管理风险、提高物业管理水平有着极其重要的意义。

复习思考题

一、简答题

1. 风险的基本含义是什么？
2. 日常物业管理中的风险主要包括哪些方面？
3. 在制定物业管理风险防范措施时应把握的主要内容是什么？
4. 紧急事件的概念是什么？
5. 处理紧急事件的要求是什么？
6. 发生火灾的主要应对措施是什么？

二、案例分析题

在济南某小区公共区域的草坪范围内，因为草坪存在一定程度起伏，为方便业主来往，A公司在草坪中间建了一条台阶小路并加铺了瓷砖。在其中的一个台阶处，因为有下水井不能用瓷砖和水泥封闭，A公司采用在该台阶处以一块钢板覆盖的方法形成台阶。业主B女士起诉称：她在一早通过台阶去买菜时踩在以钢板制成的台阶时摔倒，导致骨折，入院治疗20天，合计发生医药费、住院伙食补助、误工费和交通费等合计人民币6万余元。

请问：（1）本案例属于哪种风险？（2）你认为发生的费用由谁来承担，原因是什么？（3）A公司应该总结的经验和教训是什么？

第十一章
物业服务企业客户服务与管理

【教学目的与重点难点】

通过本章的学习,掌握客户沟通的方法与管理,投诉的处理程序与方法,客户满意度调查的实施步骤。熟悉客户沟通的准备与注意事项,投诉处理的内容与方式,客户满意度调查的基本原则与方法。学生对客户服务各项内容和工作程序要有一定的了解和掌握,在日常工作中具备基本的客户沟通和服务技能。

第一节　物业服务企业客户服务管理工作概述

一、物业服务企业客户服务管理的含义

物业管理是指业主通过选聘物业服务企业，由业主和物业服务企业按照物业服务合同约定，对房屋及配套的设施设备和相关场地进行维修、养护、管理，维护物业管理区域内的环境卫生和相关秩序的活动。物业管理的基本内容包括常规性的公共服务和非公共性的延伸服务，它是物业客户服务的客体。

客户服务是一种了解和创造客户需求，以实现客户满意为目的，企业全员、全过程参与的一种经营行为和管理方式。其内涵主要包括：客户永远是对的；视客户为朋友；强化现代服务理念，提升服务品位；正确处理好服务与经营的关系。

物业服务企业客户服务管理是指通过客户沟通、接待服务、投诉服务和满意度调查等手段，不断改进工作，提高服务水平，获取更大经济效益的行为。它是物业服务企业为提高自己服务的质量，发生在客户（业主与物业使用人）与物业服务企业之间的相互活动。

物业服务企业应以客户为导向，时刻站在客户的角度，为客户提供更加主动、热情、周到、细致的服务，最终使客户满意，从而建立良好的客户关系。其中以客户为导向、提供客户所需要的服务、使客户满意是三个关键的要素。

二、物业服务企业客户服务管理的运作模式

物业服务企业一般在物业服务项目内设置客户服务中心，负责物业服务企业客户服务工作。客户服务中心采取"在最短时限内完成服务"的原则，以专人跟进客户的投诉、咨询、意见、反映及要求，以最有效的手段协助客户解决问题，避免客户需转找、联络其他的部门而引发失误或导致问题升级，确保客户得到优质的物业管理服务。

物业服务企业客户服务中心运作模式主要的特征是：一站式服务、全程式管理、信息流畅、集中处理、快速应答、及时反馈。主要涵盖问询服务、报修服务接待、业主投诉的接待与处理、业主满意度测评体系等服务内容。

三、物业服务企业客户服务管理的工作目的

物业服务企业客户服务管理的工作内容主要包括物业管理服务咨询、客户资料管理、业主投诉与服务需求处理、物业管理服务回访、物业管理服务费用收缴和业主日常报修处理等，其主要目的是保证能够为业主与物业使用人提供及时的、优质的物业管理服务，满足业主与物业使用人的生活需要和工作需要。

四、物业服务企业客户服务管理的工作内容

（一）日常客户服务管理工作

日常客户服务管理工作主要包括以下几个方面。

1. 受理客户服务需求

物业服务企业设立客户服务部专门负责业主和物业使用人的各项服务工作。建立24小时值班制度，设立服务电话接受业主与物业使用人对物业管理服务有关报修、求助、建议、问询、质疑、投诉等各类信息的收集和反馈，并及时进行处理。如装修手续受理、日常报修受理等。

2. 收缴物业服务费用

按照与业主签订的物业服务合同的约定收缴物业服务费、有偿特约服务费、电梯及二次加压分摊电费等，接受水电暖等公用事业单位的委托代收业主自用部分水电费、取暖费等费用。

3. 特约服务项目

根据物业服务合同的约定以及业主与物业使用人的需要开展代办服务、租赁服务和家政服务等。

（二）接受和处理客户投诉

接受和处理客户投诉包括投诉受理、投诉处理和投诉反馈等，具体内容详见本章第三节"客户投诉的处理"。

（三）开展客户满意度调查

物业服务企业定期向业主与物业使用人发放物业管理服务工作意见调查表，开展客户满意度调查活动，征询业主与物业使用人对物业管理服务的意见和建议，具体内容详见本章第四节"物业服务企业客户满意度调查"。

（四）社区文化建设

对于物业服务企业来说，良好的社区文化可以树立起企业的品牌和形象，为扩大业务打下坚实的基础；同时，有利于加强客户和物业服务企业的协调与沟通，进而化解矛盾和不必要的纠纷。而对于客户来说，创造了一个赏心悦目的工作环境和生活环境可以丰富广大客户的业余文化生活，在物业内形成一种和睦、融洽、安宁的气氛，有利于邻里之间的

沟通与交流。搞好社区文化建设应加强硬件和软件方面的建设。社区文化活动一般分为以下类别：常设性活动，如庆典活动、社区文艺长廊（宣传栏、楼内广告板）、评比活动、互助活动；临时性活动，如趣味体育竞技、综艺活动和公益活动。

五、物业服务企业如何开展客户服务管理

开展物业服务企业客户服务管理必须全员参与，部门协作才能收到良好的整体效果，客户服务管理是一项长期的工作，物业服务企业可以从以下几个方面入手逐渐展开。

1. 强化客户服务管理意识

思想是行动的指南，要想做好物业客户服务管理工作就必须提高全员的客户服务管理意识。物业服务企业可以在企业服务理念的指导下连续不断地开展一些活动，如采用看光盘、听讲座、组织特色服务座谈会、印制服务小册子、案例分析讲解等方式营造客户服务管理的氛围，让员工自觉地以客户为导向思考问题，并通过反复的培训固化在每一个员工的思想和行动中，整体提高客户服务管理意识。

2. 梳理优化物业管理服务流程

物业服务企业应以客户满意为导向，梳理、优化现有的操作和管理流程。梳理流程应以高效、方便为原则，即站在客户的角度，考虑方便客户、方便操作层员工。梳理优化的内容可以包括：一是优化岗位设置、岗位职责、协同工作方式等；二是从方便客户服务管理入手，梳理服务作业流程；三是整合客户接触渠道，协同信息传递方式；四是完善客户咨询、投诉建议、客户回访、满意度测评等方面的服务标准。

3. 完善基础资料，认知客户

在实施客户服务管理前，首先要尽可能地掌握服务对象的情况。只有掌握了物业的情况才能做好系统的维护，熟悉了客户信息才能提供有针对性的服务。所以，物业服务企业应继续完善物业基础资料和客户档案，将物业和客户信息当做一种资源运用好。如将客户信息按籍贯、年龄、职业、爱好等进行细分，通过细分可了解客户的结构及变化情况，确定工作的主导方向。通过分析客户的家庭人员结构了解不同层次人群的服务取向，通过客户需求变化趋势分析深入地识别客户，进而更好地提供服务。物业服务企业还可以利用特定客户资源协调公共关系，解决一些疑难问题等。

4. 建立沟通渠道，主动沟通

良好的沟通是与客户建立信任和关系的关键。物业管理服务过程中，往往是业主投诉了，物业服务企业才安排人员与业主进行沟通，在日常工作中，物业服务企业却很少主动地与业主接触，了解管理服务过程中存在的问题，探询业主需求。实际上，沟通应该贯穿

在物业管理服务的每一个环节。物业服务企业可以通过上门拜访、意见征询、座谈会、通知公告、电话、网站和社区活动等多种方式与业主进行良好的沟通，了解深层次的需求，通过服务给客户合理的满足，与客户建立一种长期的信任和互动关系。而服务是互动的过程，多一份认识就是多一份信任，多一份信任就多一份理解和配合。

4. 各部门、人员密切协作，强化执行

物业客户服务管理工作质量在很大程度上取决于服务的及时性能否得到保障，及时性反映在执行力上，所以，确保各项工作得到强有力的执行是提高物业服务企业客户服务管理质量的根本保证。当客户的需求能够快速得到解决时，就能给客户带来心理上的满足。这就要求物业服务企业的工作人员不仅需要具备强烈的服务意识，而且还要具备强烈的敬业精神、合作意识，全方位地主动服务，总体上提高客户服务管理水平。

总之，物业服务企业要以客户为导向，加强客户服务管理意识，从发掘客户需求入手，把握服务的关键点，在与客户直接接触的各个环节中为客户提供更加主动、贴心、细致、周到的服务，建立更为和谐、融洽的客户关系，赢得客户的忠诚。

第二节 物业服务企业的客户沟通

业主是物业服务合同的主体，是物业服务企业的服务对象，因此物业服务企业应把与业主的关系放在首要位置。物业服务企业与业主之间如果缺乏有效的沟通，业主不理解物业服务企业的工作，彼此之间就容易产生误会和隔阂，甚至产生对立情绪。现在很多的问题可以说就是因为业主和物业服务企业之间缺乏沟通或沟通不当造成的。物业服务企业运用公共关系相关理论和知识与业主进行有效的沟通是物业管理服务工作的持续重点工作之一。

一、物业服务企业客户沟通的内容

物业管理服务的对象是业主与物业使用人，提供的产品是服务，因此沟通在物业管理服务中就显得极为重要。

沟通是两个或两个以上的人之间交流信息、观点和理解的过程。良好的沟通可以使沟通双方充分理解、弥合分歧、化解矛盾。

物业服务企业客户沟通是指物业服务企业客户服务人员与业主或物业使用人之间交流信息、观点和相互理解的过程。良好的沟通可以使双方充分理解、弥合分歧、化解矛盾。沟通有以下方法，即倾听、提问、表示同情、解决问题和跟踪回访。

在物业管理活动中，沟通是一种常见的服务行为，也是物业客户管理服务工作的一个重要组成部分。通过"沟通"这座桥梁，物业服务企业与服务对象相互了解彼此的想法、立场和观点，进而达到相互理解、相互信任，最终到达和谐社区的理想彼岸。物业管理服务客户沟通的内容一般包括以下方面。

（1）与建设单位就物业早期介入、工程建设、承接验收、物业移交和质量保修等问题的沟通。

（2）与政府行业主管部门、业务职能部门、街道办事处和居民委员会等在行业监管、行政管理等方面的沟通交流。

（3）与市政公用单位、专业服务公司等相关单位和个人的业务沟通交流。

（4）与业主大会和业主委员会就物业管理服务事项的沟通交流。

（5）与业主、物业使用人的沟通交流，包括：

① 物业管理相关法律、法规的宣传和引导；
② 物业管理服务内容、标准和有关账目的公示和解释；
③ 物业管理相关事项、规定和要求的询问与答复；
④ 物业管理的投诉受理与处理反馈；
⑤ 物业管理服务需求或其他需求的受理、答复、解释和反馈；
⑥ 物业管理服务的项目、水平、标准以及其他事项的沟通交流；
⑦ 物业管理日常服务中的一般沟通交流等；
⑧ 与其他的单位和个人的沟通交流。

二、物业服务企业客户沟通方式

1. 面对面的沟通

面对面的沟通是客服人员与客户沟通最常见的一种方式，客服人员通过定期的或不定期的客户走访，及时了解客户需求及客户的意见和建议，从而改进物业管理服务的质量。

2. 平台式沟通

目前，常用的沟通平台包括网上在线沟通平台（如网站、社区论坛）、电话沟通平台（如设立 24 小时服务电话）和信箱沟通平台等。通过这些方式，物业服务企业可以实现与客户的无障碍沟通，并且通过沟通平台能够及时地了解客户需求，以及对物业管理服务的意见和建议。

3. 体验式沟通

通过组织业主与物业使用人参观物业管理现场、组织社区文化活动等形式，让业主和物业使用人参与到物业管理活动中来，让他们在参与中感受物业管理服务的过程，了解物业管理活动，这样可以有效地避免因沟通不畅而产生的各种问题。

三、物业服务企业客户沟通的技巧

在物业管理中,沟通的技巧和方法在于工作实践中的经验积累,"熟能生巧"就是这个道理。

（一）端正心态

作为一名物业服务企业的客户服务管理人员,要端正思想认识,必须做到以下几点。

1. 尊重客户

物业从业人员渴望得到业主与物业使用人的尊重,但首先要学会尊重业主与物业使用人,物业管理服务的对象来自于社会各阶层、各团体,切不可以貌取人。不懂得尊重别人的人也得不到别人的尊重。

2. 热情而不冷漠

物业管理是服务性行业,物业服务企业的客户服务人员保持热情的态度是起码的职业道德。最忌讳的就是一脸冷漠、爱理不理。未开口已经得罪了业主与物业使用人。

3. 诚信而不敷衍

在工作中,物业服务企业客户服务人员要以诚为本,说到就要做到,切不可事前乱承诺,事后不兑现,敷衍了事。

4. 在坚持原则的基础上灵活处理

物业服务企业的客户服务人员在工作中要坚持原则,也要视实际情况,在不违反原则的前提下灵活地予以变通,尽量满足业主与物业使用人的要求。

5. 礼貌而不刻薄

礼貌是社交中的基本准则,更是物业管理服务的基本要求。物业管理活动中要礼字当头、礼貌在先,切忌讽刺、挖苦、语言尖刻。

6. 负责而不推诿

在物业管理活动中该做的,就要做到;该负责的,决不推诿,取信于民。

（二）沟通的方法

在物业管理服务中"沟通"大致有以下几种方法。

1. 说服教育法

说服教育是将物业管理的有关法律、法规、政策向业主与物业使用人进行宣传、教育和说服,是物业管理服务工作中最常用的方法,但往往也是效果最不明显的方法,直观的、死板的说教是无助的表现。

讲法律、讲政策理所当然,但怎么讲却很有讲究。因此,说服教育常常要和别的方法结合使用,方能奏效。

2. 换位思考法

换位思考的实质就是设身处地为他人着想,即想他人所想,理解至上。换位思考是人对人的一种心理体验过程。作为物业管理服务的提供者,有时站在"我是业主"的角度,设身处地去考虑、处理物业管理服务过程中的一些问题会更容易地与业主或物业使用人达成共识,化解物业管理中存在的矛盾。

3. 入乡随俗法

入乡随俗,因地制宜。物业管理与业主或物业使用人的生活息息相关,在物业管理过程中应当尊重民风民俗,了解业主与物业使用人的生活习惯,避免给业主与物业使用人带来麻烦,这样就容易与他们"打成一片"。如在服务中讲方言,"家乡音,一家亲",同样的服务在情感上更容易获得对方认同。

4. 避实就虚法

避实就虚,顾名思义就是对所谈的问题回避要害。在与客户沟通交流时,如果双方对问题的看法很尖锐,直截了当、直奔主题反而会使矛盾激化,无法继续沟通下去,不利于问题的处理;避实就虚,谈一些与主题无关的或对方感兴趣的话题,采取迂回战术,寻找契机,切入主题,这样就容易沟通了。

5. 投其所好法

这里所说的投其所好是指善解人意,讲对方感兴趣的话题。在物业管理过程中,物业服务企业会接触各种各样的客户,他们的脾气、兴趣、爱好各不相同,作为物业服务企业的客服人员,要善于把握业主或物业使用人的兴趣爱好,多讲其感兴趣的话题,避免枯燥、生硬地讲述专业问题。如业主或物业使用人喜欢足球,就谈谈足球比赛;客户炒股,就说说股票投资近况。

6. 以退为进法

以退为进,以守为攻。在对客户进行服务的过程中采取以退让的姿态作为进取的手段更利于沟通交流。如谈话双方各持己见,僵持不下,此时没有必要一定分出是与非,可以退为进来个缓兵之计,待对方冷静之后再找合适的机会,或换别人再跟业主进行沟通,这样问题就容易解决了。

7. 委曲求全法

有时物业服务企业的客服人员会遇上爱钻牛角尖的业主或物业使用人，这时更需要宽容、大度，切不可以牙还牙、针锋相对，而更应该和颜悦色、轻声细语，即使被骂了也要能够忍耐，小不忍则乱大谋，待时机成熟时再向客户解释。

四、物业服务企业客户沟通的注意事项

（1）营造良好的沟通环境。在与客户沟通时，应尽快离开冲突现场，因为在冲突现场容易"触景生情"，心态无法平静，加之可能有旁观好事者添油加醋、扰乱局面；把业主与物业使用人劝离现场，到会议室、接待室等适宜沟通的场所，更容易心平气和地处理问题。

（2）坐下来谈。能坐下谈就不要站着，"请坐"不光是礼貌，也是融洽气氛，便于沟通的一个铺垫。

（3）在与业主和物业使用人沟通时，物业客服人员应态度诚恳、神情专注，不要去做与沟通无关的事情。职责范围内能够决定的事情要及时给予肯定答复或解决，不能立即答复或解决的事情应做出必要解释，可报请上级领导答复或另行约定时间答复。

（4）沟通时要与业主和物业使用人保持合适的距离和位置，不要有过多的肢体动作或不恰当的行为。根据心理测试，一般人谈话，身体保持 1.5 米的距离为宜，太近人会感觉压迫，太远则有生疏之感，且交谈双方所站位置最好呈 90°角，面对面有对抗之嫌。

（5）根据不同的沟通对象、目的、地点采取恰当的沟通方法。沟通应有明确的沟通主题，在沟通时不要偏离主题。

（6）沟通的过程、结果要记录存档，沟通中业主与物业使用人提出的要求，无论是否能满足，物业服务企业都要将结果及时反馈给业主与物业使用人。

第三节 物业服务企业客户投诉的处理

一、客户投诉的内容

在物业管理服务运行的过程中引起客户投诉的原因很多，主要有以下几个方面。

（1）因房屋质量问题引起的客户投诉，包括因房屋漏水、墙体裂缝等质量问题以及返修工作质量引起的业主与物业使用人不满意导致的业主与物业使用人投诉。

（2）业主与物业使用人对物业日常保洁、维修、客户服务等方面物业管理服务的不满意导致的业主与物业使用人投诉，包括员工服务态度、服务质量、服务时效和服务项目等方面。

（3）因物业服务收费价格、收费方式、费用分摊等方面引起的业主与物业使用人投诉。

（4）因突发事件处理引起的业主与物业使用人投诉，包括停电、停水、电梯困人、业

主与物业使用人财物受损被盗和意外火灾等事故的发生。

（5）其他的原因，如与毗邻关系业主与物业使用人因房屋漏水、宠物饲养和装修影响等方面的矛盾导致的业主与物业使用人投诉。

二、投诉处理的原则

（1）以诚相待。处理业主与物业使用人投诉的目的是为了获得业主与物业使用人的理解和再度信任，这就要求在处理业主与物业使用人投诉时必须坚持以诚相待的原则，本着对业主与物业使用人负责的精神，认真听取业主与物业使用人投诉意见。

（2）迅速处理。投诉处理以迅速为本，因为时间拖得越久越会激发投诉业主与物业使用人的愤怒，同时也会使他们的想法变得顽固而不易解决。因此投诉不可拖延，而应立刻采取行动解决问题。对于所在部门管辖范围内出现的问题应由本部门处理的，应在第一时间做出妥善安排。本部门处理不了的问题要及时上报，并召集有关责任人迅速解决。

（3）对业主与物业使用人的投诉表示欢迎，业主与物业使用人的一切意见和建议都应该成为物业服务企业的行动指针，从"为业主与物业使用人服务"这一理念去衡量，业主与物业使用人当然总是有理的。

（4）站在业主与物业使用人的立场上想问题，在投诉无法避免的情况下，身为客服人员，必须站在业主与物业使用人的立场上考虑问题。这一原则性要求是物业服务企业有效处理业主与物业使用人投诉的前提条件。

（5）要做到让业主和物业使用人满意为止，并应在事后与业主与物业使用人保持联系，及时沟通。

（6）处理结果要做记录，定期进行统计和总结。

三、做好应对投诉的心理准备

维护物业服务企业的形象，在处理投诉时特别需要物业服务企业负责人的自觉态度，对工作可能引起的失误进行道歉、协调，这应是所有对业主与物业使用人服务的人员必须具备的基本心理素质。

避免意气用事。客服人员必须控制自己，应冷静地交谈，避免出现相互之间的争执、冲突，以免导致双方的不愉快。

忍受业主与物业使用人的愤怒，在处理投诉时应在心理上退一步来应对，就会比较容易对业主与物业使用人那些带否定的话充耳不闻，这样就可避免引起争执。

将业主与物业使用人的投诉看成是客服人员必经的一个过程，当成是人生的一种磨炼。

四、投诉处理的依据

1. 依据国家有关的法律法规

客服人员应熟知国家有关物业管理行业的各项法律法规，以及相关的司法解释，对业主与物业使用人的投诉能做到依法说服、依法处理。

2. 按照物业服务合同的约定

本项目的物业服务合同以及管理规约等文件是依法通过并经全体业主同意的管理约定，本物业管理区域内的成员应自觉遵守。

3. 参照有关案例

物业形态包括社会各个方面，出现纠纷也会千差万别。在实践中的成功案例是生活在我们身边的现实教材，应引导业主与物业使用人正确地加以理解和处理。

五、投诉处理流程

投诉受理人员必须掌握下列投诉处理流程。

（1）投诉受理人员在接到投诉后，首先安抚业主与物业使用人的情绪，运用"先处理心情，后处理事情"的处理原则，在态度上给业主与物业使用人一种亲切感，以积极的态度对待业主与物业使用人的投诉。

（2）当业主与物业使用人在陈述事由时，记录投诉内容，利用业主与物业使用人投诉登记表详细地记录业主与物业使用人投诉的全部内容，如投诉人、投诉时间、投诉对象、投诉事件和投诉要求等。

（3）根据业主与物业使用人所投诉的事项作业务分类，判定投诉内容，了解业主与物业使用人投诉的内容后要确定业主与物业使用人投诉的理由是否充分、投诉要求是否合理。能当场处理的，立即处理；若不能当场处理的，可以跟业主与物业使用人协商处理时间，请示上级后，给予限时进行电话回复。如果投诉不能成立，即可以婉转的方式答复业主与物业使用人，取得业主与物业使用人的谅解，消除误会。

（4）确定投诉处理责任部门，根据业主与物业使用人投诉的内容，确定相关的具体受理部门和受理负责人。

（5）责任部门分析投诉原因，要查明业主与物业使用人投诉的具体原因及造成业主与物业使用人投诉的具体责任人。提出处理方案，根据实际情况，参照业主与物业使用人的投诉要求，提出解决投诉的具体方案。

（6）提交主管领导批示，对于业主与物业使用人投诉问题，主管领导应予以高度重视，对投诉的处理方案要一一过目，及时做出批示。根据实际情况，采取一切可能的措施挽回已经出现的损失。

（7）实施处理方案，通知业主与物业使用人，并尽快地收集业主与物业使用人的反馈意见。

（8）业主与物业使用人不满意处理结果时，物业服务企业投诉处理人员可交上级领导处理。

（9）投诉处理完毕，对投诉处理过程进行总结与综合评价，吸取经验教训，提出改善对策，不断完善物业服务企业的经营管理和业务运作，以提高物业管理服务质量和服务水平。

物业服务企业投诉处理流程参见图11-1。

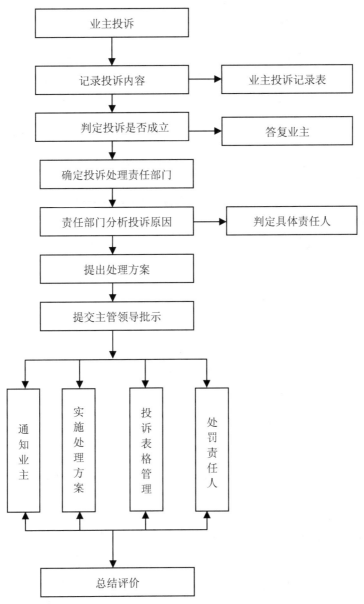

图 11-1　物业服务企业投诉处理流程

第四节 物业服务企业客户满意度调查

一、客户满意度调查的基本原则

为做到使自己的客户满意,首先必须了解和评估客户的满意度,分析客户的满意度是在上升还是在下降;倘若客户的满意度下降,则必须决定采取哪些必要的措施来促使客户满意度上升;如果客户的满意度上升,同样有必要了解在哪些方面做到了尽如人意。

客户满意度评估是企业根据自己的业务目标并针对客户的侧重点进行规划、研究、调查、衡量、分析、采取纠正措施和持续改进的过程。它还是一个为推动以客户为中心的业务战略和长远规划而认识市场、优势、实力和机遇的过程。客户满意度调查应当注意:

(1) 目标明确,即明确客户满意度调查的目标;
(2) 领导重视,即在实施评估过程之前应首先获得高层管理者的支持;
(3) 持续改进,即采用持续的调查系统,而不仅仅只是一次性的调研;
(4) 协同运作,即调动企业内外资源开展客户满意度调查行动;
(5) 基于事实,即要求客户满意度调查真实有效。

二、客户满意度的调查方式

客户满意度的调查方式通常有以下两种。
(1) 物业服务企业客户服务部自行组织实施,这是大多数物业服务企业常采用的方式。
(2) 第三方调查,包括由业主或业主委员会组织的调查,聘请不直接参与物业管理服务活动的第三方专业调查机构组织的调查活动。

三、客户满意度问卷调查实施步骤

(1) 制订客户满意度调查计划和实施步骤。

客户满意度调查过程的成败首先取决于该调查的策划,包括确定调查目标、调查对象、调查方法、调查分析方法、调查实施部门和调查实施步骤等。

(2) 收集调查客户资料。

调查前,需要利用企业现成的客户数据库并收集所有内部已掌握的客户情况。

(3) 制定调查问卷。

客户需求信息收集齐备后应拟定调查问卷。如果缺乏这方面的经验,则可以求助于问卷设计专家或专业公司。制定调查问卷时应注意内容设计的合理性,保证所调查内容的真实性和完整性。

（4）按调查计划实施调查活动。

（5）收集、分析调查结果，形成调查报告。

运用统计技术对调查结果进行分析，以易于阅读的格式呈交有关调查数据，包括对照列表和对数据的统计分析，以便不同级别的人员都能看懂调查的结果，向他人讲解时最好用图片的形式，这种效果最佳。

（6）制定纠正和预防措施。

对调查反映的服务质量的不足制定有效的整改措施。这是成功完成一次客户满意度调查过程的最重要步骤之一。

（7）回访客户，对客户满意过程再评估。

向客户传达调查结果将使他们确信自己的意见得到了采纳，而在本单位内部交流这方面的信息则可以使企业职工准确地知道客户对物业服务的看法。必须对整体客户满意过程进行再评估，以保证其有效性并为持续改进做出相应的调整。客户满意过程是一个持续而不断深入的过程，必须不断与客户沟通，并根据具体问题和反馈结果制定出可行的策略。

本 章 小 结

物业客户服务管理是指通过客户沟通、接待服务、投诉服务和满意度调查等手段，不断改进工作，提高服务水平，获取更大经济效益的行为。

物业服务企业的客户沟通是指物业服务企业客户服务人员与业主或物业使用人之间交流信息、观点和相互理解的过程。良好的沟通可以使双方充分理解、弥合分歧、化解矛盾。沟通有以下方法，即倾听、提问、表示同情、解决问题和跟踪回访。

物业服务企业客户服务中心服务人员在处理业主投诉时要正确认识投诉处理的作用，端正服务态度，认真对待投诉，妥善处理。客户满意度是指客户感觉状态的水平，它来源于一项服务的绩效或产出与客户的期望值所进行的比较。

复习思考题

1. 简述物业服务企业客户服务管理的主要内容。
2. 简述物业服务企业客户沟通的方法。
3. 简述业主投诉处理流程。
4. 简述业主满意度调查的步骤。

第十二章
物业服务企业的人力资源管理

【教学目的与重点难点】

通过本章的学习,了解人力资源的概念,员工的招聘、解聘、激励的一般形式,掌握人力资源管理的概念,员工培训的内容、员工培训的形式,考核的内容、人事考核方法、员工的年度考核、激励的概念。重点掌握人力资源计划中的人员配备原则,员工培训的意义、原则,员工招聘的标准、来源与方法,激励行为、奖励与惩罚。

第一节　物业员工招聘与解聘

一、人力资源与人力资源管理概述

人力资源（Human Resources）是社会经济资源的重要组成部分，社会经济资源包括自然资源、人力资源、物力资源以及资金、知识、信息、技术等。人力资源一般是指蕴含在人体内的一种生产能力，以及具有这种能力的人，而生产能力是指在劳动活动中可资运用的体力和脑力的总和，是存在于劳动者身上的、以劳动者的数量和质量表示的资源。人力资源管理则是指对人力资源的取得、开发、激励、利用等活动的计划、组织、指挥和控制过程。

物业管理服务应坚持"以人为本"的理念，将人性化的管理方式、方法贯穿于物业管理的全过程、全方位、全领域。除了维护物业的可使用性外，物业管理服务更注重业主或物业使用人的使用环境，满足业主与物业使用人的居住、经营、办公、生产和生活等方面的需要。"以人为本"的理念不仅是在处理与业主的关系时所坚持的理念，而且是内部的人力资源管理上应坚持的理念。

二、员工招聘的标准

员工招聘就是人力资源部门根据企业人力资源计划、人力资源市场的供求状况和企业的发展需要，按照员工招聘的标准，通过一定的渠道采取一定的方法选聘合适的员工充任到空缺岗位上的活动及过程。员工招聘是人力资源管理的一项基础性工作。

（一）物业服务企业的岗位与员工招聘

物业服务企业的岗位设置各不相同，名称也各异，但一般来说主要包括以下岗位。

（1）管理岗位。如总经理、副总经理（总会计师、总工程师），正总监、副总监，部门经理、副经理，物业服务企业的经理（主任）、副经理（副主任）等。

（2）执行岗位。如正主管、副主管，领班，员工等。

（3）见习岗位。如见习员工。

（二）不同岗位员工招聘的标准

物业服务企业不同岗位的员工招聘标准会有一些特殊的要求，因此，在这里只对员工招聘的共性标准进行分析。

1. 外显条件标准

外显条件标准如学历、工作经历及过去的业绩、管理愿望等方面的要求。这些标准是管理者的基本要求。这些标准可以通过档案材料、函件、询问等方式获得相应的信息，并能判断其是否符合标准。但不能以性别、年龄、外形等以歧视不同的应聘者。

2. 内涵素质标准

内涵素质标准包括专业领域的知识水平、工作经验与管理能力（专业术能力、抽象与概括能力、谋划能力、协调能力、决策能力和应急处理能力等）、个性特点和思想品德修养等。这些标准是管理者能否胜任工作岗位，较好地履行工作职责、完成工作任务的保证性要求。

3. 潜在素质标准

潜在素质标准包括学习能力、创新思维能力、工作能力、思想境界与价值标准等。这些标准是作为新兴行业的要求。物业服务企业的经营领域和范围将越来越宽，这就要求新员工具有较好的潜在素质，应对企业的未来发展与使命、任务、目标，必须有很强的敏感性和知觉与适应能力，才能面对这种挑战。

三、员工招聘的来源与招聘方法

员工招聘主要有内部来源及内部招募法、外部来源及外部招募法两种。

（一）内部来源及内部招募法

1. 内部晋升

内部晋升即根据物业服务企业的空缺职位的性质、责任轻重、难易程度和所需资格条件的要求，从内部的现有员工中选用合适的人员充任。这种方法主要适用于选拔主管以上职位的管理人员，使企业员工认同企业的价值，并把自己的命运与企业的发展与利益相联系，期望在企业的发展中个人的价值得到体现，因而积极性易于发挥，工作努力。

2. 内部补缺

内部补缺即根据发展产生的新岗位的需要和员工个人的意愿及个人专长，将企业内部合适的员工调整到空缺岗位上的过程。这种方法能使一些员工发挥自己的特长，满足他们的兴趣爱好的要求，从而调动了他们的积极性。

3. 易岗轮换

易岗轮换是一种常用的人力资源开发途径。易岗轮换主要基于三个目的：一是通过不同岗位的易动轮换使轮换者有不同岗位的经历，并在不同的岗位得到锻炼，为企业培养后备人才；二是避免工作的枯燥无味感，增加工作的新鲜感，从而激发工作的热情。此种方法主要适用于一些中上层管理岗位的管理。

易岗轮换可以使企业内部员的工作积极性增强，员工效忠企业的意愿增强，人力资源管理的直接成本和间接成本都会大大降低等许多优点。但是，易岗轮换也存在一些缺陷，如在招聘中没有实现愿望的员工会感到不公平从而影响其积极性的发挥；内部招募员工很难避免任人唯亲，"内定"倾向客观存在；"近亲繁殖"现象难以克服，不利于企业员工整体素质的提高等。这些都是在进行内部招募时应当注意的问题。

（二）外部来源及外部招募法

除了从内部招募途径解决岗位空缺问题外，通常还需要通过外部招聘的方法来解决大量的人员需求缺口和优秀人才的不足问题。

1. 传统媒体广告法

传统媒体广告法是通过各种传统媒体如报纸、电台、电视、杂志、广告牌和宣传品等来发布物业服务企业的员工招聘广告，从而获得应聘者的方法。

2. 网络信息法

通过互联网上的各种网站发布招聘信息或直接从网上获得求职者的信息在目前是成本最低的招聘方法。利用网络招聘员工具有经济、快捷、针对性强和信息量大等优点，当然也存在资料真实性不强、难签约、存在欺骗性等问题。

3. 供需见面会法

供需见面会法主要瞄准每年的人才交流会，因为人才交流会上聚集了大量的专业人才，可以从中物色企业所需的人才。物业服务企业应该把握好全国各地人才交流会的招聘机会，宣传企业，吸引优秀的人才来企业工作。

4 联络互动法

联络互动法主要是通过联谊会、同学会、校友会等各种途径与各类人才建立关系，保持联系，并采用联谊会、交流会、学习研讨、实习见习、项目服务等各种方式以及捐赠、资助等各种方法培植企业与各类人才之间的感情，进而达到吸引、合作、选用等目的。

5. 中介法

中介法主要是通过人才交流中心、职业介绍机构和专业的人才中介机构——"猎头公司"等机构招募人才。人才交流中心是物业服务企业选用人才的重要途径。职业介绍机构是劳动力市场交易机构，也可从中选用合适的员工。"猎头公司"是为企业物色高级经营、管理和技术人才的经营组织，物业服务企业可利用其为本企业招募较为合适的高级物业经营管理人才和优秀的物业管理应用技术人才。

6. 企业员工推荐法

企业员工推荐法主要通过企业员工的社会网络关系为企业引进人才。企业一旦出现空缺职位，如公布招聘广告后，员工推荐合适的外部人才进入企业工作，如招聘专业人才和初级人才，员工推荐比较有效。企业员工推荐法的优点是招聘成本小，应聘人员素质高，易成功，录用后能较快开展工作。

7. 校园直接招聘法

物业服务企业可直接瞄准物业管理专业及其他专业的应届大中专毕业生，在重点招聘对象的大专院校园直接进行招聘。校园直接招聘法的主要方式是招聘广告张贴、设摊招聘、举办招聘讲座和学校推荐。这种方法花费很少，效果比较好。但缺点是招聘范围窄，同学变同事，将来不好管理。

四、员工解聘

员工解聘是根据《劳动法》和国家有关法规以及劳动合同条款的规定，结合企业的经营情况和工作任务变动以及其他原因，双方协商解除或终止、单方面解除或终止企业与员工之间劳动合同关系的行为。建立例行的员工解聘制度是适应市场经济的要求建立灵活的用工制度的需要，建立员工解聘制度也是建立用工市场竞争机制与淘汰机制的需要。

（一）员工解聘的原因

物业服务企业根据《劳动法》及相关的法律、法规、政策，企业的经营情况和工作任务变动以及其他原因，以及和员工双方签订的劳动合同，有权解除或终止企业与员工之间劳动合同关系，并由此导致员工被解聘。员工被解聘后不再有员工的身份。员工的解聘必须严格依法办理。员工解聘的原因如下。

（1）合同期满时，合同自动终止；双方协商又不能达成续订合同，员工即被自动解聘。

（2）如因企业生产经营情况变化，调整工作任务；员工要求变更合同条款企业不能同意；企业订立劳动合同时所依据的客观情况发生重大变化致使原合同无法履行，经双方当事人协商不能就变更劳动合同达成一致时，企业可以解除劳动合同。

（3）有下列情形之一者，劳动合同即告终止，员工即被解聘：①员工已达法定退休年龄；②员工死亡；③员工被批准自费出国留学或出国定居；④企业被依法撤销、解散、歇业、关闭、宣告破产；⑤双方在劳动合同约定的终止条件（事件）已经出现。

（4）双方协商一致解除劳动合同关系，员工事实上被解聘。

（5）有下列情形之一者，企业可单方面解除劳动合同：①员工在试用期间，被证明不符合录用条件；②员工严重违反劳动纪律及企业依法制定的规章制度；③员工严重失职、营私舞弊，对企业利益造成重大损害；④员工有违法行为并被追究刑事责任；⑤员工不胜任工作，经培训或调整工作岗位仍不能胜任工作；⑥员工患病或非因工负伤，医疗期届满后不能从事原工作，也不能从事由企业安排的其他工作的；⑦劳动合同虽未满，但因企业生产经营发生严重困难以及破产或濒临破产处于法定整顿期间，确实需要按规定裁减人员；⑧其他符合国家有关劳动合同管理法规、政策规定的可解除劳动合同条件的。

（6）有下列情形之一者，员工可解除劳动合同：①在试用期内；②经国家有关部门确认，企业劳动安全卫生条件恶劣，没有相应的保护措施，严重危害员工的安全健康；③企业不能按劳动合同规定支付劳动报酬；④企业不能为员工办理缴纳退休养老保险等社会劳动保险金；⑤企业以暴力、威胁或非法限制员工人身自由的手段强迫劳动；⑥企业故意不履行劳动合同，严重违反国家法律、法规，侵害员工其他合法权益。

（二）员工不得解聘的情形

根据有关法律法规的规定，员工有下列情形之一者，企业不得解除劳动合同：

（1）员工患职业病或因工负伤，医疗终结期内，或医疗终结后经市、县级以上医务劳动鉴定委员会确认大部分丧失劳动能力；

（2）患病或非因工负伤，在规定的医疗期内或医疗期虽满但仍住院治疗；

（3）符合计划生育政策的女职工在孕期、产假期、哺乳期内；

（4）员工经批准享受法定假期，在规定的期限内；

（5）符合国家有关劳动合同管理法规、政策规定的不得解除劳动合同情形。

员工解聘的上述规定既反映了企业作为法人的用工自主权，又是对员工合法权益的有效保护，充分体现了企业与员工在法律上的平等性。关于员工解聘的具体操作可依法结合本单位的实际设计相应的、更加具体的条款反映在合同中，但根本原则不能与国家有关法律法规相抵触。

（三）员工解聘的程序及方法

员工解聘是经常发生且政策性很强而又非常严肃的事情，是物业服务企业和员工双向选择的结果。它既关系员工的切身利益，又关系企业的事业发展。为确保双方的权益，员工解聘必须按照一定的程序及方法来进行。关于员工解聘的程序，不同的物业服务企业有不同的规定，一般说来要经过以下程序。

1. 解聘的程序及方法

物业服务企业和员工都必须以书面形式提出解聘要求。除试用期内或员工被违纪辞退、除名、开除及合同另有其他规定等情形之外，双方必须提前30天书面通知对方。

物业服务企业提出解聘的，先由部门经理提出解聘的报告，经最高管理部门或总经理审查批准，才能解聘员工。

员工辞职的一般程序为：由员工本人向部门经理提出书面辞职请求，由员工所在部门经理向人力资源部门及有关领导提出报告，一经审批后转人力资源部门、财务部门等备案，人力资源部门开具离职还物表——员工在结束工作后，归还发给的全部物品，并经各有关部门汇总——由财务部门结清员工工资及其他账目——在人力资源部门办理离职解聘手续。

辞退员工的一般程序为：部门经理提出辞退员工的报告——经由最高管理部门或总经理批准后转人力资源部门、财务部门等备案——员工归还发放的应归还物品——财务部门结清有关账目——人力资源部门办理辞退解聘手续。

2. 解聘手续办理

劳动合同期满或当事人约定的劳动合同终止条件出现，劳动合同即行终止。物业服务企业对终止劳动合同的应提前30日通知员工本人并开具《终止劳动合同通知书》。

员工严重违反劳动纪律、本单位的规章制度，经教育无效的；严重失职，营私舞弊，对用人单位利益造成重大损害的，依据《劳动法》第25条的规定，用人单位可以与其解除劳动合同，并下达《解除劳动合同通知书》。

物业服务企业对因员工非过失性解除劳动合同的，应征求工会的意见，并提前30日开具《解除劳动合同通知书》。

当事人双方协商一致解除劳动合同，需签订《解除劳动合同协议书》，双方签字盖章。

3. 员工解聘中的法律责任

（1）物业服务企业的责任。

物业服务企业或员工要终止或解除劳动合同的，必须按国家有关规定或劳动合同约定承担相应的责任，并由物业服务企业为被解聘员工开具《终止劳动合同证明书》或《解除劳动合同证明书》及参加社会保险证明。如果被解聘员工要求说明原因，物业服务企业应客观地说明解除劳动合同的原因。

劳动合同终止、解除后，物业服务企业应在15日内将员工档案材料移交当地失业办公机构。移交档案时，物业服务企业应提供《终止劳动合同证明书》或《解除劳动合同证明书》，填发《职工劳动手册》移交档案等有关手续。物业服务企业移交档案后应通知员工本人。被解聘员工个人按有关规定办理失业登记。对非因员工个人原因被解聘的，物业服务企业应给予经济补偿。物业服务企业如有违约行为，应承担违约责任。

（2）被解聘员工的责任。

员工被解聘后应办理移交手续。对其后占有的属于物业服务企业的财物、技术资料等应负有返还的责任，损坏应予以赔偿。员工违约应按合同约定的条款承担相应的法律责任。

第二节　员工培训与管理

一、员工培训的意义

1. 员工培训可以改变目前物业服务企业的整体素质，特别是员工素质不高的问题

目前，我国城市物业服务企业大多是由房管单位或房地产开发企业分立出来的，企业的经营理念、管理体制、管理方式方法、运作模式以及员工素质，特别是物业管理专业技

术水平、服务意识与态度等均较低下，因此需要通过长期的、制度化的员工培训这种方式来改变这一现状。

2. 员工培训可以缓解物业管理人才缺乏的矛盾

管理人才奇缺在我国各行各业尤其是服务行业普遍存在的问题。自1981年3月深圳市成立第一家物业服务企业以来，迄今全国已有1.5万多家物业服务企业、近200万从业大军。而从事物业管理的人员仅10余万人，其中又集中于深圳、广州、上海等沿海大城市。物业管理人才，特别是有经验的物业高级管理人才在数量上有很大的缺口。而目前大专院校所培养的物业管理人才虽然已有相当的数量，但在适用性、适应性以及数量上还不能满足物业服务企业的大量人才需要，因此仍需要通过物业服务企业结合岗位的培训来改变这一状况。

3. 员工培训可以满足物业服务企业在使用新技术、新材料和开拓新业务、新领域的需要

市场竞争正在加剧，新技术、新材料将不断地被应用到物业管理中来，生命安全与环境管理、个性化服务、智能系统的使用等物业管理活动中将越来越多地使用新技术、新材料。必须采取多种形式多种渠道加快培养物业管理人才。

4. 员工培训可以开发人力资源，培植企业文化，形成企业精神，实现企业的长远战略目标

物业管理行业是一个新兴行业，到目前为止仍没有摆脱传统的"房地产物业管理"的阴影，物业服务企业不能作为独立的行业主体而存在，不能形成自己的企业品牌和企业文化，这是许多企业刚刚起步就衰落的主要原因。通过培训使员工明确物业服务企业的发展战略及分步目标，学习和遵守企业的各种标准、制度，统一管理和服务的言行，协调整体行动的方式，形成共同的价值准则，进而形成并认同企业文化，为企业的发展尽心尽力服务。通过培训可以把物业服务企业建成学习型组织，从而实现物业服务企业的发展与壮大和长远战略目标。

二、员工培训的原则

员工培训的原则是物业服务企业员工培训的指导思想和培训过程中所必须遵循的一般准则。它是增强培训效果的理论依据和工作方针。通过培训达到传递信息、提高服务水平、更新知识和发展素质的目的。物业服务企业员工培训的基本原则包括以下几个方面。

1. 理论学习与技能训练相结合原则

物业管理行业业务范围越来越广，涉及的专业领域越来越多，物业服务企业的员工需要不断地拓宽知识面才能适应这种需要。学习相关的理论知识是进入这些专业领域的通行证。只有掌握一定的专业理论知识才能发展相关的业务。同时，物业管理行业作为一个实务性很强的行业需要让员工掌握一些应知、应会、应用自如的技能。只有把理论学习与技

能训练结合起来才能满足物业服务企业的发展需要。如在绿化管理上，员工既要懂得植物科学、植物病虫害防治等方面的理论知识，又要懂得种植、养护植物的具体操作。又如保洁服务上员工既要懂得清洁药剂的化学性能、对物业的影响等方面的理论知识，又要懂得清洁药剂配制的使用方法与技巧。这些都需要通过员工培训来实现。

2. 物业专业知识学习与新技术、新方法学习相结合原则

目前要想改变物业管理行业员工的素质普遍偏低的问题，对员工进行物业专业知识的培训仍然是主要途径。同时物业管理行业作为一个成长中的行业，一些新技术、新方法不断地向其渗透，物业服务企业的员工必须随时准备接收新知识。在培训过程中物业服务企业应当把基本专业知识学习与新技术、新方法的学习结合起来，对员工进行普遍的基本专业知识学习轮训；对新岗位、关键岗位结合新技术、新材料、新方法的应用搞好技术骨干员工的重点培训。

3. 全员培训与拔优培训相结合原则

全员培训是针对普遍性、长远性、战略性的问题开展的基础性、常规性的培训工作，如员工素质提高的问题，知识技能转型更新的问题，统一思想、明确目标、统一计划、统一行动的问题，企业经营理念与企业文化建设问题。怎样完成阶段性任务时等都需要全员培训。同时针对优秀员工进行的拔优培训在物业服务企业有独特的功效，它有利于优秀员工的成长和发展，形成物业服务企业的人才梯队，优化人力资源结构。因此，把全员培训与拔优培训结合起来可以更好地发挥培训的功能作用。

4. 培训效果与奖惩、使用相结合原则

物业服务企业的员工培训是与企业的经营管理目标紧密结合的企业投资性质的培训，它必须给企业带来实际效果，这里面有一个投入产出的问题。也就是说培训必须严格按计划来进行，整个过程必须有考核、有评价和有奖惩。学习是一种员工应履行的义务，不仅仅是权利，参加培训者必须对学习效果负责。培训效果最终要与培训者的切身利益挂钩，要把培训与工资晋级、职务晋升和岗位任用等紧密结合，使企业的培训投资变成企业的实际收益。

5. 脱产专门培训与在岗学习提高相结合原则

物业服务企业的员工在培训过程中还要处理好脱产专门培训与在岗学习提高的关系。脱产专门培训是物业服务企业定期轮训员工的常规培训工作，是培训工作的主要方式，员工可以系统地学习物业管理工作必备的专业知识以及管理思想与方法，物业服务企业的先进思想、理论与技术的接受普及主要靠这种方式。在岗学习提高则是终身学习、岗位成才的要求。物业服务企业涉及的专业知识领域广、学科多，实际操作性与技能性强，这就需要结合岗位实际进行见习、模仿、研究、革新、发明和应用等学习方式解决实际问题。脱产专门培训与在岗学习提高相结合，可以从不同的程度和层次解决物业服务企业的技术问题和管理问题。

三、员工培训的内容

物业服务企业员工培训内容确定的依据有两个方面:一是以构筑物业服务企业的员工素质基本礼仪的培训内容,这是各物业服务企业共同的培训内容;二是根据物业服务企业的发展成长阶段的经营管理目标的需要来设计培训内容,在此方面各物业服务企业不能一概而论。在这里只对物业服务企业共同的培训内容作介绍。

(一)物业服务企业员工培训的基本内容

1. 思想观念与经营管理理念教育

结合物业服务企业的实际开展系统的思想观念与经营管理理念的教育,使员工树立全心全意为业主与物业使用人服务的思想,端正工作态度,把为业主与物业使用人服务的思想作为物业管理服务的根本宗旨,深深扎根于每个员工的心底。同时要把思想观念的教育同企业经营管理理念结合起来,通过学习现代经营管理理论与思想,认识本企业的经营管理目标和经营管理战略,让每个员工按照企业的经营管理的模式和经营管理理念来优化、自律为业主与物业使用人服务的全过程。

2. 职业道德与企业文化建设教育

物业管理人员的职业道德主要体现在其履行职责的过程中,它规定了员工在履行职责的过程中应该怎样做、不应该怎样做。这个"应该"或"不应该"是出自于员工内心的道德要求,体现了员工的品质、人格和精神境界。物业服务企业的企业文化是物业服务企业在长期的经营管理活动中创造的具有本企业特色的精神文化和物质文化。物业服务企业的企业文化渗透在物业管理的宗旨、观念、思想、理念、制度、规范、服务品牌与标志、服务语言、员工服饰、办公环境、物业景观等从精神到物质、从软件到硬件的各个领域之中。物业服务企业的员工必须了解、认同本企业的文化才能统一思想和理念,进而有协调一致的行动。职业道德建设与企业文化建设是相互促进的关系,职业道德建设是基本的素养要求,企业文化建设是使员工的素养变成工作的动力与合力。

3. 物业管理业务知识教育

搞好物业管理工作,不仅要有全心全意为业主服务的思想,而且还要有过硬的业务能力。物业管理工作的范围广泛,涉及多方面的专业知识。对物业管理人员来说,其岗位必备知识主要有以下几点:

(1)管理学理论知识;

(2)房地产经济理论知识;

(3)物业管理理论及实务知识;

(4)法律知识;

（5）建筑知识；

（6）电子计算机在物业管理中的应用，机电设备及智能化设备的维修保养知识；

（7）物业建设规划及管理知识；

（8）物业管理应用文写作知识；

（9）公共关系知识；

（10）财务税收知识；

（11）其他的如治安、交通、绿化、环境科学、行为科学、社区服务理论、社会学和公共行政管理等知识。

（二）物业服务企业员工培训内容的针对性

员工培训内容可按物业管理从业人员的不同工作范围确定培训的知识层次，然后开展针对性培训。

（1）对于基层人员（如保洁员、保安员、技术员、操作工人及勤杂人员等）的培训内容要注重操作性，应学习有关物业管理法律法规、房屋结构和保养维修基本知识以及员工工作范围内的专业知识，如治安保卫、清洁卫生、绿化园艺、服务技能、水电维修和机电设备维修养护、计算机操作等技能。

（2）对于中层管理人员（部门正副经理以下的管理人员）的培训内容，除了物业的保养和维护、设备维修、园林绿化等知识外，更要对企业经营管理、物业管理法规知识、智能化物业管理系统、IS9000质量体系在物业管理中的应用等有较全面的了解，还需要掌握相关专业知识，如经纪中介等业务知识、房产估价知识和财务专业知识等。

（3）对于高级管理人员（正副总经理、部门正副总经理）的培训内容，应重点掌握中国特色社会主义理论、社会主义市场经济理论、现代管理理论、行政管理学、企业管理学、物业管理学及实务、城市规划学、社会学、社区管理学、房地产经济学、房地产法律、房产经纪、金融保险学，以及国家有关法律法规等知识。

四、员工培训的形式

物业服务企业员工培训的形式多种多样。

（一）直接传授培训

1. 课堂教学法

课堂教学法就是按传统的教学方式，采取讲课、讲座和专题报告等多种形式授课，授课可采取有组织、有准备、有重点的，以学员为主体的研究讨论方法解决理论问题与实践问题。

2. 多媒体教学

多媒体教学是培训开发中常用的一种方法，即利用 IP 课件在网上教学，利用 VCD、电视机、录像机、幻灯机、投影仪、收录机和放映机等设备开展电化教学，向学员呈现有关资料、信息。另外，随着计算机的不断发展，计算机辅助教学（CAI）也正日渐普及。计算机辅助教学通常可作为传统课堂教学法的补充。

3. 学徒制跟班学习

学徒制跟班学习是培训新人最常用的方法。这种培训方法具有悠久的历史，过去的各种手工艺人主要是通过学徒制跟班培养出来的。直到现在它仍然是企业中用来培训生产一线员工的主要方法之一。学徒制跟班学习的特点就是由一位经验丰富的师傅负责帮带一名或几名新来的员工。学徒制跟班学习传授技能过程一般分为传授——示范——练习——检查反馈四步。

（二）互动参与式培训

1. 互动研讨

采用这种方法时，学员们就某一主题进行广泛的探讨，交流各自的意见、看法。这种方法要求学员们积极参与，能够各抒己见，最后达成共识。讨论法的人数不宜过多，以 20~30 人为宜，可分成 5 或 6 人的小组进行。学员们先在各自的小组中进行讨论，再由每个小组发表意见。

2. 案例教学

案例教学是一种以已往的物业管理成功经验和失败的教训为典型材料，研究其中的规律以帮学员们提高物业管理水平和工作效率的方法。学员们对某一典型的物业管理活动进行分析思考，共同寻找答案，从而达到学习目的。通过对某一案例的讨论，培养学员们分析问题、解决问题的能力，并将这种能力运用到日常工作中去。案例教学方法往往用于对中高级管理人员的培训。

3. 情境模拟

情境模拟的方法除用在招聘甄选人员中外，还可用在对人员的培训上。这种方法可使学员们身临其境地分析问题、解决问题，对他们的实际工作能力提高会有很大的帮助。情境模拟通常用在对管理人员的培训上，常用的方法包括以下几种。

（1）公文处理法。

公文处理法即让学员们在一定的时间内完成若干文件的批阅，这些文件与他们日常工作中遇到的文件有一些相似性。

（2）角色扮演法。

角色扮演法是让学员们假想他们是企业中的某一角色，以此角色身份来处理问题。

（3）管理游戏法。

这种方法寓教于游戏中，通过完成事先设计好的精妙游戏让学员们领悟到其中的管理思想。

（4）无领导小组讨论。

学员们自由展开讨论，主持者事先可给予某一主题，然后就让参加者自己组织讨论，从中观察每个人不同的人际交往能力、领导能力、说服能力和表达能力等。因无领导小组讨论具有较强的针对性、实战性，故较受企业的欢迎。

（三）其他的培训方式

除了上面的培训方式之外，还有业余进修、开展读书活动、参观访问等几种方法，这是通过参加者的自身努力、自我约束能够完成的，物业服务企业应给予鼓励、支持和引导。

第三节 员工薪酬管理

一、员工薪酬管理的主要内容

员工薪酬管理是企业管理者对员工薪酬的支付标准、发放水平、要素结构进行确定、分配和调整的过程，即是对基本工资、绩效工资、激励性报酬和福利等薪资加以确定和调整的过程。

1. 确定薪酬管理目标

企业薪酬管理的目标主要有以下三个：
（1）吸引高素质人才，稳定现有员工队伍；
（2）使员工安心本职工作，并保持较高的工作业绩和工作动力；
（3）努力实现组织目标和员工个人发展目标的协调。

2. 选择薪酬政策

所谓薪酬政策，就是企业管理者对企业薪酬管理的目标、任务、途径和手段进行选择和组合，是企业在员工薪酬上所采取的方式策略。

3. 制订薪酬计划

所谓薪酬计划，就是企业预计要实施的员工薪酬支付水平、支付结构及薪酬管理重点等。在制订薪酬计划时，企业同时要把握以下两个方面的内容：

（1）企业要根据自身发展的需要选择薪酬制度和薪酬标准；

（2）工资是企业的成本支出，压低工资有利于提高企业的竞争能力，但是，过低的工资又会导致激励的弱化和人员的流失。

4. 调整薪酬结构

薪酬结构是指企业员工间的各种薪酬比例及构成，主要包括企业工资成本在不同员工之间的分配，职务和岗位工作率的确定，员工基本工资、绩效工资、激励性报酬的比例及其调整等。

5. 实施和修正薪酬体系

在制定和实施薪酬体系的过程中应及时地进行上下沟通，必要的宣传或培训是薪酬方案得以实施的保证。

二、薪酬体系的设计

物业服务企业制定薪酬体系的指导思想是吸引和留住需要的人才，最大限度地发挥员工的内在潜能。但是，由于不同的企业的目标不同、市场的状况不同和员工的需要不同，在构建薪酬体系时没有统一的定式，只有结合本企业的特点，在不断的探讨和摸索中逐步建立和完善符合本企业特点的薪酬体系。

1. 薪酬体系设计的基本步骤

物业服务企业的薪酬体系设计一般包括以下几个步骤：

（1）职位分析；

（2）职位评价；

（3）薪酬调查；

（4）薪酬定位；

（5）薪酬结构设计；

（6）薪酬体系的实施和修正。

2. 薪酬体系设计应注意的问题

（1）薪酬的制定和调整必须考虑社会的生活成本、物价指数、企业的工资支出成本、企业的经济效益和个人工作绩效等因素，形成规范有效的约束机制和激励机制。

（2）物业服务企业应根据实际情况合理地确定工资构成，特别是基本工资部分、绩效工资部分所占比重要相对平衡。

（3）在薪酬制度中引入风险机制，使得薪酬成为一种激励与鞭策并用的措施。

（4）企业经营者应该正视非物质报酬之外的精神薪酬并给予更多的关注。

（5）物业服务企业除按照国家规定发放员工福利外，可根据企业的具体情况、工作的岗位和性质、员工的不同需求，科学设计、灵活使用薪酬制度，以充分奖励员工对企业的贡献，增强员工的企业归属感，激发员工的工作热情。

第四节　员工考核与激励

一、员工考核的作用

考核也是人力资源管理工作的重要部分，是人事决策和人事管理的依据，是"知人"的主要手段，也是对员工进行培训，决定人员调配和职务升降，确定员工薪金报酬，对员工进行激励等的依据。

员工考核的重要作用包括以下几个方面。

1. 为员工岗位调整提供依据

员工考核的结果将客观地对员工是否适合该岗位做出明确的评判。基于这种评判而进行的职务调整往往会让员工本人和其他的员工接受和认同。物业服务企业的岗位种类多、工作具体、工作性质差别大，最初的员工配备有时并不一定与工作要求完全相符，需要及时进行调整。员工考核结果是人事调整计划的依据。

2. 为确定员工的工作报酬提供依据

这是许多企业进行员工考核的主要目的。员工考核结论不论是描述性的还是量化的，都可以为员工的薪酬调整、奖金发放提供重要的依据。员工考核结论对员工本人是公开的，并且要获得员工的认同。所以，以员工考核作为依据是非常有说服力的。工作报酬必须与工作者的能力和贡献结合起来，这是企业分配的一条基本原则。在确定员工的工作报酬时，不仅要根据担任这项职务所必需的素质，而且还要根据员工在工作中的态度、努力程度和实际表现等因素来确定绩效工资。这需要通过员工考核来提供依据。

3. 为员工培训提供依据

员工考核可以帮助企业了解每个员工素质上的优势、劣势和内在潜力，因而能够指导物业服务企业针对员工队伍的状况和特点来制定相应的培训和发展规划。

4. 激励员工不断地自我提高和自我完善

客观公正的考核不仅能描述员工的工作业绩，而且能起到督促作用。成绩的描述实际上是对员工业绩的肯定，对员工能起到正面激励作用；指出缺点和不足之处，可对员工产生压力，鞭策他们今后更加努力的工作，消除差距。这样一方面可以防止员工不正确地估计自己在企业中的地位和作用，从而减少一些不必要的抱怨。另一方面也可以让员工清楚自己需要改进的地方，指明了员工前进的航向，为员工的自我发展铺平了道路。

5. 有利于促进组织内部的沟通

制度化的员工考核可以使下级更加明确上级或组织对自己的工作要求和能力要求，从而了解努力的方向；可以使上级更加关心下属的工作和问题，从而更关注他们的成长；可以使上下级经常对某些问题加以讨论，从而促进理解的一致性。这些由于员工考核而带来的沟通的增加必然会促进人们对组织目标与任务的理解，融洽企业员工特别是管理层人员之间的关系，从而有利于物业服务企业管理活动的协调进行。

6. 有利于工作目标的实现

通过员工考核可以使管理者和员工知道自己所负责工作的完成进度、完成程度、完成质量和完成效率，使物业服务企业的管理者和人力资源部门可以及时准确地获得员工的工作信息，评价一系列管理政策效果，及时发现不足和问题，改进企业政策，保证企业管理目标的实现。

二、员工考核的内容

物业服务企业的员工众多，不同的员工处在不同的工作岗位，有不同的工作职责，考核的内容应有所不同。但是，"德"、"能"、"勤"、"绩"四个方面却是对所有的员工考核的内容。

1. 关于"德"的考核

"德"主要是指人的政治思想素质和道德素质。"德"是一个人的灵魂，它决定了一个人的行为方向和行为方式。"德"的标准不是抽象的，而是随着不同的时代、不同行业的要求而变化的。在物业管理行业中，员工"德"的表现主要包括政治思想素质（如坚持四项基本原则、关心国家大事等）、社会公德（如尊老爱幼、助人为乐和爱护公物等）和职业道德（如敬业爱岗、具有良好的服务意识、认真钻研业务知识等）。

2. 关于"能"的考核

"能"是指人的能力素质。一般来说，"能"主要包括员工的动手操作能力、认识能力、思维能力、学习研究能力、创新能力、表达能力、组织指挥能力、协调能力和决策能力等。不同的职位对"能"的要求有不同的侧重点。

3. 关于"勤"的考核

"勤"是指员工勤奋敬业，主要包括员工工作的积极性、主动性和出勤率。不能把"勤"

简单地理解为出勤率，出勤率高是"勤"的一种表现，但并非"勤"的实质所在，员工可能出工不出力。真正的"勤"不仅出勤率高，而且在工作中投入了全部精力。因此，人事考核工作应将表面形式的"勤"（如按时上下班、不迟到早退等）与内在的、实质的"勤"（如勤奋工作、勤于学习、任劳任怨）结合起来，重点考核员工的敬业精神、实干精神。

4. 关于"绩"的考核

"绩"是指员工的工作绩效，包括完成工作的数量、质量、经济效益和社会效益。对员工"绩"的考核，不仅要考核其工作数量、工作质量，更要考核其所做的工作使用户满意的程度以及给企业创造的经济效益和社会效益。

三、员工考核的方法

（一）常用的员工考核方法

1. 主管决定法

主管决定法就是领导者根据个人印象和看法，直接评价下属工作人员的考核方法。这种考核方法的优点是简便易行，节省考核时间，能直接反映领导对下属人员的看法。缺点是难以做到客观公正，不能反映群众对某一员工的看法，考核的效果基本决定于领导者的识别能力和公正性。

2. 工作标准法

工作标准法就是规定每个职位必须完成的工作数量和质量，以此标准去衡量每个员工的工作情况，评价员工的业绩，达到工作标准即合格，超过工作标准的为优秀，达不到标准的为不合格。这种方法的优点是主管人员决定下属考核结果时有明确的标准作为依据，因而考核较为客观公正，下属在日常工作时也有标准可循。缺点是适用范围有一定的局限性。对工作成绩的考核较为适应，对思想政治表现和能力就难以制定定量标准。即使对工作任务制定具体标准也并非易事，特别是一些复杂岗位的脑力劳动就更难制定。

3. 鉴别性方法

鉴别性方法主要就是依据个人的工作表现、成绩进行排队、分等。排队就是以一般的表现为基础，对职工的工作情况进行比较排队，分成最好的、较好的、中等的和最差的，并加以比较，决定优劣。

4. 配对比较法

配对比较法就是按照考核项目将被考核者一对一对地加以比较，决定优劣。如考核工作成绩，将每一个人都同其他的人分别配对一次，在每一对里，工作成绩较大的打上"+"号，工作成绩小的打上"-"号。如果有 n 个被考核者，那么对比次数就是 $n(n-1)/2$。最后,"+"号最多的就是最好的,"-"号最多的就是最差的。这种方法的优点是准确性高,由于在考核过程中,两相比较容易判断谁高谁低,而且考核者很难判断每个被考核者的最终成绩,因而可以避免考核者的主观影响。缺点是手续烦琐,工作量大,如单位的人数过多就不宜应用。

5. 功能测评法

功能测评法就是将各个考核项目分解成若干要素,如能力可分为操作能力、协作能力、表达能力和领导能力等。每一要素分为几等,每一等确定记分标准。测评时,让被考核者的领导、同级、下级各层次的人都参加,对每一要素打分。然后将测评数据用计算机进行处理,最后得出每人的等次。

(二) 考核中可能会出现的一些常见问题

1. 考核标准问题

员工考核的标准制定,既要切实可行,又要符合岗位工作实际,否则操作起来很困难,考核结果不能反映实际情况从而造成工作失误。标准问题主要有标准不明确、不具体,标准主观性太强,标准不现实,标准的可衡量性太差等情况。

2. 形式主义

有些员工或物业服务企业的领导不了解考核的作用或以工作忙为借口,往往将考核工作作为应付式的例行公事,草率地对待考核工作。解决办法就是加强对考核工作的认识和理解,明确考核工作的重要性和具体要求。

3. 好人主义

好人主义就是给每个员工都打高分。这是一种在考核中常见的现象,经常发生在对管理人员和部门负责人的考核上。解决办法是对员工考核制定出每个部门考评成绩为"优"的员工比例,明确拉开考核档次。对部门负责人的考核要选择一些原则性强、作风正派、敢于负责的普通员工与公司领导一起进行背靠背的考核。

4. 集中趋势

集中趋势就是指在考核时倾向于把被考核者的工作绩效集中于中间水平或者说平均水平,导致考核的不公。这主要是由于有的领导深入基层不够,对员工的了解不多,认为员工大都差不多,不好不差,于是对每个员工都打个接近良好的中间分,他们看不到手指头有长短之分。解决办法就是考核小组的成员要有各方面的代表,尤其是要吸收工会、人力资源等部门的负责人参加,还要多听取群众的意见。必须进行专门的培训,使他们掌握考核所需的各种技能和道德标准。

还有其他的心理因素影响考核的客观性，如晕轮效应、首见效应、常知效应、近因效应、暗示偏差和情感因素等，这些问题在员工考核中应注意克服。

四、员工的年度考核

员工的年度考核是员工考核的基本形式和基本制度，员工的年度考核必须与平时考核结合起来，建立以企业高层考核委员会或小组为核心、部门和单位质检办公室（质检小组）为载体的员工考核制度体系。主管人员对员工的"德"、"才"表现和工作情况要有切实的记录。年度考核必须以平时考核为基础，不能脱离平时考核以印象论人。平时考核与年度考核相结合就使年度考核做到了考之有据，同时使考核工作变成了一项经常性的工作。

员工的年度考核的程序包括以下几个方面。

（一）做好考核的准备工作

1. 成立考核组织

物业服务企业各部门、各层级单位除应有专门的员工考核组织和人员外，还应在员工年度考核工作进行之前建立非常设的考核工作委员会或考核工作小组。在部门或单位负责人的领导下，负责本部门、本单位员工的考核工作。考核委员会或考核小组的设立可以根据各部门、各层级单位的实际情况确定。考核委员会或考核小组由本部门或本单位的负责人、人力资源管理部门人员和员工代表组成。对考核委员会或考核小组的组成人员要认真选择，他们必须具有较高的政策水平，办事公道，为人正派，而且具备相应的专业知识，并掌握一定的考核技能。

2. 考核体系的设计

考核工作委员会或考核工作小组根据物业服务企业的总部署和本单位的具体情况具体确定考核时间，编制考核日程表，设计考核项目，确定考核标准，拟定考核的具体办法、步骤，以及准备各种考核表格等。

3. 公布考核方案

向考核对象公布考核方案，组织必要的考核前学习，使每个员工都明确考核的目的和要求，明确考核的意义，以保证考核的正常进行。

（二）考核的评语、等次的确定

先由员工个人总结，再由主管在听取群众意见的基础上，根据平时的考核记录和个人总结写出评语，并提出等次意见，经考核工作委员会或考核小组审核后，由部门负责人或单位负责人确定考核等次意见，最后由企业最高领导层决定等次，考核员工必须持之有据。这就要求做好平时考核，将每个人的平时情况、突出表现、重大功过随时记录在册。在写评语之前还要采用各种方式听取群众意见，具体方式可以根据各岗位的情况确定，但绝不能走过场。听取群众意见是让群众直接参加考核的具体表现，有利于调动员工的积极性。如组织群众根据测评量表的要求对被考核者进行评鉴。对担任一定领导职务的管理人员，在年度考核时还要组织民主评议和民意测验。主管领导在依据平时考核情况和群众意见给员工写评语时一定要审慎、公正、客观、全面地反映员工的基本情况。最后还要给每个员工提出等次意见，一般分为优秀、良好、合格、不合格四个等次，由物业服务企业的负责人最后确定考核等次并签字。

（三）做好考核的结尾工作

考核的结果要以书面形式通知员工本人，如员工对考核结果有异议，可向主管领导、考核工作委员会或考核小组申请复核。主管领导人员、考核工作委员会或考核小组应该认真复核。如考核结果引起员工被开除、解聘等劳动关系的变化，应按劳动法的有关规定和劳动合同的约定处理。员工考核的结果要存入员工的个人档案，作为员工奖惩、培训、辞退及岗位调整、升级升职和调整工资的依据。

五、激励的概念与行为

1. 激励的概念

心理学家一般认为，人的一切行动都是由某种动机引起的。动机是人类的一种精神状态，它对人的行动起激发、推动、加强的作用，因此称之为激励。

从组织行为学意义上讲，激励指的是激发人的动机，诱导人的行为，通过精神的或物质的某些刺激，使其发挥内在潜力，为实现所追求的目标而努力的过程。这也就是人们通常所说的调动和发挥人的积极性的过程。

激励的本质就是激发人的动机的过程。而所谓的动机，就是引起、维持并且指引某种行为去实现一定目标的主观原因。因此，要理解激励的本质，也即激发动机的过程，就必须研究这样三个问题：一是什么因素引起人的行为；二是什么因素指引着该动机朝向目标前进；三是这种行为如何得以坚持下去或最后终止。实践证明，如何回答上述三个问题对于深刻而全面地理解人的实际工作行为至关重要。在现实中，影响人的工作行为表现的因素是多种多样的。人的能力就是一个非常重要的因素，因为它反映了一个人以前所受过的训练和教育、过去所积累的知识经验以及先天的素质。工作表现的好坏还要受技术设备等客观因素的制约。但是不管其他条件如何，激励总是决定人的工作行为表现的首要因素。

2. 激励与人的行为

人类的有目的的行为都是出于对某种需要的追求。未得到的需要是产生激励的起点，进而导致某种行为。行为的结果可能使需要得到满足，之后再发生对新需要的追求；行为的结果也可能是遭受挫折，追求的需求未得到满足，由此而产生消极的行为或积极的行为。

激励涉及一个抉择过程。首先，抉择是在若干不同备选目标之间做出选择，这其实就是定方向。其次，决定了方向之后的下一层抉择就是该花多大的努力去实现所选定的目标，这就是强度。最后一层抉择则是在选定方向上选定的强度应坚持多久，这就是持续的时间。

这样，按此观点，激励代表了行为的方向、幅度与持续期这三种因素的关系，这种关系可以用下列的函数来表达：

$$M = (As, Ex, Pe)$$

其中，各个变量的含义是：M（Motivation）代表工作积极性（激励水平），As（Aspect）代表行为的方向，Ex（Extent）代表幅度，Pe（Persistence）代表持续期。

3. 激励与绩效

管理的目的在于充分利用所拥有的资源使组织高效能地运转，提高组织绩效，实现组织的既定目标。而组织的绩效是必须以其成员的个人行为的绩效为基础的。

个人绩效取决于多种因素，在组织行为学中用"绩效函数"来表示：

$$P = f(M \times Ab \times En)$$

其中，各个变量的含义是：P（Performance）代表个人工作绩效，M（Motivation）代表工作积极性（激励水平），Ab（Ability）代表工作能力，En（Environment）代表工作条件（环境）。

这个公式抓住了决定个人绩效的三个关键因素：一是没有工作积极性，自然干不好活；二是仅有热情而无能力，也做不出绩效；三是"巧妇难为无米之炊"，必要的工作条件是取得绩效的基础。"绩效函数"中积极性、能力与条件三类自变量都很重要，提高和保证它们同是管理者的责任；但其中积极性的提高与保持更重要，也更复杂。因为工作能力可以通过锻炼和培训来提高；工作条件可以通过安排和支持来保证；而工作积极性却受制于个人的动机、需要以及组织的政策、制度等诸多因素。所以，调动人的工作积极性需要管理者付出更多的努力，学习更多的激励知识，掌握更多的激励方法。在现代企业管理中，激励是一项重要的管理职能，激励能力成为对管理者进行考核的极为重要的维度。有关激励理论和实践的研究也成为企业界和学术界关注的一个焦点。

激励的重要作用包括以下几个方面。

（1）通过激励可以把有能力又是组织需要的人才吸引进来，长期为组织工作，使组织人才济济、事业兴旺。

（2）通过激励可以使员工最充分地发挥自己的技术和才能，充分地挖掘员工的内在潜力，提高企业的竞争力。

（3）通过激励可以使积极的员工更加积极，使中间员工或消极员工转变为积极员工，使每个员工都愿为组织多作贡献，从而提高员工的凝聚力，保持工作的有效性和高效率。

六、激励的一般形式

(一)激励的模式

心理学研究表明,人类的有目的的行为由他所体验到的某种未满足的需要或未达到的目标所引起的。行为都是出于对某种需要的追求。未得到的需要是产生激励的起点,进而导致某种行为。行为的结果可能使需要得到满足,之后再发生对新需要的追求;行为的结果也可能是遭受挫折,追求的需求未得到满足,由此而产生消极的或积极的行为。这就是激励过程。这一过程参见图12-1。

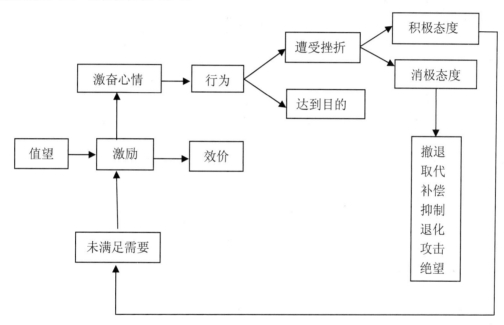

图 12-1 激励模式

(二)激励的一般形式

长期以来心理学家和管理学家曾从不同的角度提出各种各样的理论来解释人的激励问题,为管理在工作中采取激励措施提供了方法和思路。根据激励模式可把激励分为三种形式。

1. 内容型激励

内容激励即从激励内容——人的需要出发,试图解释是什么因素引起、维持并且指引某种行为去实现目标这类问题。需要型理论基本上都认为人的行为动机是由需要引起的,了解人的需要尤其是优势需要是激励的出发点。因此,这一类理论的中心任务就是了解员工的各种需要，确定这些需要的主次顺序或结构，以及满足何种需要将导致最大化激励等。相对而言，这是从静态的角度探讨激励问题的一类理论。属于需要型激励理论的主要有马斯洛的需要层次论、奥德弗的ERG理论、赫兹伯格的"双因素"理论和麦克利兰的成就需要理论。

2. 过程型激励

过程型激励理论是在需要型理论的基础上发展起来的。它从激励的起点——未满足的需要到需要的满足这样的过程来探讨、分析人的行为是如何产生、导向一定目标和维持下去或最后终止等问题。与需要型激励理论不同，过程型理论基本上都采用动态的、系统的分析方法来研究激励问题。其主要任务在于找出对行为起决定作用的某些关键因素，弄清它们之间的相互关系，并在此基础上预测或控制人的行为。属于过程型激励理论的主要有弗鲁姆的期望理论、洛克的目标理论和斯金纳的强化理论。

3. 状态型激励

如果说需要型激励理论是从激励的起点、过程型激励理论从激励的中间过程来研究激励问题的话，那么状态型激励理论则是从激励的终点（相对而非绝对的）——需要的满足与否或状态来探讨激励问题的。需要的满足方式有公平和不公平之分，需要的不满足将给人带来挫折。不公平和挫折都会降低人的激励水平，因此状态型激励理论的研究重点就是弄清公平或不公平和挫折对人的行为的影响，目的是找到有效的手段或措施来消除不公平和挫折对人的行为的消极影响，最大限度地保证人的积极性得到充分的发挥。属于状态型激励理论的主要有亚当斯的公平理论和挫折理论。

（三）物业服务企业员工的激励机制

物业服务企业需要通过激励功能的发挥，即研究如何根据人的行为规律激发员工的工作积极性来实现经营管理目标。

哈佛大学的一位教授在一次员工激励调查研究中发现，按时计酬的员工只要发挥20%～30%的能力即可保住饭碗，如给予充分的激励，员工的能力可发挥80%～90%。显然，激励可以挖掘员工的内在潜力，从而显著地提高生产率。因此，对人力资源的开发与管理，除了发挥员工智力（技术、能力、专长）因素的作用外，更应注意员工的情绪，激发员工的工作动机。物业服务企业应建立以下几种激励机制。

1. 目标激励

员工从事任何一项工作都希望所在企业能有一个明确的工作目标，并引导他们围绕着这个目标去工作，最终实现这个目标。只有目标明确了，员工才能有奋斗方向和工作动力。

2. 精神激励

精神激励主要是通过先进的思想理念、公平的竞争机制、榜样示范作用和精神鼓励作用来激励员工，引导员工的态度与行为朝好的方向发展，领导在其中起主导作用。

3. 物质激励

调动员工的工作积极性，要充分体现多劳多得、不劳不得的公平分配原则，对工作表现突出、模范遵守企业管理规定、业主与物业使用人称赞满意的员工要给予一定的物质奖励。对工作不认真、不思进取、违反纪律、工作质量差等违背物业服务企业的经营管理目标和制度的行为要采取惩罚措施，以此来激发员工的工作主动性和创造性。

4. 福利激励

与员工签订劳动用工合同，并为员工购买养老保险。同时，根据企业的经营状况，实行年终双薪、带薪休假、安排旅游、生日贺金、伙食补助和集中免费洗衣等福利措施来保障员工的利益，为员工解除后顾之忧，使员工全身心地投入工作。

5. 荣誉激励

人的需要和追求是分层次的，当基本的工作需求和物质利益得到满足后，他们往往渴望得到各种荣誉。在此情况下，物业服务企业应尽量满足员工的这部分需求。如对工作成绩优异、素质高、业务能力强的员工，要尽快晋升到高一级的工作岗位，使工作岗位与他们的工作能力相一致；对工作突出、模范遵守企业管理规定、用户称赞的员工授予优秀服务标兵、先进个人等荣誉称号，并将其主要事迹在有关报刊和宣传栏中大力宣传；对素质高、品质好、有发展潜力的员工可派出考察学习和培训，提高他们的业务能力。

6. 参与激励

一个物业服务企业的发展与员工的切身利益息息相关。员工对企业的发展非常关心，如果能多听取员工对企业管理及发展方面的意见和建议，或经常性地开展合理化建议活动，组织员工参与企业的各项管理工作，员工就会以企业为家，以主人翁的精神投入工作，焕发出旺盛的工作热情。

7. 考核激励

影响员工工作积极性的一个重要因素是激励标准是否公平，因此，加强考核激励、完善考核制度是避免影响员工积极性发挥的重要措施。在实施中应做到以下几点：一是机会要均等，让所有的员工处于同一起跑线，具备同样的工作条件，使用同一考核标准；二是奖惩的程度要与员工的功过相一致；三是激励措施实施过程要公开。只有这样才能真正地调动起员工的工作积极性。

8. 竞争激励

通过制定客观、科学、合理的工作绩效评价标准，并严格按照标准控制整个管理活动的全过程，从而使每个员工的工作成绩得到真实而客观的评价，这样就会在企业内部形成一个公平竞争的环境。竞争激励促使员工不断地改进工作，从自身找差距，展现自我价值以及关心集体等。

七、奖励与惩罚

奖励和惩罚是对员工进行激励的两种最基本方式。

（一）员工奖励

1. 奖励的含义及种类

奖励是对人的某种行为给予肯定或表扬，以使人保持这种行为。物业服务企业的员工奖励是企业根据员工管理制度，对在工作中表现突出，有显著成绩和贡献的，或者其他突出事迹的员工所给予的一定荣誉或物质利益以示鼓励。

物业服务企业常用的奖励方法主要有以下三种：（1）物质奖励，如发放奖金、奖品、晋级、奖励旅游、培训、出国考察；（2）精神奖励，如颁发奖状、获奖证书、奖杯、奖章、锦旗、通报表扬，给予荣誉称号，照片上光荣榜等；（3）晋升奖励，如提升工资级别、晋升职务、调整职务（虚职转实职、次要岗位调到重要岗位等）、授予顾问职务或技术职称等。

2. 奖励的艺术

（1）对不同的员工采用不同的奖励方法。

对于低收入的一般服务人员，主要用经济手段进行奖励；对收入高的管理人员，则主要用精神手段，如通过晋升职务、授予职称来鼓励他们创新等，这样会收到更好的效果。

（2）注意物质奖励与精神奖励的综合运用。

进行物质奖励（或发放奖金）时，应尽量增加精神奖励成分，如通过举行隆重的颁奖仪式、出光荣榜、发荣誉证等使获奖人在物质上获得实惠的同时，在精神上受到鼓励，激起员工的荣誉感、成就感和自豪感，从而产生更好的激励效果。

（3）适当拉开物质奖励的档次。

奖励档次太少或不同奖励的奖金差额太小，搞成平均主义会失去激励的作用；若奖金差额太大，超过了员工贡献的差距，大多数未获奖的员工会感到不公平。因此，应尽量将奖金数量的差别与员工的实际贡献相匹配，体现公平、公正的奖励原则，才会充分地调动员工工作的积极性。

（4）适当地树立奖励目标。

在树立奖励目标时，要坚持用"跳起来摘果子"这种可望又可及的标准。奖励目标定得太高，员工会失去信心，奖励难以兑现；目标定得太低，则失去奖励的意义。

（5）注意掌握奖励时机和奖励频率。

奖励时机直接影响激励效果，奖励时机和奖励频率的选择要从物业服务企业的实际出发，实事求是地确定。对物业服务企业来说，对员工例行奖励可结合员工考核，每半年或每年进行一次；对拾金不昧、服务工作得到用户表扬或提出有效合理化建议的员工则应及时奖励。

（二）员工惩罚

1. 惩罚的含义及种类

惩罚是对人的某种行为予以否定或批评，使人改变这种行为，是一种负激励。物业服务企业员工的惩罚是对员工违背企业规章制度和经营管理目的的非企业期望行为进行处罚，以使这种行为不再发生。犯错误的员工可通过惩罚改正自己的错误之处，并向企业期望的目标转移。

关于员工惩罚，物业服务企业可以根据自身制定的具体惩罚标准对员工做出口头警告、书面警告、降级、扣发工资奖金、罚款、辞退和除名等不同种类的惩罚。

2. 惩罚的艺术

（1）让被惩罚者心服口服。

物业服务企业对员工进行的处罚必须建立在严密的管理制度、操作规程的基础上，并通过必要的培训学习使员工知晓，变成员工的自觉行动。在此前提下实施的对员工的惩罚才能使员工心服口服。

（2）把握惩罚的尺度分寸，惩罚得当。

对违规员工的处罚要采取实事求是的态度和方式，不能在惩罚中掺杂个人恩怨和个人好恶，更不能打击迫害，报复受罚员工。同时还要尊重受罚员工的隐私权，不要使用污辱性语言。应注意惩罚宣布或执行的方式，尽量使受罚员工的自尊心的损伤达到最小，打击面不宜过大。对员工的惩罚应有明确的处罚标准，不能由领导的主观意志决定，要树立有法可依、依法处罚的原则。

（3）原则性与灵活性相结合。

惩罚只是人事管理的一个环节，而且带有一定的副作用。因此，在物业管理工作中应慎用惩罚，在不违背原则、不影响工作的某些特殊情况下采用特殊的方式进行处理，既解决问题，又不伤害员工的心理，且更能激发员工的积极性。

奖励和惩罚是规范员工行为的有效杠杆，是激励员工的基本手段，综合运用好奖励和惩罚是物业管理中人力资源管理的重要内容。因此奖惩必须遵循公平合理、奖励得当、奖励与惩罚相结合、奖励及时和注重实效等原则。

本 章 小 结

　　人力资源管理是物业管理的一项基本职能。员工招聘的标准是根据不同的岗位来确定的,一般包括:外显条件标准、内涵素质标准、潜在素质标准。员工招聘的来源及方法主要有内部来源及内部招募法、外部来源及外部招募法两种。

　　员工培训具有重大的意义。员工培训的原则包括:理论学习与技能训练相结合原则,基本专业知识学习与新技术、新方法学习相结合原则,全员培训与拔优培训相结合原则,培训效果与奖惩、使用相结合原则,脱产专门培训与在岗学习提高相结合原则。物业服务企业员工培训的基本内容包括:思想观念与经营管理理念教育,职业道德与企业文化建设教育和物业管理业务知识教育。物业服务企业员工培训应有针对性。物业服务企业员工培训的形式多种多样,主要包括直接传授培训、互动参与式培训和其他的培训方式。

　　员工考核的内容包括"德"、"能"、"勤"、"绩"四个方面。员工考核的方法很多,常用的包括:主管决定法、工作标准法、鉴别性方法、配对比较法和功能测评法。员工年度考核程序包括:做好考核的准备工作,考核的评语、等次的确定,做好考核的结尾工作三个环节。

　　激励的一般形式包括:内容型激励、过程型激励和状态型激励。物业服务企业员工的激励机制包括:目标激励、精神激励、物质激励、福利激励、荣誉激励、参与激励、考核激励和竞争激励。奖励和惩罚是对员工进行激励的两种最基本方式。奖励和惩罚应注意艺术性。

复 习 思 考 题

1. 员工培训的内容有哪些?
2. 物业服务企业考核中可能会出现的一些常见问题有哪些?
3. 物业服务企业应建立哪几种激励机制?
4. 试述人力资源计划中的人员配备原则。
5. 试述员工培训的意义。
6. 试述奖励的艺术。

第十三章
物业管理档案

【教学目的与重点难点】

通过本章的学习，掌握有关物业管理档案的概念，熟悉相关的物业管理档案的使用，熟悉档案管理工作流程，并学会进行档案的收集、整理、归档和利用等工作。

档案管理是对物业资料的综合管理，是指对在物业的购置、维修变迁和管理过程中所形成的各种图、卡、档、册、表等物业资料经过收集和加工整理分类，运用科学的方法进行的综合管理。

物业管理档案在物业管理中有着极其重要的作用，无论是维修、养护物业设施，还是了解业主及物业使用人的情况、收取物业服务费用、开发经营活动等都要用到物业管理档案。物业管理档案管理主要是抓好收集、整理、归档和利用等四个环节。

第一节 物业管理档案的概念与分类

一、档案及物业管理档案的概念

"档案"一词在我国始见于明代。至今,全国档案界对"档案"一词的定义多有论及,提法各异。1996年7月5日第八届全国人民代表大会常务委员会第二十次会议《关于修改〈中华人民共和国档案法〉的决定》(修正)第2条:"本法所称的档案,是指过去和现在的国家机构、社会组织以及个人从事政治、军事、经济、科学、技术、文化、宗教等活动直接形成的对国家和社会有保存价值的各种文字、图表、声像等不同形式的历史记录。"

物业管理档案的内容包括物业权属资料、技术资料和验收文件、业主(或物业使用人)的权属资料、个人资料,物业运行记录资料、物业维修记录、物业服务记录和物业服务企业行政管理以及物业管理相关合同资料等。

物业管理工作形成的档案文件主要有两大部分,即物业服务企业日常运作形成的普通管理文件和物业管理实际操作接收和形成的多种专业性文件。这些文件完成了现行功能之后就过渡为物业管理档案。物业服务企业日常运作形成的普通管理文件包括行政管理文件、人事管理文件和财务管理文件等。物业服务企业接收的专业性文件包括承接查验时接收房屋的建筑工程资料、设备和产权资料,形成的专业性文件包括业主入住后不断形成并补充的业主与物业使用人的资料,常规物业管理过程中形成的物业维修文件、物业租赁文件和管理服务文件,物业服务企业开办多种经营活动形成的经营管理文件等。

但是,物业管理工作中可能出现的文件并不都是物业管理档案,对照档案法对档案的规定,物业管理档案是直接记载物业及物业管理各个方面的历史记录。

与广义的档案一样,物业管理档案的定义也有四个构成要素。

1. 档案的形成者

档案的形成者即企业及业主。对于物业管理档案来说,其形成者主要是指物业服务企业、物业管理服务人员及物业的使用者。

2. 档案的内容

档案的内容就是指物业管理各项工作中的管理信息,如物业租赁、小区规划、园林绿化、房屋维修、住户情况、资金使用和经营服务等信息。

3. 档案的形式

档案的形式指文种形式、载体形式、信息记录和表达形式。无论哪类档案,其文种形式都可以是公文、合同、证书和书稿等;其载体形式可以是纸张、磁带和胶片等;其信息记录形式可以是手写、印刷、摄影和录音等；其信息表达形式可以是文字、图形和声像等。

4. 档案的本质

档案的本质是指即直接的、原始的历史记录。这是档案区别于其他的邻近事物，如文件、图书和情报资料的依据。

二、物业管理档案的分类

随着物业管理的不断发展和完善，物业管理档案的种类也在不断增加，但总的来看，物业管理档案基本上可分为两大部分：一部分是物业服务企业日常运作形成的物业管理普通档案；另一部分是基层物业服务企业日常运作形成的物业管理专门档案。

（一）物业管理普通档案

物业管理普通档案包括以下几种类型。

1. 党群工作档案

党群工作档案是物业服务企业开展党委、工会、团委工作时形成的各类文件材料。

2. 行政管理和经营管理档案

行政管理和经营管理档案是物业服务企业在日常公务活动、内部管理工作及开展经营活动中形成的档案。

3. 基建档案

基建档案主要是指在接管验收开发建设单位移交的新建物业或接管验收已经投入使用的原有物业时所收到的文件和图纸材料，以及在以后的物业管理活动中对物业进行较大规模的改建、扩建、维修、养护时所形成的文件、图纸材料。

4. 设备档案

设备档案是指作为物业服务企业固定资产的机器设备、仪器仪表等的档案，包括有关车辆、通信设备、复印机、计算机等的说明书、安装维修记录等的文件、图纸材料。

5. 会计档案

会计档案是指物业服务企业在经济管理和各项会计核算活动中直接形成的作为历史记录保存起来的文件材料，包括会计凭证、会计账簿和会计报表等。

6. 人员档案

人员档案是指物业服务企业在人事管理活动中形成的，记述和反映本公司员工各方面情况的档案。

7. 科教档案

科教档案主要是指物业服务企业对员工进行岗位培训等继续教育所形成的档案。

（二）物业管理专门档案

物业管理专门档案是指在开展具体的物业管理活动中形成的反映物业状况、业主与物业使用人变迁以及物业服务企业的管理、服务和经营活动情况，具有查考利用价值的各种形式的文件材料。

物业管理专门档案包括以下内容。

1. 物业清册

物业清册是指全面反映所有物业单元的自然状况及权属状况的文件材料。

2. 物业维修档案

物业维修档案是指物业中各单元在进行维修时所产生的一系列文件材料。对于整栋大楼或公共设施的维修养护所形成的文件材料属于基建档案。

3. 物业租赁档案

物业租赁档案是指物业服务企业在开展租赁业务时所形成的原始的文件材料。

4. 业主及物业使用人档案

业主与物业使用人档案反映物业中各单元的业主与物业使用人的具体情况的文件材料。

5. 物业管理服务档案

物业管理服务档案是指物业服务企业在开展绿化、环卫、秩序维护、车辆管理等管理工作及为业主和物业使用人提供委托服务、开展经营活动时所产生的文件材料。

第二节 物业管理档案的收集

一、物业管理档案的收集

物业管理档案的收集工作就是按照物业管理的有关规定，依据物业管理档案归档范围，通过一定的方法将物业服务企业各部门和工作人员手中有保存价值的档案（包括文字、图表和录音等）集中到档案管理部门的过程。物业管理档案的收集是实现物业管理档案集中管理的重要内容和基本措施。

档案收集工作的方法分为接收和征集两种。作为物业服务企业档案管理部门，接收是指本企业文书处理部门和业务部门按规定应当归档的档案，它是物业服务企业最基本的收集方法。征集是档案部门按照国家规定征收散存在社会上的档案和有关文献的活动。物业服务企业一般不存在征集这一方式。

（一）物业管理文件材料的积累

1. 物业管理文件材料积累的方法

物业管理文件材料的积累工作一般由物业服务企业的档案管理人员自行完成，并进行登记。积累的方法包括：（1）落实责任；（2）收集齐全，分类存放；（3）简要登记。

2. 物业管理文件材料积累的要求

物业管理文件材料在积累时应注意以下几点：（1）物业管理文件材料的积累范围要符合物业管理档案的归档范围；（2）在积累过程中，尽可能保留文件材料正文和原件，在无法保存原件的情况下应注明复印件出处；（3）积累的物业管理文件材料一定要进行登记，供有关人员使用时要有借用手续，并严格执行有关规章制度。

（二）物业管理文件材料的归档

1. 归档的含义

物业管理文件材料的归档是指物业服务机构及物业服务企业在物业管理过程中形成、积累的有保存价值的文件材料，由业务部门整理立卷，定期交本单位档案室或档案机构集中管理的过程。狭义的物业管理档案收集工作指的就是物业管理档案的归档工作。

2. 归档范围

确定归档范围的标准要以文件材料是否具有保存价值为依据。凡是物业服务企业在物业管理各项工作中形成的具有查考利用价值的文件材料都应划入归档范围。正在办理或暂不办理的案卷和项目未完成的文件材料不属于归档范围。

（1）应归档的物业管理文件材料。

应归档的物业管理文件材料包括：党群工作、行政管理和经营管理类档案，基建档案，设备档案，会计档案，人员档案，科教档案，物业管理专门档案、声像档案和荣誉档案。

（2）不应归档的物业管理文件材料。

不应归档的物业管理文件材料包括：重份文件，没有查考价值的信封和通知卡，与物业管理各项业务无关的群众来信，无保存价值介绍信、便条、录音带和录像带。

3. 归档要求

（1）收集齐全，经过分类、立卷，并正确划分保管期限。案卷质量符合规范要求，卷内文件材料线条、字迹清楚，纸质优良。档案部门在归档时应严格把握部门立卷原则，对案卷质量进行检查，不合格的退回档案形成部门重新整理。

（2）经过必要的技术加工，正确拟制案卷标题，填写案卷封面、卷内文件目录和备考表。有条件的单位可采用计算机打印。

（3）编制案卷目录或移交清单一式数份，以供归档时双方核准后签名使用。案卷目录最少应包括案卷号和案卷标题。

（三）物业管理档案的更改

物业管理档案的更改是指按照一定的原则、制度与要求，用特定的方法改变物业管理档案某些内容的一项工作。为了维护物业管理档案的准确性，保证物业管理档案同它所反映的物业管理活动的现实情况相一致，必须根据现实情况的变化及时地对有关的物业管理档案进行相应的修改和补充。物业管理档案的更改是一项严肃的工作，必须严格遵守更改制度的有关规定，严格按照更改程序和更改方法进行。

物业管理档案的更改方法包括：（1）划改，即对要更改的内容用45°的斜线轻轻一划，然后在旁边写上正确内容；（2）刮改，即将要更改的内容用刀片轻轻刮掉，然后填上正确内容；（3）更换，即用正确的文件替换有错误的文件，这种情况要在卷内备考表上说明。

更改之后，要盖上业务校对章，更改人签名，注明更改日期。

二、物业管理档案的整理

物业管理档案整理工作就是将处于零乱状态和需要进一步条理化的档案进行基本的分类、组合、排列和编目，使之系统化。

（一）物业管理档案的分类

物业管理档案分类是指按照物业管理档案的来源、时间、内容和形式的异同，把物业服务企业的全部档案分成若干类别，并组成体系，以利整理、保管和利用的过程。分类是档案系统化的关键性环节，是档案工作标准化、规范化的一项重要内容。

一般档案的分类方法包括年度分类法、组织结构分类法和问题分类法。在多数情况下，两种分类方法结合运用，如年度-问题分类法等。选择何种分类方法应根据具体情况而定。

（二）各类物业管理档案的立卷方法

立卷是指把具有查考保存价值的文件材料按照其形成过程中的联系和一定的规律组成案卷。

1. 物业管理立卷类别

（1）物业管理专门档案。

① 租赁档案。

租赁档案采用按房屋租赁单元立卷，即以一份租赁合约及其相关文件材料为一个立卷单位。租赁档案案卷内文件材料的排列按结论性材料在前、依据性材料在后，中文译文在前、原文附后，文字材料在前、图样在后的原则进行。

② 住户（租户）档案。

以房屋单元为立卷单位，即在一段时期内一个房屋单元的住户资料，包括有关入住手续、家庭概况等文件材料组成一个案卷。住户（租户）档案卷内文件材料按时间顺序排列，即形成早的材料在前、形成晚的材料在后。

③ 修缮档案。

以房屋单元为立卷单位，即在一段时期内同一单元的修缮材料组成一卷；如属公共设施或重大项目维修产生的档案归入基建档案类。修缮档案案卷内文件材料的排列同样按结论性材料在前、依据性材料在后，中文译文在前、原文附后，文字材料在前、图样在后的原则进行。

④ 物业房产档案。

以小区或物业服务企业为立卷单位。

（2）设备、仪器档案。

以一种或一套设备、仪器为立卷单位。设备、仪器档案按依据性材料——设备、仪器开箱验收——设备、仪器安装调试——设备、仪器运行维修——随机图样排列。随机图样也可单独立卷。

（3）基建档案。

以一个项目或一项工程为立卷单位。基建档案按依据性材料——基础性材料——工程设计（含初步设计、技术设计和施工设计）——工程施工——工程竣工验收排列。

（4）科研档案。

以科研课题为立卷单位。科研档案按课题立项阶段——准备阶段——研究实验阶段——总结鉴定阶段——成果申报奖励阶段——推广应用阶段排列。

（5）行政管理档案。

行政管理档案按年度——问题——保管期限进行立卷，即将同一年度形成的同一问题且同一保管期限的文件材料组成一卷。卷内文件材料按问题、时间或重要程度排列。

（6）经营管理档案、党群工作档案同行政管理档案。

（7）声像档案。

声像档案包括照片、录音带、录像带、计算机磁盘和缩微胶片等特殊载体档案。对这部分档案立卷时应先将不同载体形式的档案分开，同一载体形式的档案根据实际情况按专题（问题）进行分类后再立卷，各案卷的排列按时间先后进行。

（8）人员档案。

以个人为立卷单位。卷内文件材料的排列先按文件材料类别，再按形成时间先后进行。

（9）会计档案。

会计档案按形式——年度——保管期限进行立卷，即将物业服务企业形成的会计档案，先按财务报告类、会计账簿类、会计凭证类、工资单或其他四种形式分开，再按会计年度分开，最后按永久、定期等不同保管期限分别立卷。案卷顺序号按属类内年度流水编号。卷内文件材料按时间顺序排列。

（10）荣誉档案。

荣誉档案先按荣誉档案的形式进行分类，以件为立卷单位。

2. 卷内文件编码

案卷内文件材料均以有书写内容的页面编写页号。页号编写位置为：单面书写的文件材料在右下角编写页号；双面书写的文件材料，正面在右下角，编写页号背面在左下角编写页号。页号一律使用阿拉伯数字，字体要端正、清楚。案卷封面、封底、卷内目录（原有图样目录除外）、卷内备考表不编写页号。装订形式的案卷采用大流水方式编写案卷页号；不装订形式的案卷，两页以上的单份文件应单独装订和单独编写页号。不装订案卷内的文件材料应逐件加盖档号章。

档案号是存取档案的标记，并具有统计监督作用。物业管理档案通常采用全宗号——类别（分类）号——项目号——案卷号——件、页（张）号结构，一案一号，全宗内不允许有相同的档案号。档案号章位置在每件文件首页的右下角，其内容、格式、尺寸及填写规范如下。

（1）全宗号，即档案馆给定立档单位（物业服务企业）的编号。

（2）类别号，即类目号、分类号、标注各级类目的符号。

（3）项目号，即租赁、修缮、住户、房产、工程、课题和设备等档案的代字或代号，具体可引用有关管理部门编制的项目代号。如一个物业服务企业可用该企业所管辖的各小区的代号作为租赁档案或修缮档案的项目号。

（4）案卷号，即案卷排列的顺序号。

（5）件号，即案卷内文件的顺序号。

3. 填写案卷封面

案卷封面可采用案卷外封面和案卷内封面两种形式。外封面印制在卷皮的正表面，内封面排列在卷内目录之前。

4. 填写备考表

卷内备考表要标明案卷内文件材料的件数、页数以及在组卷和案卷使用过程中需要说明的问题。如更改档案或补充档案材料都可在此反映。

5. 编制案卷脊背

会计档案的案卷脊背内容包括全宗号、目录号、案卷号、类别、期限和册号等。其他类别的档案案卷背脊可编也可不编，其内容包括案卷题名和档案号。

6. 文字材料型、图纸材料型和图文混合型案卷的装订

案卷可采用装订和不装订两种形式，案卷内不同尺寸的文件材料要折叠为统一幅面，案卷装订时必须去掉金属物。

（1）案卷装订时，装订方式为：对齐左下角，采用三孔一线的方法把案卷封面、封底、文件材料、卷内目录和卷内备考表装订牢固，并在封底绳结处粘上封纸，盖上骑缝章。行政管理、经营管理、党群工作档案和会计档案一般不用补充文件材料，可采用装订形式进行管理。

（2）案卷不装订时，其卷内文件材料要按卷内目录的编排次序排列有序，并装入档案袋或卷夹内。房产物业管理档案和基建档案等可采用不装订形式进行管理。

7. 案卷的入盒

案卷装订或装袋后，必须装入卷盒内保存。

（1）物业管理专门档案、党群工作档案、行政管理档案、经营管理档案、基建档案、设备档案、人员档案和科教档案的档案卷盒尺寸采用310毫米×220毫米，其厚度可根据需要分别设置30毫米、40毫米、50毫米和60毫米的规格，在盒盖翻口处中部应设置绳带，使盒盖能紧扣住卷盒。卷盒封面项目包括全宗名称、类目名称、年度、卷数和保管期限。卷盒封面的填写规范与案卷封面相同。卷脊项目包括年度、类别号、项目号和案卷起止号。卷脊项目的填写规范如下：①年度，填写盒内文件材料的起止年份；②卷数，填写盒内所装案卷的数量；③起止卷号，填写盒内案卷的案卷起止号；④其余项目的填写方法同软卷皮格式。

（2）会计卷盒封面和脊背内容格式可参照以上案卷封面和脊背格式，并将项目号改为目录号。

（3）照片、录音、录像带和计算机磁盘卷盒封面的内容同其案卷封面的内容。

8. 编目移交

文件材料组卷后要按照档案号顺序编制案卷目录。案卷目录随档案一并移交。

（三）物业管理档案案卷目录的编制

案卷目录是反映著录全宗内所有案卷的内容与成分等情况，并装订成册的一种检索工具。它是按照一定的规则编排而成的档案条目组合，是档案管理、检索、报道的工具。物业管理档案全宗内案卷目录一般有案卷总目录、案卷分类目录和案卷专题目录等三种类型。

1. 物业管理档案案卷总目录的编制

物业管理档案案卷总目录是物业管理档案案卷的总登记账，其目的主要是为掌握物业管理档案数量与物业管理档案基本内容，便于统计管理。案卷总目录包括以下项目。

（1）总登记号：物业服务企业档案管理部门对接收的档案，按照归档时间顺序，以案卷为单位登记的流水编号。

（2）归档时间：案卷归档的实际时间，按年、月、日填写。

（3）案卷题名、档案号、编制单位、编制日期：按照案卷封面上已填写的内容填写。

（4）份数、张数：按照案卷备考表内注明的文件份数、文件总页数填写。

（5）变更情况：填写案卷管理过程中各种变更情况。

（6）备注：填写针对本案卷需要说明的事项。

2. 物业管理档案分类目录的编制

物业服务企业管理档案分类目录是以全宗内一级类目或二级类目、三级类目为基本单元，以该类目的案卷为登记单位，依照案卷已整理排列顺序进行流水登记的档案目录。

物业服务企业档案分类目录的项目与案卷总目录项目基本相同，主要有分类顺序号、归档时间、案卷题名、档案号、份数、张数、编制单位、编制日期、密级、保管期限、变更情况和备注。分类顺序号填写该分类内的案卷排列顺序号，其他项目与总目录填法一致。具体到不同类目，其分类目录的编制各不相同。

（1）行政管理档案、党群档案、经营管理档案、基建档案、科研档案、设备档案和声像档案可各自编制案卷分类目录。

（2）房产物业管理档案可按照二级类目或三级类目编制若干本案卷分类目录，如物业房产档案目录、物业服务企业租赁档案目录（物业服务企业商业租赁档案目录、物业服务企业住宅租赁档案目录）、物业服务企业修缮档案目录和物业服务企业业主档案目录。

（3）会计档案按报表、账簿、凭证和工资单各自编案卷目录。

（4）已故人员档案独立编制分类目录。

3. 物业管理档案专题目录的编制

物业管理档案专题目录是揭示物业管理全宗内有关某一专题的档案内容和成分的检索工具，属检索型目录之一。它的特点是选题的灵活性，集中了有关某一专题的全部档案，不受案卷顺序号的限制，目的是通过该专题的关键词来检索档案案卷号及其他相关内容。

物业管理档案专题目录的项目与分类目录基本相同，不同的是专题目录将该专题的关键词排在表格的最前面，案卷号等其他项目相应的排在后面。如物业服务企业租赁档案分类目录，其表格内各项目是按案卷号——地址——出租人（业权人）——承租人——租赁时间——备注等顺序排列的；而物业服务企业租赁档案业权人专题目录，其表格内各项目是按出租人（业权人）——案卷号——地址——承租人——租赁时间——备注等顺序排列的，即将出租人栏目排在其他各项的前面。

第三节　物业管理档案的保管与检索利用

一、物业管理档案的保管

物业管理档案保管工作是采用一定的技术设备、措施和方法，对物业管理档案实行科学保管和保护，防止和减少物业管理档案的自然损毁或人为损毁的工作。

（一）物业管理档案保管工作的物质条件

做好物业管理档案保管工作，除要求配备具有一定的专业知识、熟悉档案自然损毁规律的专职管理人员外，还必须有一定的物质条件。

（1）具备相当容量和适宜条件的档案库房是物业管理档案保管的首要物质条件。

根据保管档案的特点和档案库房的合理要求，选择档案库房要注意坚固耐用、经济美观，能够抗震、保温、隔热、防潮、防虫、防霉、防尘、防光、防火、防盗和防鼠。库房窗户宜小不宜大，宜少不宜多。每开间的窗户面积与外墙面积之比不应大于1∶10，有条件采取全部空调的档案部门，库房可不设窗户；库房的开间大小、层高、门窗的结构和形式都应不同于其他的用房，以有利于柜架排放、管理及安全；库房开间面积应根据存储档案的类别、数量等情况的不同而有所不同，一般小库为60～100米，中库为100～200米，大库为200～300米；库房层高一般以2.5～2.8米为宜。库房地面单位面积的承重应大于其他的用房。库房排放一般的木质、金属柜架，每平方米荷载不应小于500千克；采用密集架，每平方米荷载不应小于1200千克。

（2）档案装具是保管档案必须的基本设备。

档案装具主要有档案柜、档案箱和档案架等，一般有铁制和木制两种。铁制的防火、耐久，便于机械加工，做成组合构件有可调节性和机动性，便于运输、组装和使用，但造价较高。档案装具的种类很多，各有所长，应按库房特点、档案价值以及规格的不同合理使用、灵活配置。物业服务企业档案室在库房面积不是很宽敞的条件下可选用新型的档案密集架，既节省空间又美观方便。对于图纸档案多的单位，为了避免纸张的折叠影响物业管理档案的利用及其寿命，最好选购专门的图纸柜。

（3）包装材料档案要求既能防止光线、灰尘和有害气体对档案的直接损害，又能减少机械磨损，对档案有保护作用。目前，我国档案包装材料一般有卷皮、卷盒和包装纸。声像档案、缩微胶片则有相册、磁带盒等保护。

（二）物业管理档案库房的管理

1. 档案装具的排放要求

档案装具在库内排放，应本着便于档案的提调、运送、采光、空气流动和整齐美观的要求。库房门应对着库内的主通道,主通道的净宽不少于1.5米。固定式的装具,相邻两排之间的净宽应不少于0.8米。为便于通风和防潮,装具不能紧贴墙壁,与墙壁的距离应不少于8厘米,装具与墙壁之间的通道不少于0.6米。有窗户的库房,装具的行排应与窗户垂直,利于通风和避免室外光线直射档案。各排装具靠近主通道的一端,应有整齐统一的侧板,以便于贴插标签。

2. 档案的排列次序和方法

无论是固定式柜架还是活动式柜架,其编排次序一般是:人站在库内主通道上,面对各排行柜架,左起第一排为首排,右起第一排为末排。全宗内档案的排放要保持相互之间的联系,按照分类方案逐类排放。每类档案排完后预留一定的空间。档案在柜架内的排放次序应先左后右、先上后下。对于一个档架来说,起始卷号在架的左上角,终止卷号在架的右下角。一个排面的档案排放满后,转到背面的柜架,仍是按前一排面的方式次序排列。档案在装具内不应放得过紧过挤,以免给提取和存放带来困难,并因此造成卷皮和卷盒的损伤。此外,每一类项的排尾要空留一定数量的装具空间,以备以后档案增补、修复或改装卷、盒卷皮时的体积增大。

3. 档案柜架贴插标签

档案柜架贴插标签的具体做法是在每一排柜架靠近主通道的一端,在适当高度位置统一贴插字体工整醒目的标签,每一柜架内的各个隔层也要标明档案类项名称和案卷起止号,以便查找和提还案卷。档案装具标签内容包括全宗名称、全宗号、分类号、项目号、案卷起止号、年度、保管期限和箱柜号。

4. 物业管理档案存放位置索引

为了便于工作人员全面掌握档案存放情况,并且方便使用,迅速地提还档案,物业管理档案分库分类排好之后,应该编制《档案存放位置索引》(或称《档案存放地点索引》)。其作用分为两种:第一是指明档案存放位置的,以档案类项为单位,标明存放处所;第二是指明各档案库房保存档案情况的,以档案库房和档案架(柜)为单位,标明所存放的是何种档案。上述两种索引,按形式又可分为书本式和卡片式两种。卡片式可采取图表形式,把每个库房(楼、层、房间)内档案的存放情况绘成示意图,悬挂在醒目的地方,以便随时参看。

5. 档案安全检查

档案安全检查主要从三个方面进行。一是检查档案有无被盗、被损和泄密等情况,及时发现不安全的因素,以便采取有效措施,确保档案的安全。二是看档案有无发黄变脆、字迹褪色、虫霉感染、潮湿粘连等自然损毁现象,以便采取相应的措施积极防治。三是检查档案是否缺少、案卷有否错位,并应检查库房是否进水、门窗是否牢固、消防设备是否齐全、有无异常变化等情况，以便分析原因，改进工作，加强管理，防止意外事故的发生。

档案安全检查分为定期检查和不定期检查两种。定期检查一般一年一次或两年一次，按档案目录逐卷检查。不定期检查一般在库房发生水火灾害、档案被盗或怀疑被盗、发现虫蛀、鼠咬和霉烂等现象以及档案保管人员调换工作等情况时进行。可先进行局部检查，发现问题再进行全面检查。检查时必须做检查记录，以一级类目为单位进行。检查后应写出检查报告，内容包括检查工作的组织、人员、检查时间、进行情况和发现的问题，以及妥善处理发现的问题和改进工作的意见等。

二、物业管理档案的检索与利用

建立物业管理档案的目的就是要使档案更好地发挥作用，满足查询者的需要。为充分的利用物业管理档案，应做好以下工作。

1. 建立完善的检索体系

物业管理档案管理部门应重视编制物业管理档案案卷目录、分类目录、专题目录、底图目录、人名索引、文号索引和物业卡片等各类检索，使档案查找更加迅速、准确。检索工作的编制要与物业管理工作保持一致。

2. 熟悉所藏档案的情况

物业管理档案管理人员应精通档案业务，熟悉各类档案的存放情况，以提高档案查准率和查全率，更好地为借阅者服务，满足物业管理服务的需要。

3. 利用形式多样化

利用各种方式提供全方位的服务，提高借阅率。
① 阅览服务。
建立档案阅览室，为物业服务企业内部工作人员、业主与物业使用人查阅有关的档案原件、获取需要的信息提供服务。
② 外借服务。
一般情况下档案不准外借，但遇到特殊需要，如制订大型的修缮计划需要用到房产资料的图样，在阅览室中翻阅会不方便，应允许外借。但需办理外借手续，确定借用的时间，用后即还。
③ 复制服务。
档案复制服务是指对档案原件的各种复制本所进行利用。根据利用档案的不同用途和范围，可分为原件副本和摘录副本两种。
④ 咨询服务。
咨询服务是指档案管理工作人员，通过口头（或电话）的形式，向利用者提供档案信

息,解答利用者各方面的问题。

⑤ 档案证明。

制发档案证明是指根据使用者的询问和要求,为证实某种事实,根据档案记载摘抄并出具书面证明材料。

⑥ 资料编辑。

物业管理档案管理部门应积极开发物业管理档案信息资源,做好物业管理档案文件汇编、专题研究等工作,以便管理业务人员能更好地利用档案资源。

4. 做好利用效果记录工作

物业管理档案利用效果要填写翔实、准确、及时。每年都要编写档案利用年度分析报告,主要是分析、总结本年度档案利用的人次、卷次、内容、利用方式方法和效果,以及存在的问题和拟采用的改进措施等,以充分发挥物业管理档案的作用。

第四节 物业服务企业信用档案

一、物业服务企业信用档案的作用及范围

为规范物业管理市场行为,维护消费者的合法权益,将信息内容在物业管理网站上公示,方便公众查询了解,接受社会监督,以规范物业服务企业的执业行为,不断提高行业诚信度和服务水平,使开发建设单位和广大业主在选聘物业服务企业进行服务时能够选择到信誉好、素质高、实力强的物业服务企业,从而促进物业管理市场沿着诚信、规范和健康的轨道发展。

物业服务企业信用档案的启用主要可以起到四个方面的作用:一是查询作用;二是可以让社会对物业服务企业的信用进行判断、评价;三是监督作用,既可以监督物业服务企业是否合格,又可以监督政府部门是否公开办公;四是方便群众投诉。

物业服务企业信用档案建立的范围是物业服务企业和物业服务企业从业人员。

二、建立物业服务企业信用档案的目标

物业服务企业信用档案工作的目标是:以物业管理电子政务系统、物业管理行业协会自律管理系统和企业经营管理系统为基础,形成覆盖物业管理行业所有企业及执(从)业人员的信用档案系统,并通过中国住宅与房地产信息网实现各级物业管理行政主管部门、行业协会网站的互联互通。

国家住房和城乡建设部对物业服务企业信用档案系统建设的要求是:(1)各级物业管理主管部门要提高认识,加强领导,积极组织、指导和推动物业服务企业信用档案系统的

建设工作；(2)扩大物业服务企业信用档案的覆盖面；(3)保证物业管理信用档案系统信息的全面、准确；(4)及时做好信用档案记录信息的更新工作；(5)统一系统数据平台，保证信息传递畅通、资源共享；(6)物业服务企业信用档案记录信息的报送、传递及有关事宜的联系，主要采用电子邮件方式。

三、物业服务企业信用档案记录内容的采集

物业服务企业信用档案记录内容主要包括企业和从业人员的基本情况、主要业绩及良好行为记录、违法违规行为、服务质量问题及其他不良行为记录和公众投诉及处理情况等。

物业服务企业及从业人员基本情况和业绩由物业服务企业及从业人员按相关信用档案记录内容的要求填写，经协会核实后提供给物业管理主管部门。

物业服务企业或从业人员获市级以上表彰或荣誉称号的，经核实后即可作为良好行为记录载入该企业或执业人员的信用档案。良好行为记录由物业管理行业协会采集并核实后提交物业管理主管部门。

物业服务企业或从业人员出现违反物业管理法律法规及相关法律法规、标准规范的行为，经核实并受到行政处罚的，即可作为不良行为载入该企业或从业人员的信用档案。不良行为记录以企业自报为主，企业应在受到行政处罚后10日内将有关信息直接报送物业管理主管部门；也可通过物业管理行业协会将行政处罚意见和其他不良行为记录提交物业管理主管部门。

房地产企业及其执（从）业人员基本情况、业绩由房地产企业按信用档案记录内容的要求提供，经房地产行政管理部门审核后，由系统管理机构录入系统。根据《扬州市房地产企业信用评定标准》（试行），认定为良好行为的由房地产企业申报，经房地产行政管理部门审核后，提交系统管理机构记入信用档案。根据评定标准，认定为不良行为的（分为一般不良行为和严重不良行为），以房地产企业自报为主，房地产企业应在不良行为发生后10日内将有关信息上报，经房地产行政管理部门审核后，提交系统管理机构记入信用档案；房地产企业不主动上报的，房地产行政管理部门和系统管理机构均可提供信息，按程序审核后直接记入信用档案。

四、物业服务企业信用档案的投诉处理

物业服务企业信用档案系统接受社会公众按照统一格式提交的有关物业管理方面的网上投诉。物业服务企业对收到的投诉信息进行登记、整理、分类，并根据被投诉对象和投诉内容进行核查、处理。物业管理主管部门根据核查结果和企业反馈情况，确定该投诉及其处理结果是否公示和计入该企业信用档案。

投诉信息通过电子邮件转给被投诉企业后，被投诉企业应在15日内将处理意见反馈给物业管理主管部门。无正当理由不按期反馈的，可作为不良行为记录载入企业或从业人员

信用档案，在网页设置的"曝光台"上进行公示。企业及从业人员不良行为记录上网公示前，提前10日告知被公示单位。企业对已公示的违法违规行为进行整改后，可提请物业管理主管部门组织验收，并在网上公布整改结果。如要撤销公示，须由被公示单位提出申请，经物业管理主管部门同意，方可从网上撤销；不良行为记录在信用档案中保留一定期限（3个月）。

系统管理机构对收到的投诉信息进行登记、整理、分类，并根据被投诉对象和投诉内容分别提交相关业务处室、单位进行核查，或转给被投诉企业处理。系统管理机构根据核查结果和房地产企业反馈情况提出该投诉及其处理结果是否公示和计入该房地产企业信用档案的意见，交房地产行政管理部门审核确定。投诉信息转给被投诉房地产企业后，被投诉房地产企业应在15日内将处理意见反馈给系统管理机构，无正当理由不按期反馈的，可作为不良行为记录载入房地产企业或执（从）业人员信用档案，进行公示。必要时，房地产行政主管部门、系统管理机构可派人直接调查。

五、信用档案激励惩戒办法

建立诚信单位评比制度，根据信用档案记录，定期组织诚信档案评比活动，将评比结果向社会公布。在房地产企业定期检查中，对被评为诚信单位的可以免检，在资质升级等方面给予优先，企业参加招投标优先通过资格预审等工作程序，实施简化监督和较低频次的日常检查。对被评为不诚信的房地产企业实施高频次的日常检查，列为日常管理工作的"重点监管对象"，在其办理相关手续时从严审查，取消其参加评优和表彰的资格，有资质升级申请的推迟审核申报。

本 章 小 结

物业管理档案是国家机构、开发企业和个人从事物业管理活动时直接形成的对国家和社会有价值的各种文字、图表、声像等不同形式的历史记录。物业管理档案的定义有四个要素，即档案的形成者、内容、形式和本质。物业管理活动中几乎每个服务环节都离不开档案，无论是维修、养护、配套、改造物业设施，还是了解业主与物业使用人的情况，还有收取物业服务费用、开发经营活动等。

物业管理档案资料的管理包括物业服务企业在物业管理活动中对物业管理服务事项的原始记录进行收集、整理、归档和利用等一系列活动的综合。物业管理档案管理的现代化包括两方面：一是指现代科学技术和方法的应用；二是指要达到优化，取得最佳效益。

复习思考题

1. 什么是物业管理档案？物业管理档案的四要素有哪些？
2. 物业管理档案如何分类？
3. 简述物业管理档案的收集及方法。
4. 简述物业管理文件材料归档的定义及范围。
5. 简述物业服务企业信用档案的作用及范围。

第十四章
物业服务企业 QEO 管理体系的建立与实施

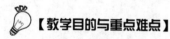
【教学目的与重点难点】

  通过本章的学习，了解熟悉 ISO 系列标准的产生及其族标准，以及它们在物业服务企业中的运用，熟悉 QEO 一体化管理体系的异同，掌握三体系整合的方法。了解物业服务企业贯标的特点，熟悉和掌握贯标的流程。本章的重点难点在于三个管理体系之间的联系，如何整合三个体系以及物业服务企业贯标的流程。

第一节 QEO 一体化管理体系标准概述

一、ISO9000 质量管理体系

1. ISO9000 质量管理体系的产生

任何标准都是为了适应科学技术以及社会经济发展变化的需要而产生的，ISO9000 族标准的诞生同样如此。随着科学技术的不断进步、经济的发展和国际贸易竞争的加剧，用户对产品质量的要求愈来愈严格，而这种质量又必须与价格相一致。从经济和技术的角度，竞争主要表现在价格竞争和非价格竞争两个方面。价格竞争是指出口国以低于国际同类商品的价格排挤竞争对手，扩大本国商品销路。但是低价销售办法不仅使利润锐减，如果构成倾销还会受到有关法律的制裁。20 世纪 70 年代以后，非价格竞争日益激烈，产品的质量、包装和花色品种等成为贸易成交的首要条件。

从企业的角度来看，为了避免因产品缺陷而引起的巨额赔款，企业开展质量保证活动，加强质量管理，注重质量保证活动，以便减少质量问题的发生，并在追究责任时能够提出足够的证据为自己辩护。为了提高自己的信誉，加强竞争力，企业还向权威机构申请对其质量体系进行认证。这就发展形成了 ISO9000 系列标准产生的客观条件。

20 世纪 70 年代以后，军品生产中质量保证活动的成功经验很快传播到了民品生产的领域。同时，由于广泛开展了质量保证活动，事故频率逐渐下降，一直降到最低程度。美国质量保证活动的成功经验很快被一些工业发达国家所借鉴。1979 年英国发布了一套质量保证标准，加拿大于 1979 年制订并于 1985 年修订了一套质量保证标准。同时，世界各国在自己的发展战略中都非常重视质量政策的制定，尤其是经济发达国家都把提高产品质量作为增强国力、改善国际经济地位的途径之一。

20 世纪 80 年代英国政府发布了《一个全国性的质量战略》，把质量作为产品竞争的最重要的非价格因素。到 80 年代末，英国政府用于质量管理、质量保证方面的投资每年达 150 万～200 万英镑，有力地推进了质量运动。20 世纪 50 年代初，日本从美国引进了质量管理，1951 年日本设置了发明奖和实施奖，1960 年日本开始举办"质量月"活动，并开展全面管理活动，1969 年日本设置了质量管理奖，开展全民质量教育。在短短 50 年的时间里，日本坚持质量立国、质量立厂的指导思想，从战后一片废墟中崛起，成为世界上屈指可数的工业发达国家，取得了巨大的经济效益。

由于产品市场竞争的日益激烈，美国产品在世界市场上遇到了来自德国、日本等国产品的严峻挑战，由此美国政府意识到"美国若想在世界上处于领导地位，获得质量领域领导地位的作用是至关重要的——经济上的成功取决于质量"。1984 年美国国会通过决议，规定每年的 10 月为"质量月"，其口号是"质量第一"。另外，英国、法国、挪威、瑞典、加拿大、瑞士、荷兰、澳大利亚和新加坡等国的政府也都先后颁布了质量管理和质量保证活动的政策。

所有这些质量保证活动以及各国实施质量保证国家标准的成功经验实际上都为ISO9000族标准的产生奠定了可靠的实践基础。

2. ISO 9000 质量管理体系标准

ISO是一个组织的英语简称，其全称是 International Organization for Standardization，翻译成中文就是"国际标准化组织"，又称"经济联合国"（现有成员国200多个）。ISO为一非政府的国际科技组织，是世界上最大的、最具权威的国际标准制定、修订组织。它成立于1947年2月23日。ISO的最高权力机构是每年一次的"全体大会"，其日常办事机构是中央秘书处，设在瑞士的日内瓦。

ISO的宗旨是"发展国际标准，促进标准在全球的一致性，促进国际贸易与科学技术的合作"。

ISO现有200多个国家和地区成员。

ISO标准由技术委员会（Technical Committees，简称TC）制定。ISO共有200多个技术委员会，2200多个分技术委员会（简称SC）。

ISO9000是指质量管理体系标准，它不是指一个标准，而是一族标准的统称。ISO9000是由TC176（TC176指质量管理体系技术委员会）制定的所有国际标准。ISO9000是ISO发布的1.2万多个标准中最畅销、最普遍的产品。

ISO/TC176早在1990年第九届年会上提出的《90年代国际质量标准的实施策略》中，即确定了一个宏伟的目标"要让全世界都接受和使用ISO9000族标准，为提高组织的运作能力提供有效的方法；增进国际贸易，促进全球的繁荣和发展；使任何机构和个人，可以有信心从世界各地得到任何期望的产品，以及将自己的产品顺利销往世界各地"。

为此，ISO/TC176决定按上述目标，对1987版的ISO9000族标准分两个阶段进行修改，第一阶段在1994年完成，第二阶段在2000年完成。

1994版ISO9000标准已被采用多年，其中以下三个质量保证标准之一通常被用来作为外部认证之用。

（1）ISO9001:1994《质量体系设计、开发、生产、安装和服务的质量保证模式》，用于自身具有产品开发、设计功能的组织。

（2）ISO9002:1994《质量体系生产、安装和服务的质量保证模式》，用于自身不具有产品开发、设计功能的组织。

（3）ISO9003:1994《质量体系最终检验和试验的质量保证模式》，用于对质量保证能力要求相对较低的组织。

ISO9001:1994标准将质量体系划分为20个要素（即标准中的"质量体系要求"）来进行描述，ISO9002标准比ISO9001标准少一个"设计控制"要素。

2000年12月15日，2000版的ISO9000族标准正式发布实施，2000版ISO9000族国际标准的核心标准共有四个：

（1）ISO9001:2000 质量管理体系——基础和术语；

（2）ISO9001:2000 质量管理体系——要求；

（3）ISO9004:2000 质量管理体系——业绩改进指南；

（4）ISO19011:2000 质量和环境管理体系审核指南。

上述标准中的ISO9001:2000《质量管理体系——要求》通常用于企业建立质量管理体系并申请认证之用。它主要通过对申请认证组织的质量管理体系提出各项要求来规范组织的质量管理体系，主要分为五大模块的要求，这五大模块分别是质量管理体系、管理职责、资源管理、产品实现和测量分析和改进。其中每个模块中又分有许多分条款。随着2000版标准的颁布，世界各国的企业纷纷开始采用新版的ISO9001:2000标准申请认证。国际标准化组织鼓励各行各业的组织采用ISO9001:2000标准来规范组织的质量管理，并通过外部认证来达到增强客户信心和减少贸易壁垒的作用。

二、ISO14000 环境管理体系

（一）ISO14000 环境管理体系的产生

伴随着本世纪中期爆发于一些发达国家的公害事件，人类开始认识到环境问题的出现及其严重性。环境污染与公害事件的产生使人们从治理污染的过程中逐渐认识到要有效地保护环境，人类社会必须对自身的经济发展行为加强管理。因此世界各国纷纷制定各种法律法规和环境标准，并试图通过诸如许可证等手段强制企业执行这些法律法规和标准来改善环境。20世纪80年代以来，大规模的全球环境问题更使人们通过管理自身行为的实践进一步认识到，人类社会的经济发展行为是由人类的发展思想、发展观念、消费方式和发展模式决定的。也就是说，环境问题的出现是人类社会当前发展观的必然结果，如果不摈弃以人为中心的发展观，不提倡和追求人与自然的和谐，一切管理手段都是苍白的。

为实现社会、经济、人口、资源和环境的协调发展和人的全面发展，在世界各国及许多有识之士对人类发展模式及环境保护不断探索的基础上，1987年，前挪威首相布伦特兰夫人领导的环境与发展委员会在《我们共同的未来》中正式提出了"可持续发展"的概念，1992年召开的联合国环境与发展大会又将这一概念进一步阐释为"人类应享有以与自然和谐的方式过健康而富有生产成果的生活权利，并公平地满足今世后代在发展和环境方面的需要，求取发展的权利必须实现。""可持续发展"正成为当今世界的共同追求和指导人类社会发展的实施纲领。

一些工业企业或民间组织纷纷根据可持续发展精神制定相应的政策。如国际商会制定了可持续发展商务宪章，该宪章提出了16项环境管理原则。化学工业推出了"环保责任计划"，该计划目前已经成为化工协会会员资格的必备条件。越来越多的企业加入到绿色产品运动中，越来越多的公众参与到绿色消费浪潮中。一些新的环境管理工具得到了越来越

广泛的应用，如运用产品生命周期评价方法研究产品从"摇篮到坟墓"的环境影响，通过建立企业环境管理体系和进行环境审核提高企业在公众中的形象以获得商品经营支持，以及将废物最小化、清洁生产审计、污染预防等工具和手段引入到企业环境管理中。

正是在这种环境管理国际大趋势下，考虑到各国、各地区、各组织采用的环境管理手段、工具及相应的标准要求不一致，可能会为一些国家制造新的"保护主义"和技术壁垒提供条件，从而对国际贸易产生影响，国际标准化组织（ISO）认识到自己的责任和机会，并为响应联合国实施可持续发展的号召，于1993年6月成立了环境管理技术委员会（ISO/TC207），正式开展环境管理标准的制定工作，期望通过环境管理工具的标准化工作，规范企业和社会团体等组织的自愿环境管理活动，促进组织环境绩效的改进，支持全球的可持续发展和环境保护工作。

ISO14000系列标准集成了各国环境管理实践的精华，使可持续发展思想具体化、技术化，使环境保护与社会经济发展相平衡。该系列标准主要包括环境管理体系、环境审核、环境标志、环境绩效评价、生命周期评估、产品中环境因素导则、术语和定义等几个部分，标准编号为ISO14001—ISO14100，通称ISO14000系列标准。

我国通过建立实施环境管理体系，在环境效益、经济效益和社会效益等方面都取得了显著成效。如减少物耗、能耗，降低了生产成本，增加了企业的经济效益，同时提高了全员的环境意识，树立了良好的企业形象，增强了企业参与国际市场竞争的能力。ISO14001标准带来的巨大效益已引起我国企业界和政府部门的广泛关注和积极响应，越来越多的组织正在加入到实施ISO14001标准的行列中来。

由于认证事业与世界贸易有着越来越紧密的联系，为使ISO14000实施有效地促进环境与经济的协调发展，有力地推动我国与世界各国的经贸关系，必须遵循国际惯例，与国际认可规则保持一致。我国在建立环境管理体系国家认可制度的同时，一直注意与国际管理保持一致。国际认可论坛（IAF）、国际审核员培训与注册协会（IATCA）是国家认可机构和审核员注册机构的国际多边联合组织。环认委于1999年和2000年分别获得IAF和太平洋认可合作组织（PAC，IAF的区域性组织）批准，成为IAF和PAC的正式成员。2000年5月环注委获得IATCA的批准，成为IATCA的正式成员。环认委、环注委正在积极努力地参与国际互认活动，力求与国际同行一道早日促成环境管理体系认证领域的多边互认。

（二）ISO14000环境管理体系标准

ISO14000环境管理体系标准是由国际环境管理技术委员会负责制定的一个国际通行的环境管理体系标准，包括环境管理体系、环境审核、环境标志和生命周期分析等国际环境管理领域内的许多焦点问题。ISO14000环境管理体系标准的目的是指导各类组织（企业、公司）取得正确的环境行为，但不包括制定污染物试验方法标准、污染物及污水极限值标准及产品标准等。该标准不仅适用于制造业和加工业，而且适用于建筑、运输、废弃物管理、维修及咨询等服务业。该标准共预留100个标准号，共分七个系列，其编号为ISO14000—

14100，具体内容参见表 14-1。

表 14-1 ISO14000 系列标准 标准号分配表

	名 称	标 准 号
SC1	环境管理体系（EMS）	14001—14009
SC2	环境审核（EA）	14010—14019
SC3	环境标志（EL）	14020—14029
SC4	环境行为评价（EPE）	14030—14039
SC5	生命周期评估（LCA）	14040—14049
SC6	术语和定义（T&D）	14050—14059
WG1	产品标准中的环境指标	14060
	备用	14061—14100

ISO14000 系列标准是顺应国际环境保护的发展，依据国际经济贸易发展的需要而制定的。目前正式颁布的有 ISO14001、ISO14004、ISO14010、ISO14011、ISO14012、ISO14040 等五个标准，这五个标准及其简介如下。

1. ISO14001（GB/T24001-2004）环境管理体系规范及使用指南规范

该标准规定了对环境管理体系的要求，描述了对一个组织的环境管理体系进行认证/注册和（或）自我声明可以进行客观审核的要求。通过实施这个标准，使相关确信组织已建立了完善的环境管理体系。

2. ISO14004（GB/T24004-2004）环境管理体系原理、体系和支撑技术通用指南

该标准对环境管理体系要素进行阐述，向组织提供了建立、改进或保持有效环境管理体系的建议，是指导企业建立和完善环境管理体系的工具和教科书。

3. ISO14010（GB/T24010-2004）环境审核指南通用原则

该标准规定了环境审核的通用原则，包括了有关环境审核及相关的术语和定义。任何组织、审核员和委托方为验证与帮助改进环境绩效而进行的环境审核活动都应满足本指南推荐的做法。

4. ISO14011（GB/T24011-2004）

该标准规定了策划和实施环境管理体系审核的程序，以判定是否符合环境管理体系的审核准则，包括环境管理体系审核的目的、作用和职责，审核的步骤及审核报告的编制等内容。

5. ISO14012（GB/T24012-2004）环境管理审核指南环境管理审核员的资格要求

该标准提出了对环境审核员和审核组长的资格要求，适用于内部审核员和外部审核员，

包括对他们的教育、工作经历、培训、素质和能力，以及如何保持能力和道德规范都作了规定。

这一系列标准是以ISO14001为核心，也是唯一可用于第三方认证的标准，针对组织的产品、服务活动逐渐展开，形成全面、完整的评价方法。可以说，这一系列标准向各国及组织的环境管理部门提供了一整套实现科学管理的管理体系，体现了市场条件下环境管理的思想和方法。

ISO14000环境管理认证被称为国际市场认可的"绿色护照"，获准通过认证，无疑就获得了"国际通行证"。许多的国家，尤其是发达国家纷纷宣布，没有环境管理认证的商品将在进口时受到数量和价格上的限制。如欧洲国家宣布，电脑产品必须具有"绿色护照"方可入境，美国能源部规定政府采购只有取得认证的厂家才有资格投标。

三、OHSAS18000职业健康安全管理体系

1. OHSAS18000职业健康安全管理体系的产生

OHSAS18000职业健康安全管理体系标准（OHSAS18000全名为Occupational Health and Safety Assessment Series 18000，是一国际性安全及卫生管理系统验证标准）是继ISO9000质量管理体系标准和ISO14000环境管理体系标准后国际社会关注的又一管理体系标准，其目的是运用现代管理科学理论制定管理标准来规范企业的职业健康安全管理行为，促进企业建立预防机制，控制事故的发生等。目前，美国、英国、澳大利亚和日本等国家正在实施，我国也颁布了GB/T28001-2001标准，正在推行。

职业健康安全管理体系（OSHAS）是20世纪80年代后期国际上兴起的现代安全管理模式。它是一套系统化、程序化和具有高度自我约束、自我完善的科学管理体系。其核心是降低事故发生率，降低事故的危害性，保障人员的健康与安全。目前，美国、英国、澳大利亚和日本都要求企业采用现代化的管理模式，使包括安全生产管理在内的所有生产经营活动科学、规范和有效，建立安全健康风险，从而预防事故发生和控制职业危害。这与我国"安全第一，预防为主"的基本工作方针相一致，是当前市场经济下大型国有企业，尤其是大的跨国公司一致采用的安全生产管理体系，具有很高的科学性、安全性和实效性。

20世纪80年代末开始，一些发达国家率先开展了研究及实时职业健康安全管理体系的活动。国际标准化组织（ISO）及国际劳工组织（ILO）研究和讨论职业健康安全管理体系标准化问题，许多国家也相应建立了自己的工作小组开展这方面的研究，并在本国或所在地区发展这一标准，OHSAS18000全名为Occupational Health and Safety Assessment Series 18000，是一国际性安全及卫生管理系统验证标准。OHSAS之所以发展，主要为解决客户群在面对诸多验证机构自行开发的安全及卫生管理系统验证标准时如何取舍的问题，以及取代知名度较高之BS8800（仅为指导纲要，而非验证标准）而成为可正式验证的国际标准。客户常因上述症结未能理清而采观望态度。其实大家都明了安全及卫生管理系统的建置乃

刻不容缓之事，其较诸品质及环境管理系统的建置，虽少了生意导向的诱因，却多了尊重员工生命财产这形象。为了解决上述症结，各大验证机构（如 SGS、BSI、NSAI、Standards Australia、BVQI 和 LRQA 等）乃参考既有安全及卫生管理系统标准（如 ISA 2000、BS 8800、NSAI SR 320、AS/NZ 4801、SafetyCert、OHSMS 和 LRQASMS 8800 等），共同发展出 OHSAS 18000。

1999 年 10 月，国家经贸委颁布了《职业安全卫生管理体系试行标准》（Occupational Safety and Health Management System，简称 OSHMS）。为迎接加入世界贸易组织后国内企业面临的国际劳工标准和国际经济一体化的挑战，规范各类中介机构的行为，国家经贸委在原有工作基础上，于 2001 年 12 月发布《职业健康安全管理体系指导意见》和《职业健康安全管理体系审核规范》。

职业健康安全管理体系审核规范秉承了 ISO14001 标准成功的思维及管理，即 PDCA 职业健康安全管理体系审核规范秉承了 ISO14001 标准成功的思维及管理，即 PDCA 循环，也称戴明环，是由美国著名质量管理专家戴明博士首先提出的。这个循环主要按照这样四个顺序进行质量管理：P（PLAN）——计划；D（DO）——执行；C（CHECK）——检查；A（ACTION）——行动。没有标准化和制度化，就不可能使 PDCA 循环转动向前，且由于职业健康安全管理体系与环境管理体系的密切联系和共通之处，其标准条款及相应要求也具备许多共同的特点。

职业健康安全管理体系已被广泛关注，包括组织的员工和多元化的相关方（如居民、社会团体、供方、顾客、投资方、签约者和保险公司等）。标准要求组织建立并保持职业安全与卫生管理体系，识别危险源并进行风险评价，制定相应的控制对策和程序，以达到法律法规要求并持续改进。在组织内部，体系的实施以组织全员（包括派出的职员和各协同部门的职员）活动为原则，并在一个统一的方针下开展活动，这一方针应为职业健康安全管理工作提供框架和指导作用，同时要向全体相关方公开。

目前，我国的职业健康安全现状不容乐观，如我国在接触职业病危害人数、职业病患者累计数量、死亡数量和新发病人数均达世界首位。尽管我国的经济高速增长，但是，职业健康安全工作远远滞后，特别是加入 WTO 后，这种状况如果不很好地解决，作为技术壁垒的存在，必将影响到我国的竞争力，甚至可能影响我国的经济管理体系运行，因此，我国政府正大力加强这方面的工作，力求通过工作环境的改善、员工安全与健康意识的提高、风险的降低，及其持续改进、不断完善，给组织的相关方带来极大的信心和信任，也使那些经常以此为借口而形成的贸易壁垒不攻自破，为我国企业的产品进入国际市场提供有力的后盾，从而也充分地利用加入 WTO 的历史机遇进一步提升我国的整体竞争实力。

2. OHSAS18000 职业健康安全管理体系标准

1996 年英国颁布了 BS8800《职业安全卫生管理体系指南》。
1996 年美国工业卫生协议制定了《职业安全卫生管理体系》的指导性文件。

1997年澳大利亚、新西兰提出了《职业安全卫生管理体系原则、体系和支持技术通用指南》草案。

日本工业安全卫生协议（JISHA）提出了《职业安全卫生管理体系导则》。

挪威船级社（DNV）制定了《职业安全卫生管理体系认证标准》。

1999年英国标准协会（BSI）、挪威船级社（DNV）和瑞士通用验证集团（SGS GROUP）等13个组织提出了职业安全卫生评价系列（OHSAS）标准，即 OHSAS18001《职业安全卫生管理体系——规范》、OHSAS18002《职业安全卫生管理体系——OHSAS18001实施指南》。

1999年10月13日国家经贸委下发了《关于职业安全卫生管理体系试行标准的通知》（国经贸厅【1999】447号）和《关于开展职业安全卫生管理体系认证工作的通知》（国经贸安全【1999】983号）。

2000年国家经贸委创办了《职业安全卫生管理体系认证》双月刊，成立了指导委员会、机构管理委员会和注册委员会，其目的是全面推动此项工作。

国家经贸委于2001年12月20日发布和实施《职业健康安全管理体系指导意见》和《职业健康安全管理体系审核规范》；国家质量监督检验检疫总局颁布《职业健康安全管理体系规范》（GB/T28001-2001），并于2002年1月1日正式实施，同时加大了推动和推广力度。2002年3月20日国家安全生产监督管理局下达关于印发《职业健康安全管理体系审核规范-实施指南》的通知。2002年6月29日，九届全国人大常委会审议通过了《安全生产法》，以促进企业《职业健康安全管理体系规范》（GB/T28001-2001）管理体系的建立。

第二节　QEO一体化管理体系的建立

随着越来越多已经获得ISO9000质量体系（QMS）认证的组织建立和实施环境管理体系（EMS）和职业健康安全管理体系（OHSAS），并申请第三方认证，许多的组织每年不得不投入相当大的人力、财力、时间资源维持两个或三个管理体系的运行和认证证书的注册资格。自2001年以来，已经有许多的组织考虑对其两个甚至三个管理体系进行部分整合，以便于简化内部管理、提高管理效率。

一、QEO一体化管理体系

1. 一体化管理体系的基本概念

"一体化管理体系"（Integrated Management System），又称"综合管理体系"、"整合型管理体系"等，就是指两个或三个管理体系并存，将公共要素整合在一起，两个或三个体系在统一的管理构架下运行的模式。QEO通常具体是指组织将ISO9000标准、ISO 14000标准和OHSAS 18000标准三位合一。

"一体化审核"则是指认证机构在同一时间，用同一审核组，按同一审核计划，对同一组织已整合运行的两个或两个以上管理体系进行审核。一体化审核适用于多种情况，有许多种组合的方式，如 ISO9001 与 HACCP 的整合、ISO9001 与 ISO14001/ OHSMS18001 整合、TL9000 与 ISO14001 的整合等。

一般认为，无论被审核方的管理体系是整合的一体化体系，还是分立的几个体系，凡是由同一审核主体将被审核方管理体系作为一个整体并同时依据相关的审核准则（包括各认证标准）进行的一次性审核，都属于一体化审核的范畴。按照这种界定原则，由同一审核组在一次审核中通过其内部的分组分别承担不同标准的审核不能称之为一体化审核，只是属于一种"联合审核"。

2. 建立 QEO 一体化管理体系的意义

（1）降低管理和认证费用，促进体系认证工作的开展。
（2）减少管理上的不协调，提高管理效率。
（3）各管理领域可以优势互补。
（4）提供整体解决问题的手段。
（5）有利于在组织内建立质量、环境和职业安全卫生相融合的管理观念。

总之，一体化审核有利于促进组织系统管理体制的形成，并通过对不同体系的审核可以更加全面、更加准确和更加客观地评价组织的综合管理水平，有利于组织采取更为合理的措施，改进整体绩效，实现不断持续改进的目的。

3. 一体化审核的发展趋势

（1）一体化管理体系应成为三个标准的有机融合，而不是三个体系的简单相加。在一体化管理体系建立之前，应该形成 IMS 标准作为建立一体化管理体系的依据。

（2）一体化管理体系建立的目的之一是为了减少工作量，建立一个体系，编写一本手册和一套程序文件，实施统一的内审核管理评审。一体化审核应由一次审核、三张证书向一次审核、一张证书（IMS 证书）过渡。

（3）培养"三项全能"的一体化审核员将成为认证机构、培训机构的培训重点。质量、环境、职业健康和安全的单项审核/认证与一体化审核/认证将长期并存；在多数行业中，特别是高风险行业，单项审核/认证将逐渐被一体化审核/认证所替代。

二、ISO9001、ISO14001 和 OHSAS18001 之间的联系

ISO9001、ISO14001 和 OHSAS18001 之间的联系参见表 14-2。

表 14-2　ISO9001、ISO14001 和 OHSAS18001 之间的关系

OHSAS 18001	ISO 14001	ISO 9001
1. 范围	1. 范围	1. 范围 1.1 总则 1.2 应用

（续表）

OHSAS 18001	ISO 14001	ISO 9001
2. 规范性引用文件	2. 引用标准	2. 引用标准
3. 术语与定义	3. 定义	3. 术语和定义
4. 职业健康安全管理体系要素	4. 环境管理体系要求	4. 质量管理体系
4.1　总要求	4.1　总要求	4.1　总要求 5.5　职责、权限与沟通 5.5.1　职责和权限
4.2　职业健康安全方针	4.2　环境方针	5.1　管理承诺 5.3　质量方针 8.5　改进
4.3　策划	4.3　规划（策划）	5.4　策划
4.3.1　对危险源辨识、风险评价和风险控制的策划	4.3.1　环境因素	5.2　以顾客为关注焦点 7.2.1　与产品有关的要求的确定 7.2.2　与产品有关的要求的评审
4.3.2　法规和其他要求	4.3.2　法律及其他要求	5.2　以顾客为关注焦点 7.2.1　与产品有关的要求的确定
4.3.3　目标	4.3.3　目标和指标	5.4.1　质量目标
4.3.4　职业健康安全管理方案	4.3.4　环境管理方案	5.4.2　质量管理体系策划
4.4　实施与运行	4.4　实施与运行	7. 产品实现 7.1　产品实现的策划
4..4.1　结构和职责	4.4.1　组织结构和职责	5. 管理职责 5.1　管理承诺 5.5.1　职责与权限 5.5.2　管理者代表 6. 资源管理 6.1　资源提供 6.2　人力资源 6.2.1　总则 6.3　基础设施 6.4　工作环境
4.4.2　培训、意识和能力	4.4.2　培训、意识和能力	6.2.2　能力、意识和培训
4.4.3　协商与沟通	4.4.3　信息交流	5.5.3　内部沟通 7.2.3　顾客沟通
4.4.4　文件	4.4.4　环境管理体系文件	4.2　文件要求 4.2.2　质量手册
4.4.5　文件与资料控制	4.4.5　文件控制	4.2.3　文件与控制

（续表）

OHSAS 18001	ISO 14001	ISO 9001
4.4.6　运行控制	4.4.6　运行控制	7.　产品实现 7.1　产品实现的策划 7.2　与顾客有关的过程 7..2.1　与产品有关的要求的确定 7.2.1　与产品有关的要求的评审 7.3　设计和开发 7.3.1　设计和开发策划 7.3.2　设计和开发输入 7.3.3　设计和开发输出 7.3.4　设计和开发评审 7.3.5　设计和开发验证 7.3.6　设计和开发确认 7.3.7　设计和开发更改的控制 7.4　采购 7.4.1　采购过程 7.4.2　采购信息 7.4.3　采购产品的验证 7.5　生产和服务的提供 7.5.1　生产和服务的提供的控制 7.5.2　生产和服务的提供过程的确认 7.5.3　标识和可追溯性 7.5.4　顾客财产 7.5.5　产品防护
4.4.7　应急准备和响应	4.4.7　应急准备和响应	8.3　不合格品控制
4.5　检查与纠正措施	4.5　检查与纠正措施	8.　测量、分析和改进
4.5.1　绩效测量和监视	4.5.1　监测和测量	7.6　监视和测量装置的控制 8.1　总则 8.2　监视与测量 8.2.1　顾客满意 8.2.3　过程的监视与测量 8.2.4　产品的监视与测量 8.4　数据分析
4.5.2　事故、事件、不符合、纠正和预防措施	4.5.2　不符合、纠正与预防措施	8.3　不合格品的控制 8.5.2　纠正措施 8.5.3　预防措施
4.5.3　记录与记录管理	4.5.3　记录	4.2.4　记录控制
4.5.4　审核	4.5.4　环境管理体系审核	8.2.2　内部审核
4.6　管理评审	4.6　管理评审	5.6　管理评审 5.6.1　总则 5.6.2　评审输入 5.6.3　评审输出

三、ISO9001、ISO14001 和 OHSA18001 之间的共性和差异

（一）三个标准的共性

三个体系三套标准的共性主要反映在五个方面，即总思路一致、总要求一致、总框架一致、运行模式一致和控制方法一致。这五个"一致"奠定了三个体系整合的基础。

1. 总思路一致

首先，三个体系都是管理性标准而非技术性标准，均以优化管理为目的，向组织提供标准化的管理模式和实施方案；其次，三个体系都是组织整体管理体系的一部分；再次，三个体系都是可以第三方认证的标准，国家对体系审核、认证的管理工作基本一致，共同遵守 ISO19011 审核指南，都有中国认证机构国家认可委员会（China National Accreditation Board for Certifiers，简称 CNAB）进行统一的协调管理工作。

2. 总要求一致

三个体系均要求组织在其内部建立并保持一个符合标准要求的管理体系，由方针、策划、实施与运行、检查和纠正措施、管理评审等五个部分的 10 余个要素构成。通过这些要素的有机结合和有效运行使组织行为得到持续改进。

3. 总框架一致

三个体系的术语、要素、框架十分相近。此外，三个体系的文件化管理体系的建立要求基本一致，通常由管理手册、程序文件、作业规程以及记录表格构成，其文件层次、格式、编码可采用统一模式。

ISO9001 标准共 8 个章节 22 个条款，有 6 个通用程序文件。其他程序根据企业自身需求编制程序。从标准本身 22 个条款来看，一般可确定 21 个程序文件以上；ISO14001 标准共 4 章 17 个要素，一般可确定为 18 个程序以上；OHSAS18001 标准共 4 章 17 个要素，一般可确立为 23 个程序以上。若将三类标准整合一体化管理体系，必须以 ISO9001 标准为平台，将三个标准框架结构相同的部分合并，如 ISO9001 有 6 个应形成的程序，即文件控制程序、记录控制程序、内部审核程序、纠正措施程序、预防措施程序和管理评审程序。这 6 个程序是三类标准共享的程序，完全可以合并或兼容。另外，ISO14001 和 OHSAS18001 两个标准中又有 5 个共享程序也可以合并，专业性条款或专业性要素需要单独建立程序文件。在这里需要说明的是，有的标准条款相同，但内容不同。如三个标准提出的方针和目标名词相同，但针对性就不一样了，所描述的内容就不同了。这些相似的内容要进行整合。

4. 运行模式一致

三个体系均遵循 PDCA 运行模式，通过 P、D、C、A 过程方法，实现管理体系的总要求，实现持续改进的终极目标。

5. 控制方法一致

三个体系均通过定期内部审核和管理评审，找出组织在体系运行中存在的问题，实施不符合三个体系的要求、纠正预防措施，保障体系有效运行，并通过实施第三方认证、监督审核实现对顾客、对社会和对员工的承诺。

（二）三个标准的差异

1. 三个标准的对象不同

ISO9001标准对象是针对质量管理体系，ISO14001标准对象是针对环境管理体系，OHSAS18001标准对象是针对职业健康安全管理体系的。

2. 三个标准所关注的焦点不同

ISO9001标准是以顾客为关注焦点，ISO14001标准则以环境因素为关注焦点，OHSAS18001标准则以危险源为关注焦点。

3. 三个标准的落脚点不同

ISO9001标准落脚点是产品质量，ISO14001标准落脚点是减少环境污染，OHSAS18001标准落脚点是安全生产活动。

4. 三个标准的最终结果不同

ISO9001标准最终结果是解决企业生存和发展问题；ISO14001标准最终结果是解决社会持续发展和企业对社会责任感的问题，OHSAS18001标准最终结果是解决安全生产持续改进的问题。

5. 三个标准的目标不同

ISO9001标准是以顾客满意或超越满意为目标，ISO14001标准是以社会和相关方满意为目标，OHSAS18001标准是以员工满意为目标。

四、建立文件化的管理体系

建立QEO三标一体化管理体系的关键是处理好三个标准的关系，目前绝大多数通过贯标认证的企业所建立的QEO三标一体化管理体系是以质量管理体系ISO9001标准为基础平台，通过过程方法、系统方法的应用，融合各管理体系的相关内容，将环境管理体系ISO14001和职业健康安全管理体系OHSAS18001标准的17个要素内容导入，最终成为整合型管理体系。

公司QEO三标一体化管理体系文件的构架通常成金字塔形，最上层是管理手册（A级文件），第二层是程序文件（B级文件），第三层是作业规程（C级文件），最底层是记录（D级文件）。

文件化的管理体系建立之后，企业贯标的工作重点应转到实施和保持上。

由于管理项目不同，C级文件具有较强的特殊性，所以在此仅将具有行业通用意义的A级文件（即管理手册）、B级文件（即程序文件）及部分D级文件（即记录表格）示出，供大家参考。

（1）管理手册：A级文件，是公司文化管理体系的总括。它阐明公司QEO一体化管理体系的基础以及体系过程之间的相互联系与接口。

（2）程序文件：B级文件，是A级文件的展开与支持，主要描述对管理体系要素如何实施与控制。

（3）作业规程：C级文件，是B级文件的展开、支持与细化。主要描述一项具体活动怎样进行或进行的依据、要求、规定和规范。C级文件是各部门具体实施的操作性文件。

（4）记录：D级文件，是提供证据的鉴证性材料。

五、QMS、EMS和OHSMS三个管理体系整合的基本方法

三个管理体系的整合通常需要经过几个步骤，要经历从组织整合、文件整合、作业整合到持续改进整合等。然而即使是这样也许仅仅是两个或三个管理体系的部分整合，真正意义上的完全整合有赖于组织有关方面经验的积累，以及推行管理体系整合的决心和效果。

（一）组织机构与职责的整合——组织整合

1. 组织机构和职责划分的重新设置

三个管理体系的整合首先要从组织内部有关管理体系的组织机构入手。由于质量管理体系通常没有包含组织所有的部门，特别是与质量管理没有直接关系的生产辅助部门、后勤部门及相关现场，但是环境管理体系和职业健康安全管理体系必须是全员参与，即管理体系包括组织的全体员工和所有的部门，因此，在进行三个管理体系整合时需要重新考虑管理体系的组织机构设置。质量管理体系虽然不必涵盖所有的部门，但需要在整合的管理体系组织机构图中明确注明。

整合的管理体系的职责需要重新划分。绝大多数组织质量管理的归口部门与环境、安全、卫生管理的归口部门不同，而相对来说质量管理的职责划分通常是比较全面的。在进行三个管理体系整合时，必须将已有的质量、环境、安全、卫生管理职责重新整理，从管理体系整合的角度归并组织的职责描述，尤其是应考虑将三个管理体系的管理职能合并到一个主管部门，以便于统筹管理体系运行，减少组织因多头管理造成的低效和内耗。

2. 内审员双重或三重资格培训和多体系参与

内审员是组织内部建立、整合和维护三个管理体系的主要力量。在三个管理体系未整

合之前，组织的质量管理内审员与安全卫生管理内审员几乎不会由同一个人兼任。但是，如果组织要实现两个或三个管理体系的整合，则内审员必须具备多重资格，能够同时参与质量、环境、职业健康安全管理体系的运行、维护，并承担两个或三个管理体系的联合内部审核工作，以及接受外部认证机构的一体化审核。

3. 管理体系主管部门应配置必要的人力资源

组织为了进行三个管理体系整合将设立三个管理体系的归口主管部门，但该部门必须具有相应的人力资源。主管部门要负责质量、环境、职业健康安全管理体系的整合、运行，并组织应对外部审核，因此，需要配置懂得企业管理、质量管理、环境管理、安全管理、卫生管理、体系和认证管理等的有关人员，至少需要 3 名具有丰富的体系管理经验的专职人员维持三个管理体系的日常运行和认证资格。

（二）文件化体系的整合——文件整合

1. 关于管理手册

管理手册的主要内容是描述有关标准要求和组织机构与职责划分，由于 ISO9001 标准的结构形式和条款编号与 ISO14001 标准和 OHSAS18001 标准的结构形式和条款编号相差很远，因此，要编写三个管理体系统一的管理手册有一定的困难。与此相反，环境和职业健康安全管理体系的标准无论结构、形式、条款名称和要素编号都非常相似，完全有可能进行整合编写，故组织通常更容易将环境和安全管理手册合并为一册，而另册编写其质量手册。

如果组织希望将三个管理体系的手册合并，则通常要以 ISO9001:2000 版标准为基本模式，按照 PDCA 循环的规律和标准各个条款的功能插入环境和职业健康安全管理体系标准的相应要求。但是，这样做一定要避免在三合一管理手册的描述中缺失有关 ISO14001 标准和 OHSAS18001 标准的有关要求。

2. 关于程序文件

与 ISO9000-1994 族质量管理体系标准相比，ISO9001:2000 版标准更容易与环境和职业健康安全管理体系进行程序文件的整合。由于经过修订的 2000 版质量管理体系标准比原有的 1994 版标准更加强调 PDCA 循环，而其明确规定需要编写程序文件的条款已经减少到了 6 个，使不同性质的组织的质量管理具有更加广阔的自主空间，也为与环境和职业健康安全管理体系的兼容提供了更大的可能性。

根据质量、环境、职业健康安全管理体系三个标准的要求，可以考虑编写质量、环境、职业健康安全管理程序文件——管理体系程序文件。也就是将三个标准中规定需要建立程序文件的条款进行整合（大约有 11 个条款），编写出一套三合一程序文件。其中环境与职业健康安全管理体系的大部分要素（约 75%）可以合写一个程序文件，包括：法律与其他要求（4.3.2），目标（指标）和管理方案（4.3.3 和 4.3.4），培训、意识与能力（4.4.2），协商与沟通（4.4.3），文件与资料控制（4.4.5），运行控制（4.4.6），应急准备和响应（4.4.7），记录与记录管理（4.5.3），审核（4.5.4）等。不太适宜合并编写的要素主要是：环境因素与危险源辨识、风险评价和风险控制的策划（4.3.1），绩效测量和监视（4.5.1），不符合、纠正与预防措施和事故、事件、不符合纠正和预防措施（4.5.2）三个要素。由于运行控制（4.4.6）和应急准备与响应（4.4.7）本身又是由多个程序文件组成的，基本上有30%的内容可以合写，因此，环境与职业健康安全管理体系的程序文件合写比例在50%左右。

通常质量管理体系的文件与控制（4.2.3）与上述文件与资料控制（4.4.5）、记录控制（4.2.4）与上述记录与记录管理（4.5.3）、质量目标（5.4.1）与上述目标（指标）和管理方案（4.3.3和4.3.4）、内部沟通（5.5.3）与上述协商与沟通（4.4.3）、人力资源（6.2）与上述培训、意识与能力（4.4.2）、内部审核（8.2.2）与上述审核（4.5.4）、纠正措施（8.5.2）、预防措施（8.5.3）与上述不符合、纠正与预防措施（4.5.2）8个条款，或者说质量管理体系中6个需要程序文件的条款，有5个可以与环境和职业健康安全管理体系的程序文件整合编写。此外，一些质量管理体系涉及的现场管理要求也可以与环境、健康、安全的现场管理要求合并，如对于材料和化学品的储存、堆放和标识管理，对于供方和承包方的调查、评价和选择管理，对于设备和设施的管理，对于仪器和仪表的校准和维护管理，对于组织设计和过程更改的管理等。因此，应该结合本组织的实际情况充分考虑可行性和可操作性，在组织已有的质量管理惯例的基础上，最大限度地兼容环境和职业健康安全管理要求。

3. 关于第三层次文件

对于第三层次文件即组织的作业指导书或操作规程来说，由于不受必须按照要素进行描述的约束，因此完全可以将两个或三个管理体系的现场操作文件按照岗位的需要进行合并编写，从而大大减少了文件管理的工作量，也方便了作业现场的使用。

（三）管理体系运行整合——作业整合

文件整合是作业整合的基础。由于有了文件化体系的整合，就有可能将三个管理体系的运行、维护、现场管理活动、改进等进行合并作业整合。

1. 管理策划的协调一致

无论是质量目标、职业健康安全目标、环境目标和指标都需要定期更新。随着组织的活动、产品、服务的变化，机构和职责的调整，新的法律法规颁布等情况的发生，组织需要定期或不定期地更新或修订其过程控制方法、重要环境因素、重大风险或不可承受风险等。为了与时俱进，不断适应市场竞争的需要，组织还需要不断地提出更高的经营目标，其中也包括与管理体系目标有关的内容，如原辅材料消耗定额、不合格品率、重大工伤事故发生率、重大交通事故发生率、重大财产损失率和劳动生产率等，三个管理体系的整合应体现在管理体系策划（方针、目标和管理对象）的协调一致，以及与组织经营目标的协调一致。

2. 三个管理体系运行和维护同步实施

管理体系的运行和维护通常包括培训、日常运行、监视和测量、不符合纠正和预防措施、内部审核、管理评审、文件修改和一体化监督审核等内容。作业整合就是将三个管理体系的上述各个过程同步实施，以简化组织内部管理的步骤，减少三个管理体系维护的人力、时间、资金等资源投入。

3. 持续改进共同提高

持续改进是三个管理体系提出的要求，也是组织内部管理和自我发展追求的目标。国际标准中持续改进的含义是：通过改进和强化管理体系达到提高组织各种绩效的目的。

总之，三个管理体系的整合需要从部分整合向全面整合发展，它不仅仅是管理体系文件的整合，也不是简单的管理职责合并。管理体系整合的目的是全面提升组织的内部管理水平，通过提高管理效率达到提高经济效益的最终目的。

第三节　物业服务企业QEO管理体系的实施

一、物业服务企业贯标的特点

在物业管理相关政策法规逐步完善，社会对物业管理服务需求逐渐明确的今天，如何能在竞争中发挥优势和站稳市场已成为物业服务企业必须思考的问题，越来越多的物业服务企业选择用ISO9001标准作为规范自身服务行为、提高管理水平的途径（俗称贯标）。然而，标准与物业管理行业要求能否统一，坚持质量管理原则是否可以使企业服务行为逐步规范，管理水平逐步提高，实现健康发展的目标，这是许多物业服务企业的领导者疑惑的问题。下面我们从ISO9001的八项质量管理原则与物业管理行业的实际特点是否相宜来寻找答案。

1. 以顾客为关注焦点，以满意为工作目标

物业管理提供的产品是服务，接受产品的顾客是业主与物业使用人（统称为业户）。越来越多的人开始接受业户作为顾客或者消费者的思想，接受"服务"这一特殊产品需要支付相应的费用来购买。然而，把"服务"的供与需看做是一种纯粹的买卖关系，看做是通过货币交换就可以完成产品交易的想法是不现实的，也是行不通的。其中最突出的一点就是"服务"产品的无形化和产品中包含的情感投入与交流，这一点是我们通常意义上的物质类"产品"所不具备的。业户的主观评价直接关系到"服务"产品合格与否，关系到业户支付"服务"产品费用的多少，因此，一些企业将"用户至上"作为服务宗旨。此外，在作为物业管理行业标准之一的《全国物业管理示范住宅小区（大厦、工业区）标准》（建

住房物〔2000〕008号）中也将"定期向业主和使用人发放物业管理服务工作征求意见单、对合理的建议及时整改、满意率达95%以上"作为达标内容之一，这恰恰与ISO9001标准所强调的"组织依存于其顾客"的原则不谋而合。

"组织依存于其顾客"作为ISO9001标准的第一管理原则，包含了两层意思：一是表明企业的生存取决于顾客，失去了顾客的满意，就失去了企业生存的基础；二是企业要关注顾客的需求，通过对顾客满意程度的监测，把顾客的需求转化为改进物业管理服务工作的动力。

2. 强调领导作用，重视全员参与

由于物业服务企业普遍存在着人员流动性偏大、基层员工文化水平偏低、工作时间不集中和工作场所分散等特点，这就更需要领导者创造一个比较宽松、和谐、有序的环境，并保证上至最高层管理者、下达最基层员工的各层级间交流与沟通渠道的畅通。同时，领导者还要为员工提供到位资源、培训的机会，并承认员工为企业发展所做出的贡献。只有目标、方向、职责明确，交流和沟通畅通，才能使物业服务企业提高管理水平和工作效率。

"领导作用，全员参与"（ISO9001标准的第二项管理原则、第三项管理原则）相互依托、缺一不可。强调领导的作用，重点是强调领导的决策能力、协调能力、沟通能力、洞察能力和解决问题的能力。强调领导的作用绝不是提倡领导者的个人独断，领导者应鼓励员工参与企业发展规划，集思广益，实行民主决策和科学决策，使决策能在企业内部得到有效沟通和充分理解。事实上，物业服务企业通过遵循这两项管理原则将使企业自上而下目标高度一致，并能有效地减少因人员流动、工作时间不集中及工作场所分散等行业特点所带来的工作不到位的问题，是企业实现总目标的关键保障。

3. 重视每个环节，控制每项接口

"过程方法"和"管理的系统方法"（ISO9001标准的第四项管理原则、第五项管理原则）是一套科学的管理方法。该方法将每一项工作过程分为四个步骤，即策划、运行、监督和测量、持续改进（英文缩写为PDCA），并对这四个步骤进行分段控制，形成步步相连的过程链。对一个工作过程先策划好该怎样进行，然后根据策划结果组织实施，实施后进行检查，根据检查情况进行改进，再根据改进情况开始新一轮的策划，周而复始，循环上升。

采取"过程管理"是ISO9001标准的核心。在传统的管理中，对结果的关注远远大于对过程的关注，或多或少地存在着重策划、轻检查，重实施、轻改进的现象。实际上结果管理相对简单，评价也较为直观，而过程管理就复杂得多，首先是分析一个好的结果需要哪些要素促成，还要分析各个要素的实施方式和效果，如果没有缜密的思维和可靠的数据资料是比较难做到的。同时，应当看到结果是单一有限的，但过程方法是可以无限优化的，对过程的优化就是对结果的优化，关注过程就是关注结果，就是关注效率和效益，这一点对以服务为产品的物业服务企业尤为重要。

此外，在物业管理过程中，输入和输出有时是有形的（如设备、材料），但多数情况下是无形的（如信息、服务）。通常情况下，最高领导者通过（内部）垂直管理，将期望的输出结果分配给各个部门，各部门再将其分解到相关岗位，形成一条内部工作过程链。这个过程链只反映了纵向接口（内部）问题，而体现不出各部门间的横向接口（内部）问题，同时，最终顾客和其他相关方（外部）的作用也不能直接反映到过程中。所以，最高领导者往往更关注内部目标的完成情况，而忽视了内部横向接口、外部在过程中发生的问题。

ISO9001 标准的过程方法引入了平台管理模式。这一管理模式打破了部门之间、内外之间的界限，将他们的关注点统一到组织的总目标上，形成上下贯通、内外兼顾的网络式管理平台。组织通过管理平台对内部过程进行全方位的控制。平台上的不同部位的控制重点与要求应是不同的。对点（可理解为组织内部的各个岗位）的控制重点是无条件执行，对线（对线可理解为组织内部上下级之间，横线可理解为组织内部部门之间和组织内部与相关方外部之间）的控制重点是保证畅通不断；对构成点与线的面（可理解为组织的总目标）的控制重点是保持平稳不扭曲。通过对网络管理平台中点、线、面的控制可以实现组织整体业绩的持续改进。

4. 保持优势，持续改进

时代在前进，任何一个企业的管理目标、管理方法、管理重点和具体措施不可能一成不变。对一个追求卓越的企业而言，不是把自身的管理和产品维持在现有水平上，而是全力推动持续改进工作，使企业的产品满足市场变化的需要，满足顾客不断变化的需要。

"持续改进"作为 ISO9001 标准的第六项管理原则，同时也是过程方法中的最后一个环节，它是企业的永恒主题和终极目标。对一个期望保持优势、健康发展的物业服务企业而言，关键不在于本身存在多少问题，而在于是否有识别、分析、解决问题的能力，是否有改进、创新的能力。

由此可见，物业服务企业要想生存、发展，除期望通过政府立法对相关问题予以明确和规范，使各阶层的不同利益能够得到充分协调和有效保障外，企业对自身的约束与规范是十分重要的，它关系到企业的生死存亡。企业必须建立一种运行机制，能够随时寻找自身的弱点，采取措施、持续改进。一个企业无论存在什么问题，只要能坚持持续改进，即使设定的改进措施只取得部分成功，也会使企业前进一步。明智的企业领导者不会放过任何一个能促使企业进步、提高和完善的机会。成功的企业都是在管理上集中精力发现问题、解决问题，并在原有改进的基础上不断寻求新的改进，通过日积月累，使企业发现问题、解决问题的能力逐渐提高，企业的管理就会不断进入新层次。

5. 实事求是，科学决策

在当今企业中，领导者主观决策时时可见，这在一些家族式企业或初期业绩增长较快的企业中更显突出。有些决策者认为自己的决策模式是"经验决策",把对已发生事件成功的解决方式作为决策依据。一旦时间、地点、条件和因果关系等发生变化,决策就会出现偏差,甚至失误。

"基于事实的决策"(ISO9001标准的第七项管理原则)要求收集企业内外的信息,并对所收集的信息进行正确分析,确保数据和信息的精确、可靠。决策者通过数据分析结果加上经验判断,最终做出决策。事实决策比主观决策更科学、更合理、更准确。当然,这些需要管理制度的保证,需要网络管理平台的支撑,需要"点"的责任心和"线"的顺畅,需要决策者多角度、全方位的正确判断。

6. 互惠互利,处理好供需关系

物业管理服务过程中的供应链通常可以表为供方→组织→顾客。即供方为组织提供产品,组织为顾客提供产品。物业管理行业的供方不仅包括提供维修材料设备的供应商,还包括一些可提供服务的分包方,如电梯维护、专业保安、保洁和绿化等,这些供方提供的产品质量会直接关系到物业服务企业为顾客提供的最终质量,关系到顾客对物业管理服务的满意度,关系到企业能否持续稳定地提供给顾客满意的产品。因此,对供方不能只讲控制,不讲合作互利,特别是对产品质量起关键作用的供方更要建立互利关系。通过建立这种"互利供方关系"(ISO9001标准的第八项管理原则),可以增强供需双方创造价值的能力,提高对变化莫测的市场做出联合一致反应的速度和灵活性,使双方成本和资源最优化,从而达到双赢。

由于ISO9000族标准与物业管理行业标准具有高度的融合性,通过坚持八项管理原则,可以使企业服务行为逐步规范,管理水平逐步提高,具体事务责任到人,过程控制有据可查,并通过内外结合的监督机制和持续改进的自我完善机制保证企业实现健康发展的目标。正如ISO9000族标准在其"技术和术语"中表述的那样,该标准适用于"通过实施质量管理体系寻求优势的组织"。

二、物业服务企业贯标流程

为便于理解,将贯标流程及每一阶段的主要内容列入贯标流程主要内容。

1. 前期咨询

由物业服务企业的总经理(最高管理者)指定有关部门进行前期咨询,聘请QEO三标一体化管理体系专业顾问,协助建立文件化的管理体系,指导管理体系在本企业的运行。

2. 任命管理者代表

由物业服务企业的总经理(最高管理者)任命管理者代表,其职责是负责管理体系的建立、实施、保持和改进,主持管理体系文件的编制、实施,组织内部审核组对管理体系的运行情况进行监督检查，处理与管理体系运行有关的问题，协助总经理（最高管理者）做好管理评审等。

3. 建立文件化管理体系

建立文件化管理体系包括管理体系文件的编制、审核、批准、发布等几个阶段，具体执行《文件控制程序》。管理体系文件（试用版）发布标志着企业管理体系开始（试）运行。

4. 内部审核员的培训

在管理体系文件编制期间，企业选派业务骨干外出接受QEO一体化管理内部审核员的培训，培训合格后获取《内审员证书》；在管理体系运行前由物业服务企业的总经理（最高管理者）任命企业内部审核员。

5. 员工培训

员工培训分三个阶段：（1）在管理体系运行之前，物业服务企业的总经理（最高管理者）主持召开全员贯标大会，从思想上、意识上为管理体系在企业的推行做好准备；（2）在管理体系文件发布后，管理者代表组织企业员工进行管理体系管理手册和程序文件的贯彻培训；（3）各部门在获得管理体系文件后，组织部门员工对作业规程进行培训，培训应多层次、全方位的开展，直至员工基本都能理解和掌握文件的要求。

6. 管理体系试运行

管理体系文件发布后，开始进入试运行阶段。试运行阶段时间为1个月左右，其目的一是为了检验管理体系文件的适宜性和有效性，二是为了让员工养成严格按文件执行的习惯，为管理体系在企业的正式推行打好基础。

7. 第一次内部审核

试运行阶段结束后，管理者代表应组织内部审核组对管理体系的试运行情况进行第一次内部审核。若认为运行时间尚短，无法对其充分性、适宜性和有效性进行评价，可不进行第一次内部审核。内部审核具体执行《内部审核控制程序》。

8. 修改完善体系文件

试运行1个月左右时，管理者代表应组织各部门经理对管理体系文件进行一次全面修改。修改内容包括：去掉不适宜的文件，增加遗漏的文件，修改文件中不充分、不全面、不适宜、不易操作与评价的内容。修改后的管理体系文件（正式版）应更符合企业的实际情况，更充分明了、严谨规范，更具有可操作性、可检查性和可评价性。

9. 管理体系的运行

文件完善后，管理体系转入正式运行期。对管理体系实施运行的基本要求包括：（1）严格按文件工作，严禁随意作业、不按规程工作；（2）严格依照工作的实际情况进行记录，严禁弄虚作假；（3）不允许出现抵触管理体系推行的现象。

10. 第二次内部审核

在管理体系运行两个月左右的时间时，管理者代表应组织内部审核组进行第二次内部审核。此次审核的重点包括：发现执行中出现的不合格，发现体系文件的不适宜，有针对性地帮助员工解决推行中的各类问题，锻炼内部审核员。第二次内审后，应依据审核结果进一步修正、完善管理体系文件。

11. 预审核

当管理体系实际有效平稳地运行了3个月后，由物业服务企业的总经理（最高管理者）决定企业向QEO三标一体化管理体系认证机构提请认证申请并预约好认证前的预审核。

认证预审由企业提前两个星期向认证机构报送企业管理体系的A级文件（管理手册）和B级文件（程序文件），经认证机构审核通过后，双方约定好预审的时间。

全体员工均应预审时恪守职责、认真工作，以确保预审的顺利进行。

预审完毕后，依据认证机构审核员的审核意见进一步修改管理体系文件。

12. 现场认证审核

预审通过后，根据认证机构确定的现场认证审核的时间来积极准备现场认证审核。物业服务企业的总经理（最高管理者）应亲自组织安排认证的准备工作。现场认证的准备工作包括：整理好所有的原始记录，整理好所有的文件，按文件规定整理好所管理物业的硬件设施，以良好的精神风貌和工作状态迎接认证审核。

13. 管理体系的持续改进

QEO三标一体化管理体系是一个需要持续改进的体系。最高管理者应视企业的发展情况不断地改进和完善管理体系，建立"三级监控"机制（日常检查、内部审核和管理评审），保证管理体系的持续改进。

三、物业服务企业贯标应注意的问题

自1994年ISO9000族标准进入我国成为国家标准至今已走过了10余年。贯标为综合提升企业的管理水平做出了一定的贡献。然而，并不是所有的企业都能成为ISO9000族标准中提到的"通过实施质量管理体系寻求优势的组织",究其原因,主要有以下几个方面。

1. 端正动机是贯标的前提

为什么贯标是每个组织决策者应当搞清楚的问题。有些企业贯标是为证书而认证,等到证书到手又一切恢复原貌,原来怎么做,依然如故,这些认为贯标就是应对认证机构的检查,贯标的主要工作就是整理文件、资料,就是对照标准找支撑材料。诚然,ISO9000族标准强调要用文件、记录来支持、验证质量体系运行的符合性和有效性,但这些文件、记录应该是在体系的运行过程中自然形成的,而不是事后套用编写出来的。企业为应付认证机构的监审、复审往往采取会战形式,抽调骨干,突击培训,补文件、补记录,精心挑选恰当的审核线路,让不符合标准要求的现场、不了解体系运行的员工回避认证机构的现场审核等。这样做不仅浪费了企业的管理资源,而且还大大增加了认证的成本,更重要的是这种做法的贯标丝毫不能提高企业的管理水平和竞争力,也不可能通过改善内部的管理来更好地满足顾客、社会、员工等相关方面的需求。

贯标不等于认证。贯标是一个过程,是企业决定按标准要求自身管理行为起每时每刻都在进行着的过程;认证是一个结果,是在一个相对较短的时间段内由认证机构对企业贯标过程的验证。如果只是一味地看重证书的作用,认为获得证书就拿到了市场的准入证,而忽略了过程才是贯标的关键,这既不符合企业发展的长远利益,也违背了ISO9000族标准的基本要求。正确的贯标动机只能是有效改善企业的管理水平,满足顾客、社会、员工等相关方面的需求。

2. 全员参与是贯标的保证

"领导作用,全员参与"被列为八项管理原则的第二项和第三项,说明二者的重要程度。如果说"领导作用"是贯标的基础,那么"全员参与"就是贯标的保证。从某种意义上来说,"全员参与"更需要企业决策者的高度重视。

目前,我国的企业在贯标过程中的通常做法是确定认证目标以后,成立一个专门的机构或安排专人(如贯标小组、管理者代表)编制本企业(质量)管理手册和程序文件,并负责协调质量体系的运行、检查和监督,企业的其他相关部门则指定一个或几个人员负责本部门作业规程(文件)的编写、联络和协调工作。所有的贯标工作都由贯标机构和贯标员去做,其他人员(包括单位的主管领导)既不学习标准及本企业的(质量)管理手册和程序文件,也没有明确自己在管理体系中的职责和权限,更谈不上按照标准和文件的要求开展本岗位工作了。

没有全员参与的管理体系只能是纸上谈兵。这里要搞清楚几个问题。一是全员的概念。全员,顾名思义,就是全体员工,上至最高管理者,下至最基层员工。二是参与的含义。不同层级的员工,其岗位不同,参与点也不尽相同。如最高管理者需参与决策、制定方针目标、批准文件发布、提供到位的资源、组织管理评审等;管理者代表需要建立、实施并保证管理体系的有效运行；各部门负责人负责落实本部门所负职责，督促和检查管理体系在本部门的有效运行等。

如果企业决策者已经搞清楚了"为什么贯标"这个问题，该企业的管理体系必将会覆盖企业绝大多数的管理过程（由于我国对企业的财务管理有较完善的管理、监督机制，因此绝大多数企业在贯标中不将财务管理纳入体系），涉及纳入体系管理的每个岗位、每项过程。因此每个岗位、每个员工均应做到了解管理体系构成、熟记管理方针、明确本岗位职责，保证管理体系在本岗位的有效运行，并对本人所填报记录的真实性、准确性和完整性负全责。只有这样才能保证管理体系在企业内部有效运行，促进企业的良性发展，实现企业贯标的初衷与目标。

3. 符合实际是贯标的关键

确切管理体系的持续适宜性、充分性和有效性是衡量企业是否符合标准的三个决定性要求。

适宜性就是要符合实际，符合实际是贯标的关键。以一个物业服务企业建立的质量管理、环境管理、职业健康安全管理三标一体化管理体系为例，主要从以下五个方面判断其是否符合实际。

（1）方针、目标指标和管理方案与服务过程是否相适宜，与各岗位的职责分工是否相适宜；重要环境因素与所处环境是否相适宜；重要环境因素与所处环境是否相适宜，重大危险源与所采取的控制措施是否相适宜。

（2）组织机构、职责、权限和作用与管理体系的运行要求和企业的实际情况是否相适宜，人力、物力、财力资源的提供与管理体系的运行要求是否相适宜。

（3）管理体系文件的难易程度与大多数员工的能力和文件程度是否相适宜。

（4）企业相关法律、法规和其他要求的选择与企业的活动特点、服务性质及其对环境影响、职业健康安全风险是否相适宜。

（5）企业的"三级监控"机制（即日常检查、内部审核和管理评审）与企业服务过程是否相适宜。

4. 其他

由于文件编写是建立管理体系的第一步（即建立文件化的管理体系），此时企业对管理体系标准的理解并不十分透彻，为避免出现编写上的疏漏造成文件发布后反复修改的现象，因此在策划阶段，在建立文件化的管理体系的初期，负责管理体系建立办公人员和文件编制者应注意以下三点。

（1）认真学习。一是学标准，对ISO9001、ISO14001、OHSAS18001标准条款进行认真学习，对照标准和组织实际状况列出要求必须形成文件的手册、程序文件、记录等；二是学他人，对相同行业、相近企业贯标的经验教训进行"扬弃"的学习。

（2）过程识别要充分。一类是标准明确要求控制的过程（如采购、培训、文件和记录等）；另一类是标准并明确要求，但企业认为应当控制的过程（合同、投标和接管等）。

（3）文件要求要清楚，没有歧义。对一个过程"由谁、何时、做何事、如何做"这四个要点缺一不可。

此外，建立文件化管理体系时还应注意：一是管理手册和程序文件的内容应符合QEO三标一体化标准的要求，满足本企业提供物业管理服务的要求，切合本企业的实际，遵守相关法规、条例的规定和要求；二是作业规程的内容应满足管理手册和程序文件的规定，满足QEO三标一体化的相关要求；三是管理体系文件具有可操作性、可检查性和可评价性，繁简程度与员工的岗位要求和能力相适应。

本 章 小 结

本章从便于学生学习掌握的角度，对ISO9000、ISO14000、OHSAS18000管理体系的产生及应用做了简单的介绍，通过三标一体化管理体系与物业服务行业的实际特点分析，提出了物业服务企业贯标的指导思想，即：端正动机是贯标的前提，全员参与是贯标的保证，符合实际是贯标的关键。使学生了解管理体系在物业服务企业中的应用。

复习思考题

1. 什么是ISO组织？
2. 什么是质量管理体系，其标准是什么？
3. 什么是环境管理体系，其标准是什么？
4. 什么是职业健康安全管理体系，其标准是什么？
5. 什么是QEO一体化管理体系？
6. 简述ISO9001、ISO14001和OHSAS18001三个体系的共性与差异。
7. 简述QMS、EMS和OHSMS三个管理体系整合的基本方法。
8. 简述物业服务企业贯标的特点。
9. 简述物业服务企业贯标的流程。
10. 物业服务企业贯标的应注意什么问题？

第十五章
各种不同类型物业的管理与服务

【教学目的与重点难点】

通过本章的学习，了解不同类型物业的类型、特点、管理要求和各种不同类型物业的管理重点、难点，掌握针对不同类型的物业管理服务的组织实施。学习本章时，应该注意不同类型物业的各自特点，这些特点实质上揭示了某一类型物业的管理重点及难点，如工业园区侧重于确保水、电供应和区内道路的畅通，写字楼管理侧重于电梯管理、消防安全和安全保卫，住宅小区管理侧重于为业主提供温馨、舒适、方便的居住环境等，对于掌握该类型物业管理与服务的组织实施极有帮助。因为某一类型物业的管理与服务的组织实施，主要就是针对解决管理重点难点的。

第一节 住宅小区物业的管理与服务

一、住宅小区的概念

城市居民的居住生活聚居地称为居住区。居住区是具有一定的人口和用地规模,以满足居民日常物质生活和文化生活需要的,为城市干道所分割或自然界限所包围的相对独立的区域。在规划设计中,居住区按居住户数或人口规模分为规模居住区、居住小区和住宅组团三级。住宅小区是指市政配套比较完善,共用设施设备比较齐全,经过统一规划、集中成片开发建成的新型城镇居住场所。通常由多层楼宇(9层以下)、高层楼宇(10层以上)、超高层楼宇(30层以上)及以单体或组合形式出现的别墅而组成,集居住、服务、经济和社会功能于一体,在现代物业服务项目中所占比例最大。

一个完整的居住区由若干小区组成。同样,一个完整的居住小区由若干居住组团组成。每一个级别均需配套建设相应数量和级别的公共服务设施。对达到一定规模、基础设施比较齐全的居住区称为住宅小区(含居住小区、住宅组团)。

二、住宅小区的功能

从物业管理服务的角度来看,住宅小区是一个集居住、服务、经济和社会功能于一体的社会的缩影。

1. 居住功能

这是住宅小区最基础的功能。根据居民的不同需要提供各种类型的住宅,如多种类型的居住单元、青年公寓和老年公寓等。在居住功能中,最重要的是住宅小区能够提供人们休息的场地和环境,其他的才是如饮食、盥洗、个人卫生、学习、娱乐和交际等功能。

2. 服务功能

住宅小区的服务功能是随着城市规划建设要求、房地产综合开发而来的,即要求小区的公用配套设施和小区的管理应能为居民提供多项目、多层次的服务,包括:教卫系统,如托儿所、幼儿园、小学、中学、医疗门诊、保健站和防疫站等;商业餐饮业系统,如饭店、饮食店、食品店、粮店、百货店和菜市场等;文化、体育、娱乐服务系统,如图书馆、游泳池、健身房、电影院和录像室等;其他的服务系统,如银行、邮局、煤气站、小五金和家电维修部等。

3. 经济功能

住宅小区的经济功能体现在交换功能和消费功能两个方面。交换功能包括物业自身的交换，即开展住宅和其他用房的出售或出租经纪中介服务和小区管理劳务的交换，即业主通过合同的方式将住宅小区的管理委托出去。消费功能指的是随着城市住房制度改革的不断深化，住宅小区中的住宅将不断的商品化并进行商业化的管理，包括住宅在购、租两方面的逐渐商品化及小区的管理和服务都是有偿的，业主与物业使用人将逐渐加大对居住消费的投入。

   4. 社会功能

住宅小区的主体是居民，居民的活动是社会活动，聚集在住宅小区的各种社会实体，如城管执法、治安管理、居民委员会、商业服务业和文化教育等是以住宅小区为依托，共同为居民服务，发挥各自的功能。这些实体之间、实体与居民之间、居民相互之间组成了住宅区的社会关系和人际关系，形成了一个社会网络，彼此相互影响和相互制约。

三、住宅小区的特点

住宅小区相对于一般单体住宅或单幢住宅楼来说更注重物业的整体性和相关性。住宅小区，尤其是新建住宅小区具有以下特点。

（1）统一规划，综合开发。

由于城市建设的发展和人们物质文化水平及居住条件的提高，住宅小区的规划布局有了很大变化。在"统一规划、合理布局、综合开发、配套建设"原则的指导下，全国广大城镇统一规划，综合开发的新型住宅小区成片地兴建起来。这些新建住宅小区规划布局合理，配套设施日益完善，改变了过去单一的、分散的结构和功能，向节约用地、高密度、综合化和现代化方向发展。新建住宅小区一般是以多栋居民住宅楼为主体，配以商业、服务业、饮食业、邮电、储蓄、托儿所、文教卫生、娱乐和庭院绿化等配套设施，加之各种配套设施，组成一个功能齐全的居民生活小区。这就要求住宅小区内各类建筑和居住环境相互协调、有机结合，由专业化的物业服务企业实行统一管理、优质服务、合理收费。

（2）规模大，功能全。

新建居民住宅小区多为多层、多栋楼体建筑群，少的几万平方米，多的十几万平方米，甚至百余万平方米。住宅小区已不仅是人们避风雨、御严寒、生活休息、繁衍后代的栖身之处，而且是学习、工作、教育和科研的重要园地，还是休闲、娱乐、文化和体育活动的乐园，也是进行区域内购物、饮食、生活服务的场所，更是建设社会主义和谐社区的基地。住宅小区的多功能性给小区的物业管理工作带来了很大的难度。

（3）房屋结构整体化，配套设施系统化。

住宅小区内多座单体楼宇构成一个小区房屋系统；每栋楼房的地上建筑与地下建筑构成一个整体；区域内供水、排水、供电和各种热力、煤气管网互相相沟通构成一个网络系统，而这些系统交融组合形成了一个庞大的、复杂的、多功能的大系统。各种服务设施、配套设施、区域内绿化、道路，各种供水、供电、热力管网都是统一设计规划的，除个人住宅专有部分外,几乎都是为全住宅小区服务的,是无法分割的,使住宅小区变成一个小社会。这就必然要求统一管理、统一经营。

(4)产权多元化,物业种类多样化。

由于住宅建设投资的多渠道、住宅的商品化及房改的深入,使房屋的产权结构发生变化。在市场经济条件下,房屋产权由单一所有制变为产权多元化。一个居住区、同一栋楼宇内,全民、集体、个人、外产等不同的产权共存。住宅小区规划、设计、建设的统一性、系统性、功能的多样化、房屋结构与配套设施的系统化,再加上产权的多元化,给住宅小区的物业管理造成了极为复杂的局面,导致物业管理工作的复杂化。

(5)分期开发,物业新旧程度不同。

(6)业主的文化水平和经济能力参差不齐,管理复杂化。

(7)业主对物业管理的需求标准不一样。

四、住宅小区物业管理的基本特点

住宅小区内居住着不同阶层、职业的家庭,其不同的生活习惯、爱好、文化程度、道德水准和经济收入水平等决定了他们对居住环境要求和居住行为的差异。这些差异有时会产生各种各样的问题、矛盾和纠纷,这也给住宅小区的物业管理提出了更高的要求。住宅小区是小区内全体居民共同的家园,是大家共同生活的场所,建设和维护一个良好、和谐的居住环境就是全体居民共同的心愿。因此,为避免减少和妥善处理这些问题、矛盾和纠纷,有必要在自治自律的基础上对人们的居住行为做出某些限制和约束,制定一个大家共同遵循的居住行为的规范,即管理规约,其核心是任何人的行为不得违反社会公共利益和损害他人利益。也就是说,自治自律是相统一的,自治是在自律基础上的自治。每个人在享受一定权利的同时,也应承担相应的义务。住宅小区物业管理还带有相当的复杂性,主要表现在以下三个方面。

(1)住宅小区的房屋产权的多元化要求管理上的权威性和统一性。不同产权性质的住宅在物业管理上的侧重点不同,如何针对产权的多元化实行统一的物业管理具有一定的复杂性。

(2)住宅小区的物业管理在实施过程中要涉及市政各部门、公安、街道办事处等多个部门和单位,如何协调好相互间的关系和利益,明确各自的职责和管理范围,对搞好住宅小区物业管理是至关重要的。

(3)物业服务费用筹集的复杂性。不同产权形式下物业服务费用的筹集渠道不同,物业管理服务收费的计算原则不同,收缴方式不同。当前,我国的物业管理主要是在普通住宅小区推行,其住宅小区物业服务费用的筹集既要考虑到物业管理实际运作的成本费用,又要考虑到人民群众经济收入的实际水平。这种费用与支付能力的矛盾构成了现阶段住宅小区物业服务费用筹集的复杂性,给费用的具体筹集带来了比非住宅物业更大的困难,需要认真地加以研究,制定稳妥可行的收费标准与办法。

五、住宅小区物业管理目标

住宅小区物业管理的目标概括起来就是要通过科学的管理手段和专业化管理技术来实现社会效益、经济效益和环境效益的统一。

1. 社会效益

住宅小区物业管理的社会效益首先表现在为居民提供一个安全、舒适、和睦和优美的生活环境。这一环境不仅是指居室、楼宇内的，而且还是指整个社区的治安、交通、绿化、卫生、文化、教育和娱乐等方面。住宅小区管理的社会效益对于调节人际关系、维护社会安定团结都有着十分重要的意义。其次，住宅小区管理的社会效益可以起到为政府分忧解难的作用。实施住宅小区物业管理以后，住宅小区复杂繁琐的管理工作和各种投诉的处理都由物业服务企业负责，政府不再为此花费大量的时间与精力，只需制定有关的政策规定对住宅小区物业管理实行指导、协调和监督。

2. 经济效益

住宅小区物业管理的经济效益可从多方面得以体现。

（1）从政府的角度看，未实行住宅小区物业管理的住宅区，政府不仅要补贴大量资金用于住宅小区房屋的维修，还要在环卫、治安、绿化和其他公共市政设施上投入财力。而实行住宅小区物业管理的住宅区，政府不仅不投资，还可向物业服务企业收取税收。从这两方面看，经济效益是很明显的。

（2）从开发企业角度看，实行住宅小区物业管理不仅有利于房产销售，加速资金的周转，而且有利于开发企业以较高的价格售房，获取更多的销售利润。

（3）从住宅小区物业服务企业的角度看，住宅小区物业管理的经济效益不单体现在开发企业身上，还体现在物业服务企业本身。住宅小区物业管理从单纯收取物业服务费用来讲是微利的，但如果善于经营，通过开展各种有偿服务仍会取得较好的经济效益。

（4）从业主的角度看。物业服务企业管理好、维护好房屋住宅及附属设备、设施，延长它的使用寿命，可以保障业主的经济利益。

3. 环境效益

住宅小区内的水、电、煤、阳光、空气、通风以及建筑和人口密度等方面都与居民的身心健康有着密切的关系。住宅小区物业管理有利于从根本上治理城市住宅内脏、乱、差现象，改善居住环境。因此，搞好环境的绿化、净化，不仅有利于人们的身心健康，还将对整个城市的建设规模、格局和风貌产生积极影响。

六、住宅小区物业管理原则

由具有独立法人资格，实行独立核算、自负盈亏的物业服务企业来进行城镇居民住宅小区的物业管理，与旧体制下那种政企不分、权责不明的福利型管理是截然不同的。住宅小区物业管理应遵循以下主要原则。

1. 业主自治自律与专业管理相结合

住宅小区物业管理首先应遵循业主自治自律与专业化管理相结合的原则。业主自治自律是基础，但住宅小区的管理又具有技术性、专业性强的特点，必须以专业化管理为主；住宅小区的日常管理工作是大量的、繁琐的，离不开居民的支持。因此增强居民的群体意识，依靠和组织群众参与管理，发挥业主自治自律的作用是实行这一原则的关键。

2. 服务至上，寓管理于服务之中

住宅小区的物业管理是一项服务性很强的工作，关系到千家万户的生活、休息、文化娱乐、安全、卫生、教育和体育等诸多方面。住宅小区物业管理中的服务工作具有长期性和群众性的特点，服务时限很长，往往几十年以上；服务对象范围很宽，包括男女老幼、各行各业，且流动性大、变化快。因此，必须坚持"服务至上，寓管理于服务之中"的原则，树立"为民服务、对民负责"的指导思想。

3. 所有权与经营管理权相分离

实行所有权与经营管理权两权相分离是现代物业管理与旧式的房屋管理本质区别之一。这是针对城镇居民住宅小区，特别是旧有居民住宅小区存在的"两权"不清问题提出来的，目的在于解决分散管理与统一管理的矛盾。房屋及住宅小区环境内各种设备是一个有机的统一体。若按分散的产权权属由产权单位或产权人自行管理，显然弊端很多。因此，必须实行所有权与管理权两权分离，在依法确认产权权属的前提下，实行管理权与经营权的集中统一。由一家物业服务企业对某一居民住宅小区实行统一管理、综合治理和全方位服务。

4. 企业经营，独立核算

必须改革原有管理体制，实行政企分开，使管理机构成为经济实体，具有相对独立的经营自主权，逐步实现住宅经营管理的市场化。

5. 有偿服务和费用合理分担

物业服务企业要搞好管理，实行优质服务，就必须有资金来源。资金的主要来源是业主与物业使用人，因此要实行有偿服务、合理分担的原则。物业服务企业提供的管理和服务是有偿的，应得到价值形态的实现和物质形态的替换。在费用分担方面，应该本着"量出为入、公平合理"以及"谁享用，谁受益，谁负担"的原则，由房地产开发企业、物业服务企业和业主及物业使用人共同合理分担。

七、住宅小区物业管理的内容

住宅小区物业管理是指物业服务企业对住宅小区的房屋建筑及其设备、市政公用设施、绿化、卫生、交通、治安和环境容貌等管理项目进行维护、修缮与整治,包括管理、经营与服务三方面的工作,概括起来讲包括以下基本内容。

(1) 住宅小区内,房屋及设备的维护与修缮管理。

(2) 住宅小区环境的维护管理。

具体包括:①违章建筑的管理;②公用市政设施的维护管理;③环境卫生的维护管理;④绿化管理;⑤治安管理;⑥消防管理;⑦车辆道路管理。

(3) 开展多种形式的便民有偿服务。

住宅小区物业管理的便民服务是在常规服务基础上向所有的业主与物业使用人提供的专项服务和特约服务。便民服务是物业服务企业有偿提供的、供业主与物业使用人自愿选择的服务。

便民服务的内容很多,根据物业管理的实践,当前物业管理便民服务的内容可以归纳为衣、食、住、行、娱乐和购物等各个方面,具体来讲主要包括以下几个方面。

① 衣着方面,包括服装干洗服务、裁剪、制衣和补衣等。

② 饮食方面,包括开办餐饮店、酒吧、茶馆、咖啡店的便民服务、代送餐服务等。

③ 居住方面,包括房屋装修、房屋设备修缮、看管、房屋清洁、房屋绿化养护、物业租赁、代缴水电气费用、代搬家服务等。

④ 行旅方面,包括接送幼童上学及入托服务、车辆租赁、代订车船机票等,各类车辆的寄放、清洗、保养与维修等。

⑤ 娱乐方面,包括成立棋牌俱乐部,举办各类展览,开展各类健身娱乐活动,举办各类比赛,承办各类家庭晚会聚会等。

⑥ 购物方面,包括日用百货供应、水果蔬菜供应等。

⑦ 文教体卫方面,包括在文化方面开办图书馆、各种展览和文化知识讲座等,在教育方面开办托儿所、幼儿园和各类培训班等,在体育方面可经营健身室、游泳场、网球场等,在卫生方面开设社区健康中心、经营药店及提供日常医疗护理服务等。

⑧ 其他方面,包括美容美发服务、代聘保姆服务、代介绍家庭教师、代办房产证和申报户口、代办保险、提供中介咨询等。

常见的便民服务有家庭维修服务、代客购物服务、家庭钟点服务和会所(文化活动中心)的娱乐服务等。随着社会经济的发展和科学技术的进步,人们的生活水平在不断提高,呈现出丰富性、多样性,信息时代、网络服务给人们的生活带来了变革,网上金融、教育、游戏、聊天、购物、视频点播、网络咨询和家政服务等层出不穷,人们的生活变得更加快捷方便,以前物业管理能提供的便民服务都可"一网打尽",物业管理也随之增加了智能化网络社区服务的功能。在新经济时代、科技时代和信息时代,物业管理提供的服务需要紧随时代步伐，进行不断创新，要始终以"业主满意"为核心来分析、挖掘业主与物业使用人的各种潜在需求，包括精神的、心理的需求，及时延伸物业服务企业能提供的服务，让物业管理跟得上时代步伐，充分发挥物业管理的作用。

（4）住宅小区的社会主义精神文明建设。

住宅小区的社会主义精神文明建设具体包括以下几个方面。

① 开展精神文明建设，制定住宅小区居民精神文明公约。居民要自觉遵守住宅小区的各项规章制度，遵守和维护公共秩序，爱护公共财物，提倡居民邻里互助、文明居住、文明行为，关心孤寡老人和残疾人。

② 完善、充实娱乐场所和文体活动设施，开展丰富多彩的文体活动，丰富小区居民的业余生活，密切邻里感情，协调人际关系，提高广大居民的参与意识，促进安定团结和社会稳定。

③ 建设高雅的社区文化，培育健康的社区精神。"社区"是地域、社会互助和社会关系的综合体，即一群人居住于某一地理区域、具有共同关系和社会服务体系的一种生活共同体。住宅小区居民长期生活、学习、工作在同一空间，彼此之间相互交往、沟通和影响，造成了特定的社会关系，形成了一个小社会。"社区"精神是住宅小区居民的精神状态和思想行为的综合反映。而社区文化则是社区精神的载体。住宅小区精神文明建设活动应以灵活多样、适合居民特点方式进行。通常可用的活动方式有：①运用传播文化和工具的康乐设施，如影剧院、文化站、有线广播、图书馆、社区报和闭路电视等开展联络感情活动；②组织各类体育比赛、舞会和文艺演出晚会，加强住户之间的交往与联系，培养群体活动与公民意识，增进友谊；③创建文明单位，如文明班组、文明家庭、文明楼和文明住宅小区活动，注重文明居住，邻里团结互助，无纠纷，积极参加各项公益活动；④开展"优质服务竞赛"活动，讲文明、懂礼貌，文明用语、尊老爱幼，各行各业发挥本行业的特点，更好地为住宅区居民服务；⑤开展人际交往，推行"社团"活动。如在香港，物业服务企业还是一个活跃的准社团组织，经常利用公众节假日组织内容丰富多彩的文体活动。

综上所述，住宅小区物业管理包括对住宅小区的管理、经营与服务三方面的工作，概括起来讲，有以下基本内容：①物业共用部位的日常维护和管理；②物业共用设施设备及其运行、使用的日常维护和管理；③环境卫生、绿化管理服务；④物业管理区域内交通秩序与车辆停放的管理服务；⑤物业管理区域内治安、消防等协助管理事项的服务；⑥物业装饰装修管理服务；⑦物业资料的管理；⑧开展住宅小区的社区文化活动；⑨开展多种形式的便民服务。

（三）住宅小区物业管理的重点

1. 物业类型多，管理上各有侧重

住宅小区内存在不同类型的物业，如多层住宅、高层住宅、商场和学校等。由于物业本身特性的不同，对物业管理的需求和要求也不同，因此，在制订住宅小区物业管理总体方案时，物业服务企业应针对不同类型的物业，在管理方式上有所侧重，以适应不同类型物业对物业管理的需求。如高层住宅要特别加强设备管理和消防安全管理，加强巡视和检查，及时发现、排除管理隐患。

2. 妥善解决好物业管理经费不足的问题

物业管理收费实施的是"保本微利"政策，政府对物业管理的收费定价还没有完全放开，一般采取了政府定价、政府指导价与市场协议价相结合的方式，特别是经济适用型住宅的物业管理收费还远远低于市场价格。物业管理收费低于成本致使较多的物业服务企业处于亏本运作，如何克服住宅小区物业管理经费不足成为住宅物业管理的难题之一。从现有成功的经验来看：一是要推进物业管理市场化进程，逐步实现优质优价；二是物业服务企业实施规模化运作，在企业内部合理配置人员，提高科技含量，降低成本；三是利用住宅小区现有的物业管理资源开展经营创收，弥补住宅小区物业管理经费不足的问题。

3. 产权多元化，要求制定《管理规约》并严格遵守

住宅小区人口众多，人员复杂，矛盾和纠纷时常发生。因此，在提倡业主自治自律的基础上，必须对住宅小区的业主与物业使用人的居住行为加以限制和约定，制定一个大家共同遵守的行为准则即管理规约明确住宅小区业主与物业使用人的职责、权利和义务，规范住宅小区业主与物业使用人的行为，促进住宅小区物业管理的顺利开展。

4. 设立业主档案并严格管理

物业服务企业应建立健全业主与物业使用人的档案资料及管理系统。在严格保密的前提下，充分掌握业主与物业使用人的流动情况，以便加强管理。

5. 协调物业管理各主体及相关部门的关系

物业管理活动所涉及的主体和相关部门较多，有直接参与的，也有间接参与的，如建设单位、业主、业主委员会，城市供水供电等专营服务公司，物业、市政、环卫、公安、消防、工商等行政管理部门等，物业管理工作离不开这些主体和相关部门的支持与协助。因此，物业服务企业要积极协调处理好与这些主体和相关部门的关系，配合他们的工作，借助政府有关部门的力量加强对住宅小区治安等方面的综合管理，促进住宅小区物业管理和精神文明建设等各项工作的全面开展。

6. 住宅小区的智能化管理

随着现代科学技术在物业开发中的运用，物业及设施的科技含量不断提高，物业管理朝着智能化方向迅速发展。现在住宅小区普遍采用的智能化设施设备有：闭路电视监控

系统、小区周界防御系统、电子对讲系统、车辆管理系统、电子巡更系统、家庭报警系统、物业自动抄表系统、自动消防报警系统和楼宇设备自动控制系统等。

智能化设施设备的使用不仅提高了物业的建设档次，而且为业主的生活带来了方便和安全，也为物业管理提供了新的管理手段和方法，便于提高物业管理的服务质量和服务水平。

第二节 写字楼物业的管理与服务

一、写字楼的概念

写字楼是指供政府机构的行政管理人员和企事业单位的职员办理行政事务和从事业务活动的大厦。现代写字楼一般具有现代化的设备、智能化的设施，由办公用房、辅助用房和交通系统三部分组成。

二、写字楼物业的分类、特点与管理要求

（一）写字楼的分类

目前，我国对写字楼的分类尚无统一的标准，专业人员根据工作需要，通常依照建筑面积、使用功能、现代化程度和综合条件等进行不同的分类。

1. 按建筑面积划分

（1）小型写字楼，建筑面积一般在1万平方米以下。

（2）中型写字楼，建筑面积一般在1万～3万平方米。

（3）大型写字楼，建筑面积一般在3万平方米以上。

（4）超大型写字楼，建筑面积在十几万甚至几十万平方米以上，如美国芝加哥市于2004年建成使用的南迪波恩大厦高达609.75米，建筑面积达17.65万平方米，共108层，其中最高的13个层面为数字电视设备楼，32个层面为办公区，40个层面为公寓套房，11个层面为停车场，其余是购物及商务区。"中国第一高楼"上海中心正在动工，设计总高度达632米的上海中心大厦将于2014年竣工交付使用，它将超过420.5米的金茂大厦和492米的上海环球金融中心，成为中国第一高楼，也将成为完全符合"绿色建筑"标准的摩天大楼。

2. 按使用功能划分

（1）单纯型写字楼，基本上只有办公一种功能。

（2）商住型写字楼，具有办公和居住两种功能。

（3）综合型写字楼，以办公为主，同时也具备其他多种功能，如公寓、餐厅、商场和娱乐厅等功能。

3. 按现代化程度划分

（1）非智能型写字楼，也就是自动化程度较低的普通写字楼。

（2）智能型写字楼，通常包括通信自动化、办公自动化、大楼管理自动化和建筑设备自动化等。

4. 按综合条件划分

（1）甲级写字楼，具有优越的地理位置和交通环境，建筑物的物理状况优良，建筑质量达到或超过有关建筑条例或规范要求，有完善的物业管理，包括24小时的设备维修与保安服务。

（2）乙级写字楼，具有良好的地理位置，建筑物的物理状况良好，建筑质量达到有关建筑条例或规范的要求，但建筑物的功能不是最先进的，有自然磨损存在，收益能力低于新落成的同类建筑物。

（3）丙级写字楼，物业使用年限较长，建筑物在某些方面不能满足新的建筑条例或规范要求，建筑物存在较明显的物理磨损和功能陈旧，但仍能满足低收入承租人的需求，租金低，尚可保持合理的出租率。

（二）写字楼的特点

1. 建筑规模大，机构和人员集中

写字楼多为高层建筑，层数多，建筑面积大，少则几万平方米，多则几十万平方米。因此，可供租售的面积也不断增加，业主或租赁单位多，人口密度很大。

2. 建筑档次高，设备先进

写字楼构建安装的设施设备都是比较先进的，如供电系统一般设有两路电源供电，同时设有柴油发电机组作为应急电源；大厦设计安装中央空调以保证大厦冬暖夏凉；根据客流量的大小，设计安装多部电梯。另外，大厦内一般都配有楼宇智能系统保证大厦内秩序井然，正常运转。

3. 地理位置优越，交通便利

写字楼多位于城市中心的繁华地段，经贸活动频繁，与公共设施和商业设施相邻，有便利的交通条件，方便人员往来。

4. 使用时间集中，人员流动性大

写字楼的作息时间比较集中，上下班时间及办公时间人来人往、熙熙攘攘、川流不息；下班后人走楼空，冷冷清清。

5. 功能齐全，设施配套，自成体系

现代写字楼一般拥有大小会议室、小型酒吧、娱乐餐饮、健身房和停车场等。综合型写字楼还有餐厅、商场、商务中心、银行和邮电等配套服务场所设施，能为客户的工作和生活提供很多的方便，满足他们高效办公的需要。

6. 经营管理要求高，时效性强

写字楼本身规模大，功能多，设备复杂先进，写字楼具有收益性物业的特点，高出租率是其获得良好稳定收益的保证，经营管理不当就不能赢得客户。

（三）写字楼物业管理的要求

写字楼主要是办理行政事务、从事业务活动的场所。这里公务来往频繁，商业洽谈不断，这些特点决定了对其物业管理的独特要求。

1. 要求确保设备能完好运行，正常使用

写字楼内单位、人员众多，电脑、传真机、通信设备和打印机等全天使用，必须保证供电系统的正常运行，否则将会影响办公人员的工作效率，甚至会给客户带来巨大的损失，导致客户的投诉或索赔。

电梯是高层写字楼中最重要的交通工具，所以电梯要制定严格的运行和养护制度，保证其正常使用；中央空调、通信设备等都是大楼的重要设备，要经常检修、维护，保证其完好，不影响办公人员的正常使用。

2. 要求加强安全管理，提供安全保障

高层写字楼人员流动大，且隐蔽死角多，必须加强治安秩序维护。对电梯间、楼梯间及各隐蔽地方，保安员要定时巡逻检查，并建立严格的督促机制。楼内的各种管道、通风口和竖井等极易给坏人提供便利，要有安全措施。节假日对进入写字楼办公区域的人员要有严格的登记查证制度。

必须做好应付突发事件的各类预案。如高层楼宇造成火灾的因素很多，一旦发生火灾，后果难以想象，必须特别注意预防各类火灾的发生，保证消防设施的完好和消防通道的畅通。一旦有突发事件，物业管理服务人员应冷静处理，将损失控制到最低。

3. 要求保持环境幽雅、整洁

写字楼由于人员出入量大，容易出现脏、乱和建筑材料损坏问题。为了保持干净、整洁的办公环境，写字楼内、电梯间、卫生间、走廊和大堂等公共区域的卫生及办公区域的卫生应由专业的保洁员进行定时、定期的清洁维护，力争做到无杂物、无灰尘。同时，为了改善写字楼的形象，大楼外墙也应定期清洁，以保持楼宇外表美观；楼内垃圾要及时清运，定期消毒，预防疾病的传播。

写字楼内要摆放适当的花卉和绿色观赏植物，既增加了美感，又净化了环境，使楼内的人员感到舒适、优雅。

4. 写字楼的高科技含量，要求物业管理服务人员有更高的专业技术和专业知识

写字楼自身规模大、功能多，特别是智能化的写字楼设施设备都很先进，这些先进的设施设备的使用与维护要求具有与之相适应的专业技术知识，对物业管理服务人员的要求自然更高了，许多设施设备的维修养护按照国家有关规定是要持证上岗的。同时，指导业主与物业使用人正确地使用设施设备，避免因不正常的使用操作而导致设施设备损坏也是物业管理的工作之一。

三、写字楼物业管理的组织实施

（一）写字楼使用前的准备工作

（1）物业服务企业与大厦业主委员会签订物业服务合同，明确责、权、利关系，并制定管理规约。

（2）制订物业管理服务方案，草拟写字楼各项管理制度、服务质量标准、各工作岗位考核标准和奖金办法等。

（3）根据写字楼的具体情况编写物业管理维修公约，计算出楼宇各部分所占的管理份额，使入住者公平地负担物业服务费用及管理专项维修资金的支出。

（4）根据写字楼的特点及周边环境，制定出争创全国或省、市、自治区物业管理示范大厦的规划和具体的实施方案，并落实到各部门。

（5）按照有关规定，做好写字楼的接管、验收工作。

（二）写字楼的维修维护管理

1. 写字楼装修监督管理

在物业服务企业与业主与物业使用人共同签订的物业服务合同中都会约定"装修条款"，将房屋装饰装修中的禁止行为和注意事项告知业主与物业使用人；业主与物业使用人在进行装修前，装修方案应经物业服务企业审核批准；物业服务企业应对施工过程进行必要的监控；装修工程结束后，物业服务企业要进行检查和验收。

2. 日常维护

对建筑物各部位做好日常检查工作，如检查发现问题，应由检查部门提出申请，经批复后技术部门人员到场，做好损坏部位的原因分析与鉴定工作，并进行维修。要保障写字楼外观的完好整洁，引导标志齐全完好。应使房屋完好率达到98%以上，零修及时率达到98%以上，零修合格率达到100%，并建立健全用户回访制度，做好回访记录。

3. 大修改造

对需大修改造的项目应制订大修改造计划,并经业主、业主大会或业主委员会讨论通过后实施。工程施工过程中应跟踪监理,完工后应进行工程验收。

(三) 写字楼的设施设备使用管理及维修养护

为了保证设施设备能够正常运行,延长使用年限,应制定严格的设施设备养护和维修制度,做好设施设备的日常养护、检修工作。此外,设施设备管理人员应实行24小时值班制度,以最短的时间处理突发运行故障。

(四) 写字楼的安全管理服务

(1) 根据实际需要建立安全管理组织机构,配齐安全管理人员,包括保安人员和消防管理人员。

(2) 建立有效的安全制度,如保安人员交接班制度、值班制度、电视监控管理制度、写字楼门卫管理制度、保安巡逻管理制度、消防管理制度和车辆管理制度,并保证安全制度的实施。

(3) 确立保安巡逻的岗位和路线,做到定时、定点、定线巡逻与突击检查相结合,特别注意出入口、仓库和停车场(库)等隐蔽处。

(4) 在主要入口处、电梯内、贵重物品存放处及易发生事故的区域或重点部位安装闭路电视监视器,发现异常及时采取措施。

(5) 建立24小时固定值班、站岗和巡逻制度,做好交接班工作。

(6) 配备必要的消防设施设备,建立消防管理档案。定期组织及安排消防检查,消除消防隐患,迅速处理消防事故。

(7) 做好停车场管理工作,加强车辆进出与停车的引导服务和及时疏导来往车辆,使出入写字楼的车辆井然有序,保证车辆及行人的安全。

(五) 写字楼的清洁服务

写字楼的清洁卫生工作要实行标准化清扫保洁,制定完善的清洁细则,明确需要清洁的部位,所需清洁次数、时间,由专人负责检查、监督。指定地点设有垃圾箱、果皮箱和垃圾中转店等保洁设备。

写字楼的清洁卫生服务项目包括清洁保养工作,外墙的定期清洁,公共区域、走廊及通道的清洁,空调机房、变电房及楼房的配电室清洁,电梯清洁保养,消防系统及其设备的清洁,供水、排水、泵房系统及其设备的清洁,公共照明设备的清洁,公共洗手间的清洁和写字楼外围区域的清洁等。

（六）写字楼的绿化服务

绿化、美化管理既是一年四季日常性的工作，又具有阶段性的特点，必须按照绿化的不同品种、不同习性、不同季节、不同生长期适时确定不同的养护重点，安排不同的落实措施，保证无破坏、无践踏，保证写字楼内四季常绿。

（七）写字楼的前台服务

写字楼的前台服务主要项目有：通信、引导服务和留言服务，信件报刊订阅收发、传送服务，客人行李搬运、寄送服务，物品寄存服务，预订餐饮、文化体育节目票务服务，出租车预约服务，洗衣、送衣服务，提供旅游活动安排服务，航空机票订购、确认服务，文娱活动安排及组织服务，花卉代购、递送服务，代购清洁物品服务，其他委托代办服务。

（八）写字楼的商务服务

1. 硬件配置

写字楼的商务中心应配备一定的现代化办公设备，如电话、传真机、电脑、打印机、电视、录音机、投影仪及其他的办公用品。商务中心设备的配置可根据服务项目的增加而逐步添置。商务中心人员在使用过程中应严格按照操作程序进行操作，定期对设备进行必要的保养，设备一旦发生故障，应由专业人员进行维修。

2. 商务中心工作人员的要求

商务中心的服务要周到、快捷。商务中心工作人员应具备良好的品德和修养；有良好的服务意识；有流利的外语听、说、读、写能力；有熟练的中英文录入能力；有熟练操作各种现代办公设备的能力；懂得商务管理、秘书工作知识和一定的设备清洁、保养基本知识。

3. 商务中心的服务项目

写字楼商务中心的服务项目应根据客户的需要进行设置，主要包括各类文件的处理打印服务；客户外出期间保管、代转传真、信件等服务；电视、录像、电脑、投影仪等办公设备的租赁服务；印刷文件、名片等印刷服务；商务会谈、会议安排服务；翻译服务；长话、传真、电讯、互联网服务；邮件、邮包、快递等邮政服务；商务咨询、商务信息查询服务等服务内容。

4. 商务中心的工作程序

（1）接待客户并了解客户所需服务项目、服务时间及服务要求。

（2）向客户讲明收费情况，开具收费通知单，并按规定收取押金。

(3) 按客人的服务项目、服务要求及时、准确地完成服务。

(4) 填写《商务中心费用收据单》，并陪同客人到财务部结账。

写字楼内部人员因工作需要使用商务中心的设备，应填写《商务中心设备使用申请单》，经其所在部门的同意方可使用。用后应在《费用结算单》上签名。

(九) 写字楼的租赁管理（营销推广）

写字楼是收益性物业，除了业主少部分自用外，大部分用于出租。如果物业服务企业接受业主的委托代理物业租售业务，则营销推广是其一项经常性的管理工作内容。

要使写字楼保证较高的出租率和较高的收益，物业服务企业必须做好营销服务，开展写字楼营销的市场调研和营销计划制订；整体形象设计、宣传推广；引导潜在承租人考察物业；潜在承租人的联络、谈判、签约，帮助潜在承租人和业主沟通业务。

第三节 超高层建筑类物业的管理与服务

一、超高层建筑的概念

超高层建筑俗称摩天大楼，据专家介绍，在国际上把高度超过30层或100米以上的高楼称之为超高层建筑，在城市节约用地、提升城市形象、拉动社会投资、扩大旅游和商贸活动等方面有其独特作用，也远非普通建筑可以比拟。随着都市化进程的加快，越来越多的超高层建筑正在拔地而起。

仅广州CBD中心的珠江新城，到目前为止就规划了18栋200米以上的高楼，150米以上的高楼50栋左右。从目前在建的如广州珠江新城西塔工程（塔身高度432米），已建成的上海环球金融中心（建筑主体高度达492米），号称中国第一高楼的上海中心（主体高度632米，127层，已于2008年1月27日开工）等一批工程项目来看，超高层建筑的高度增长还会伴随着结构工程技术的不断进步而继续"长高"。目前，全球第一高楼迪拜塔已于2010年1月4日正式启用，高828米，又名哈利法塔，是以阿联酋总统哈利法的名字命名，高160层，耗资40亿美元，楼内电梯时速64公里，估计可容纳1.2万人，目前九成楼面已售出。此前世界最高楼为508米的台北101大楼。

物业管理是超高层建筑投入生产经营中非常重要的工作，那么这样的社会背景和建筑环境下给物业管理行业提出了一个值得思考的问题——物业管理行业如何快速适应超高层建筑的发展趋势。

二、超高层建筑自身的特殊性给物业管理带来的影响

众所周知，超高层建筑是结构工艺比较复杂、材料性能要求高、自重大、对基础要求

高、施工难度大、建筑造价很高，同时对所配套的智能化、交通、消防等设施设备要求很高的物业，绝不是简单的玻璃幕墙、钢筋丛林或混凝土丛林。正因为它的这些特殊性给物业管理带来了非常大的影响和特别的挑战。

三、超高层建筑物业的特点

1. 先天"怕"火直接影响物业管理的消防工作

超高层建筑由于自身特点而形成的先天火灾隐患比较多，施救也相对困难，主要有以下几个方面。

（1）可燃性材料与火源集中，诱发火灾的因素多。

（2）火灾蔓延途径多，在水平方向和垂直方向都可以蔓延，而且发展速度快。超高层建筑内有大量竖向贯穿空间或井道，在烟囱效应作用下，烟气会以极快的速度向上蔓延。

（3）人员疏散比较困难。超高层建筑层数多，垂直安全疏散通道有限而且距离长。一旦发生火灾，烟气的毒性和遮光性等特点使疏散人员产生恐慌心理，容易在疏散通路上造成拥挤堵塞，给安全疏散带来极大的困难。

（4）灭火救援难度大。超高层建筑火势蔓延快，而且火灾容易发展成为立体火灾，由于登高困难，消防人员正确判断火情、实施灭火和救援都十分困难。

（5）有一些超高层建筑消防设施的布置规划不规范及合格率参差不齐，室内装修不符合消防规定，室内消防给水局部水压不足等问题都经常在摩天大楼出现。

2. 超高层建筑的高耗能性直接挑战物业管理的能力

从全球范围来看，建筑活动是对自然资源和环境影响最大的活动之一，在全球的资源消耗中，50%的能源、42%的水资源和50%的原材料均用于建筑活动。我们知道，现在全国上下都在推行绿色建筑，超高层建筑作为功能相对集中的建筑物代表在能耗方面显得更为突出。

（1）超高层建筑的通风与采光问题影响到能耗指标。超高层建筑日益增多，往往会大大妨碍日照和阻碍空气的流通。而现在的超高层建筑往往多采用有色的玻璃幕墙，透光性差、吸热性强，这样导致超高层建筑整日灯火通明，中央空调24小时运行。

（2）超高层建筑多为功能齐全的建筑物，其内部的设施设备多、功率大而且运行频率极高，其能耗自然就不言而喻了。

（3）超高层建筑往往代表着城市的形象，这一点决定了它所处的位置通常是最为繁华的地段。所以超高层建筑内部人流量大、物业使用人多，那么就使得其水资源的消耗量增高。另外，有些超高层建筑为了增设人为景观往往会搞一些外墙水幕布、水帘墙、露天的音乐喷泉等，这些都增大了耗水量。

3. 超高层建筑吸纳性强给物业管理的安防工作带来很大的影响

超高层建筑往往处于一个城市的 CBD 地带或者人流量极大的中心城区，而且超高层建筑一般在用途上集办公、商务、会议、会所、展示、购物、住宿、餐饮和娱乐等于一体，那么以超高层建筑物为载体的商流、物流、人流和车流就在其中高速地运转起来。超高层建筑的这种强吸纳性自然会对物业管理的安防工作带来不小的挑战并大幅度地增加了安防工作的难度。

4. 超高层建筑的智能化给物业管理工作带来很大的挑战

超高层建筑功能复杂、系统繁多，确保各系统的高效、安全、协调运行是超高层建筑建筑智能化的最基本任务。按照国际惯例，凡是超高层建筑均应是现代化的"智能型建筑"，这种智能化技术涵盖了中央监控、通信、办公、设备、巡更和消防自动化等 16 个子系统，并通过最先进的计算机将各种子系统集成在一起，哪个部位"东窗事发"，尤其是当发生火灾时，以消防监控中心为主的计算机系统就会发出最高级别的命令，相关的子系统会立即运作，以确保楼宇内人员的安全疏散和逃生。为此，超高层建筑的智能化给物业管理工作带来了不小的挑战。

四、超高层建筑的物业管理组织实施

1. 加强超高层建筑物业前期介入管理工作

（1）前期物业管理是后期物业管理的一项基础性工作。在超高层建筑的前期物业管理中，物业管理师及物业三总工程师（总会计师、总经济师和总审计师）可以从图纸开始，把物业管理的思想注入物业的规划、设计、施工进程中，使物业尽量满足安全、节能、可持续发展及业主的其他要求，从而发挥出超高层建筑的最大功效。

（2）作为管理者从前期物业管理开始，为物业服务企业设计合理的人事组织架构，制定各部门之间的配合协调程序与岗位职责；为物业服务企业各部门制定具体管理制度与规定，对各部门主要管理人员进行现代物业管理概念与操作手法的培训，就物业服务项目的设计、物料、能源分布、设备安装等向开发商提出有关建议，以最大限度地降低日后的维修与使用成本。同时为项目管理拟定一切有关日常管理所需的文件与表格，为规范长期物业管理奠定了基础，从而能快速适应超高层建筑的各项管理工作。

2. 加强物业管理高端人才的培养及人才库的建立

物业管理人才对物业服务企业和物业管理行业来说至关重要，管理人员素质的高低，不仅影响到物业管理的服务质量水平，而且关系到企业的兴衰成败和行业的发展。企业和社会都期望能够培养出高水平的物业管理人才，同时在行业里有高端人才库。

作为超高层建筑,是对所配套的智能化的设施设备要求很高,这自然对从业人员有更高的要求。因此建立一个懂管理、懂技术、懂经营、有全局观念的高端人才库是十分必要的。

在加强高端人才培养方面,我们认为应注重培养从事智能化楼宇设备的运行维护、能源和室内环境管理及大型物业管理的应用型高级技术人才和管理人才,要求掌握建筑、机械、热工、电工电子和计算机应用等技术基础知识,掌握智能化楼宇设施设备(如暖通空调、给水排水、建筑电器和建筑智能系统)的构造与性能。

3. 加强安防工作系统的建设与安全运行

超高层建筑吸纳性强,以超高层建筑物为载体的商流、物流、人流和车流都在高速地运转,其安全防范工作自然是物业管理工作的重大挑战之一。

安全防范包括人力防范、技术防范和实体(物理)防范三个范畴。目前在超高层建筑安防技术所包括的技术领域主要有:防爆炸、安全检查、防盗(劫)报警、出入口控制、电视监控及其相应的安全防范系统工程等。

物业管理行业应该从以下11个专业方向加强建设,以确保安全防范工作的协调和高效运行:(1)防爆安检系统;(2)实体防护系统;(3)入侵报警系统;(4)电视监控系统;(5)出入口控制系统;(6)移动目标防抢劫报警系统;(7)要害部门紧急报警联网系统(与110、119联网的);(8)报警信号传输系统;(9)集成(综合)报警系统(消防、安防联动等);(10)安防系统工程设计与施工;(11)安防系统工程验收与管理。

4. 加强消防工作系统的建设与安全运行

超高层建筑有一个致命的弱点就是先天"怕"火。根据超高层建筑的自身特性,加强消防工作系统的建设和安全运行是尤其重要的工作。

超高层建筑现常用的四大消防系统是火灾自动报警系统,自动(运行)灭火控制系统,防排烟控制系统及消防电梯,火灾疏散照明等其他消防设施。如何来保证四大消防系统功能的正常发挥对建筑物的消防安全起着决定性的作用。

四大消防系统安全运行的前提是必须做好日常的保养和维护工作,其主要措施有:(1)制定保障建筑消防设施正常运转的法规体系,包括行政法规和技术法规(可以由物业管理行业协会会同有关部门和组织进行制定);

(2)强化建筑消防设施维护保养资质管理,实行市场准入制度;

(3)增加维护保养市场透明度,以防恶意竞争,使建筑消防设施维护保养公平合理;

(4)不能搞技术封锁和价格垄断产品,切实提高消防设施维护保养公平合理;

(5)定期向消防部门报告建筑消防设施维护保养的现状;

(6)对建筑消防设施应由专业机构定期对其运行情况加以鉴定,并出具报告。

5. 其他的一些特殊措施

超高层建筑"超高"这一特性决定了它在物业管理方面有与其特性相适应的特殊措施，具体包括以下几个方面。

（1）物业服务企业可以在前期物业管理时建议开发商在超高层建筑的特别高度处设计若干层火灾避难层和一定容量的消防蓄水池用于消防（目前全国消防部门配备的消防车供水高度最高的也只有375米高，而且这种消防车配备的台数全国也非常之少，仅上海拥有）。

（2）可以在摩天大楼的特别之处放一些救险系统或装备。如2004年俄罗斯推出救险系统——"拯救者"装备，专门供摩天大楼中的人们在紧急情况下安全、快速撤离。"拯救者"类似于简易的降落伞，简易到不学就会用。

（3）定期组织消防演习。通过有计划、有组织（分批邀请业主与物业使用人参与）的消防演习，使得业主与物业使用人树立消防的相关意识和自我保护意识。

（4）物业服务企业平时可以利用一定的方式组建消防志愿者队伍（成员可以由超高层建筑里的业主与物业使用人组成）。平时定期组织专业训练，尽可能做到"全民皆兵"和"点、线、面"高度结合的消防状态。

（5）平时利用一定的媒介（如中央广播系统、免费小册子、宣传栏、电梯间的公益广告和洗手间的公益广告等）向业主与物业使用人宣传节水、节电、文明行为等有益于节能和社会文明的优良品德。

第四节　商业类物业的管理与服务

一、商业物业的类型与特点

（一）商业物业的概念和类型

1. 商业物业的概念

商业物业是指建设规划中必须用于商业性质的房地产，它是城市整体规划建筑中的一种重要功能组成部分，其直接的功用就是为消费者提供购物场所。其中，公共性商业楼宇是因商业发展而兴起的一种新的房地产类型，与一般零售商店不同，零售商店即使规模再大，仍然只有一个经营实体。而公共性商业楼宇一般会有很多独立的商家从事经营，各行各业的经营服务都有，范围远远超过零售商店，它不仅包括零售商店，而且包括银行、餐饮等各种服务性行业和各种娱乐场所。它的经营范围已远远超出原来商场的概念，是一种集商业、娱乐、餐饮等各种功能为一体的经营场所。由于其物业管理内容主要包括单体商场物业（百货大楼、零售店），所以它与普通住宅小区物业管理既存在共性，又有其特殊性。

商业物业包括各类商场、购物中心、购物广场及各种专业性市场等，其中，融购物、餐饮、娱乐、金融等多种服务功能于一体的大型商场物业也称综合性商业楼宇。随着房地产商品化进程的发展，这些商场物业的产权性质也出现了各种形式，其经营方式多种多样。

2. 商业物业服务的类型

从建筑结构上来分，商场物业有敞开式的市场和广场型市场，同时也有封闭式的购物中心。从功能上来分，有综合性的专业购物中心，也有商住两用型的。商场物业一般可根据建筑规模、建筑功能、建筑结构和物业的档次等进行不同的分类。

（1）按建筑规模划分。

① 居住区商场。建筑规模一般在1万平方米以下，商业服务区域以某一居住小区为主，服务人口通常在5万人以下，年营业额一般在3000万～1亿元之间。

② 地区购物商场。建筑规模一般在1万～3万平方米，商业服务范围以某一区域为主，服务人口在10万～30万人，年营业额一般在1万～5亿元。

③ 大型购物中心。建筑规模一般都在3万平方米以上，其商业辐射区域可覆盖整个城市，服务人口在30万人以上，年营业额一般在5亿元以上。

（2）按建筑功能划分。

① 综合型商业购物中心，包括购物、娱乐场所、餐饮店、影剧院和银行分支机构等。

② 商住两用型物业。低楼层是商场、批发部等，高楼层为办公室、会议室和居住用房。

（3）按建筑结构划分。

① 敞开型。商业场所多由露天广场、走廊通道并配以低层建筑群构成，其中设有大型停车场和小件批发市场等。

② 封闭型。商业场所为商业楼宇，如商场、商厦、商城、购物大厦、购物中心和贸易中心等。

（4）按物业的档次划分。

① 经济型，指出售大众化的一般商品，装修较为普通的物业，开支少，成本少。

② 豪华型，指大型商场、高级商场乃至著名的专卖店，出售高档商品，其建筑也独具风格，设施设备齐全，装修装饰豪华，设有彩电监控器、玻璃破碎感应器，手动或脚动应急报警开关，红外线区域设防系统以及消防系统、收款联网系统、空调系统、客货分用电梯、购物车辆和停车场等。

（二）商业物业的特点

1. 建筑空间大，装饰设计新颖、别致、有特色

建筑内部一般用大间隔、大空间设置；外观设计讲究宏伟、富丽，有的还配置休闲广

场，内部装饰追求典雅、奇特。建筑外部、进出口处都要有鲜明的标志。

2. 设施齐全，现代商业设施设备先进

除一般现代楼宇拥有的基本设施设备外，还有滚梯、观光电梯、餐饮和娱乐设施等。

3. 客流量大，商场进出人员复杂，消防隐患较多

因为客流量大，所以安全管理困难，因为商场进出人员的复杂性决定了顾客发生各种意外的可能性较高，所以安全保卫就显得特别重要，还有些商品属于易燃易爆品，消防安全管理更加需要高度重视。

4. 商业楼宇要精心策划，合理布局

商业楼宇的布局、规模、功能和档次要更加合理，更加适合经济发展的要求，规划设计的合理是指合经济规律之理，合经济发展之理，合提高经济效益之理。商业楼宇的建设一定要与周围地区的人口、交通、购买力、消费结构、人口素质和文化背景等特点紧密联系起来，要因地制宜规化设计方案，规模可大可小，功能宜多，即一切从实际需要出发。

5. 选址和规模要满足不同层次的需要

商业楼宇的选址和规模要依据城市人口的数量，密集程度，顾客的多少，分散与集中相结合。

商业物业的服务对象主要分为开发商、租户和消费者三类。三类人不同，对物业管理的要求也不相同。开发商侧重于商场的外观形象，如清洁卫生和绿化，标志和广告设置、灯光效果的保持，共用设施设备的有效管理和使用，商场秩序的正常维持，建筑物及设施设备的完好率。租户的要求侧重于装修时的配合程度，合理的营业时间，商铺商用设备的安装条件，购物中心的灯光照明、广告效果、空气调节、声音控制、营业厅通道、楼梯、货运电梯的畅通，秩序维护措施等。消费者所关注的除了品种、价格、服务外，对物业管理侧重于创造文明礼貌、舒适方便的消费环境。

二、商业物业管理的要求

商家是商业物业的灵魂，虽然业主是物业的所有人，但商家才是商业物业的主角。因此做好商业物业管理必须有共赢理念。商业物业管理在正确处理好与业主与商家关系的同时必须一手托两家，在业主和商家间充当润滑剂，积极发挥协调作用。当然物业管理服务优质、功底扎实是前提。

1. 要树立商场的良好形象

要保持商业楼宇的美观、整洁和有序。企业的良好形象就是一种无形资产。商业物业

必须具有良好的形体环境和商业特色，以增大知名度、扩大影响力。因此，物业服务企业要认真做好广告宣传活动，扩大商场的知名度和影响力，树立良好的商业企业形象和声誉。

2. 要确保商场的安全性

商场建筑物类型复杂、楼层高、功能多、建筑面积大、进出口多，造成人流量大，人员复杂。这些人在进出商场时又不受任何的限制，尤其是敞开式的大型超市堆满了各种商品，给制定和落实安全措施带来了很多的困难。物业服务企业应通过完善的技防和人防措施，最大限度地保证业主与物业使用人、顾客的利益，保证他们的安全。

商业物业的许多商品属于易燃易爆物品，火灾的防范工作尤为重要。物业服务企业平时应做好对消防设施设备的维护保养工作，同时制定完善的应急预案，保证应急措施的实用。

3. 要确保顾客消费的便利性

商业物业内部要保持各种引导、提示标识的完整性，为前来消费的顾客提供一个明确的休闲、消费导向，为顾客提供消费便利。作为物业服务企业，应该经常对各种标志进行巡视检查，如有损坏应及时更新，如有变化应及时更换。

4. 要确保设施设备的可靠性

商业物业设施设备的正常运行是开展经营活动所必需的保证，任何一种设施设备的故障都会给销售者和顾客带来不便，甚至会带来巨大的混乱，造成不安全因素。因此，要对商业物业的设施设备精心养护、及时维修，保证其运行可靠。

5. 要确保齐全、先进的设施设备正常运转

商业楼宇尤其是豪华型商业楼宇的设施设备配置齐全、先进，有的商业物业已属于现代化的智能化建筑。

6. 要建立商业楼宇识别体系

企业识别系统是强化商业企业形象的一种方式，它包括理念识别系统、视角识别系统和行为识别系统。三者互相促进、互相作用，能产生良好的商业效果。企业识别系统是通过改变企业形象，注入新鲜感，增强企业活力，从而吸引广大消费者的注意、提高销售业绩的一种经营手段。它的特点是通过对企业一切可视事物，即形象中的有形部分进行统筹设计、控制和传播，使商业楼宇周围的消费群体以商业楼宇所特有的和专用的文字、图案、字体组合成的基本标志作为顾客和公众识别自己的特征。

第五节　酒店类物业的管理与服务

一、酒店的概念与特点

（一）酒店的概念

酒店（Hotel）也称饭店，主要是为宾客提供饮食和临时住宿的场所。为了吸引宾客、方便宾客，现代化的高档饭店配备并向宾客提供舞厅、卡拉 OK、游泳池、高尔夫球、台球、保龄球、酒吧和健身房等娱乐及健身设施和服务。

酒店以服务而闻名，酒店赖以生存、吸引宾客的基础就是优质的服务。20 世纪 90 年代末，一些物业服务企业也开始意识到了服务的重要性，于是在物业管理日常操作中引入了酒店的一些做法，以期提高物业管理水平，达到提升物业服务企业品牌形象的目的，于是酒店式物业管理应运而生。

（二）酒店的特点

1. 宾客流动频率高

酒店的主要功能一是餐饮，二是临时住宿。宾客到餐厅吃一餐饭少则半小时（早餐），多则 2~3 小时（中餐和晚餐）。客房住宿亦是（长期包房的除外），今天来明天走，即使开会也至多一个星期，因此宾客流动频率特别高。因此，需要的服务人员不仅数量多，而且专业技术熟练、素质高，这一点在高档酒店管理中尤其明显。

2. 服务时间既短又长

主要表现在餐饮和其他各种娱乐活动服务项目中，饭店的餐饮一日三餐，对每餐或每批宾客服务的时间看上去是短的。但是，餐厅一天要翻几次台，有的酒店还有卡拉 OK 和舞厅等，一般都要深夜一两点钟结束营业。为此服务要几班倒，时间又很长。

3. 卫生管理、服务标准要求高

酒店是为宾客提供餐饮与住宿的公共场所，因此对卫生条件要求特别高。酒店提供的各种食品必须新鲜清洁、无毒无害；餐厅、餐桌、餐具必须经过严格消毒，无尘无污；服务人员必须衣着干净整洁；客房必须按规范要求每天清扫换洗。下榻酒店的人员来自社会四面八方或世界各地，对所提供的服务有着很高而不同的需求，这就要求物业管理服务人员具备较高的素质。服务人员从穿戴、化妆到站姿、坐姿，从迎送宾客的礼貌语言、微笑服务，到端菜、送菜、报菜名等都有严格的规范要求。

4. 建筑规模大，档次高

为了吸引宾客，现代高档的酒店一般都富丽堂皇，特别是商务会议型与度假休闲型酒店，其主体建筑加上配套设施，多数建筑面积都在10万平方米以上。而且，设计造型各具特色，建筑使用的主要材料、设备如钢材、木材、石材、涂料、电器材料、卫生洁具、餐具以及制冷、供电、空调、监控、供暖、供水等主要设备大多是进口产品。

二、酒店物业管理的组织实施

1. 客人接待服务

酒店一般设有专门接待客人的前台或总台，客人到来时，前台服务人员要主动接待，落实好客人的住宿、吃饭或娱乐等。服务人员的礼仪服务要求包括以下几个方面。

（1）服务人员形象要美，统一着装。男服务员穿西装系领带，女服务员要化妆，淡抹素描，端庄大方。

（2）迎送客人要热情大方、不卑不亢，使用礼貌用语，表达欢迎与欢送之情。

（3）热情服务，有问必答。有客人来时主动接待，客人要办的事如住宿、吃饭或娱乐等都要有着落，对不属于自己职责范围内的事要报告领导解决。

2. 酒店钥匙的管理

（1）客房门钥匙由前厅总服务台负责管理。在客人办理住宿登记时，由酒店总服务台发给客人，退房时交回钥匙。客人住宿期间丢失钥匙应填写配置调换钥匙登记表，经前厅经理同意、签字并经保安部批准后，方能配置或调换。

（2）库房钥匙要有专人保管，同时严格执行登记制度。重要库房、保险柜必须采取双人双锁或三人三锁制，钥匙由两个人或三个人分别掌管。

（3）客房各楼层的总钥匙必须统一放置在前台钥匙柜内，任何人不能将钥匙带出酒店。

（4）因工作需要，酒店员工需要临时借用客房门钥匙时，必须办理登记和审批手续，并按时交回。

（5）前台晚班人员清点钥匙并做好记录。如发现钥匙短缺时，应及时做好记录并报告上级主管。

（6）保安部门负责对酒店钥匙管理的检查和监督，积极配合各部门做好钥匙的管理工作。

3. 酒店建筑及设施设备的养护管理

（1）做好设施设备的更新改造工作。酒店的物业对设施设备的性能要求高、变化较快，只有不断地完善设施设备的使用功能才能延长其经济寿命，这就要对物业的设施设备适时地进行更新改造。因此，物业服务企业应帮助酒店制订设施设备更新改造计划，并付诸实施。

（2）做好建筑及其装饰的养护与维修，酒店的建筑及其装饰是酒店的标志性形象，需加强养护，保持其特有的风貌与格调，切忌破损。

4. 酒店的保洁服务

（1）搞好客房卫生服务。

每天都要按规范清扫、擦拭房间，更换床单、被套、枕巾、拖鞋、浴巾、毛巾和牙具等。及时换补房间内租摆及小吧台的酒水、饮料。

（2）做好餐厅的卫生保洁。

从食品采购开始，要求新鲜，凡能由专卖店购入的食品、饮料，一律由专卖店进货，并应有保鲜期。加工制作要按规范要求并符合卫生标准。餐厅应保持空气清新，温度适中，窗明几净，一尘不染，餐具用后必须清洗消毒。

（3）其他公共区域的卫生保洁。

其他公共区域主要包括大堂、会议厅、楼道、楼梯、电梯、公共卫生间、楼外广场、绿地、外墙墙面、停车场和娱乐场所等。每个酒店都应设有负责卫生保洁工作的部门，根据酒店和物业服务企业的具体情况制定严格的卫生保洁规范要求、岗位职责、操作规程和达到标准，具体内容应尽可能细化，便于操作。

（4）酒店的安全保卫服务。

为了保证宾客的人身、财产安全，物业服务企业应设立专门的保安、消防机构具体负责此项工作，由经过专门培训的保安、消防人员进行管理。保安部应设立监控室，实行24小时监控与巡逻，要害部位应安装自动录像设备。发现隐患及时采取措施，将其消灭于萌芽状态中；万一发生火灾等事故，要按规范要求和程序组织宾客撤离，处理事故，保护现场。

（5）环境绿化管理。

酒店的绿化工作除了对区域内的环境美化外，更主要的是对楼宇内的美化。

（6）多种经营项目管理。

酒店开展的多种经营服务项目，如商务中心、舞厅、卡拉OK、台球、高尔夫球、游泳池和保龄球等应选派懂专业技术的人才，实行专业化管理。

三、酒店服务与酒店式的物业管理的区别

1. 服务的规范性

酒店对员工的每一个服务动作都有一整套规范的操作流程，如怎么敲门、怎么上茶，所有细小的动作都有详细而具体的规定。这些规定不仅规范，而且操作性非常强，让宾客从一进入酒店的大门就开始享受一系列周到的服务。

显而易见，所有的这些服务都非常规范的，提供服务的从业人员由于训练有素，会令宾客感到舒心而愉悦。而目前酒店式物业管理的一些物业服务企业，虽然能够做到上门维

修时带双塑料鞋套和自带饮用水，但是对于敲门、工具包的摆放、与业主沟通时的规范语言、语调等基本上没有进行规范化操作。甚至有的工作人员，当业主向其咨询的时候竟坐在椅子上，眼睛向下看，业主感觉得不到应有的尊重。又或者当业主需要办理装修手续、搬家手续的时候，物业管理服务人员甲这样办理，而物业管理服务人员乙可能又是另外一种做法，随意性相当大，没有形成一整套规范的工作流程。因此，在服务的规范性上，酒店式物管管理与真正的酒店服务还是有较大差距的。

2. 服务的及时性

酒店服务员的服务态度必须是毕恭毕敬、笑容可掬。无论客人询问什么问题，服务员都会微笑着客气地马上回答，决不拖延。即使是不知道、不清楚的事情，也不会轻易地拒绝客人，而是请客人稍等片刻，等服务员迅速地把事情弄清楚了，然后再及时地给客人一个满意的答复，不会让客人在漫长的等待中得不到任何回音。在星级酒店里，基本上对所有的程序都给予了完成时间的限定，如客人需要临时加床、加浴巾等额外服务，酒店会在10分钟之内满足客人的需求；从客人点菜到上桌，早餐是10分钟，中餐和晚餐都是20分钟；工程维修人员会在5分钟之内到达维修现场；办理退房结账手续1分钟之内完成等。

而目前的酒店式物业服务企业仅仅是在一小部分服务程序中给予了完成时间的限定，如上门维修、装修审批等；不仅在服务程序各项指标的量化上不如酒店，而且在执行过程中往往还相差甚远。如酒店式物业服务企业的文件中会规定15分钟之内到达维修现场，但如果维修班在接到维修通知后因各种特殊的情况导致不能在15分钟之内到达现场，有些做不到及时地与业主进行沟通或者再次约定维修时间。相比之下，酒店的服务人员不仅能够在规定的时间内到达，而且即使因其他的原因不能如期解决，也会在规定的时间之内对客人予以答复。

如对待投诉的处理，酒店方面不仅能在规定的时间内对客户给予回复，而且还会采取送鲜花、水果等有效措施进行补救。而酒店式物业服务企业，虽然在文件中规定了8个小时工作日内给予答复（且不说回复时间的长短），有些物业服务企业的服务人员往往以各种借口拖延，甚至在半个月内都不予回复，也未采取一些及时的补救措施。所以说在服务的及时性上，酒店式物业管理还需要学习酒店管理的先进经验。

3. 服务内涵的深入性

在一些世界知名的大酒店，如假日酒店、香格里拉大饭店等，对于入住酒店的每一位客人，酒店方面都会进行详细的记录，如客人的国籍、出生日期、相貌特征、生活习惯、个人兴趣爱好和宗教信仰等，以至于每一位客人在酒店里面都会得到一整套个性化的服务，这些完全是为客人度身定做、符合客人个性特征的。等到客人下次再度光顾酒店的时候，酒店的服务员会清楚地记得客人的名字、喜好和上次住店的时间，甚至客人在餐厅的哪个位置用餐、点了些什么菜，服务员都了如指掌。客人就会有一种回到家的感觉，有一种备受关爱、十分温暖的感觉。如果一些 VIP 客人有一段时间没有入住酒店了，酒店还会在客人生日的时候寄去贺卡，给客人送去关爱和问候，更重要的是邀请客人有机会再度入住酒店——这就是酒店对客人一对一个性化的服务，也是酒店能留住宾客、回头客多的高明之处。

相比之下，在酒店式物业管理里目前还没有做到这样的深度。在一些做得比较好的酒店式物业管理小区里，物业管理服务人员能够记得住哪家哪户大概住的是什么样的人，但是对于这户人家里是否有老人、小孩或者有什么其他需求都一概不知，就更不用说记住业主的生日、爱好了。相比之下，酒店式物业服务企业提供的服务与酒店提供的服务在内涵深度上还相去甚远。

4. 服务项目的多样性

从机场接送开始到预定客房、餐厅、会议室，再到旅游线路的咨询，入住的接待，上门送餐、洗衣服务等，只要是宾客需要的服务，酒店方面都会尽可能地提供。一些星级酒店还专门设置了金钥匙服务，如计划安排在国外城市举办的正式晚宴，为一些大公司作旅程安排，照顾好那些外出旅行客人和在国外受训的客人的子女，甚至可以为客人把金鱼送到地球另一边的朋友手中等，能满足客人的各种个性化需求。

而酒店式物业服务企业除了提供一些日常必需的如保安、清洁、绿化、电梯、维修和保养等常规服务外，几乎没有什么别的特色服务，就更别说给业主提供个性化的服务了。虽然在一些酒店式物业管理里有的也有些为业主提供代订报纸、牛奶、饮用水、鲜花和代接送小孩等特色服务，但是服务项目与酒店的相比还是显得太少、太单调了。

导致以上差距的一个很重要的原因就是服务意识问题。要想真正地实施酒店式物业管理，首先就要从从业人员的服务意识开始培训，然后再通过对服务礼节、服务项目、服务标准和服务程序等各项指标进行规范、形成制度并强制执行。只有这样才是真正掌握了酒店管理的精髓，才能成为名副其实的酒店式物业管理。

第六节　工业园区物业的管理与服务

一、工业园区物业的概念

工业园区是按照政府统一规划、建设达到一定规模、基础设施配套齐全、适合生产企业单位集中开展生产经营活动的区域。生产企业单位以工业园区为生产基地，开展产品的开发、研制、生产制造、加工及组装等经营活动。此外，工业园区内还有办公楼宇、生活用房、服务用房设施以及配套的公共设施和相关场地如变电站、污水处理站、停车场、道路和绿化带等。

工业物业是指对自然资源或农产品、半成品等进行生产加工，以建造各种生产资料、生活资料的生产活动的房屋及其附属的设施设备和相关场所。

供生产企业、科研单位安置生产设备与试验设备，进行生产活动或科学试验的物业及其附属设施设备称为工业厂房。工厂一般都有储备原材料和储备产品的建筑物，称之为仓库。工业园区是指在一定区域内建造的，以工业生产用房为主，并配有一定的办公楼宇、生产用房（住宅）和服务设施的地方。以上所说的工业厂房、仓库和工业园区等统称为工业园区物业。

工业园区与住宅物业不同，工业园区属收益性物业，其物业管理除正常的物业管理外，重点要考虑到物业出租经营状况、客户稳定状况，其管理内容和方式比住宅等非收益性物业管理要丰富和复杂得多。目前理论界对工业园区物业管理的研究比较少。

二、工业园区物业的分类和特点

（一）工业园区物业的分类

工业园区是工业项目集中的地方，根据工业项目对环境的影响情况工业物业可分为以下几类。

1. 无污染工业物业

物业内的工业项目对空气与水不产生污染，亦无气味、无噪声污染。

2. 轻污染工业物业

物业内的工业项目不产生有毒、有害物质，不产生废水、废渣，噪声污染小，无燃煤、燃油的锅炉等设施。

3. 一般工业物业

物业内的企业项目必须设置防治污染设施。

4. 特殊工业区

物业内的工业项目因大量使用有毒、有害的化学品必须设置完善的防治污染设施。

根据生产企业经营工业项目的类别，又可以将工业园区分为高科技工业区、化学工业区和汽车工业区等。

（二）工业园区物业的特点

1. 投资大，投资回收期长

工业园区物业建设需要巨大的资金，从投资决策、规划设计、土地征用、施工建设，到厂房建成投入使用，再到资金的回收，一般需要较长的时间。

2. 非流动性强

生产不同的工业产品对工业园区物业的要求是有区别的，再加上一些工业物业具有规模大、投资大的特点，使得工业园区物业在房地产市场中交易缓慢，具有非流动性。

3. 规划区域大

工业园区一般由当地政府统一规划、统一建设、统一管理，规划占地面积较大，从几平方千米到几十平方千米不等，一般由若干栋厂房及配套用房组成。按使用功能划分，工业园区可分为生产区、仓储区、公用设备区、职工宿舍区和绿化带等区域。新技术革命带来功能更先进的设备，这对原有的技术设备是一个很大的冲击，这一点无疑会增加投资者的风险。因此在远景规划时，投资者应以审慎的态度，通过增加物业的租赁用途等方法尽量防范这种风险。

4. 对周围环境容易产生污染

生产企业对环境造成污染主要包括以下几种情况。
（1）空气污染。
造成空气污染的因素有：直接燃煤，排放过多的二氧化硫气体；机动车排放尾气，经强紫外线照射形成光学烟雾污染；基建扬尘形成尘烟污染。
（2）水体污染。
工业废水含有大量有毒、有害污染物，进入水体后形成水体污染。
（3）固体废弃物污染。
固体废弃物是人们在生活和生产中扔弃的固体物质。
（4）噪声污染。
工业企业造成的噪声污染主要有交通噪声和生产噪声。
（5）电磁波污染。
工业生产中的电子设施设备、电器设施设备产生的污染。

5. 建筑独特，基础设施齐全，基础设施配套要求高，交通条件好

工业园区厂房通常采用框架结构的大开间建筑形式，室内采光、通风好。房屋抗震性、耐腐蚀性和楼地面承载能力强，工业物业内一般有高负荷变电站和污水处理厂，邮电、通信设施齐全，以满足企业的生产要求。工业园区是生产企业的生产基地，为了使产品生产出来之后能够迅速地销往国内外各地，工业园区一般远离交通拥挤的市区，交通条件较好。

三、工业园区物业管理的主要性质

1. 风险性

风险性是指工业园区物业服务企业在租赁、服务和管理过程中会遇到来自客户、自身

管理、外部环境等方面的风险。与住宅类物业管理相比，工业园区物业管理的风险来自更多的方面，如客户的经营状况、遵章守法情况、劳资纠纷和政策等方面的风险，必须靠内容更广泛的综合管理加以规避。

2. 租赁、服务和管理的高度关联性

在工业园区物业管理中，租赁、服务和管理三者环环相扣、相互影响，具有高度的关联性。其中租赁是服务和管理的前提和基础，只有招进客户、稳定客户，服务和管理才有对象；而服务是租赁和管理的必要条件，只有优质的服务才能更好地稳定客户，并吸引更多的客户入园。管理是租赁和服务的保证，规范的管理才能保证园区客户的正常经营，才能得到政府部门的大力支持。三者的关系相辅相成、高度关联。

3. 效益互动性

物业服务企业、业主与物业使用人之间的效益是互动的。工业园区规划不科学、配套设施不完善会影响到物业管理的难易程度和物业招租与价格；物业服务企业的管理不到位，势必影响到客户经营，经营不正常，反过来又不能按时足额缴交相关租费，影响业主和物业服务企业的效益。近年来，一些面向国际市场的加工企业，国外客户在下订单时要求提供工厂生产环境条件和工人生活保障措施，这些条件和措施要求工业园区规划合理、配套设施齐全。物业服务企业要提供优良的服务满足各方面的要求，这样工厂才能正常组织生产，也只有客户正常生产才有各方长期的合作。

4. 管理综合性

一是管理的范围广泛，涉及一般的物业管理服务内容、客户的生产经营、员工权益保障和工业园区的生活秩序管理等内容；二是专业性强，如配套设施、消防管理等与生产环节联系紧密、专业化程度高，要求从业人员有较高的专业技能；三是政策性强，如工业园区内承接政府的部分职能，如劳动关系协调和计划生育管理等，都需要管理人员切实掌握国家政策，依政策办事。

5. 企业自律性

正因为有经营风险性、效益互动性和管理综合性的影响，工业园区的物业服务企业才必须以较高标准建立起一套完整的经营机制，在多个环节严格要求自己、约束自己，以确保从开发到服务、经营的顺利完成。

四、工业园区物业管理的要求与内容

工业园区物业管理包括工业厂房与仓库等房屋建筑的管理，以及厂房、仓库以外工业园区地界桩、建筑红线以内的给排水系统、围墙、道路、绿化带等共用设施及场地的管理。

工业园区的物业管理是一项难度较大的管理工作，如厂房储存易燃易爆货物与材料容易造成火灾，笨重的机器和存量过多的货物，其重量往往超出楼面结构的负荷，机器开动时会造成震荡，损耗严重，且噪声污染严重，固定资产比例大，维修、养护费用高。

由工业园区管理委员会或工业园区业主结合工业园区的特点、工业园区具体情况以及物业管理的服务需求，制定工业园区的管理规约。该管理规约是工业园区内所有业主与物业使用人必须共同遵守的规章制度，其内容覆盖对物业服务企业、业主与物业使用人对物业的使用、维修和养护要求。

1. 对安全管理和消防工作有更严格的要求

工业园区内地区域较广，建筑物类型繁多，功能各异，生产单位连续作战，生产产品数量大，人员、车辆繁杂，生产区与生活区混杂。此外，各生产企业有各自不同的管理方法，物业服务企业不可能过于干预，只能同各生产企业及生活区的管理单位密切合作。物业服务企业应根据工业园区的规模和保安工作量的大小配备相应的保安员，采取重点保安与一般保安相区别的方式，对重点部门和相对集中的区域要实行 24 小时巡逻，对财务室、仓库等重点部位要安装报警装置和监控系统。高科技型生产企业从原材料到产品、成品，不仅价格昂贵，而且技术保密性强，一旦丢失或损坏会给企业生产带来很大的损失。因此，必须加强安全防范，建立一套有效的制度，防患于未然。

生产企业会使用和接触一些危险品，如管理不善，易发生火灾、爆炸事故。因此，物业服务企业要做好危险品的管理工作，定期检查，消除不安全因素。消防管理的基本目的是防止发生火灾，为业主、生产企业、员工和住户等的工作、生产提供安全保证，以预防为主，防火灭火相结合。

2. 要求加强对重点设施设备的管理

工业用水、用电不同于生活用水、用电，其耗水量大、耗电量大。停水、停电都会造成相当大的负面影响，尤其是有的企业是连续生产的，一旦发生停电、停水就会带来巨大的损失。因此，工业厂房必须保持持续的供水、供电，如果确实因维修、抢修而需要临时中断时，必须要提前做好安排。

3. 对保洁、绿化等常规性服务要求高标准

由于使用功能的特殊性，有的生产用房难以保持清洁，有的工业厂房要求清洁度相当高，甚至要求车间内一尘不染。因此，对不同的工业厂房应有不同的卫生保洁制度和方法。对难以保持清洁的工业厂房应勤清洁、勤清理和勤清扫。对清洁要求高的厂房平时要采取高新保洁技术，保护好厂房设施设备。同时，做好对工业垃圾和生活垃圾的分离及处置工作，尤其对有毒有害的工业废弃物更要做好妥善的处理。绿化方面应根据工业厂房的生产特点种植一些适合排除工厂异味和废气的植物，能够为员工的工作、生活、娱乐提供一

个优美的环境。

4. 对物业管理的专业性要求强

各类生产企业有其各自的生产设施设备，专业性强。这就要求物业服务企业了解不同行业的有关知识，有针对性地制定具有权威性和约束力的管理规定，养护好工业物业辖区内的设施设备，维护工业物业辖区内正常的生产经营秩序。

五、工业园区物业管理的组织实施

（一）制定严格的管理制度

（1）工业厂房与仓库的管理规定。
（2）各个岗位的工作职责与操作规定。
（3）机器设备的安装、管理和使用规定。
（4）材料领取、加工、检验和耗用等规定。
（5）产品入厂、入库的规定。
（6）成品发货出厂、出库等制度。
（7）安全保卫制度。
（8）消防制度。
（9）根据工业物业的具体情况以及物业管理服务的要求制定管理规约。

（二）工业园区厂房和仓库公用部位的管理

（1）厂房和仓库等公共场所，工业企业不得随意堆放物品。
（2）加强对企业员工爱护公共部位及维护公共场所清洁卫生的教育。
（3）工业企业不得以任何形式占用公用部位，不可占用园林绿地。
（4）为确保厂房和仓库的建筑安全、消防安全和人员安全，工业企业不得在规定范围内的基地上或屋顶、外墙、技术层搭建和安装设备。若在外墙或屋顶设置企业标志和广告，应事先向物业服务企业申请，经批准后方可实施。

（三）工业园区厂房和仓库的内部管理制度

（1）因用水、用电不当而给其他的企业造成损失的，其损失由责任者承担。
（2）工业企业根据生产需要，对厂房和仓库进行分割改造和内部安装设备时，不可损坏楼面结构和超过楼面允许的载荷。施工前应向物业服务企业提供图纸，并取得认可，施工时接受物业服务企业的监督和管理。
（3）工业企业的工业废弃物要妥善处理，不得随意倾倒排放，可以由物业服务企业集中处理。
（4）工业企业应按照楼层的承受负荷要求放置设备和货物。如有超载放置，物业服务企业有权要求修复到正常状态，由此造成的损失由责任企业承担。

（5）未经允许，不得擅自改变物业的用途和功能。除经公安部门批准同意设立专用库房外，禁止在厂内堆放易燃、易爆、有腐蚀性的危险品和有害物品。

（四）工业园区物业设施设备的管理

工业园区物业设施设备大体可分为工业生产专用设施和设备、工业生活共用设施和设备以及工业物业附属设施和设备三大类。工业生产专用设施设备由工业企业自管，工业生活共用设施设备以及工业物业附属设施设备可委托物业服务企业管理。

（1）物业服务企业要定期对道路路面加以维护，保证其完好，以便工业企业的正常使用。道路上不得随意占用、堆放原材料和其他物品，以保障道路畅通。

（2）维护工业物业辖区内各种公共标志的完好性。这些标志为进入辖区内的车辆和人员提供向导和警示的作用。因此，需要经常地、定期地进行检查、维护及核对，及时修复或更换破损的标志或已作了内容调整的标志。

（3）工业园区内的地下管线包括热力管线、燃气管线、生活污水管线、生产废水管线、电力管线、自来水管线和雨水管线等，其所经过的上方应设置明显标识，以防止因重载车辆的碾压和施工对管线造成的意外损坏。物业管理服务人员要定期对这些管网进行检查、测试及维护，以保证这些管线的正常使用。

（五）工业园区物业的环境管理

1. 工业园区物业内环境污染的防治

环境污染的治理包括防与治和预防为主、治理为辅两个方面。

（1）空气污染的防治。

尽可能消除扬尘，减轻工业物业辖区内空气中二氧化硫气体和机动车尾气的含量。提示工业企业改变能源结构，减少直接燃煤的比例；硬化地面，减少尘土；绿化净化空气中二氧化硫和机动车尾气；限制车辆驶入，减少尾气排放。

（2）水体污染的防治。

禁止和防止工业废水排入；在工业物业辖区内的沟渠、池塘里饲养水草、种植荷花以净化水体。

（3）噪声污染的防治。

绿化可以消声、防噪，美化环境；限制车辆进入工业物业辖区，同时，区域主路可以采取曲线型限制车速。进行技术革新改造，减少噪音。

（4）固体废弃物污染。

建立垃圾分类收集系统，做到从工业物业辖区及时输出或处理。有条件的自己处理，没有条件的应把垃圾送到城市垃圾处理中心集中处理。

(5) 电磁波污染的防治。

绿化能防止和阻碍电磁波的穿入,减轻电磁波的直接影响。

2. 绿化和保洁工作

绿化能改善工业园区内的小气候,并美化人们的工作、生活环境。

(1) 工业物业内绿地的类型有公共绿地,包括工业厂区、生活区域、文化活动场所的绿地;公共场所、公共建筑及公用设施绿地;宿舍、住宅及庭院绿地;道路及广场绿地。

(2) 工业物业内环境卫生要注意"扫"和"防"结合,道路要天天清扫、洒水。公共场所必须设置卫生桶、卫生箱,垃圾要日产日清,制定纠正不良卫生习惯的措施。保洁人员按分配区分片包干,责任分明。同时,抓好宣传教育工作,加强职工的文明意识和自觉行为。

(3) 认真清理工业园区物业内的违章搭建。

违章搭建是对整个工业园区和谐环境的破坏,它既有碍观瞻,又影响人们的生产、生活,还可能带来安全隐患。

(4) 努力建设新型的人文环境。

新型的人文环境应该是和睦共处、互帮互助、温馨文明、轻松有序的生产、办公环境等。新型的人文环境可以令员工焕发热情,提高工作效率。

(六) 工业园区物业的安全管理

1. 安全保卫管理

(1) 工业厂房和仓库都要建立严格的值班守卫制度,对人员、产品的进出都要进行认真的检查登记。

(2) 无关人员不得进入厂房和仓库重地。

(3) 下班后厂房与仓库要严格执行值班、巡逻制度以及其他的安全措施。

(4) 严格执行两人以上进入仓库、锁门等制度。

2. 消防管理

(1) 建立严格的消防制度,配备专门的消防管理人员。

(2) 保证消防器材的正常使用,并配有先进的报警设备、工具等。

(3) 不定期地组织消防教育和消防演习并制订紧急情况下的应急措施方案。

(4) 保持消防通道畅通无阻,一旦发生火灾能及时疏散人群。

3. 车辆管理

(1) 建立健全车辆管理制度。

(2) 将机动车和非机动车分区,并设专人管理。

（3）配置相应的监控、防盗技术设备。

（4）物业服务企业应与车主签订车辆停放管理合同，明确双方的责任。对工业园区的车辆统一管理，对外来车辆也应做相关的规定。

六、当前工业园区的物业管理普遍存在的问题与对策

调查发现，现今大多数工业园区的物业管理还处于"粗放式"的简单管理，没有认识到物业资产经营的战略价值，存在诸多值得重视的问题，主要体现在以下几个方面。

（一）经营意识淡漠，经营方式被动

（1）缺乏针对性的市场分析，无明显的细分市场，从而使得主动的细分市场分析缺乏对象，在实际工作中只能被动地接受市场带来的租价变化。

（2）受高出租率的经营压力及缺乏市场分析结果，造成租赁人员对客户不能有意识地选择和维护，只能"守株待兔"式进行租赁经营，客户结构分布散乱。

（3）缺乏客户开拓能力，对市场上炙手可热的高端客户和核心客户不能进行主动的开发和引进，"抓到篮子里的都是菜"的选择方式使得优质客户难以成为关键驻商，同时低端客户的进驻降低租赁的整体品质，导致后续的租价持续走低和优质客户远离。

（4）没有品牌或品牌认识度较低，没有利用地理位置的优越性或规避地理位置的不利性，没有融入周边环境中，没有依托环境的影响力，没有借用外力来提升自己物业的价值和品牌度。

（5）客户服务意识不强，客户服务不到位，租赁合同完成后，基本未对客户进行主动、定期地跟踪、回访和维护，未能及时关注客户的动态和变化，从而未能有效降低欠租和逃租发生的几率。

以上问题最终的结果就是物业价值降低，租金逐年下降，出租情况不理想，极大地降低甚至丧失了物业的资产经营价值。

（二）被动性管理，浪费资源，加大内耗

大部分企业对租赁物业的管理采取的都是"记账式"的思路，割裂了管理环节之间的联系，使管理呈现出一种分散不清晰的状态，其最大的问题就是不能有效地利用资源，容易造成资源的浪费。

（1）在财务管理上，采用现金方式收租金，不仅占用过多的人力资源，而且加大了发生事故的几率，且每月都会发生客户欠租，引发应收账款管理的问题。

（2）物业管理与物业经营谁主谁辅，关系理不清，容易相互扯皮、互相推诿，不仅会带来管理上的失误，还会加大内耗，损失效益与利益。

（3）在维护方面，"坏什么修什么"，租赁维修费用大部分用于被动维修。设备的老化和更换，未将有限的维修资源配置到最能带来收益的物业维修。这样管理的结果是客户满

意率低，经营风险加大，维修成本没有合理的控制体系，资源消耗大，收益却不明显。

（三）发挥资源效能，提升工业园区物业管理的效率

企业的成功很大程度上是基于企业将它的资源转化为产出的效率。提升工业园区的物业管理效率，必须发挥资源的最大时空价值，提高资源利用的深度与广度，并且必须做到各类资源整合互动、相互匹配、相互促进，才能最终形成企业的核心能力和竞争优势，也才能获得优良的经营效益和管理效率。

1. 根据环境区位资源，找准市场定位，引进优质客户

环境区位资源对工业园区的经营至关重要。经营者必须根据国家政策导向和工业园区所在的地理位置、区位特点有针对性地进行市场调研，对潜在的目标客户进行分析，以此来确定工业园区的发展定位和招商对象范围。如北京赛特大厦建于20世纪80年代中期，是当时北京第一幢高档写字楼，大厦经营者根据大厦地处中国政治文化中心的有利区位，确定"非外国大公司不进、非美元结算不进、月租价低于45美元/平方米以下不进"的市场定位，连续多年出租率保持在100%，至今还是北京高档楼宇租价的晴雨表之一。

确定工业园区的定位后，要即时发布招租方案，供有意租赁者了解工业园区招商招租的基本信息。与此同时，要通过报刊、电视、互联网等发布广告，或者参加专业的洽谈会、展销会和交易会等进行宣传推介，目的是让有意者知道招商的信息。当有客户上门洽谈时，要安排他们到现场参观，进行实地考察，对他们提出问题进行答疑，并建立客户信息档案。经过多次接洽，确定重点客户后，要对客户的企业性质、产品类型、企业规模、企业信用和投资背景等方向作进一步的评估和核实，通过后再进行合同谈判。

2. 导入CRM理念，整合多方资源，提高经济效益

CRM是客户关系管理（Customer Relationship Management）的简写，它是一种通过围绕客户细分来组织企业，鼓励满足客户需要的行为，并通过加强客户与供应商之间联系等手段来提高盈利、收入和客户满意度的遍及整个企业的商业策略。在工业园区经营中导入CRM理念，重点要做好五个方面的工作。

一是要及时建立客户档案，掌握客户的基本情况。这是实施CRM的基础。以此为平台，分析其经营的主要风险来源及对履行合同的影响；定期（每月、每季、半年）对客户履约能力进行评估，包括对经营状况、员工工资发放、租费缴交和其他债务状况等进行了解，做出综合评估，以此判断客户在履约方面是否存在风险、风险有多大。

二是要加强客户沟通，做好规范服务，帮助客户解决力所能及的困难，努力提高客户满意度。除开展工业园区的正常物业管理外，还要针对不同客户的特点有针对性地开展个性化服务。特别在物业维修方面更要提前做好调查摸底，制订维修计划，消除"坏什么修什么"的现象。

三是要加强租费管理，根据各客户履行的情况，对各客户的风险情况进行分类（安全期、风险期和危险期），并分别实行不同的管理。对处于安全期的客户，实行正常管理；对处于风险期的客户，实行"黄灯"管理，密切关注客户的经营情况、货物进出情况、资金周转情况和分析拖欠款的原因，与客户商定具体清缴租费事宜。对处于危险期的客户，要实行"红灯"管理，应采取限制进出货、停止报关业务、终止合同和法律起诉等强制措施收款，尽量减少出租方的损失，并根据情况的严重程度采取不同的措施，迫使客户尽可能缴交租费。

四是要定期对客户信息进行统计分析，为企业设计和优化业务流程、识别不同客户的价值差别化和需求差别化，从而针对不同的客户采取不同的服务方式提供信息支持。

五是要为客户提供有效的物业管理。对工业园区的客户来说，园区内保持整洁、安全，电梯正常运行，设备正常运作，并且建筑物维修良好，是他们对物业管理的基本要求。实践证明，物业管理已经成为提升工业园区竞争力的有效手段，也是维护和提高物业价值的根本途径之一。

3. 强化风险管理，确保资源安全利用

工业园区的主要风险来源于三个方面。一是消防安全风险。工业园区内厂房多，是火灾易发区和高发区，消防安全风险隐患比较大。二是治安安全风险。工业园区内工厂多，是一个"小社会"，外来务工人员来自不同的地方，构成复杂，治安问题比较突出。三是社会安全风险。因工厂老板欠薪而引发劳资纠纷，处理不妥将影响社会稳定。

针对这些特点，园区经营者要防患未然，强化风险管理。所谓风险管理，就是利用各种自然资源和技术手段对各种导致人们利益损失的风险事件加以防范、控制以及消除的过程。其目的是以最小的经济达到分散、转移、消防风险，保障人们的经济利益和社会稳定的基本目的。重点要抓好以下工作：一是要做好风险识别和风险评估，既要根据某种科学方法去认识和区别风险，并应用各种概率与数理统计方法测算出某一风险发生的频率，进行估算损害程度。二是要制定应急预案。针对不同的风险和各种可能发生的紧急情况制订相应的行动计划，一旦出现紧急情况，就可按应急预案立刻投入行动。三是要采取有效的手段进行风险控制，如回避、自担或保留、预防与抑制、转移等。工业园区的三大风险主要靠预防和转移措施。如对消防安全风险，要普及各类安全消防知识，加强各工厂员工的安全消防能力培训，配备各类安全器材，并时常加强巡查和定期检查，发现隐患及时整改，以此从源头上加强预防。对治安安全隐患要加大教育疏导力度，加强治安巡防，发现苗头及时化解，对劳动纠纷问题要在引进客户时就要高度重视，要引入正规的公司制企业，这类企业即使老板逃匿，所欠的工资也可通过政府的欠薪基金赔付。同时要加强对工厂经营情况的监控，掌握员工工资发放情况，及早做好防备工作，确保工业园区的稳定和谐。

4. 发挥资源最大时空价值，实行综合经营

工业园区拥有大量的厂房、配套宿舍等不动产，具有价值重、土地稀缺性、特殊的价

格形成机制（级差地租）和外部经济性等经济特性。这些资源不仅可以用于正常的租赁经营，获得稳定的现金回流，还可以发挥其最大的时空价值，获取更大的利益。一是可以为工业园区各工厂员工提供诸多配套服务，如饮食娱乐场所、购物商场、邮政、电信和银行等，工业园区的物业不仅是一个价值的载体，而且逐步成为提供服务、创造财富的一种手段。二是物业抵押贷款融资、厂房宿舍等资源具有固定性、耐用性和保值性等特点，为贷款人提供了很好的抵押担保，而且这种担保具有期限长、位置固定和产权记录持久等特点，可以为投资者带来诸多好处，如降低投资风险、利用抵押贷款利息来享受税额减免的优惠待遇和实现财务杠杆效益等。三是利用工业园区的物业进行不动产的资本经营，包括物业资产重组、收购、转让、房地产投资基金和不动产证券化以及不动产经营的内部管理等经营活动，提升企业价值。

第七节 高校物业的管理与服务

一、高校物业的概念

高校是有计划、有组织进行系统教育的机构。高校的建筑大体有办公楼、教学楼、实验楼、宿舍楼、食堂、体育馆、礼堂、购物中心、操场和停车场等。"服务是本，管理是魂，信誉是源，形象是根"是高校物业服务企业从起步至今，从实践中感悟出来的服务真谛。坚持以优质的服务、科学的管理、良好的信誉、规范的形象为基础，树立品牌意识和精品意识，从而赢得学校和广大师生的信赖，努力做到"让学校满意，让老师满意，让学生满意"。高校物业管理既包括管理，又包括服务。管理的对象是物，包括高校的楼体、设施、设备和场地等；服务对象是人，受雇于学校、服务于师生。高校物业服务企业要生存，就必须以学校、师生的需求为导向，即业主的需求为导向，不断提高服务水平，向服务要效益。"满足业主需求、提供优质服务"是高校物业管理的关键。

二、高校物业管理的特点

作为一种新型的物业管理模式，高校物业管理有着和社会物业管理相似的地方，也有着区别于其他的物业管理的特点。

（1）保洁的面积占整个建筑总面积比例较大，且保洁难度大、要求高，需要很强的技巧性和明确的作业流程。

（2）工作时间段明确，它要求物业服务企业的保洁、保安、维修工作都要配合学生的作息时间，要做到零干扰服务。

（3）随着各高校的迅速扩招，大学生人员密集，产生的生活垃圾量较大。

（4）人员流动性大，安全防范难度大。

（5）维修工作频繁，学生人数较多，设备的使用率与破损率都较高。

（6）服务工作必须人性化、精细化。

（7）作息时间相对固定，管理时段性强。学校有寒暑假，在校时学生的作息时间相对比较固定，管理的时间性要求比较强。因此，应根据学校的作息时间划分不同的时间段，合理地分配管理服务内容，如环境卫生管理可以安排在学生上课时间进行，桌椅、门窗的维修，灯泡、灯管的更换可以安排在放学以后，而对于设施设备的大修、更换等可以安排在寒暑假期间等。

（8）对设施设备的安全性要求很高。学校是青年集中的场所，他们充满活力、行动敏捷、动作幅度大，相对而言，对设施设备的坚固性、耐久性和安全性要求高。因此，要充分考虑学生的人身安全问题，固定于地面的文体器材一定要牢固，定期检查，有损坏及时维修，修缮时注意钉子的安全使用。加强对学生的教育引导，使学生融入物业管理工作之中，自觉地遵守规则并制止有损学校物业的行为。

三、高校物业管理的组织实施

（一）学生公寓的管理

1. 安全管理

（1）制定公寓安全管理工作目标、方案和措施，保证消防器材的正常使用。

（2）定期组织安全教育活动，抓好各方面安全工作的落实，及时发现和解决不安全问题。可以利用谈心、板报和表扬等形式对学生进行思想教育。

（3）充分发挥学生的主观能动性，以寝室为单位，抓好各项安全制度的落实，并由寝室长配合物业服务企业全面负责本寝室的安全工作。

（4）向学生提出明确的安全要求，如不准在公寓内使用电炉子等大功率加热器，不准在公寓内乱拉私拉电源线、电话线和电脑网线；不准在公寓内吸烟、点蜡烛、焚烧垃圾和废纸、信件等；不准乱动消防器材和设施，不准往窗外扔物品等。

2. 住宿管理

（1）寝室成员办理住宿登记卡和床头卡，并将床头卡按要求挂在指定位置。

（2）要求学生按时就寝，如有特殊情况，需要向公寓管理人员请假。

（3）学生不准擅自调整寝室，如有需要，应按相关规定要求进行调整。

（4）严禁私自留宿外来人员，如遇特殊情况需留宿，必须携有关证件到公寓管理部门按规定办理手续。

（5）对学生公寓进出楼的来访人员验证登记，禁止无证来访者及推销商品者进入公寓。

3. 卫生管理

（1）物业服务企业负责公寓楼外周边的卫生保洁和楼内大厅、走廊、卫生间、洗漱间、楼梯以及公共部位的暖气片、灭火器、门窗等处的卫生保洁。

（2）监督管理各寝室内部卫生，物业服务企业应专门成立考评小组，制定完善的考核体系，每周不定期、不定时地检查各寝室的卫生情况，促进学生寝室内部卫生管理。

4. 公共关系管理

学生公寓管理要处理好物业服务企业、学校和学生三者之间的关系，要建立三者共同参与、相互协作的关系。由物业服务企业和学校组成学生公寓管理委员会，物业服务企业负责学生生活后勤的保障和资产运作，为学生提供良好的后勤服务保障；学校负责学生的思想政治教育与学习管理，提倡学生民主管理，建立学生公寓管理委员会，定期召开各种会议，收集学生意见，反映建议和要求，参与决策和管理，真正形成促进学生全面发展的良好氛围。

（二）教学楼的管理

1. 教学楼内外的卫生保洁

（1）按要求清洁教室、大厅、走廊、楼梯、电梯、厕所和道路等公用地方，做到无污迹、无水迹、无废弃物、无杂物、无积水和无积雪。
（2）为屋顶、墙角除尘，做到墙面无灰迹、无蜘蛛网。
（3）常规性保洁可安排在上课时间或课后。保洁人员工作时要轻、要快，工作性交谈也尽量小声，不可干扰教学。
（4）每天上课前，教室内必须擦拭黑板、黑板槽和讲台，拖净讲台踏板，掏空讲桌内的垃圾，各种教具摆放整齐有序。

2. 设备的管理

（1）每天检查门、窗、桌椅、灯和开关的完好情况，发现问题及时修理。
（2）每天检查各楼层，注意电线等设施设备是否有损坏，同时记录需修理的电灯、线路，并及时维修，保障电的正常供应，如发现停电，要立即抢修，确保及时供电。
（3）保证空调的正常使用，检查地漏、下水管道是否通畅，确保无堵塞、外溢现象，检查厕所内设施的完好情况，发现问题及时维修。
（4）保证电子教学设施设备的完好和正常使用。
（5）楼内要备有应急灯和手电筒，以备急用。

3. 环境管理

（1）协助学校做好绿化美化的总体规划和设计，在实施校园绿化总体规划过程中，根据校园内天然的地形地貌，逐渐形成树木、花草兼观赏树木的阶梯式绿化美化格局；做好花坛绿地等集中地段的绿化美化工作，做到绿化图案美观，密度合理，时间适宜，以美化校园环境。

（2）及时完成绿化带内缺株树木的补栽和花草的更换，特别是要及时对老化树木进行修枝，保证学生安全。枯死树木淘汰后应及时补栽，确保整体协调。

（3）保证绿地卫生，清除纸屑、烟头、石块等杂物，禁止践踏草坪。

（4）根据实际需要建设多种建筑小品，如石桌、坐椅、休息亭廊和假山等，既可美化环境，又可供学生课后休闲使用。

（5）教学楼内的墙壁上可装饰艺术品、字画等，保持其卫生干净，烘托学习气氛，为师生提供一个清新、优美而典雅的良好环境。

四、高校物业管理中应注意的问题

高校的物业管理是指物业经营人运用现代经营手段按合同对已投入使用的各类物业实施多功能、全方位的统一管理，为物业的产权人和使用人提供高效、周到的服务，以提高物业的经济价值和使用价值，创造一个安全方便的居住环境和工作环境。

因此，高校物业管理的服务对象既是物，也是人，而且它更突出对物的良好管理，为师生的良好服务。因此可以说高校物业管理一切为了学校、一切为了师生。这是高校物业管理的基本出发点和归宿。它不仅仅是提供对学校房产物业本身的管理服务，更重要的是通过这种管理服务构筑起一个有利于人与人之间沟通，人与自然和谐，人与文化融通，健康、开放的工作环境和生活环境。所以，高校物业服务企业要生存就必须以业主需求为导向，不断调整服务内容，不断提高服务水平和能力，向服务要效益。只有这样才能确保学校和师生对物业服务企业的认同，物业服务企业也才能求得生存与发展，才能取得良好的社会效益和经济效益。

（一）"满足业主需求，为广大师生提供优质服务"是高校物业管理的立足点和生命线

高校物业管理的目的就是为了满足业主（包括学校和师生）对工作环境的要求，对保洁、绿化、维修服务以及特约服务的需求。概言之，高校物业管理是"始于业主要求，终于业主满意"。高校物业服务企业和员工只有满足了他们的当前需求，他们才会对物业服务企业产生一种信任和满意，进而才会有进一步的需求，从而，高校物业服务企业才能不断地完善服务类别和职能，才能不断地发展和壮大。服务贯穿在整个高校物业管理的工作当中，因此，满足业主需求是高校物业管理生存和发展的立足点，提供优质服务是高校物业管理的"生命线"。

1. "满足业主需求，提供优质服务"是高校物业服务企业服务标准的体现

高校物业大多隶属于后勤服务公司，后勤服务公司的所有服务的目的就是"让学校满意，让老师满意，让学生满意"。业主对高校物业管理的满意程度必将是高校物业管理考

核自身服务水平的一项重要标准。物业服务企业想在今天这个以业主为主导的物业管理市场竞争中生存，唯有做到"满足业户需求，提供优质服务"，学校和师生才会对高校物业管理产生满意和信任，才能继续满意地接受高校物业服务企业的服务。

2. "满足业主需求，提供优质服务"是高校物业服务企业赢得效益的基础

高校物业服务企业也大多实行的是"自主经营、自负盈亏、独立核算、自我发展"的运行机制，高校物业服务企业主要的收入来源就是物业服务费用。服务工作搞得好，就会得到业主的满意，得到业主的支持，物业管理的基本任务就算完成，物业管理的服务内容就能得到有效的延伸，物业服务企业就会赢得较好的社会效益和经济效益。相反，服务水平差，缺乏服务意识，服务内容比较少，就不能得到业主的认可，不用说其他工作的开展，轻则拒交物业服务费用，重则重新聘请物业服务企业。

3. "满足业主需求，提供优质服务"是高校物业服务企业提升声誉的基础

高校物业服务企业要想在日趋激烈的市场竞争中取得一席之地，只有走"树立自己的企业形象，创出自己的企业品牌"之路。良好的企业形象、知名的企业品牌是企业一项宝贵的无形资产。高校物业服务企业要想树立自己的形象、创建自己的品牌，服务是重要的途径。只有为广大业主提供优质服务，才能得到广大业主的认可，才能在广大业主的心目中树立良好的企业形象，继而在社会中提升企业良好的声誉，增强企业的市场竞争能力，加大企业的市场占有率，创造更大的经济效益。

（二）高校物业管理优质服务的标准

高校物业服务企业与业主之间的一切往来都是在为学校、师生服务。优质服务的具体标准表现在以下几个方面：

（1）高校物业服务企业上下各部门员工都与业主友好相处，对师生的问讯以及师生碰到的难题迅速做出反应；

（2）及时回访学校各部门、分院、师生，根据服务需求，调整服务内容；

（3）尽量为每位业主提供有针对性的个别服务；

（4）对服务质量做出可靠承诺，尽量满足业主的需求；

（5）与业主交往中表现出礼貌、体贴和关心；

（6）永远做到诚实、诚信、尽责地对待业主。

在高校跨越式发展的背景下，高校物业服务企业起步晚、管理弱，如何提高服务水平，做到管理、服务齐头并进，把握市场机遇，发展壮大高校物业服务企业，"满足业主需求，提供优质服务"是关键。

（三）如何更好地做好为广大师生提供优质服务

1. 建立和完善各项高校物业规章制度

一是建立和完善学校房屋及维修管理的法律、法规及规章；二是建立和完善学校设施设备管理法律、法规及规章；三是建立和完善环境卫生管理的法律、法规及规章；四是建立和完善秩序维护、消防管理的法律、法规及规章；五是建立和完善覆盖学校各类物业的管理法规及规章。

通过这些法律、法规、规章及办法的制定与施行，使高校物业管理的管理、服务、经营和收费等各方面各环节做到依法管理和运作，使高校物业管理竞争得以有序化、规范化。

2. 树立"客户满意"的企业价值观，导入CS评价体系

导入CS体系，就是赋予传统意义上的"服务意识"以时代的精神，要求高校物业服务企业主动地进行换位思考，以"客户满意"作为企业文化的精髓不断地向员工灌输，激发员工实现客户满意的积极性和创造性，使"客户满意"成为高校物业服务企业一切经营活动的出发点和归宿。

3. 关注科技进步，提高管理服务水平

当代科技的发展速度很快，日新月异的技术进步会越来越多地应用到物业建设和物业管理中来。面对新技术的挑战，高校物业服务企业必须重视各类专业管理技术的掌握，从劳动密集型向技术密集型转变，不断更新、学习新的管理服务技术，适应现代物业管理的技术要求，加强管理技术的学习，努力提高管理技术水平，这样才能保证自己的管理实力始终与物业设备的科技进步同步。

4. 加强与业主的沟通，加大物业管理的透明度

与业主的充分沟通，首先有利于掌握业主的需求、服务评估和改进意见，提升管理服务水平；其次有利于物业服务企业的长远发展，保住自己在管项目，同时还要去争取新开发的项目，都离不开与业主有效的沟通、职业化的服务和由此形成的良好口碑。通过双向沟通，相互理解，互相关心、支持和帮助，用心血和汗水实现"业主满意"、"企业发展"的双赢目标，较好地解决了"企业与业主"之间的矛盾；也可以让潜在客户群体依序经历从不了解到了解、从了解到理解、从理解到肯定、从肯定到选择的四个发育阶段，最终成为企业真正的客户。加大物业管理的透明度则是要充分调动业主的积极性，让他们自觉参与物业管理，使业主和高校物业服务企业一道积极参加物业管理活动，增强高校物业管理的凝聚力。

5. 大胆进行服务创新，研究业主需求，拓展延伸服务内容

要研究不同群体不同的服务需求，以和其他相似物业相比照的形式确定服务项目，还

要敢想敢做，服务是无止境的，不怕做不到，就怕想不到，谁先想到了、做到了，谁就领先了。

6. 多渠道、多形式加强培训，优化人力资源，增强企业发展后劲

发达、完善的物业管理取决于训练有素的物业服务专门人才，他们不仅要有良好的思想素质，而且要掌握现代管理科学技术，并善于运用于实践。物业服务企业不仅要实行优胜劣汰的用人机制，更要注意建立一套科学、客观、实用的培训体系，定期以客户满意为标准对员工进行实务技能和职业素养的训练，培养员工的"自我管理"能力，使他们面对客户的不同需求能够真正提供全方位的"周到"（眼到、耳到、心到、口到和手到）服务。

第八节　医院物业的管理与服务

一、医院物业的概念

医院是社会医疗保健工作组织体系中最基本的工作机构，是为患者提供医疗服务和进行医学教学、科研的特殊场所。医院大体上可分为办公楼、门诊部、住院处、教学楼、宿舍、配电室、机房、库房、锅炉房和停车场等。搞好医院的物业管理，首先要清楚医院后勤的功能及运作特点，根据实际情况制定相应的物业管理措施，不断完善物业管理制度，才能搞好医院后勤物业管理工作。

医院基本的功能是医治照料病人、增进大众健康和推进医学的进步。其中，对病人开展诊疗和护理，通过医疗与辅助业务密切配合，形成医疗整体，为病人服务是医院最基本的功能和中心任务。作为整个社会卫生工作的一个组成部分，医院处在社会救死扶伤和维护人民群众健康的第一线，也是开展医疗科学实验、医疗保健的场所。医院的后勤保障是医院功能运作中不可或缺的部分和重要保证。

二、医院物业管理的架构

1. 常设机构

从事医院物业管理的机构一般为专业的物业服务企业，实行的是一体化物业管理，组织机构的设置至少要有物业服务项目管理处一级，以下各级和各部门可以根据所承担的物业管理服务的范围和内容相应增减设置。

2. 常设物业管理架构

医院物业服务处、物业服务部、医辅服务中心、机电维修队、保洁绿化队、保安队、导医队、护工队、专业陪护队、商品礼品店、物资配送餐饮和中心洗衣房等。

三、医院物业管理的特点

（一）工作专业性强

医院每天都会有大量的医疗废物产生，这些废弃物携带病菌和有害物质，必须按严格的规定进行分类处理和清运。保洁人员必须执行严格的消毒、隔离和防护制度，防止出现交叉感染的情况。

护工人员的基本素质要求较高，需要和各类病人及医护人员经常接触沟通，这就要求护工人员有一定的医疗、医护知识，清楚遇到突发事件时的处理程序。

（二）设备运行具有连续性

医院物业功能的特殊性决定了有些设备需要24小时不间断地运行，几乎无法利用停水、停电的方式进行设备维修。这给医院的物业管理工作带来了相当大的难度，无形中增加了物业服务费用的支出。医院设备的维修养护必须做到科学合理，对于不能间断运行的设备，必须保证备用设备的良好适用性，一旦出现故障，立即将备用设备投入使用。

四、医院物业管理的组织实施

（一）房屋及附属设施设备的维修养护与运行管理

房屋及附属设施设备的维修养护与运行管理主要包括对房屋建筑、中央空调系统、备用发电机、照明系统、给排水系统、制冷系统、电梯、通风系统和污水处理系统等的维修养护和运行管理，保证24小时的水、电、气、热供应，以及电梯、变配电、锅炉房和氧气输送系统的正常运行。

为满足临床医疗的要求，后勤设施设备的完好率和安全系数都要达到较高的水平，因此，要求不得出现任何有损业主、患者的安全事故。医院设施设备的维修养护必须适应医疗服务专业性、时效性、稳定精确性强的特点，根据医疗要求和设备运行规律加强维修计划，提高维修效率。在业务技术方面，要求设备技术人员必须具有一定的技术理论水平，又富有维修工作的实际经验，并有独立工作能力和灵活处理技术问题的应变能力。

（二）安全保卫服务

医院是治病救人、救死扶伤的专业医疗机构，医院的安全保卫工作尤为重要，必须有一个安全有序的环境作为保障，给医务人员提供一个安全的工作环境，使前来就诊的病人感到安全舒适。

（1）消防无小事，从上到下都要引起重视，平时经常巡视，消除安全隐患。一经发现问题，及时组织有关人员处理解决。要配备专职的消防工作人员，成立义务消防队伍，并不定期举行消防演习。

(2) 保安员要加强对医护人员的安全保护,对于打架、斗殴或发生医疗纠纷的情况要及时、慎重地进行处理。

(3) 保安员要有效地开展防盗工作,发现可疑的作案人员,可采取暗中监视或设法约束,并报告和移交公安机关处理。

(4) 慎防医托。现在的医疗机构参差不齐,导致产生大量的医托,渗入到各大医院,或劝说病人到其指定的医院看病,或向病人派送传单,严重影响医院的医疗秩序。保安员必须提高警惕,不断积累经验,一旦发现可疑人员立即协助医院保卫科查处。

(5) 停车场的管理。医院人流量大,车流量也大,一定要规范停车场管理,确保停车场车辆有序停放,行驶畅通。

(三) 保证被褥用品洗涤及供应管理服务

洗衣房担负着医院医护工作人员工作服和住院病人被服的洗涤和消毒工作,要确保送洗被服的清洁和健康卫生,防止院内交叉感染。

(1) 按规定下科室回收脏被服要做到分类放袋、分类处理;传染性及带血、便、脓污染的衣物要密封回收;一般病人衣被与医护人员工作服分开回收。

(2) 为防止交叉感染,各类衣物执行分类洗涤原则,回收的脏被服要及时消毒浸泡。

(3) 清洁被服按时下发到科室,双方做好清点登记,每天做好日工作量统计。

(四) 环境管理服务

医院物业的环境管理对于医院的形象十分重要,也是防止内部交叉感染的主要途径之一。

(1) 严格遵守医疗医护消毒隔离制度。

医院是各种病原体大量存在的地方,若有疏忽则极易造成交叉感染。传染病区尤其如此,不能将传染病原带出传染病区。严格区分无污染区和污染区的地拖、桶、扫帚、手套等清洁工具,不能混淆使用。

(2) 保持安静的就医环境。

环卫人员工作时动作要轻快,更不要高声说笑,工作性交谈也必须小声进行,不可干扰医护人员的工作和病人的休息。

(3) 保洁要勤快。

医院人流量大,地面、厕所等公用地方容易脏,保洁人员要经常巡察,并发动其他的工作人员,发现垃圾要随时清扫,随时保持清洁。

(4) 保洁人员服务态度好。建立首问负责制,遇到病人的提问要耐心解答,自己不清楚的要协助病人找到相关部门解决,切忌一问三不知。

(5) 在垃圾处理时要区分有毒害类和无毒害类,定期消毒杀菌。医用垃圾的销毁工作要统一管理，不能流失，以免造成大面积感染。

（6）做好消杀工作。

消杀工作主要是除四害。熟练地使用各种消杀药物，熟知作业过程的规范，保证医院内没有虫鼠传播病菌和白蚁来侵蚀物业设施。

（7）有效开展对医院公共区域的绿化美化工作，定期对树木和绿地进行养护、灌溉和修剪，保证无破坏和随意占用绿地的现象。

（五）医院的饮食管理

医院的饮食管理功能要满足患者的医疗康复、职工的生活服务和院内的综合服务这三个方面的要求。医院餐饮的服务对象是特定的群体，出品的食物除追求色、香、味之外，更注重营养搭配、医疗辅助作用，要实行制作、销售过程的卫生监管。

（1）配餐员要熟悉治疗饮食的种类，掌握饮食搭配的基本原则，根据医嘱与病员饮食计划，按时、准确、热情地将热饭热菜送到病员的床边。送餐过程中需保持卫生。

（2）提前一天统计第二天的饮食，及时收回餐具，避免损失，便利周转。洗餐具时小心操作，搞好消毒，节约用水。每天清洗配餐间、餐车和残渣桶。

（3）配餐员要注意个人的清洁卫生，工作时穿戴工作衣帽和口罩。

（六）护工服务管理

护工服务是医院物业管理的特色，它是对医生和护士工作的延续和补充，是医护人员的得力助手。护工必须掌握必要的专业医疗医护知识，必须遵守医院和公司的各项规章制度及操作规程。

1. 护工的工作内容

（1）负责为病人打开水，协助生活行动不便及卧床的病人进行各种必要的活动。

（2）保持病房整洁，物品摆放整齐。

（3）及时收集送检人的化验标本并取回报告单，急检标本立即送检；递送各种治疗单划价、记账，特殊检查预约和出院病历结算等。

（4）护送病人做各项辅助检查和治疗，特殊危重病人必须有医护人员陪同。

（5）点收医护人员的工作服、患者的脏被服和病人服，污被服不能随地乱扔乱放。

（6）认真与洗衣房清点收送给科室的洗涤物品。

2. 专业陪护

专业陪护人员为病人提供专业化、亲情般服务，并作为整体化护理的一个重要补充，是一种新型的护理模式。陪护人员要认真地做好病人的生活护理、心理护理、健康宣教、饮食指导和病情观察等，治疗处置时要协助护士再次做好查对病人用药过程中的反应，发现异常情况及时报告。做好病人的基础护理，落实各项护理措施，预防合并症的发生。

3. 导医、导诊

导医员、导诊员的职责是正确引导病人就诊，为病人的就诊提供方便、快捷、优质的服务。导医、导诊员要清楚院容、院貌、科室设备、医院设施、专业技术水平和特色专科，做到有礼貌，有问必答、百问不厌，引导患者挂号、候诊、检查，指导最佳就诊系统，合理安排检查项目，指导就诊。

（七）开设便民服务

根据医院的实际情况开设一些便民设施，如OTC（自助药店）、鲜花店、礼品店、自动售货机和自动饮料机等，既方便就医患者及前来探望的客人，其收入还可弥补物业管理经费的不足。

五、医院物业管理的实施

（一）环卫工作方面

1. 严格遵守医疗医护消毒隔离销毁制度

医院是各种病原体大量存在的地方，若有疏忽则极易造成交叉感染。传染病区尤其如此，不能将传染病原带出传染病区。医院地面经常受到病人排泄物、呕吐物和分泌物的污染，由于人员的流动量大，要及时清除地面污染，以免造成病原菌的扩散。因此严格区分无污染区和污染区的地拖、桶、扫帚和手套等清洁工具，不能混淆使用，特别要注意的是不仅每个病房的清洁用具不能交叉使用，病床与病床之间的擦布更不能交叉使用，防止病菌交叉污染。凡医院工作人员工作时必须穿戴好工作衣、帽。进入传染病区和肝炎、肠道门诊应穿隔离衣、裤、鞋、口罩。对工作服（隔离衣）应定期或及时更换，统一进行清洁消毒。工作人员不得穿工作服进入食堂、宿舍、哺乳室、图书馆和到医院以外的地方。手术室、产房、婴儿室等部门的工作人员应配备专职的清洁员，不准穿该室的衣服到其他的病房、科室。因各个科室的消毒隔离要求不同，可采用日光暴晒、紫外线灯照射、臭氧消毒及用各种消毒溶液擦拭、浸泡等方法进行消毒。各个科室还要制定详细的清洁卫生制度及作业指导书，并严格执行。还要做好医用垃圾的销毁工作，医用垃圾要统一管理，不能流失，以免造成大面积感染。

2. 保持安静的就医环境

医院是人们看病养病的地方，需要保持肃静。环卫人员工作时动作要轻快，更不要高声说笑，工作时交谈也必须小声进行，不可干扰医护人员的工作和病人的休息。

3. 保洁要勤快

医院人流量大，地面、厕所等公用地方容易脏，保洁人员要经常巡视，并发动其他的工作人员，发现垃圾要随脏随扫，随时保持清洁。

4. 服务态度好

因医院的服务对象大多是前来就诊的患者，他们有病在身，大多心情不太好或行动不太方便，因此工作人员必须做到耐心、细心，虚心地听取各方面的意见并加以改进，这样才有利于工作的全面开展。建立首问负责制，遇到病人的提问要耐心解答，自己不清楚的要协助病人找到相关部门解决，切忌一问三不知。

5. 提高警惕秩序维护安全

医院是公共场所，难免会有医托、小偷等混杂其中，工作人员要时时提高警惕，发现有可疑情况时应及时报告相关部门并协助处理解决。

（二）消杀工作

消杀工作主要是除四害。由于老鼠和蚊子是多种病菌的主要传播途径，所以医院的消杀工作和保洁工作具有相等的重要性。消杀人员须熟悉院区环境，掌握四害常出没的地点，熟练地使用各种消杀药物，熟知作业过程的规范，保证院内没有虫鼠传播病菌和白蚁侵蚀物业设施。医护人员的工作服及病人服、床上用品的消毒管理，按照国家相关法规做好污水、污染和尸体的处理工作。

（三）医院的饮食管理

1. 医院饮食管理的特点

现代医院餐饮管理追求的不仅仅是食物的外在质量和内在质量，还包括医院的社会服务的附加值。它的作用不仅仅使顾客本身受益，还包括医院的社会公众形象，以及医院对服务对象的感召。所以说，餐饮管理在现代医院管理中扮演着越来越重要的角色，这是不容忽视的。

2. 营养配餐工作管理

（1）配餐员在营养食堂管理员的领导和病房护士长的指导下，负责做好病人饮食的供应工作。

（2）配餐员要熟悉治疗饮食的种类，掌握饮食搭配的基本原则，根据医嘱与病员饮食计划，按时、准确、热情地将热饭热菜送到病员床边。送餐过程中需保持卫生。

（3）负责提前一天统计第二天饮食及时收回餐具，避免损失，便利周转。洗餐具时小心操作，搞好消毒，节约用水。

（4）虚心听取病人的意见，并向领导反映，及时改进。

（5）了解患者的饮食习惯，将注意事项记录在案，加强完善下次饮食的服务质量。

（6）每天清洗配餐间、餐车、残渣桶。

（7）注意个人清洁卫生，工作时穿戴工作衣帽、口罩。

（四）医院设施设备的维修养护

（1）医院设施设备的维修养护必须适应医疗服务专业性、时效性和精确性的特点，根据医疗要求和设备运行规律加强维修计划，提高维修效率。

（2）医院设施设备分布广，数量大。维修部门必须加强管理，做出合理安排，提高维修及时率。

（3）医院的设施设备技术标准高。为实现医疗的优质服务，满足临床医疗的要求，后勤设施设备的完好率和安全系数都要达到较高水平，因此对管理水平的要求较高，特别是安全管理方面，要求不得出现任何有损患者的安全事故。

（4）维修技术人员的素质要求要高。在业务技术方面，要求设备技术人员必须具有一定的技术理论水平，又富有维修工作的实际经验，特别需要具备一专多能的素质，并有独立工作能力和灵活处理技术问题的应变能力。

（5）维修部门要有切合实际的工作方法和有效的再教育培训措施，制定出现紧急情况时的应对措施。

（五）医辅服务中心的管理

1. 护工的管理

护工是在护士长的领导下和护士的指导下进行工作。护工管理是由医辅部及所在科室实行双重管理，护工必须掌握必要的专业医疗医护知识，必须遵守医院和公司的各项规章制度及操作规程。

（1）护工的日常培训。

医辅服务中心负责护工的培训，要教育护工树立一切以病人为中心，为病人服务，为临床一线服务的思想。要根据临床工作的特点和需要进行有计划、有针对性的培训，重点是临床的指导，尤其是非专业性护工要加强专业知识及相关规章制度的培训，以适应医疗、护理工作的需要。

（2）护工的工作内容。

① 负责为病人打开水，协助生活行动不便及卧床的病人进行各种必要的活动。

② 保持病房整洁，物品摆放整齐划一，定点定位，床头桌、氧气台面做到一桌一巾一用一消毒；保持床铺平整，床下无杂物、无便器。

③ 及时收集送检病人的化验标本并取回报告单，急检标本立即送检；递送各种治疗单划价、记账，特殊检查预约和出院病历结算等。

④ 护送病人做各项辅助检查和治疗，特殊危重病人必须有医护人员陪同。
⑤ 按要求配制和及时更换浸泡物品的消毒液并加盖，整理备用物品。
⑥ 点收医护人员工作服、患者的脏被服和病人服，污被服不能随地乱扔乱放。
⑦ 认真与洗衣房清点收送给科室的洗涤物品。

2. 专业陪护

（1）专业陪护的工作内容。专业陪护员为病人提供专业化、亲情化服务，要认真做好病人的生活护理、心理护理、健康宣传、饮食指导和病情观察等，治疗处置时要协助护士再次做好查对病人用药过程中的反应，发现异常情况及时报告。

（2）专业陪护人员的聘任。专业陪护员必须是卫校或医疗专业毕业的专业人员，经考核合格后方可录用。

3. 导医、导诊

导医员、导诊员要清楚科室设备、医院设施、专业技术水平和特色专科，并耐心向病人解释，热情主动、有礼貌，有问必答、百问不厌，引导患者挂号、候诊和检查。

第九节　交通类物业的管理与服务

一、交通类物业的概念

交通类物业即是指与交通运输有关的各类路面、轨道、隧道、房屋及与之相配套的附属设施和相关的场地。

对于交通类物业实行专业化的物业管理，目前在我国物业服务企业开展的还不多，还没有成熟的管理模式和成功的服务经验。要做好交通类物业的物业管理，首先必须了解此类物业的特点，然后结合实际采取有针对性的管理服务措施。

二、交通类物业的分类

（1）地面交通，如公路、车站、机场、码头、高速公路、桥梁和停车场等。
（2）轨道交通，如铁路和地铁等。
（3）与交通有关的物业，如铁路机务段、地铁车辆段、交通枢纽、转换层区域、接驳站区域、地铁沿线商业街和商铺等。

三、交通类物业的特点

1. 独特性

每种交通类物业的设施、自身结构、外部环境、主要通行车辆类型和交通运输过程中的重要程度等都有所不同，特别是在科技日新月异的今天，政府或大型公司在进行每一项大型的基础设施建设时均会采用一些国际先进的技术和设备。所以每一类交通物业都有其自身的特点。

2. 耐久性

交通类物业服务于社会的时间较长，一般具有较长久的使用价值。

3. 建设投资量大

交通类物业大多为政府工程，需要巨额投资，建设周期长与投资量大。

4. 具有形象功能

特别是城市地铁类物业均代表着一个城市的形象和面貌。

5. 保密性、安全性要求较高

某些交通类物业特别是铁路、地铁相关的车辆段物业，对出入人员的检查要求严格，以保证车辆段内设施设备的安全。

6. 交通类物业类型多样

交通类物业是指与交通有关的所有物业的总称，该类型物业并非像住宅小区那样可直接用多层或高层、别墅简单定义。交通类物业中可能同时具有住宅、办公、商业和工厂等多种物业的混合搭配，如深圳地铁竹子林车辆段内既有办公用房，又有员工单身公寓、食堂、宿舍，还有地铁维修保养库，更有路轨穿梭其中。

7. 对外联系接口较多

一般交通类物业均为政府物业，各类交通线路还有各自的运营部门，故物业服务企业同时还会涉及与运营部门、公安、城管和交警等多个相关部门的联系。

8. 开放式且人流量大

交通类物业一般属于公共物业，特别是一些交通枢纽地带任何人均可通过，往来人员众多。

9. 突发事件可能性大，影响广

有些公共交通体系为整个城市的主动脉，一般都是恐怖分子袭击的重点对象，一旦发生紧急情况则影响面、波及人数会较多，社会影响会很大。

10. 运输功能的不间断性

交通类物业的使用功能主要为不间断的运输，特别是公路和高速公路，该物业的使用均需保证 24 小时的通畅。

四、交通类物业管理与服务的实施

  机场物业、铁路物业、高速公路物业、地铁物业、码头物业和车站物业等交通类物业等在国内物业管理专业实务课教学中被划分为"特殊物业"系列。但无论特殊也好，普通也罢，此类物业与住宅小区物业、工业园区物业、写字楼物业等物业形式的工作相比，确实具有许多特点，如高安全性、高封闭性和高污染性等。正是这些特点决定了交通类物业管理工作存在许多困难与特殊性，像旅客流量大、危险系数高、作业时间长等。限于国内物业服务企业从事交通类物业管理成熟的经验较少，更加缺乏理论的总结，下面仅就机场物业管理与服务的实施作为一个典型进行研究与分析。

  1. 机场物业管理与服务的特点

  机场物业管理与服务主要在航空港内为旅客提供地面服务，机场有各种设施，包括旅客服务设施、生活保证设施和行政办公用房等。旅客服务设施包括售票、登记客票、交通和提取行李、安全检查、海关检查、问讯等柜台，旅客登机设施和迎送厅等，并配备有进出港航班动态显示装置、广播设备和行李分拣装置、行李车等。生活保证设施包括休息室、游乐室、餐厅、卫生间、售品部、邮局、银行、书报摊和出租汽车预订柜台等。机场内部还实施了保障的"绿色通道"，为广大的航空旅客、旅行社、航空货运代理人和物流供应商提供无缝隙对接服务。随着经济的迅猛发展，各大城市机场年旅客吞吐量翻番增长，航空业的迅速发展有利于在航空方面为市民出行提供便捷的服务。它是城市对外开放的一个新窗口，也是方便群众、服务群众的又一个平台。

  因此机场物业管理与服务有以下特点。

  (1) 高安全性要求。

  机场不同于纯粹的住宅小区和商住混用小区以及写字楼。它主要体现在其高度的安全性方面的要求。机场是航空器（飞机）起飞、滑行、停靠和运行的场所。飞机庞大的体积和宽阔的机坪区就足以证明了造价的高昂，况且它还需要承担每年运载成千上万名乘客的任务，并同时承载着旅客们旅行、经商、考察和探亲等目的和梦想。所以，机场的安全性是不言而喻的。我国的每一个民用机场里几乎都设置了公安、护卫、武警和保安、检验、检疫等安全机构。这些机构每天都在为旅客的安全而忙碌着，用各种手段进行探测，对任何可能对机场和旅客以及国家公共秩序构成安全威胁的因素进行排查。机场全天候工作集中体现在一个目的，那就是在保障乘客安全的同时，保证机场的安全。

  (2) 高封闭性。

  从功能和职能上来划分就可以发现，机场实际上是供那些乘机、到达以及从甲地飞往乙地需要在此地中转的一个安全、舒适的候机"大厅"。同时，机场也是飞机停靠和维修、检审和加油、上下乘客和迎送乘客的临时"站台"。另外，机场同时也承载着迎送国家领导人、外宾、重要旅客等人士的重要职能。故此，机场有其明显的高封闭性。不像商场那样可以随便进进出出。但是机场按照相关的规定非常严格地划定了控制区、隔离区、候机区、货运区和维修机区等，这些区域都是封闭性的，只有持专门的和指定的证件的人员和车辆才能进入其中。

（3）高畅通性。

为保障旅客的乘机顺利和航班准时以及提高机场服务水平，机场内外均设置了许多专门的通道，如国内通道、国际通道、工作人员通道、绿色通道和残疾人通道等。另外，近几年来，商家冠名的各种候机厅成为机场新的亮点，机场控制区内还专门设置了巡场道、跑道和滑行道。正是这些通道保障了人流和物流的畅通无阻。

另外，为了让旅客上下飞机方便和快捷，机场控制区内还专门设置了廊桥、走道、活动舷梯等专门保障旅客顺利出发和到达的交通设施。为方便旅客的吃喝拉撒，机场内设置了若干个分布在不同区域的卫生间和残疾人卫生间；在国际出发区和国际到达区专门设置了免税商店，并在候机厅向旅客免费提供开水，还设有民族工艺品店、茶叶店、候机酒店等；在机场设置了旅游咨询服务、商务考察服务、贵宾服务、政要候机服务、中西餐饮食服务、医疗急救服务以及其他关乎旅客衣食住行的各种服务。在机场外围还专门为前来送行的客人设置了快车道、公交车道和出租车道等。设置这些通道、卫生设备、商业零售设施的目的就是让旅客按照自己所需，在固定的区域内选择自己喜欢的东西和服务，减少因乘机等待带来的烦躁和无聊，保证旅客按照一定的次序上下飞机，减少因机场人流量和车流量大而带来的不便，使旅客在乘机的同时享受到人性化的服务和贵宾般的享受。

（4）高污染性。

这里说的"污染"主要是指人为制造的污染，如噪音油污、生活垃圾等。这些污染中，首当其冲的就是旅客在整个候机、乘机、咨询过程中因高声喧哗产生的噪音。其次就是旅客在登机和下机时所产生的酒水、油污，如有的旅客携带和托运的一些液体物品往往因包装不牢导致破损，继而形成了污染。再则就是卫生间的污染，有的旅客没有对自己的大小便进行冲洗，对卫生间甚卫生间四周造成了人为的污染。生活垃圾污染更是机场污染的重中之重，果皮、烟头、鼻涕、呕吐物和塑料袋等垃圾成为机场主要垃圾来源。

另外，机场内的驻场单位因提供的服务所产生的垃圾也是机场垃圾的来源之一，如为了向旅客提供延误餐所产生的餐饮垃圾，向旅客提供餐饮和水果、咖啡等所产生的垃圾，向旅客提供吸烟服务所产生的烟头烟灰等垃圾。

2. 机场类物业管理与服务的实施

（1）保洁难度大。

机场必须为旅客提供一个干净、整洁、卫生和舒畅的候机环境和到达环境，这也是机场本身的职能所决定的。和安全、畅通、准时一样，保洁也是衡量一个机场文明程度高低、服务质量好坏的标准之一。只有清洁的候机环境、整齐的设备设施、无异味的卫生间才能让旅客在候机和到达的时间里充分享受到机场为他们提供的服务。洁净的机场卫生环境，"碧水蓝天"、"窗明几净"、"一尘不染"的机场内外环境是旅客评价机场的重要考量因素。

（2）危险系数大。

机场物业保洁还包括了为飞机进行清洗和定期保洁以及设备设施的维修与养护等工作，这些工作责任很大，工作强度很高，危险性较大。

（3）机场环境复杂，人员众多，污染严重，对绿化要求标准非常高。

机场环境复杂，人员众多，污染严重，对绿化要求标准非常高。对物业服务企业的保洁工作、绿化工作提出了许多新要求。如高空玻璃清洗、机舱准点清洁、货舱定时打扫、花卉的养殖、插花盆景和大型绿色植物的维护等工作都是要求较高的工作。同时因为飞机是可移动的物体，随时有移动的可能性，这样就给保洁员造成了某种程度上的威胁。高空项目的保洁同样如此，楼梯的牢固性、操作员的警惕性都是危险存在的诱因。此外就是货舱，同样给保洁工作带来了危险性。

（4）安全与卫生的检查标准严。

机场作为为旅客提供乘机的公共场所，对安全与卫生质量的要求和标准自然是很严格的。如某国际机场历来对物业服务企业的保洁质量有很高的要求。机场物业管理部专门成立了负责检查卫生保洁工作的"质量监察室"，对口负责检查、监督并监控保洁工作。其检查标准大到灰尘清除、垃圾收集、污渍清理和玻璃擦洗，小到员工保洁区域的安排、工作计划、区域巡检时间等都是每天必检的内容。每逢重大节假日和迎送重要旅客、贵宾时，这些检查更为苛刻严格。

（5）进场工作人员证件办理难。

为防止那些利用进入机场的机会做出危及安全的事情，机场护卫部门对于进入机场的人员和车辆都有一套严格的证件办理程序，如背景调查、理论考试、证件管理、证件知识培训和车辆合法来源证明等制度。从目前的情况看，机场物业保洁行业的员工文化层次普遍不高，对于机场证件不熟悉，更不了解相关知识。曾经有一段时间，控制区证件办理难成了影响保洁质量的障碍。因为没有控制区证件，大部分员工只能在机场控制区外上班，而机场控制区内因辞职、合同到期以及其他因素离开的部分员工就没办法及时补上空缺。

（6）加班加点时间较长。

因为气候和技术以及其他因素的影响，飞机有时不能准时到达目的地，这就带来了另外一个问题，那就是物业保洁部门不得不安排员工在夜间正常时间下班后，留下少量人员值班，以保证彻底清除滞留旅客所产生的垃圾。在物业服务企业，有的员工每月因此而加班的时间达到数十小时。

（7）员工的文化程度低。

在候机楼的物业服务企业的大部分保洁员工都是初高中文化程度。这些人对于企业的规章制度、考勤制度、奖励制度和作息制度等理解得不够彻底和明晰，文化低还体现在对机场知识理解不到位，对企业文化不了解，对现代礼节礼仪不能掌握等方面。

五、如何做好机场物业的管理与服务

1. 制定严格管理制度

制度是企业的制胜法宝，没有严格的制度和人性化的管理是谈不上持久发展的。这其中严格制度包含了两个含义，第一就是遵守企业的制度，第二就是遵守机场的各种制度。只有遵章守纪的员工才能使物业服务企业长期保持和机场的合作关系，才能使机场和物业服务企业双方达到双赢局面。如机场检查制度的严格，本身就是考验员工对保洁工作和绿化工作的熟知程度，以及管理人员称职与否、与机场的配合程度和服从管理监督意识等。

2. 狠抓安全教育

物业服务企业首先应该树立安全第一的思想，要将安全放在所有工作的首位来抓，并且长期坚持对员工进行安全教育，使他们树立牢固的安全意识，只有这样才能尽量避免安全差错和安全事故的发生，减少因此给物业服务企业带来的经济损失以及给员工带来的安全隐患。

3. 实行严格奖惩制度

对那些成绩突出的员工进行奖励，提高其积极性。反之，对于那些违反物业服务企业的规定和机场管理规定、安全程序的人，必须严惩不贷。物业服务企业要制定一套严格的奖励惩罚制度，如年度优秀班组、员工评选制度、奖励休息制度、加班补助制度、过失签单制度和联检扣分制度等，这些制度的制定有利于提高员工的积极性，也是保证物业服务企业长期可持续发展的重要因素。

4. 加强员工外语培训与专业教育

很多的物业服务企业把对于员工的在岗教育当作企业长期发展战略之一，有的企业还成立了自己的企业培训大学，专门培养出类拔萃的人才作为后备力量。因为只有留住优秀的人才，企业之树才能常青。要对员工进行短期或者长期的专业知识培训，以提高其业务水平与工作能力。尤其是机场有大量的外籍旅客进入，迫切需要加强物业服务人员外语口语的培训以便于更好为外国人提供服务。

5. 提高服务水平与服务能力

机场物业的设备设施与场地智能化程度高，设备先进，建设成本高，维护费用也高，机械化作业的水平比一般物业服务项目要求更高，只有提高员工的服务水平，尤其是服务能力才能适应未来高性能、高流量、高吞吐量的现代化机场管理的需要。

交通类物业每天有大量的旅客出入，而且环境复杂，人员拥挤，污染严重，货物吞吐量大，管理面积大，安全保障要求高，对物业服务企业的各项管理与服务工作将会提出更多的新要求与新标准，未来的物业服务企业将会更多地介入此类物业服务项目，相信其管理经验会更加成熟，管理水平会逐步提高。

第十节 其他类型物业的管理与服务

一、其他物业的类型

除了上述几节讨论的住宅小区物业、写字楼物业、超高层建筑物业、商场物业、酒店类物业、工业园区物业、高校物业和医院物业等以外，还有许多尚未包括的类型，如文教娱乐、卫生、体育与寺庙等。为了学习方便，我们统称为其他物业，人们一般接触的其他物业有以下几类：

（1）文化类物业，包括学校、图书馆、博物馆、档案馆和展览馆等。
（2）体育类物业，包括体育场、健身房、游泳馆和网球场等。
（3）传媒类物业，包括电台、电视台和音像影视制作基地等。
（4）卫生类物业，包括医院、卫生所、药检所和疗养院等。
（5）餐饮类物业，包括酒楼、饭店、咖啡屋和啤酒屋等。
（6）娱乐类物业，包括电影院、游乐场、夜总会和舞厅等。
（7）宗教类物业，包括寺庙、教堂和宗祠等。

以上的物业有些是公益性的，有些是收益性的。在传统管理体制下，一般为系统管理，在投资、维修和保养等方面由主管部门承担主要责任。在市场经济体制改革中，按照政企分开的原则以及物业管理企业化、社会化和专业化的要求，这些物业可以由主管部门委托物业服务企业进行管理，也可由主管部门按照现代化物业管理模式进行自治管理。

二、其他类型物业管理的特点

1. 服务对象不同

其他类型物业的服务对象首先具有年龄、文化、性格、兴趣和信仰等方面的差别，其次具有滞留时间上的差别。如游乐场各种年龄层次的对象都可能参与，一般在2小时左右，流动性很大，清洁和疏散成为管理的主要对象；宾馆、饭店除了少部分包间外，其余绝大部分都滞留时间较短，其规模和规格差别也甚大，因此服务对象有较大的差异，要能提供不同需求的顾客选择使用。

2. 服务需求不同

在某些类型物业中服务场所要求灯光柔和、环境宁静，一般应铺设地毯；医疗卫生场所特别强调通风并配置足够的坐椅，供患者和家属等候使用，并且应该限制住院部的探视时间；影剧院、医院、图书馆和博物馆等区域要有吸烟限制等。

3. 管理要求不同

物业用途不同，其管理侧重点也有差别。如图书馆中的资料、文物对环境保护提出了更高的要求，在防火、防盗、防潮、防尘、防虫、防鼠和防有害气体等方面必须采取专门的有效措施；医院化疗、放射性工作室应作防护测定，并配以警示装置等。

4. 经费来源不同

在其他类型物业的管理中，凡属营业性的，如舞厅、娱乐和健身房等可采取自负盈亏的方式实施管理；半营业半公益性的，如疗养院、卫生所等基本上由主管部门补贴；凡属公益性的，如图书馆基本上依靠财政拨款，同时开展复印、翻译和展览等收费性服务来补贴，但此项收入甚微。

本 章 小 结

本章主要介绍了住宅小区物业、写字楼物业、商业物业、工业园区物业、酒店物业、高校物业、医院物业和交通物业等不同类型物业的特点和物业管理的组织实施。这其中，物业管理实践中最为普遍的管理类型是住宅小区物业、写字楼物业和商业物业，工业物业、高校物业也是我们在本章中应该学习掌握的重点内容。学习各种不同类型的物业的管理最终目的是适应不同业主的需求，对不同形式的物业开展有针对性的物业管理，在学生上岗之前对工作中可能遇到的各种困难与问题提前预见并做好准备。

复习思考题

一、简答题

1. 住宅小区的物业管理目标及管理要求是什么？
2. 写字楼物业管理要求有哪些？
3. 商业物业管理应该从哪几个方面组织实施？
4. 工业物业的管理要求是什么？
5. 交通类物业的特点是什么？

6. 酒店的保洁服务包括哪些内容？
7. 医院护工的工作内容有哪些？
8. 学校教学楼的管理包括哪些内容？

二、案例分析题

1. 家住某大厦的张女士因不满物业服务企业的物业管理而拒交物业服务费用达半年之久，物业服务企业在多次催讨不成的情况下将张女士家的水停了，若干天后，又将电停了。张女士遂向法院提出诉讼，要求物业服务企业停止侵权行为，并赔偿相应的损失，物业服务企业提出反诉，要求张女士支付物业服务费用。

请问：你认为物业服务企业的这种做法正确吗？

2. 某物业服务企业大厦管理处值班经理（保安领班）接到客人投诉，该大厦 2 号门广场车位上的一辆白色的奔驰轿车，车头上发现有被划过的痕迹。保安领班接到投诉后，立即与车管员、车主赶到现场查看。经检查，发现该车车头确有一道被划痕迹。该车车主说，19:45 停车时轿车是完好的。现在车头有了划痕，是广场车管员的责任，要求广场车管员和大厦管理处承担损失。保安领班当即表示，如果此车被划确系停在大厦 2 号门广场后发生的，大厦管理处应该承担相应责任，但划痕好像是条旧痕，如果拿不出确切的证据证明这条划痕是停车后发生的，要请内行或权威部门的专家来鉴定、确认后，再行处理。

车主认可这一建议后，保安领班随即拨打 110 与交警大队取得联系。110 巡警赶到现场后，对划痕进行了细致的查看和分析：此划痕为深度划伤，已显露了第三层底漆。如果此划痕确系停在大厦 2 号门广场后出现的，那么划痕垂直下方的地面上一定会留有漆屑。经双方确认，地面没有清扫过，也未见丝毫漆屑；新的划痕两旁也应有漆屑卷边的残余，但现在车头上的划痕边是光滑的。他们得出的结论是此划痕为旧痕。面对这一结论，车主无言以对，面露愧色。保安领班见状不但没有责怪车主有栽赃之嫌，而且充满诚意地向车主致歉，承认自己的工作还有不周到之处。如果车子刚来广场停车时，车管员对车子前后检查一遍，发现划痕，并请车主确认一下，就不会有以后的事情发生。

请问：你认为该管理处对此事的处理怎么样，今后应注意什么问题？

附　　录

附录 1
招标文件样本

下面以物业管理公开招标为例,以一份完整的招标文件样本来说明物业管理招标文件全文的编制方法。

招标文件目录

第一部分　投标邀请
第二部分　技术规范及要求
第三部分　投标人须知

一、总则说明

1. 适用范围
2. 定义
3. 合格的投标方
4. 投标费用

二、招标文件说明

5. 招标文件的构成
6. 招标文件的澄清
7. 招标文件的修改

三、投标文件的编写

8. 语言及计量单位
9. 投标文件的组成
10. 投标文件格式
11. 投标报价
12. 投标货币
13. 投标人资格的证明文件
14. 投标有效期
15. 投标保证金

16. 投标文件的份数和签署

四、投标文件的递交

17. 投标文件的密封和标记
18. 递交投标文件的截止时间
19. 迟交的投标文件
20. 投标文件的修改和撤销

五、开标和评标

21. 开标
22. 评标委员会
23. 投标文件响应性的确定
24. 投标文件的澄清
25. 对投标文件的评估和比较
26. 评标原则及方法
27. 保密

六、授予合同

28. 定标标准
29. 资格最终审查
30. 接受和拒绝任何或所有投标的权利
31. 中标通知
32. 授予合同时变更数量的权利
33. 合同协议书的签署
34. 履约保证金
35. 中标服务费

第四部分　合同一般条款

1. 定义
2. 适用范围
3. 技术规格和标准
4. 委托服务期限
5. 价格
6. 索赔
7. 不可抗力
8. 履约保证金

9. 争议的解决
10. 合同终止
11. 合同修改
12. 适用法律
13. 主导语言与计量单位
14. 合同份数
15. 合同生效

第五部分　合同特殊条款
第六部分　附件

第一部分　投 标 邀 请

受用户委托_____项目的物业管理服务进行公开招标。兹邀请合格投标人以密封标书的方式前来投标。

1．招标编号：

2．招标项目的简要说明：

3．项目开工期：

4．投标地点：

5．投标截止时间：_____年____月____日（北京时间），逾期收到的或不符合规定的投标文件不接受。

6．开标时间、地点：

7．凡对本次招标提出询问，请在_____年____月____日前与_____联系（技术方面的询问请以信函或传真的形式）。

地址：

邮编：

电话：

传真：

联系人：

（署名）

年　　月　　日

第二部分 技术规范及要求

1. 项目技术要求一览表

项目技术要求一览表

招标编号：

序　号	项目名称	规　　格	主要技术要求	开竣工日期

2. 项目所在地

关于物业所在地及物业详细情况和资料详见物业说明书和物业图纸（略）。

第三部分 投标人须知

一、总则说明

1. 适用范围

1.1 本招标文件仅适用于本投标邀请中所叙述物业的物业管理服务。

2. 定义

2.1 "招标方"系指第一部分所指的组织本次招标的招标机构。

2.2 "投标方"系指向招标方提交投标文件的物业服务企业。

2.3 "项目"系指物业服务企业（即投标人）按招标文件规定，须向用户提供的物业管理服务。

2.4 "用户"系指委托进行本次招标的××开发商或业主委员会。

3. 合格的投标方

3.1 经过本次招标的资格预审确认为合格的投标人称为合格的投标方。投标方应遵守有关中国的法律、法规和规章。

4. 投标费用

4.1 无论投标过程中的做法和结果如何，投标方自行承担所有与参加投标有关的全部费用。

二、招标文件说明

5. 招标文件的构成

5.1 招标文件用以阐明所需物业管理服务、招标投标程序和合同条款。招标文件由以下部分组成：

（1）投标邀请；

（2）技术规格及要求；

（3）投标人须知；

（4）合同一般条款；

（5）合同特殊条款；

（6）附件。

5.2 招标文件用中文、英文两种文字编印，两种文字具有同等效力。中、英文本如有差异时，以中文本为主。

5.3 投标人被视为熟悉上述与履行合同有关的一切情况。

6. 招标文件的澄清

6.1 投标方对招标文件如有疑点，可要求澄清，应在投标截止时间前 15 天按投标邀请中载明的地址以书面形式（包括信函、电报或传真，下同）通知到招标人，招标人将视情况确定采用适当方式予以澄清或书面形式予以答复，并在其认为必要时，将不标明查询来源的书面答复发给已购买招标文件的每一投标方。

7. 招标文件的修改

7.1 在投标截止日期 10 天前，招标方可主动地或依据投标方要求澄清的问题而修改招标文件，并以书面形式通知所有购买招标文件的每一投标方，对方在收到该通知后应立即以电报或传真的形式予以确认。

7.2 为使投标方在准备投标文件时有合理的时间考虑招标文件的修改，招标方可酌情推迟投标截止时间和开标时间，并以书面形式通知已购买招标文件的每一投标方。

7.3 招标文件的修改书将构成招标文件的一部分，对投标方有约束力。

三、投标文件的编写

8. 语言及计量单位

8.1 投标文件及投标方和招标方就投标交换的文件和交往信件，应用中文书写或英文书写。

8.2 除在招标文件的技术规格中另有规定外，计量单位应使用中华人民共和国法定计量单位（国际单位制和国家选定的其他计量单位）。

9. 投标文件的组成

9.1 投标文件的组成

（1）投标书、授权书、开标一览表以及项目简要说明一览表；

（2）投标资格证明文件；

（3）投标符合招标文件规定的证明文件及投标方认为需加以说明的其他内容；

（4）投标保证金。

投标应将投标文件装订成册，并填写"投标文件资料清单"。

10. 投标文件格式

10.1 投标方应按招标文件提供的投标文件格式填写投标书、授权书、开标一览表及项

目简要说明一览表（见附件1—4）

11．投标报价

11.1 投标方应在招标文件所附的开标一览表（附件3）上写明投标项目的单价和投标总价。如果单价与总价有出入，以单价为准。投标方对每种项目只允许有一个报价，招标方不接受有任何选择的报价。

11.2 投标方按格式填写报价以方便招标方评标，但不限制××开发商以其他方式签订合同的权利。

12．投标货币

12.1 投标书和开标一览表中的报价对国外投标方用美元或其他国际主要货币填报（若采用其他外国货币报价，为便于比较价格，招标方将按12.2款规定折算成美元）。

12.2 以开标日中国银行公布的卖出价作为折算报价的依据。

13．投标人的资格证明文件

13.1 投标方必须提交证明其有资格进行投标和有能力履行合同的文件（格式见附件5），作为投标文件的一部分。

14．投标有效期

14.1 投标文件从开标之日起，投标有效期为90天，特殊招标项目在"技术规范及要求"部分另行规定。

14.2 要求投标方同意延长有效期，要求与答复均应为书面形式。投标方可以拒绝上述要求而其投标保证金不被没收。对于同意该要求的投标方，既不要求也不允许其修改投标文件，但将要求其相应延长投标保证金的有效期，有关退还和没收投标保证金的规定在投标有效期的延长期内继续有效。

15．投标保证金

15.1 投标保证金为投标文件的组成部分之一。

15.2 投标方向招标方提交不少于投标总报价2%的投标保证金。

15.3 投标保证金用于保护本次招标免受投标方的行为而引起的风险。

15.4 投标保证金币种应与投标报价币种相同，可以下列任何一种方式提交：

（1）由下列银行开具保函：

① 中国银行总行或其分行；或_____。

② 中国银行在海外的往来行通过中国银行；或_____。

③ 在中华人民共和国营业的任何其他中国或外国银行；或_____。

④ 由中国人民银行授权的其他银行。

投标保证金保函应按招标文件附件6格式提供，并在投标文件有效期过后30天内继续有效。

（2）银行本票、汇票、支票或现金（在投标有效期满前，因票据即将到期，招标方有权暂时行使票据权利）。

15.5 未按规定提交投标保证金的投标,将视为投标无效。

15.6 未中标的投标方的投标保证金,将按 31.2 款的规定予以无息退还。

15.7 中标的投标方的投标保证金,在中标方签订合同并交纳履行保证金和中标服务费后,经银行扣除手续费,予以无息退还。

15.8 发生以下情况投标保证金将被没收:

(1) 开标后投标方在投标有效期内撤回投标,或＿＿＿＿＿＿。

(2) 如果中标方未能做到:

① 按本须知第 33 条规定签订合同;或＿＿＿＿＿＿。

② 按本须知第 34 条规定提供履约保证金;或＿＿＿＿＿＿。

③ 按本须知第 35 条规定缴纳中标服务费。

16．投标文件的份数和签署

16.1 投标方应准备一份正本和四份副本,在每一份投标文件上要明确注明"正本"或"副本"字样,一旦正本和副本有差异,以正本为准。

16.2 投标文件正本和副本须打印并由经正式授权的投标方代表签字。

16.3 除投标方对错处作必要修改外,投标文件中不许加行、涂抹或改写。若有修改须有签署投标文件的人签字。

16.4 电报、电话、传真形式的投标概不接受。

四、投标文件的递交

17．投标文件的密封和标记

17.1 投标方应将投标文件正本或副本分别用信封密封,并标明招标编号、投标项目名称及正本或副本。

17.2 为方便开标唱标,投标方应将正本的投标书、开标一览表和投标保证金保函单独密封,并在信封上表明"开标一览表"字样,然后再装入正本投标文件密封袋中。

17.3 第一密封信封上注明"于＿＿＿＿＿＿之前(指投标邀请中规定的开标日期及时间)不准启封"的字样。

17.4 如投标文件由专人递交,投标方应将投标文件按 19.1—19.3 款中的规定进行密封和标记后,按投标邀请注明的地址送至招标方。

17.5 如果投标文件通过邮寄递交,投标方应将投标文件用内、外两层信封密封。

(1) 内层信封的封装与标记同 17.1—17.3 款规定。

(2) 外层信封装入 17.1 款及 17.2 款所述全部内封资料,并注明招标编号、管理项目名称、招标方名称、地址。同时应写明投标方的名称、地址,以便将迟交的投标文件原封退还。

17.6 如果未按上述规定进行密封和标记,招标方对投标文件的误投或提前拆封不负责任。

18. 递交投标文件的截止时间

18.1 所有投标文件不论派人送交还是通过邮寄递交,都必须在招标方在投标邀请中规定的截止时间之前送至招标方。

18.2 出现 5.2 款因招标文件的修改推迟投标截止时间时,则按招标方修改通知规定的时间递交。

19. 迟交的投标文件

19.1 招标方将拒绝在投标截止时间后收到的投标文件。

20. 投标文件的修改和撤销

20.1 投标方在提交投标文件后可对其投标文件进行修改或撤销,但招标方须在投标截止时间之前收到该修改或撤销的书面通知,该通知须有经正式授权的投标方代表签字。

20.2 投标方对投标文件修改的书面材料或撤销的通知应按第 16 条和第 17 条规定进行编写、密封、标注和递交,并注明"修改投标文件"或"撤销投标"字样。

20.3 投标截止时间以后不得修改投标文件。

20.4 投标方不得在开标时间起到投标文件有效期期满前撤销投标文件,否则招标方将按 14.7 款的规定没收其投标保证金。

五、开标和评标

21. 开标

21.1 招标方在招标通告或投标邀请规定的时间和地点公开开标。投标方派代表参加。

21.2 开标时,查验投标文件密封情况,确认无误后拆封唱标,正本"开标一览表"内容,以及招标方认为合适的其他内容并记录。

22. 评标委员会

22.1 招标方将根据物业管理的特点组建评标委员会,其成员由工程技术、市场、商贸、法律等方面的专家和招标机构、招标委托方的代表组成。

22.2 评标期间,希望投标方派代表参加询标。

23. 投标文件响应性的确定

23.1 开标后,招标方将组织审查投标文件是否完整,是否有计算错误,要求的保证金是否已提供,文件是否恰当地签署。如果单价与总价有出入,以单价为准;若文字大写表示的数据与数字表示的有差别,则以文字大写表示的数据为准。若投标方拒绝接受上述修正,其投标将被拒绝。

23.2 在对投标文件进行详细评估之前,招标方将依据投标方提供的资格证明文件审查投标方的财务、技术和管理能力。如果确定投标方无资格履行合同,其投标将被拒绝。

23.3 招标方将确定每一投标是否对招标文件的要求做出了实质性的响应,而没有重大偏离。实质性响应的投标是指投标文件符合招标文件的所有条款、条件和规定且没有重大偏离或保留。

23.4 招标方判断投标文件的响应性仅基于投标文件本身而不靠外部证据。

23.5 招标方将拒绝被确定为非实质性响应的投标，投标方不能通过修正或撤销不符之处而使其投标成为实质性相应的投标。

23.6 招标方将允许修改投标中不构成重大偏离的微小的、非正规、不一致或不规则的地方。

24. 投标文件的澄清

24.1 为了有助于对投标文件进行审查、评估、比较，招标方有权向投标方质疑，请投标方澄清其投标内容。投标方有责任按照招标方通知的时间、地点指派专人进行答疑和澄清。

24.2 重要澄清的答复应是书面的，但不得对投标内容进行实质性修改。

25. 对投标文件的评估和比较

25.1 招标方及其组织的评标委员会将对实质性响应的投标文件进行评估和比较。

25.2 评估时除考虑投标价以外，还将考虑物业管理服务的质量、物业服务企业的信誉和物业管理方案的先进程度等因素。

26. 评标原则及方法

26.1 对所有投标方的投标评估，都采用相同的程序和标准。

26.2 评标严格按照招标文件的要求和条件进行。

26.3 在评标时按下列程序确定最低评标价标：

（1）开标后，将对实质性响应的投标报价分别与标底价比较，并按其报价的合理程度给予打分，合理性越强则得分越高。

（2）在第一次打分的基础上，根据第25条考虑因素，对投标进行第二次打分，服务质量越高，管理方案越先进，则得分越高。

（3）将两次打分分别与商务评审权权数和技术评审权权数加权求出总得分，最高得分者即系最低评标价表。

27. 保密

27.1 有关投标文件的审查、澄清、评估和比较以及有关授予合同的意向的一切情况都不得透露给任一投标方或与上述评标工作无关的人员。

27.2 投标方不得干扰招标方的评标活动，否则将废除其投标。

六、授予合同

28. 定标准则

28.1 合同将授予其投标符合招标文件要求，并能圆满地履行合同的、对买方最为有利的最低评标价标的投标方。

28.2 最低报价不是被授予合同的保证。

29. 资格最终审查

29.1 招标方将审查最低评标标价的投标方的财务、技术、管理能力及信誉，确定其是否能圆满地履行合同。

29.2 如果确定该投标方无条件圆满履行合同，招标方将对下一个最低评标标价的投标方资格做出类似的审查。

30. 接受和拒绝任何或所有投标的权利

30.1 招标方在授予合同之前仍有选择或拒绝任何或全部投标的权利，并对所采取的行为不作任何解释。

31. 中标通知

31.1 评标结束15日内，招标方将以书面形式发出中标通知书，但发出时间不超过投标有效期。中标通知书一经发出即发生法律效力。

31.2 招标方在收到中标方提交的履约保证金后，将向落标的投标方发出落标通知书，并退还其投标保证金。

31.3 中标通知书将作为签订合同协议书的依据。

32. 授予合同时变更数量的权利

32.1 招标方在授予合同时有权对"项目一览表"中规定的项目规模或工作量予以增减。

33. 合同协议书的签署

33.1 中标方按中标通知书指定的时间、地点与开发商或业主委员会按指定的协议书格式签订合同协议书（见附件7）。

33.2 招标文件、中标方的投标文件及其澄清文件，均为签订合同协议书的依据。

34. 履约保证金

34.1 合同签订后30天内中标方须根据合同条款的规定按招标文件附件8格式向甲方提交履约保证金。

35. 中标服务费

35.1 中标方须向招标方按如下标准和规定缴纳中标服务费：

（1）以中标通知书中确定的中标总金额作为收费的计算基数。

（2）中标服务费为中标总金额的1.5%。

（3）中标服务费币种与签订合同的币种相同，或以人民币支付（按开标日中国银行公布汇率卖出价折算）。

第四部分　合同一般条款

1. 定义

1.1 "合同"系指甲方和乙方（简称合同双方）已达成的协议，即有双方签订的合同格式中的文件，包括所有的附件、附录和组成合同部分的所有其他文件。

1.2 "合同价格"系根据合同规定，在乙方全面正确的履行合同义务时应支付给乙方的款项。

1.3 "甲方"系指通过招标方式，接受合同服务的开发商或业主委员会。

1.4 "乙方"系指中标后提供合同服务的物业服务企业或单位。

2. 适用范围

2.1 本合同条款仅适用于本次招标活动。

3. 技术规格和标准

3.1 本合同项下所提供服务的技术规格和标准应与本招标文件技术规格的标准相一致。

4. 委托管理期限＿＿＿年。即自＿＿＿年＿＿＿月＿＿＿日起至＿＿＿年＿＿＿月＿＿＿日止。

5. 价格

5.1 除非合同中另有规定，乙方为其所提供物业管理服务而要求甲方支付的金额应与其投标报价一致。

6. 索赔

6.1 乙方对所提供服务与合同要求不符负有责任，并且甲方已于合同规定的委托管理期内提出索赔，乙方应按甲方同意的下述一种或多种方法解决索赔事宜：

（1）乙方同意甲方取消其不符要求的服务项目，退还已经收取的该类项目的物业管理费、佣金和酬金。

（2）对于情节轻微的，经双方同意可降低该类项目的物业管理服务价格。

（3）对于情节严重，造成甲方损失金额巨大的，同意甲方终止全部委托管理合同，并赔偿甲方因此造成的损失。

6.2 如果甲方提出索赔通知后30天内乙方未能予以签复，该索赔应视为已被乙方接受。若乙方未能在甲方提出索赔通知的30天内或甲方同意的更长一些的时间内，按甲方同意的上述任何一种方式处理索赔事宜，甲方将从议付款或乙方提供的履约保证金中扣回索赔金额，同时保留进一步要求赔偿的权利。

7. 不可抗力

7.1 签约双方任一方由于受诸如战争、严重火灾、洪水、台风、地震等不可抗力事故的影响而不能执行合同时，履行合同的期限应予以延长，则延长的期限应相当于事故所影响的时间。不可抗力事故系指甲乙双方在缔结合同时所不能预见的，并且它的发生及其后果是无法避免和无法克服的事故。

7.2 受阻一方应在不可抗力事故发生后尽快用电报或传真通知对方，并于事故发生后14天内将有关当局出具的证明文件用特快专递或挂号信寄给对方审阅确认。一旦不可抗力事故的影响持续120天以上，双方应通过友好协商在合理的时间内达成进一步履行合同的协议。

8．履约保证金

8.1 乙方应在合同签订后 30 天内,向甲方按合同货币提交合同总价 10% 的履约保证金,履约保证金的有效期至合同有效期满。履约保证金应由以下银行开具：

（1）中国银行，或_____。

（2）根据国外银行给中国银行的反保函，由中国银行开具，或_____。

（3）在中国境内营业的其他银行。

8.2 乙方提供的履约保证金按规定格式以银行保函的形式提供，与此有关的费用由乙方承担。

8.3 如果乙方未能按合同规定履行其义务，甲方有权从履约保证金取得补偿。

9．争议的解决

9.1 在执行合同中发生的或与本合同有关的争端，双方应通过友好协商解决，经协商在 60 天内不能达成协议时，应提交仲裁。

9.2 提交正式仲裁的争端属涉外的，应在北京或在中国国内其他地点内指定的国际经济仲裁委员会根据该委员会的仲裁程序或规则予以最终裁决。

9.3 合同双方均为国内法人的，其争端的仲裁应由当地工商行政管理局根据其仲裁程序和暂行规则进行。

9.4 仲裁裁决应为最终决定，并对双方具有约束力。

9.5 除另有裁决外，仲裁费应由败诉方负担。

9.6 在仲裁期间，除正在进行仲裁部分外，合同其他部分继续执行。

10．合同终止

10.1 本合同期限为____年。合同到期甲乙双方均未提出新的意向，合同自行终止。合作期内任何一方不得擅自停止协议，否则应负担所造成的一切损失。如一方因故需终止合同，必须提前三个月书面通知另一方，经双方达成一致意见后，方可终止。

10.2 出现下列情况时合同自动终止：

（1）发生不可抗力时。

（2）一方不履行合同条款，造成另一方无法执行合同协议，协商又不能求得解决。合同终止，责任方赔偿损失。

（3）物业被征用或甲方破产。

11．合同修改

11.1 对于合同的未尽事宜，需进行修改、补充和完善的，甲乙双方必须就所修改的内容签订书面的合同修改书，作为合同的补充协议。

12．适用法律

12.1 本合同应按中华人民共和国的法律解释。

13．主导语言与计量单位

13.1 合同应以中文或英文书写。甲乙双方所有的来往信函以及与合同有关的文件均应以中文或英文书写。

13.2 除技术规格另有规定外，计量单位均使用中华人民共和国法定计量单位。

14．合同份数

14.1 本合同正本连同附件共计_____页，一式三份，甲乙双方及物业管理主管部门（备案）各执一份，具有同等法律效力。

15．合同生效

15.1 除非合同中另有说明，本合同经双方签字盖章，并在甲方收到乙方的履约保证金，即开始生效。

第五部分　合同特殊条款

具体条款（略）。

合同特殊条款是合同一般条款的补充和修改。如果两者之间有抵触，应以特殊条款为准。

第六部分　附　　件

附件 1

投　标　书

合同名称：

致_____业主：

1．在考察了物业现场和研究了上述项目的投标人须知、合同条款、技术规格、图纸以及第_____号至第_____号补充通知或修改书后，我方愿以人民币_____元（大写）（RMB 元）的总价或上述招标文件确定（算术上的核实与改正后）的另一金额，按招标文件的要求，承担上述项目的全部物业管理工作。

2．如果贵方接受我方投标，我方保证在接到项目开工的指令后_____天开工，并在招标文件规定的期限内完成合同规定的全部工作。

3．我方同意在从规定的递交标书截止之日起_____天内遵守本投标。在该期限满期之前，本投标对我方始终有约束力，并可随时被接受。

4．在正式合同协议制定和签署之前，本投标书连同贵方的中标通知书应成为约束贵方、我方即双方的合同。

5．我方理解，贵方不一定接受最低报价的投标或其他任何你们可能收到的投标。

_____年_____月_____日

签字：

姓名：

　　　　以_____资格经授权并代表_____签署标书。

投标人地址：

证人：

签字：

姓名：

所在单位及地址：

职务：

附件 2

授 权 书

　　根据本文件宣布，签名人（姓名）、（职务）、（公司名称）、（公司注册地点）合法授权代表上述公司，特此任命在下面签字的（姓名）、（职务）、（公司名称）为正式和合法的代理人，并授权该代理人在有关（项目名称）的投标方面，以该公司的名义代表该公司签署投标书，进行谈判，签署合同和处理一切与此有关的必要事务。

　　现分别在下面签字以资证明。

　　授权人签字：

　　代理人签字：

　　公证人签字：

　　公证人姓名：

　　公证人地址：

　　公证人职务：

年　月　日

附件 3

开标一览表

项目序号	项目名称	项目内容	单　位	工 作 量	单　价	总　价
1						
2						
3						
项目工作量价格总计						

附件 4

项目简要说明一览表

项目序号	项目名称	简要说明

附件 5

投标人资格的证明文件
投标人概况

1. 投标人的身份证明

法定名称：

法定注册地址：

电话及传真号码：

投标人联系人姓名、职务：

电话：

财务联系人姓名、职务：

电话：

2. 业务资料

经营管理人员：

董事长：

秘书：

总经理：

其他人员：

3. 合股或自办的业务，如合股：合股人姓名

4. 公司建立或登记注册日期

5. 分部或代表处的地址、传真、电话、联系人

6. 公司总资产

7. 银行证明书及银行地址

8. 银行联系开标的姓名和职务

9. 担保公司证明书及担保公司地址

10. 提交最近 2～3 各财政年度的报告（复印件），包括资金平衡表、损益表、财务状况变动表以及业主权益表等。

投标人保证书

兹_____（招标公司名称和详细地址）

事由：_____（项目名称）资格预审申请

尊敬的先生/女士：

在研究了上述项目的资格预审文件后，本证书签字人兹作如下声明：

1. 在资格预审书中所提交的一切资料，是真实的。

2. 我方理解，_____（招标公司名称）对资格预审所做的决定，是最终的。（招标公司名称）对任何投标申请者不承担任何责任，也无义务将其决定的原因通知投标申请人。

3. 在通过资格预审的情况下，我方理解，资格预审合格仅仅是取得了按时参加投标的

权利，而招标条件及日期完全由_____（招标公司名称）和业主决定。

4. 如我公司（联合体）的技术和财务状况或执行合同能力在招标时发生了变化，我方承诺将此情况通知_____（招标公司名称）和业主，并理解_____（招标公司名称）和业主有权对原资格预审的决定进行审查。

5. 兹提交预审文件中所要求的一切文件和资料。

日期：
投标申请人名称：
公司授权代表：
职务：
代表签字：

附件 6

投 标 保 函
投标银行保函

1. 鉴于（投标人名称）（以下称"投标人"）将于（递交投标书日期）提交了管理（合同工程名称）的投标书。

2. 根据本文件，兹宣布，我行（银行名称）（国别）（注册办公地点）（以下称"银行"）向（业主名称）（以下称"业主"）立约担保（以文字和数字表示的金额）的保证金。本保证书对银行、继承人和受让人均有约束力。

加盖银行公章
年　月　日

3. 本保证的义务条件是：
（1）如果投标人在投标书中规定的标书有效期内撤回标书；或_____。
（2）如果投标人在投标有效期内接到业主所发的中标通知后：
① 未能或拒绝根据投标人须知，按要求签署协议书；或_____。
② 未能或拒绝根据投标人须知，提供履约合同保证金。

我行保证在收到业主第一次书面要求后，即对业主支付上述款额，无须业主出具任何证明，只需在其书面要求中说明，其索款是由于出现了上述条件中的一种或两种，并具体说明该条件。本保证书在投标人规定的递交标书截止日期或业主在该日期推迟的递交标书截止日期的后_____天（含）（第_____天）内有效。推迟递交标书截止日期无须通知银行。任何索款要求应在上述日期前交到银行。

年　月　日

证人签字：
证人姓名：
证人地址：

投标保证金契约担保

担保号：
签署日期：

1. 根据本文件，我方（投标人名称）（以下称"委托人"）作为委托人，授权在中华人民共和国境内办理业务的（国家）（担保单位名称）（以下称担保人）向债权人（业主名称）（以下"称业主"）立约担保，如实支付（用文字和数字表示金额）的担保金。

2. 委托人和担保人双方，他们的继承人和受让人均共同地和分别地受本担保书的严格约束。

双方分别盖章
年　　月　　日

3. 鉴于委托人已于（提交投标书日期）向业主递交了（合同项目名称）的书面投标书（以下简称标书）。

4. 本担保的义务条件是：
（1）如果投标人在投标书中规定的标书有效期内撤回标书，或_____。
（2）如果投标人在投标有效期内接到业主所发的中标通知书后：
① 未能或拒绝根据投标人须知，按要求签署协议书；或_____。
② 未能或拒绝根据投标人须知，提供履约合同保证金。
则本义务由完全的效力，否则无效。
（3）但是，担保人不应该对：
① 大于本担保书规定的罚款额负责；
② 大于委托人投标额与业主所接受的投标额的差额负责。

5. 担保人在执行本文件时，确认该义务在投标人须知中规定的递交标书截止日期或业主在该日期到期推迟的递交标书截止日期后30天（含30天）内有效，推迟递交标书截止日期无须通知担保人。

委托人：（签字、姓名、职务）

担保人：（签字、盖章）

附件7

合同协议书

本协议是以（业主名称，以下称"业主"）为一方，以（中标投标人名称，以下称"承包商"）为另一方，于_____年_____月_____日共同签署的。

鉴于业主委托管理下列有关项目（项目名称），并已接受了承包商对于管理本项目的投标，现签订本协议如下：

本协议中的单词和用语均应具有下文中提到的合同条款中所规定的含义。

下列文件应被视为本协议的组成部分，供阅读和解释。

（1）本合同协议书；

（2）中标通知书；
（3）投标书及其附件；
（4）合同的特殊条款；
（5）合同的一般条款；
（6）投标人须知；
（7）技术规范和要求；
（8）图纸；
（9）辅助资料等。

上述文件应视为补充性的，且互为解释。但如有矛盾和不一致之处，以上列次序中在先者为准。

考虑到业主应给承包商下述的付款，承包商特此同业主立约，保证在所有方面按合同条款的规定，承担本项目的物业管理工作。

对承包商应得的报酬，业主特此立约，保证按合同规定的时间和方式向承包商支付合同款项。

为此，立约双方代表在本协议上于上述时间各自签字。

承包商法人代表：

签字：

业主法人代表：

签字：

公证处证人：

签字：

附件8

履 约 保 函

履约银行担保书（有条件的）

本协议由（银行地址）的（银行名称）银行（下称"承保人"）为一方，（业主地址）的（业主名称）（下称"业主"）为另一方，于＿＿＿＿年＿＿＿＿月＿＿＿＿日签订。

（1）本协议系（承包商地址）的（承包商名称）（下称"承包商"）为一方，业主为另一方之间签订的一项合同（合同名称）的补充。在该合同中，承包商同意承担执行（项目名称及项目简单说明）项目，合同金额为（合同货币金额）；以及＿＿＿＿＿＿。

（2）承保人已同意保证按下文所述充分履行合同。

承保人兹特同意业主的条件如下：

1. 如果承包商（除非按合同中任何条款或由资格裁判的法庭做出决定解除履行合同者外）在任何方面不实施合同，或对因合同而产生的责任有任何违反，则只要业主或其授权的代表向承保人通知了上述情况，并在维护证书发出后_____个月以内向承包人提出索赔要求，承保人即应向业主赔偿并支付（担保金额）（文字表示）_____，其金额应按支付合同价格的货币种类及比例支付。

2．不得因承包商和业主间做出了已得到或未得到承保人同意的安排，或因承包商所承担的责任有所改变，或因承包商在有关支付、时间、履约情况或其他方面有所忍让而免除或解除了承包人所承担的担保责任。承保人并明文放弃应将上述安排、改变或忍让向他通报的权利。

本担保属于本文开端署名之日期开具。

签字人：　　　　　　　　　　　　　　　　签字人：
代表承保人：　　　　　　　　　　　　　　代表业主：
证明人：　　　　　　　　　　　　　　　　证明人：

履约银行担保书（无条件的）

致（业主名称及地址）

鉴于（承包商名称及地址）（以下称"承包商"）按照_____日签订的_____号合同，承担了管理（合同名称及项目说明）（以下称"合同"）；

又鉴于在上述合同中贵方规定承包商必须提交由经认可的银行担保，金额已在合同中规定，作为按合同规定履行其应负责任的担保；

又鉴于我行已同意为承包商开具上述银行担保。

兹特明确肯定本行为担保人，代表承包商在总数为（承包金额）（文字表示）_____以内向贵方负责，该项条款将按合同价支付的货币种类及比例支付。本行承担在前述（承保金额）限额以内。一旦贵方书面提出要求，即当毫不挑剔也不争执地向贵方支付任何一笔或几笔款项，贵方也不必为所要求支付的该项款项提供证明或说明根据或理由。

本行兹特放弃要求贵方在本行提出要求之前需先向承包商索要上述债务的权利。

本行并同意不得因贵方和承包商对合同条件或根据合同所管理的项目或任何其他合同文件可能做出的改动、增添或其他修改，而以任何方式解除我方按本担保书所应承担的任何义务；本行不放弃需将上述改动、增添或修改向本行通报的权利。

本担保书有效期至合同到期后_____个月的那一天。

承包人签字盖章：
银行名称：
地址：
日期：

附录 2

××小区房屋装修申请表

业主姓名		住址		联系电话	
施工单位		负责人		联系电话	
申请装修期限		年 月 日 至 年 月 日			
装修项目（附装修方案）： 1. 2. ……					
装修 保证	本装修人和施工单位保证遵守《装修管理规定》和有关规定，保证按照装修方案完成装修，如有违约，愿意接受物业服务企业的处罚				
业主签字（章） 年 月 日	施工单位签字（章） 年 月 日			物业服务企业签字（章） 年 月 日	
备注					

附录 3

××小区装修管理规定

为指导业主、住户的装修工作，规范装修行为，保证物业的完好和安全，维护全体业主的合法权益，根据原建设部颁发的《住宅室内装饰装修管理办法》的有关规定，特制定本规定。

一、装修申报与开工

1. 业主、住户（简称装修人）的室内装修，须于装修施工队进场前5天向物业服务企业提出书面申请，填写《装修申请表》，并提交装修方案。非业主、住户进行房屋室内装修，应当取得业主的书面同意。

2. 装修人的室内装修，应聘请具有一定资质的专业队伍进行施工。

3. 需改动消防设施的必须报消防部门审批。

4. 装修施工队伍进场前，需将施工人员名单、负责人及联系方式报物业服务企业。施工人员必须办理临时出入证，凭临时出入证出入。

5. 装修人的室内装修须经物业服务企业审批同意后方可施工。

二、装修施工要求

1. 不得改变或损坏原有房屋的结构、外观和公共设施，不得改变房屋及配套设施的使用功能。

2. 不得改变进户门窗设计。

3. 小区严禁对阳台进行封闭，严禁在屋顶平台上搭设违章建筑。

4. 大件装修工具及超长超宽的装修材料不得进出电梯，必须从楼梯上下。容易跑、冒、滴、漏的装修材料和垃圾进入电梯前必须包装好。使用电梯运送装修材料和垃圾的时间为上午 9:00—11:00、下午 14:00—16:00、晚上 19:00—21:00。

5. 装修施工不得影响他人的正常工作和生活，不得擅自关闭与他人共同使用的水电总开关。发出噪声的装修施工机械在晚上 21:00—早上 7:00 和中午 12:00—14:00 禁止使用。

6. 装修施工工期原则上不得超过 90 天，如因特殊情况需要延长的，装修人要向物业服务企业申报。

三、装修施工管理

1. 装修要严格按批准后的装修方案实施，并自觉接受物业服务企业的检查和监督。

2. 装修要注意人身安全和防火安全，加强易燃、易爆物品的管理，施工现场严禁吸烟。

3. 装修材料堆放必须听从物业服务企业统一安排（沙、水泥必须袋装存放），不得乱堆放，不得占用楼梯、过道。

4. 装修垃圾必须袋装堆放于物业服务企业指定的位置。严禁从楼上抛弃垃圾和任何物品。

5. 装修施工用电、用水不得私自在户外接驳。

四、装修保证金

为保证装修按规定进行，装修人和装修施工单位必须向物业服务企业缴纳装修保证金。装修保证金按＿＿＿元/户收取。

五、装修工程竣工验收

装修工程完工后，装修人应书面通知物业服务企业进行验收，物业服务企业检查装修工程是否符合装修方案的要求、施工中有没有违反装修管理规定等。经验收通过，退回装修保证金。

六、违规装修责任

1. 在装修施工中有违反上述规定行为的，物业服务企业有权视情节轻重给予扣发部分乃至全部装修保证金的处罚。

2. 在装修施工中，如施工单位违规操作，物业服务企业有权责令其停止装修行为。

3. 因装修人的室内装修活动造成相邻住宅的管道堵塞、渗漏水、停水停电、物品毁坏等，装修人应当负责修复和赔偿；属于装修施工单位责任的，由装修人向装修施工单位追偿。

4. 因装修施工不慎引发火灾事故的，由装修施工单位承担全部赔偿责任。

5. 因装修施工不慎造成自身或他人人身伤害的，由装修施工单位承担全部赔偿责任。

附录4
××小区装修协议书

甲方：××物业服务公司

乙方（装修人）：_____

为了维护楼宇建筑结构的安全，保证小区建筑风格的统一和美观，使装修操作规范化，双方同意签订如下协议：

1. 装修地点：_____小区_____幢_____单元_____室。
2. 装修工期：从　年　月　日起至　年　月　日止。因特殊情况，需要延长装修工期的，乙方另行向甲方申请。
3. 乙方装修应聘请有一定资质的装修施工单位进行。
4. 乙方装修中应严格遵守《临时管理规约》、《装修管理规定》及其他管理规定。
5. 装修施工时间为 7:00 至 12:00，14:00 至 21:00。
6. 乙方装修施工不得改动承重墙、柱、梁等主体结构；不得擅自改动水、电管线走向；不得违章搭建。
7. 装修垃圾必须袋装集中堆放于指定的位置；不得将垃圾倒入下水道内；严禁从楼上抛弃垃圾和任何物品。
8. 空调室外机安装在指定的统一位置。
9. 大件装修工具及超长、超宽装修材料不得进入电梯，必须从楼梯上下。
10. 乙方聘请的施工单位的施工人员必须办理临时出入证。需要留宿的，应到物业服务企业办理登记手续。
11. 乙方在装修过程中，必须接受甲方的检查与监督。乙方聘请的施工单位违反有关规定、不停劝阻和安排的，甲方有权责令其停止装修。
12. 乙方装修结束，应及时通知甲方验收。双方办理竣工验收手续。
13. 乙方向甲方缴纳装修保证金____元（按照物价局规定执行）。乙方装修符合装修方案的要求，施工中没有违规现象的，经验收通过，甲方及时退回装修保证金。
14. 乙方应向甲方缴纳装修垃圾清运费____元（按照市物价局规定执行）。
15. 甲方负责清运乙方在指定地点堆放的装修垃圾。
16. 甲方应帮助协调处理乙方在装修过程中出现的问题。
17. 因乙方装修造成房屋开裂、管道堵塞、渗漏水、停电、损坏公共设备设施和他人财产物品的；因乙方装修施工不慎造成安全事故及人身伤害的，均由乙方负责赔偿。属于装修施工委托方责任的，由乙方向装修施工单位追偿。
18. 本协议一式两份，双方各执一份，未尽事宜，由双方协商解决。

19. 本协议经双方签字或盖章后生效。

甲方（盖章）　　　　　　　　　　　　乙方（签字）

日期：　　年　　月　　日　　　　　　日期：　　年　　月　　日

附录 5
××小区房屋室内装修验收书

装修地址		开工时间		竣工时间	
装修项目及验收结论	1. 2.				
验收意见	装修人意见			签字 年　月　日	
	装修施工单位意见			签字 年　月　日	
	物业服务企业意见			签字 年　月　日	

附录 6
客户服务管理工作程序

一、业主接待工作程序

（一）接待与联系形式

1. 客户服务部负责客户服务需求的接待工作，由专人负责接待业主的咨询、投诉、接洽，提供各类物业服务、管理费等费用的收取工作，受理报修、代办服务等。

2. 设立并公示物业服务热线电话，全天候开通，受理业主的报修、咨询、投诉，接受业主的监督等。

3. 在元旦、春节、五一、十一等重大节日或特殊气象条件下（如大风、雨雪天气）应向业主发出温馨提示，以及安全注意事项，及时向业主告知、征询、提示，以达到业主与物业服务企业互动的效果。

4. 定期走访业主，主动征求和收集业主对管理与服务等方面的意见，是对业主负责任的一种表现，会增加业主对管理水平与服务质量的信心，也是检验物业管理水平与服务质量高低的一面镜子。物业服务企业应予重视并运用这一手段来定期自我检查。应注意在征求业主意见后，要及时给业主一个满意的答复，以维护物业服务企业的信誉。征求和收集意见可使用表格的方法，给业主答复可采取回访的方式。

5. 定期和不定期召开业主座谈会。召开业主座谈会可根据管理服务上的实际情况邀请代表或以自愿参与的形式进行。通过座谈会把物业管理工作中一些情况相互沟通，增进理解，使业主参与本项目的管理工作，配合和支持物业工作的开展。

6. 每半年发放一次《满意率调查表》，请业主对物业管理服务一个阶段的工作进行评议、评价，提建议、提意见，从而了解物业工作的薄弱环节及业主的需求，不断提高管理服务水平。

（二）接待与联系要求

1. 接待与联系的语言必须规范，主动向业主征询，态度热情，耐心细致解答业主的问题并做好接待与联系的工作记录。

2. 实行365天的业主接待制度，坚持24小时的报修制度。

3. 投诉电话24小时开通，接受业主的投诉，投诉电话的接听人员要认真接听，做好记录，在规定时间内给予答复。

4. 物业服务企业的经理和客服员工定期走访业主，每年循环一次，倾听业主的建议和意见，及时满足他们的合理要求，采纳其中积极的建议。

5. 实行业主报修、维修服务回访制度。当维修完毕后，将派工单交回前台时，客户服务人员立即回访，回访处理率应达100%，物业服务企业的经理或客服主管每月30%上门抽查回访。凡属公共或安全设施维修，物业服务企业的经理或客服主管要到现场检查并处理，对房屋渗漏水项目做到维修3天内回访。在下雨天，物业服务企业的经理或客服主管、维修人员、客服人员应上门或电话与业主联系，对维修效果进行再次回访。凡回访中发现问题迅速书面通知维修人员处理。

（三）来访接待规范

1. 客服人员应主动招呼，热情接待来访业主。

2. 业主来访时应立即起立，面带微笑应答。

3. 礼貌询问业主的姓名、住处，请业主入座并双手端上茶水。

4. 仔细、耐心地听取业主来访原因，做好来访记录，能处理的事项当即落实解决，不能处理的尽快报物业服务企业经理或客服主管决定处理办法，并交相关人员完成。处理结束后，在《客户服务部来访登记表》上填写处理情况。

（四）来电接待规范

1. 应保证值班电话畅通。

2. 在电话铃响三声前应立即接听。

3. 接听电话时，讲话声音要清晰悦耳，讲话速度要适当。

4. 接听电话时，应先问候对方"您好"；其次告知对方本公司本部门名称，如"某某物业"、"某某物业服务企业"；再报出接听人员本人的姓名；同时，做好记录准备。

5. 做好来电接待记录。

6. 如来电业主要找的服务人员不在，接听人应做好转告记录，并及时告知该服务人员。

（五）业主走访与回访

1. 根据工作需要，适时走访业主。

2. 走访面谈时应耐心听取业主的意见和细致解答业主的问题，并做好记录。

3. 对业主的投诉及时处理并回访，做好回访记录。对于短期内无法处理的问题应做好解释工作。

4. 及时研究解决方案，必要时上报物业服务企业，共同确定解决方案。

5. 急修项目、房屋渗漏水项目维修后，应做跟踪回访。

6. 急修项目维修后24小时内回访，2天后再做1次回访。

7. 房屋渗漏水项目维修后，3天内回访，雨天时再回访，共做2次雨天回访。

二、业主报修工作程序

及时、准确地将客户及其他部门提出的维修内容以维修工作单的形式传达给工程部，使报修内容得到处理，并最终达到客户满意。

（一）客户致电或当面报修

1. 如客户致电时，必须在电话铃响三声之内接听电话。如客户亲自来到物业服务企业报修时，应主动起身问好并接待客人至办公室。无论致电或当面报修都应使用规范礼貌用语问候，认真倾听客户的报修内容并记录客户或业主的单元号、报修人的姓名、投诉的时间以及对方的联系方式，以便核实及进行联系。通话中语速应适中、流畅并应立即给予客户关于维修安排的答复。

2. 在挂断电话、做好书面记录后，确认该问题属工程部维修范围之内的应立即填写《维修单》，所填写的内容应清楚明了。

3. 打电话通知工程部专业人员，到客户服务部领取《维修单》并签字确认。

4. 工程部人员应在接到报修后15分钟内携带维修单及维修所需用的工具进入维修房间进行工作，尽量避免对客户进行过多的打扰。如因特殊情况而不能在上述时限内到达，则应在上述时限内联系客户，在同工程部人员商榷之后，向其做出合理解释，并同时向客户呈报维修工作的延迟安排。

5. 工程部持《维修单》到客户房间内维修，完成后由客户在《派工单》上签字。

6. 若为有偿服务，维修前需由客户确认价格，方可维修。

7. 对于客户报修的非物业服务企业提供的设备、设施及物品，应建议其自行购买或修复。工程部可免费为其进行安装并提供相应的协助（如客户购买灯管，工程部可以提供免费安装服务。在客户需停电对设备进行修理时，工程部也可提供相应的协助等工作。）若客户仍要求由物业服务企业负责购买或修理，可提供有偿服务。其中有偿部分包括物品本身的价格、税费及人工费用。该报价单应由工程部负责提供并在确认后负责物品的采购。

（二）在入室维修时需注意以下事项

1. 入室前应主动使用礼貌用语打招呼，进行自我介绍并讲明入室的原由。保持自身良好形象和精神面貌，并同时督促工程部维修人员。

2. 得到业主许可后方可开始工作，在工作过程中应注意对各种污染物和废弃物的控制和管理（如噪音、挥发性涂料、油漆、由维修所产生的废弃物等）。

3. 如客户对维修工作的方法、程序等提出异议，应立即停止维修工作，待商定或解释清楚后方可继续。

4. 如维修工作将会影响到相邻单元的正常工作秩序（如停电、停水、强噪音或刺激气味等），必须提前通知相关人员，并指导其采取相应措施和准备工作，力争将由此可能带给客户的不便和损失降至最低。

5. 工程部人员在处理好维修事项后，由维修人员和客服人员对所维修的事项分别进行检查和验收。维修人员需在维修单上填写所维修的内容以及维修结果，并签字确认。客服人员复核维修人员所填写的内容，确认无误后方可让客户进行验收，并让其在维修单上填写意见签字确认（满意或不满意）。

（三）在离开客户房间时应注意以下事项

1. 在离开维修地点前，工程部人员应清点所有维修工具和装备，并清理所有由于维修工作所产生的废弃物。客服人员进行协助和监督。

2. 离开时，应再次使用礼貌用语打招呼，并同时留下联系方式，以便出现问题时客户能够及时与物业服务企业联系。而后，工程部人员取走维修单第一联，第二联留存客户，维修单第三联存档。

3. 根据所完成的工程维修单在投诉记录本上做好相应的补充记录。

4. 经工程部维修后的重点投诉问题，客服人员应在1～3天内致电至该投诉单元或亲自到该单元进行回访，听取客户的意见并进行记录。而后将回访结果反馈给工程部。

5. 对当日未能完成的工作应做好书面记录并注明"未完成"，并跟进督促工程部完成。同时与客户做好沟通解释工作。对于因工程部自身原因而造成的工作延迟，且理由欠充分，超过24小时的，应及时报告物业服务企业的经理并通知工程部主管寻求解决方案。并将事件解决的安排与进程与客户及时沟通。

6. 需客户付费的维修工作，通知工程部做出报价单，待客户确认付费后，通知工程部进行维修工作并填写维修单（工程维修单中注明维修项目、数量及金额）。待修复完毕后，由客户验收并签字确认。开出的发票或收据复印件留存工程部。

三、客户二次装修办理程序

为使客户服务员工能清楚地了解客户二次装修管理程序，以便顺利优质地为客户办理装修事项，拟定客户二次装修管理流程如下。

（一）客户服务部与工程部同客户办理装修申请

1. 客户提交《装修申请表》。
2. 与客户承包商会面，了解具体装修要求及细节，解释有关装修要求。承包商提交装修图纸。
3. 工程部审批客户所提交资料。
4. 工程部对客户资料提出整改意见，填写《客户申请装修审批意见单》，客户服务部报客服主管审批以上客户提交资料所办理的手续是否妥当之后，请客户或其承包商进行整改。
5. 交纳施工押金以及施工人员出入证押金及工本费等（客户服务部填写《装修费用收缴通知单》后由财务部办理）。

（二）客户进入装修阶段，工程部定期检查装修情况，秩序维护部重点检查安全事项，客户服务部经常督导装修卫生情况并协调客户与各部门的关系。

（三）客户装修完毕办理手续

1. 由业主来客户服务部办理装修退场手续。
2. 工程部提交审核意见。
3. 工程部验收客户装修完的设施。
4. 对于损坏的公共设施将按价从装修押金中扣除。
5. 工程部验收完毕将填写竣工验收单，并签署意见、盖章。
6. 经客服主管、工程主管审查并报物业服务企业的经理同意。
7. 把装修退场手续交予财务部，通知客户领取退还的装修押金。

附录7

客房满意度调查程序和调查问卷

一、客户满意度调查程序

（一）目的

建立对服务效果业主评定的意见收集和分析程序，使服务质量信息能得以及时反馈，使物业服务企业根据业主的意见及时提高服务能力和服务质量，保证对业主的服务符合规定要求。

（二）适用范围

适用于对业主所提供的所有服务范围。

（三）职责

1. 客户服务部主要依据年度工作计划，结合本企业的工作实际，以及近期业主的反映，拟订开展客户满意度调查计划。

2. 物业服务企业的经理在接到上报客户满意度调查计划后,确定开展此次调查的重点问题,批转客户服务部具体实施。

(四)工作程序

1. 活动频次

(1)客户服务部一般应每半年以"征询表"或"调查表"方式组织进行一次。

(2)物业服务企业以"征询表"或"调查表"方式进行的该项活动的频次,根据需要确定。

2. 活动计划

(1)在活动进行前,负责实施的部门应编制相应的计划,内容包括开展本次征询或调查活动的目的,征询或调查的对象,"征询表"或"调查表"发放的范围和数量、时间及人员安排等。

(2)计划的批准。由客户服务部编制的活动实施计划,客服主管审核,报物业服务企业的经理批准。

3. 设计"征询表"或"调查表"

(1)设计的"征询表"或"调查表"应清晰描述物业管理服务、有偿服务等过程中需经业主评价的项目和内容。

(2)业主评价可以设定为"很好"、"好"、"满意"、"不满意"、"差"几项。

4. 发放"征询表"或"调查表"

"征询表"或"调查表"由负责实施该项活动的部门人员进行发放和回收,被调查的各区域"征询表"或"调查表"的回收率原则上应不低于发放数量的80%。

5. 统计分析

(1)物业服务企业可采用调查表法或排列图法分别对收集的业主意见进行统计分析。

(2)对业主评价为"很好"、"好"、"满意"的可确定为合格项,业主评价为"不满意"、"差"的可确定为不合格项。

(3)满意率的计算方法:

$$满意率 = \frac{"合格项"数目}{"合格项"数目 + "不满意项"数目} \times 100\%$$

业主未作评价的项目(未表态项)不列入计算范围。

(4)统计分析结果应形成统计分析报告。

(5)客户服务部编写的统计分析报告,经客服主管审核后报告物业服务企业的经理审批。

6. 回访

(1)业主意见征询或调查活动由组织实施的部门通过回访方式对业主的评价做真实性和可靠性检验。物业服务企业的回访工作由客户服务部进行。

(2)物业服务企业向业主提供的有偿服务通过回访方式验证员工服务过程及安装或维

修质量是否让业主满意，是否符合质量要求。

（3）如业主提出对服务质量严重的不满意，由责任部门主管安排进行单独回访。

（4）对确定的不满意，须按"不合格控制程序"处理。

7. 联络

为方便与业主进行沟通和联络，物业服务企业根据情况设置投诉电话或投诉信箱，以便及时收集用户信息。

8. 信息服务

物业服务企业专门收集和整理与业主日常生活有关的信息资料，内容涉及：

（1）各类电器、生活、消防设施的使用及注意事项；

（2）项目内及周围设施、网点的分布及联系办法。

业主可到物业服务企业内查阅，也可通过宣传栏、发放的宣传资料获得需了解的各类信息。

二、客户满意度调查问卷

尊敬的业主（租户）：

您好！

谢谢您参与我公司定期举行的业主满意度问卷调查，您的参与将帮助我们进一步改善服务质量、工作效率和沟通效果，使您享受到更加优质的物业管理服务。

填写问卷时，请您在对应的"□"打√即可。若所在的物业不具备某些特定设施设备，您就不需在该项上进行填写。

同时，我们特别欢迎您提出有助于共同维护和发展社区生活的建议，每季度我们将颁发优秀建议奖。

再次感谢您的支持，祝您及家人身体健康、生活愉快！

联系电话：

物业服务企业
____年____月

	很好	好	满意	不满意	差
员工仪容和态度	□	□	□	□	□
客户服务人员	□	□	□	□	□
秩序维护员	□	□	□	□	□
工程人员	□	□	□	□	□
清洁人员	□	□	□	□	□
财务人员	□	□	□	□	□
车场管理人员	□	□	□	□	□
设施和设备状况	□	□	□	□	□

项目					
门禁系统	☐	☐	☐	☐	☐
公共照明	☐	☐	☐	☐	☐
户内供暖	☐	☐	☐	☐	☐
户内冷（热）水供应	☐	☐	☐	☐	☐
电梯运行	☐	☐	☐	☐	☐
配套设施	☐	☐	☐	☐	☐
综合服务	☐	☐	☐	☐	☐
访客出入管理	☐	☐	☐	☐	☐
车辆出入管理	☐	☐	☐	☐	☐
投诉接待与处理	☐	☐	☐	☐	☐
客户特约维修	☐	☐	☐	☐	☐
夜间保安值守与巡逻	☐	☐	☐	☐	☐
公共区域清洁卫生	☐	☐	☐	☐	☐
绿化维护	☐	☐	☐	☐	☐
垃圾收集和清运	☐	☐	☐	☐	☐
服务沟通	☐	☐	☐	☐	☐
总体评价	☐	☐	☐	☐	☐
物业工作的整体效果评价	☐	☐	☐	☐	☐
物业工作人员的整体素质评价	☐	☐	☐	☐	☐

令人喜出望外的服务

如愿意，请您推荐一名为您提供优秀服务的员工

员工姓名：_____ 工作部门：_____

推荐理由：_____

安居乐业好建议：

_____

_____

谢谢您的建议和意见。我们非常感谢您抽出时间来填写此调查问卷。

关于您自己（选择项）

您的年龄

☐低于25岁　　☐25—34岁　　☐35—50岁　　☐50—65岁　　☐65岁以上

您的性别：　　☐男　　☐女　　您是：业主☐　　使用者（租户）☐

房号：_____ 姓名：_____ 日期：_____

电话：_____ 电子邮件：_____
您的最大喜好：_____

问卷回收的四种方式

1. 将填好的调查问卷放入公共区域的意见箱内；
2. 将封闭后的问卷交到项目管理处；
3. 直接传真至_____物业服务企业；
4. 网络信箱提交。

参 考 文 献

1. 中国物业管理协会培训中心．物业管理实务[M]．北京：中国建筑出版社，2007．
2. 戴玉林，王美莎．物业管理实务教程[M]．北京：化学工业出版社，2008．
3. 章学诚．物业经理案头手册[M]．深圳：海天出版社，2007．
4. 胡柏龙，杨韬．物业管理理论与实务[M]．北京：机械工业出版社 2008．
5. 李晓峰．学物业管理．（物业管理实训教程）[M]．郑州：中原农民出版社，2008．
6. 徐永凤，盛乘．物业管理实务[M]．南京：东南大学出版社，2004．
7. 魏晓安，张晓华．物业设备管理[M]．武汉：华中科技大学出版社，2006．
8. 徐松明，雷昭新，陈海铭．物业管理是怎样练成的[J]．住宅与房地产杂志社，2008．
9. 王在庚，白丽华．物业管理学[M]．北京：中国建材工业出版社，2002．
10. 宋林飞．物业管理[M]．北京：社会科学文献出版社，2002．
11. 黄福华．现代企业物流运作管理[M]．长沙：湖南人民出版社，2001．
12. 黄安永．物业管理实务[M]．北京：中国建筑工业出版社，1999．
13. 方芳，吕萍．物业管理实务[M]．上海：上海财经大学出版社，2001．
14. 林广志，甘元新．物业管理学[M]．广州：中山大学出版社，1999．
15. 贺学良，王子润．中国物业管理[M]．上海：文汇出版社，1999．
16. 黄安永．现代房地产物业管理[M]．沈阳：东北大学出版社，2002．
17. 杨振标等．物业管理实务[M]．广州：中山大学出版社，2000．
18. 韩强，魏小乐．物业管理实用教程[M]．上海：上海远东出版社，1996．
19. 王之泰．现代物流学[M]．北京：中国物质出版社，1995．
20. 〔美〕罗伯特.C.凯尔等．物业管理——案例与分析[M]．北京：中信出版社，2001．
21. 宋建阳．物业管理概论[M]．广州：华南理工大学出版社，2002．
22. 谢献春．居住物业管理[M]．广州：华南理工大学出版社，2001．
23. 张汝国．物业管理企业财务[M]．广州：华南理工大学出版实，2002．
24. 卜一德．房地产开发经营管理实用手册[M]．北京：中国建筑工业出版社，2002．
25. 宋建阳，陈锦锋，郑淑玲．商业物业管理[M]．广州：华南理工大学出版社，2002．
26. 王方华，高松等．服务营销[M]．太原：山西经济出版社，1998．
27. 史广燕．浅析我国推行代理制存在的问题[J]．中国流通经济，1999，（8）．
28. 刘冠军．论现代管理的"六化"特征[J]．天府新论，1998，（5）．
29. 单凤儒．试论现代管理的新特点[J]．宁商专学报，1994，（4）．
30. 陈忠卫．团队管理理论述评[J]．经济学动态，1999，（8）．
31. 刘俊振．业内人力资源的虚拟管理[J]．开管理评论，1999，（5）．

32. 顾润清. 建立大城市现代社区管理新模式[J]. 开放时代，2000，（6）.
33. 金太军，王庆五，叶蕾，布成良. 我国城市社区管理的现状及对策[J]. 中国行政管理，1998，（3）.
34. 张久营. 试论我国城市社区管理体制的改革走向[J]. 资料通讯，2002，（5）.
35. 马骏，郭巍青. 公共管理——新的研究方向[J]. 武汉大学学报，2002，（3）.
36. 陈庆云. 强化公共管理理念推进公共管理的社会化[J]. 中国行政管理，2002，（2）.
37. 王乐夫. 论公共管理的社会性内涵及其他[J]. 政治学研究，2001，（3）.
38. 黄安永. 物业管理实务[M]. 北京：中国建筑工业出版社，2006.
39. 方芳，叶小莲，李澄宇. 物业管理招投标指南[M]. 南京：江苏科学技术出版社，2002.
40. 黄安永. 物业管理招投标[M]. 南京：东南大学出版社，2000.
41. 李加林，周心怡. 物业管理实务[M]. 北京：中国建筑工业出版社，2006.
42. 郝时光. 物业管理职位工作手册[M]. 北京：人民邮电出版社，2009.